BAITUO PINKUN
JISHU-SHANXI YIDI FUPIN BANQIAN

摆脱贫困

记述陕西易地扶贫搬迁

何得桂 等 编著

知识产权出版社
全国百佳图书出版单位

图书在版编目（CIP）数据

摆脱贫困：记述陕西易地扶贫搬迁/何得桂等编著．—北京：知识产权出版社，2018.4
ISBN 978－7－5130－5483－6

Ⅰ.①摆… Ⅱ.①何… Ⅲ.①移民安置—研究—陕西 Ⅳ.①D632.4

中国版本图书馆 CIP 数据核字（2018）第 053722 号

内容提要

实施精准扶贫、精准脱贫基本方略中最难啃的“硬骨头”易地扶贫搬迁主要起源于陕西。易地扶贫搬迁“陕西样板”经历了一个不断探索、变革、创新的过程，它贯彻落实以人民为中心的发展思想，坚持顶层设计与地方探索相结合，具有特色鲜明、成效显著、影响广泛的特点，是预防式治理减贫的典范。《摆脱贫困——记述陕西易地扶贫搬迁》一书基于第三方的视角和立场，坚持用事实说话、用数据支撑，主要从抗灾救灾、高位推动、协同实施、社会反响、重要文献等五个方面，首次较为系统地梳理陕西易地扶贫搬迁的探索历程和改革创新，认真总结其基本经验和巨大成就，生动展现了“敢为人先、自觉创新、坚韧不拔、久久为功”的移民搬迁精神，既有史料性、可读性，又有理论性、启迪性。

责任编辑：兰　涛　　　**责任校对：**谷　洋
封面设计：郑　重　　　**责任出版：**刘译文

摆脱贫困
——记述陕西易地扶贫搬迁
何得桂　等编著

出版发行：知识产权出版社有限责任公司	**网　　址：**http://www.ipph.cn
社　　址：北京市海淀区气象路 50 号院	**邮　　编：**100081
责编电话：010－82000860 转 8325	**责编邮箱：**lantao625@163.com
发行电话：010－82000860 转 8101/8102	**发行传真：**010－82000893/82005070/82000270
印　　刷：北京科信印刷有限公司	**经　　销：**各大网上书店、新华书店及相关专业书店
开　　本：720mm×1000mm　1/16	**印　　张：**21.25
版　　次：2018 年 4 月第 1 版	**印　　次：**2018 年 4 月第 1 次印刷
字　　数：427 千字	**定　　价：**79.00 元

ISBN 978-7-5130-5483-6

搬迁户的原来居住地

佛坪县西岔河镇
西岔河村受灾

安康市汉滨区
大竹园镇七堰
社区全景
（黄传振 摄）

丹凤县2011年度陕南移民搬迁工作省级验收考核汇报会

定边县衣食梁移民安置区的广场
（榆林市移民办 提供）

白河县仓上裴家移民安置示范社区

横山区移民安置区
（榆林市移民办 提供）

平利县西河镇女娲山村易地扶贫搬迁入住仪式

茶旅新镇建设开工
（黄传振 摄）

山阳县高坝店镇高坝街陕南移民搬迁集中安置点

山阳县天竺山镇僧道关安置点

绥德县马家砭村移民搬迁工程封顶合龙（榆林市移民办 提供）

宁强县汉源镇二道河安置点，大力推进搬迁群众向县城和中心镇集中安置

移民搬迁安置社区环境优美
（平利县移民搬迁办提供）

白河县西营镇天逸社区服务中心为移民户提供一站式便民服务
（李明 摄）

春节看望慰问贫困群众
（石泉县委宣传部
胡树勇 提供）

干部走村入户开展
调查研究
（石泉县委宣传部
胡树勇 提供）

靖边县海则畔二期移民安
置区配套小学和幼儿园
（榆林市移民办 提供）

岚皋县孟石岭镇草坪村安置小区一角

城固县胜利新村社区

贫困山区产业路建设

宁陕县城关镇汤坪村贫困户集中乔迁新居

（喻淼 摄）

陕西移民搬迁安置社区标识

山阳县漫川关镇前店子农家乐

移民搬迁安置社区附近的茶园建设

移民搬迁安置社区管理科学
（李明 摄）

石泉县对贫困户进行产业帮扶
（石泉县委宣传部胡树勇 提供）

秦巴山区采新茶唱茶歌
（黄传振 摄）

移民搬迁户技能培训
（平利县移民搬迁办提供）

安康开办“社区工厂”实现移民就近就业
（李明 摄）

洋县磨子桥安置点配建的汉龙实业公司

移民社区内的创业基地成为搬迁户就业增收的平台

榆阳区移民搬迁安置社区的产业配套
（榆林市移民办 提供）

镇安县云镇花园移民安置小区配建的500亩大棚疏菜基地

帮扶干部与群众共同感受丰收的喜悦
（石泉县委宣传部
胡树勇 提供）

安康市汉滨区大竹园镇跑山鸡养殖

山区核桃种植现场培训

安康市汉滨区移民户种植培育的灵芝草

娄勤俭、魏增军同志在山阳县高坝店镇移民搬迁集中安置点与群众亲切交谈

胡和平、庄长兴同志在汉中市镇巴县杨家河镇移民搬迁安置点看望贫困户
（亢建伟 摄）

赵正永同志在汉台区河东店移民搬迁施工现场调研

赵正永、庄长兴同志调研陕南移民搬迁工程有限公司

庄长兴同志考察镇安县云盖寺镇移民搬迁配套设施建设情况

祝列克、王建军同志到镇巴县简池镇受灾群众安置点看望慰问受灾群众

王卫华同志考察平利县女子创业协会助力移民搬迁户的情况

杨忠武同志到商南县过风楼镇徐家店村看望慰问困难群众

邹顺生同志赴榆林市督导检查易地扶贫搬迁工作

苏国霞、邹顺生同志调研移民搬迁情况
（平利县移民搬迁办 提供）

编辑说明

一、《摆脱贫困——记述陕西易地扶贫搬迁》一书，以历史唯物主义和习近平新时代中国特色社会主义思想为指导，客观真实地对肇始于2010年的陕西移民搬迁工程的决策情况、实施过程及其效果进行全面完整的记述和分析；该资料是反映陕西省移民（脱贫）搬迁领域发展状况的大型资料性工具书和重要学术成果。为体现出陕西移民搬迁工程的阶段性特征，该书资料录入时间截至2016年6月30日。

二、本书采用志鉴结合的体裁，以原始资料为素材，基本依据事件发生的前后顺序进行编纂。全书以文鉴为主，适当穿插一些珍贵图片。力争达到存史励志、总结经验、宣传先进、借鉴交流之目的。

三、文鉴用“抗灾救灾篇”“高位推动篇”“协同实施篇”“社会反响篇”“重要文献篇”五大板块素材，来源于中央部委、省、市、县（区）政府文件、统计报表、有关工作简报、媒体公开报道的内容和机关单位网站等，尽最大可能予以客观详实的展示和分析。

四、由于移民（脱贫）搬迁是一项复杂的系统工程，也是一个改革创新、动态变化的过程，书中所用数据都是与其发生时间相对应的，不完全是最终数据。如果存在有分歧的数据以主管部门的统计数据为确认数据。

五、为寻求实际工作者和理论工作者的认识统一，考虑到历史维度的因素，在本书中“易地扶贫搬迁”“移民搬迁”“移民（脱贫）搬迁”这三个概念是通用的，意义并无差别。

六、书中有关领导职务和排序以事件发生时为准。

序

弘扬移民搬迁精神　助力追赶超越

摆脱贫困，获得更好的发展，是千百年来人们对生活的追求和向往，《诗经》“民亦劳止，汔可小康”也表达了这种憧憬。易地扶贫搬迁是中国脱贫攻坚进程中的“头号工程”和重要着力点，也是推进中央“五个一批”精准扶贫、精准脱贫基本方略中最难啃的“硬骨头”。2016 年 7 月 19 日习近平总书记在宁夏回族自治区永宁县闽宁镇原隆移民村考察时指出，“移民搬迁是脱贫攻坚的一种有效方式。要总结推广典型经验，把移民搬迁脱贫工作做好”。根据我和我的团队跟踪调查研究发现，陕西始终把脱贫攻坚作为头等大事和第一民生工程，认真按照习近平总书记“脱真贫、真脱贫”的要求，坚持精准方略，下足绣花功夫，坚持大扶贫格局，注重扶贫同扶志、扶智相结合，让所有贫困人口可以同步够格进入全面小康社会。易地扶贫搬迁在陕西经历了一个不断探索、变革、创新的过程，它贯彻落实了以人民为中心的发展思想，具有特色鲜明、成效显著、影响广泛的特点，也是陕西打赢脱贫攻坚战的主要亮点之一，值得学界和社会认真关注、跟踪研究。

精准扶贫思想的生动实践孕育了伟大的移民搬迁精神

作为全国移民（脱贫）搬迁工作的决策地和发源地，陕西于 2011 年正式启动实施规模浩大的陕南地区避灾移民搬迁工程、陕北白于山区扶贫移民搬迁工程，并持续至今，前者搬迁规模达 60 万户、240 万人，后者涉及迁移人数约 40 万人。2014 年涉及约 100 万名搬迁对象的关中秦岭北麓和渭北旱塬地区移民搬迁工程也启动实施。从此以后，有计划、有组织的移民搬迁工程已覆盖到陕西三大区域，其推进力度和规模史无前例，备受瞩目。

陕西移民（脱贫）搬迁按照中国特色社会主义事业“五位一体”总体布局和“四个全面”战略布局的要求，认真贯彻落实“五大”发展理念和习近平总书记扶贫开发战略思想，坚持以避灾减贫为统领，抛弃简单复制农村的理念，坚持集中安置为主，以地灾户、洪灾户、采煤塌陷户、贫困户搬迁为重点，核心是追求“以搬促变”，推动移民搬迁与“三农”工作、乡村振兴战略的互促互赢。通过多年的积极探索和认真实践，陕西移民搬迁工程累计搬迁 49.6 万户，共 174.7 万人。移民搬迁发挥了改善民生、保护环境、促进发展、提升治理的综合效应，起到良好的溢出效应。陕西移民搬迁脱贫工作成绩，既赢得了人民群众的支持和认可，也得到了中央和社会各界的高度肯定。“搬得出、稳得住、能致富”目标基本达成，移民搬迁“陕西样本”成为全国脱贫攻坚的一面旗帜。

伟大实践孕育伟大精神。在书写移民搬迁增进民生福祉和改善生态环境“陕西故事”的同时，也创造出移民搬迁脱贫工作的“陕西奇迹”，形成极其宝贵的“移民搬迁精神”。2016 年 5 月 19 日，胡和平省长在全省移民（脱贫）搬迁电视电话会议讲话中高屋建瓴地总结出“敢为人先、自觉创新、坚韧不拔、久久为功”的移民搬迁精神，推动了易地扶贫搬迁工作向纵深发展，指导易地扶贫搬迁工作不断开创新局面。

陕西移民搬迁精神具有丰富而深刻的思想内涵

移民搬迁精神是陕西省委、省政府历届班子一张蓝图绘到底、咬定青山不放松、一任接着一任干、一锤接着一锤敲的重要展现，也是公共部门以民为本、为民情怀、预防式治理、科学决策的集中反映和智慧结晶，更是移民搬迁工作者、基层组织、广大群众和社会力量协同配合、艰苦奋斗、持续提升的重要结果。如果从不同侧面总结陕西移民搬迁精神，可以概括为：陕西移民搬迁精神是敢为人先的担当精神、自觉创新的探索精神、坚韧不拔的拼搏精神、久久为功的实干精神的有机综合体。

敢为人先的担当精神

敢为人先的担当精神是移民搬迁精神产生的基点和重要前提。移民搬迁既集中体现了陕西省委、省政府的为民情怀，又充分体现了历届陕西省委、省政府领导班子以民为本的责任与担当。长期以来，灾害频发、生态脆弱与贫困较深是制约陕西发展的重要因素。特别是陕南地区集自然灾害多发区、南水北调主要水源地、革命老区、秦巴山集中连片特困地区于一体，灾害、生态与贫困问题更为突出。陕南地区 2001—2010 年因灾死亡或失踪超过 590 人，直接经济损失 460 多亿元。基于对自然灾害、贫困程度、生态环境等多方面的综合判断，在没有成熟的理论可供指导和成功的经验可供借鉴的情势下，时任陕西省委和省政府主要领导的赵乐际、赵正永等同志勇于探索、不怕困难、敢于担当，把反贫困、移民搬迁的责任主动扛在肩上，及时做出实施移民搬迁工程的重大决策、科学决策。2010 年 7 月 22 日至 23 日，时任陕西省委书记的赵乐际在安康检查指导防汛救灾工作时，思考、酝酿提出用 10 年时间对陕南三市居住在危险地段、生产生活困难的群众实施移民搬迁的决策。陕西拿出“敢教日月换新天”的勇气，向灾害风险和贫困问题全面宣战，把为百姓谋福祉作为党和政府的最大责任。

陕西注重责任担当，构建大移民搬迁格局，高位推进移民搬迁脱贫工作。按照

“四化同步”❶、城乡融合和“五个扎实”❷ 的要求，把移民搬迁作为一项重大民生工程、发展工程和生态工程。陕西移民搬迁工程不论是规模、力度，还是类型、广度，都是史无前例的。2011 年 5 月 6 日正式启动实施的陕南地区避灾移民搬迁工程是新中国成立以来最大规模的移民工程，以“拔穷根”与“挖险根”为主要目的，以“搬得出、稳得住、能致富”为主要目标，搬迁的类型涉及地质灾害搬迁、洪涝灾害搬迁、生态移民搬迁、扶贫移民搬迁、工程移民搬迁等。开展移民搬迁，必然有各种各样的困难，难免出现一些矛盾，这就需要领导者、组织者有强烈的责任感、使命感和担当意识，拥有高超的领导水平和科学的管理能力。

作为省级层面的重大移民搬迁工程，陕西移民搬迁工程具有启动时间最早、规模最大、预防式治理、影响深远等显著特征。从全国范围来看，不论是陕北白于山区扶贫移民搬迁，还是陕南地区避灾移民搬迁，都是集中连片特困地区及深度贫困地区移民搬迁的“开山之作”。特别是统筹解决群众避灾减贫、生态环境保护、农村就近城镇化和农业农村现代化的陕南移民搬迁，使近百万山区群众彻底摆脱了“受灾—贫困—扶贫—再受灾—再贫困—再扶贫”的恶性循环，成为中央脱贫攻坚“易地搬迁一批”工程的重要策源地。现代政府管理的目的是“使用少量的钱预防，而不是花大量的钱治疗”。兼具避灾、减贫、生态、振兴等多维目标的移民搬迁工程不是被动型的治理举措，而是主动型、预防式的治理路径。有计划、有组织、前瞻性地将居住在自然灾害隐患区和偏远山区的民众迁移到远离灾害风险、交通便捷和公共服务可及性的移民安置点，是政府职能主动转型、积极作为的重要体现。这是预防式治理理论的生动实践，也是预防式治理的脱贫典范。主要决策者敢为人先的担当精神在移民搬迁决策中得以淋漓尽致地展现。

自觉创新的探索精神

自觉创新的探索精神是移民搬迁精神的灵魂和关键所在。创新主体成效的不同取决于创新自觉程度的不同。涉及约 400 万名迁移人口的陕西移民搬迁工程要直面“人往哪里去？土地怎么办？资金从哪里来？安置社区如何治理？移民的后续发展如何跟进？”等一系列难题。与其他地方移民搬迁相比，陕西移民搬迁工程之所以能够探索出一条经济欠发达地区做好移民搬迁脱贫工作、加快摆脱贫困、推动乡村振兴及促进城乡融合发展的有效路径，正是因为其具有较高的创新自觉性。

在推进移民（脱贫）搬迁过程中，陕西坚持顶层设计、系统谋划和统筹兼顾相结合，坚持高起点规划和高水平管理，及时处理好各方面关系，为实现跨越式发展奠定良好基础。例如，移民搬迁安置点选址以“四避开”（避开地质灾害易发区、

---

❶ 指的是“新型工业化、信息化、城镇化、农业现代化”。

❷ 指的是 2015 年 2 月 13 日至 16 日习近平总书记在陕西视察工作所提出的“扎实推进经济持续健康发展、扎实推进农业现代化建设、扎实加强文化建设、扎实做好保障和改善民生工作、扎实落实全面从严治党”。

避开水涝低洼地、避开生态保护区和避开永久基本农田)、“三靠近”(靠近城镇、靠近中心村和靠近园区景区)为原则，安置方式以集中安置为主、不再简单复制农村，50%以上的集中安置点都进入了城镇规划区。城镇化发展的普遍规律是先工业化再城镇化，依靠产业发展来聚集人口。陕西移民搬迁聚集的大量人口也给当地就近城镇化之路开辟了特殊且难得的发展机遇，移民搬迁在很大程度上倒逼城镇化发展。通过移民搬迁先聚集人口、形成规模，然后再通过城镇化带来的系统性变革反哺产业发展。截至2016年年底，仅陕南移民搬迁工程的开展就直接带动近90万名搬迁群众进城入镇，陕南城镇化率由此提高8.1%。这实现了城乡差距进一步缩小的目标，有力促进了城乡融合发展，也为新型城镇化发展提供了“移民搬迁式就近城镇化”的新方式。

陕西大规模移民搬迁工程形成发展的历程是一个不断超越既有理论和实践的过程，是一个不断提出新见解、开拓新领域、创造新事物的过程。为破解移民搬迁资金难题，陕西坚持将发挥政府作用和市场力量、社会作用相互协同，积极拓宽陕南避灾移民搬迁安置工程的融资渠道。譬如，陕西省财政厅和陕西有色金属控股集团有限责任公司于2011年分别出资10亿元和20亿元，共同组建了具有国有企业性质的陕西陕南移民搬迁工程有限公司。在陕西省移民搬迁安置领导小组的指导协调下，这家企业按照“封闭运行、快速周转、保本微利”的运作模式，筹措数十亿元用于陕南移民搬迁项目启动和资金周转。纵观历史，在国内移民搬迁领域，这种做法无疑属于一种创新模式。同时，陕西还对30多个部门的40多项与移民搬迁相关的专项资金进行整合，既减少了项目分头安排、资金分散使用所带来的重复浪费现象，又较好地解决了移民搬迁筹资难题。此外，陕西还鼓励社会资本参与移民搬迁安置工作。

与其他很多地方开展的单一型移民搬迁相比，陕西的移民搬迁是更侧重民生为本的综合型移民搬迁。通过创新搬迁新模式，采取“靠城靠镇靠园区”和“进城入镇住社区”的集中安置政策，推进移民搬迁安置房与保障性住房相结合，有的地方探索建设集移民搬迁、特困户交钥匙工程、区域敬老院“一区三制”多功能安置社区。这有力破解了资金困局，破解了搬迁群众“搬得出、稳得住、能致富”的难题，同时还催生了一大批公共服务均等化的新型移民安置社区，为田园综合体的发展提供了重要基础和保障。陕西移民搬迁实现了“四达到”的要求，即达到房产能升值、达到增收有保障、达到基础配套强、达到公共服务好。这些措施没有照搬既有的模式，完全是公共部门和人民群众的自主创造、自主创新，具有鲜明的实践和区域特色。

陕西移民搬迁体现了广大干部群众勤奋开拓的淳厚风气，具有积极探索、大胆创新、自觉服务、主动引领等显著特征，在一系列创新性制度安排和行政行为的大力推动下，陕西移民搬迁工程不仅持续有效推进，实现以点带面的突破，还探索出了“移民搬迁建社区、土地流转建园区、就地就业变工人、农民培训变居民”的移民搬迁安置的示范道路。在改革创新中，充分尊重人民的首创精神，如创新移民社区治理中的“搬出地管理地和林，迁入地管理人和房”的做法，促进搬迁群众增收的“一区一策、一户一法”的举措。通过自觉创新，陕西移民搬迁取得了群众满意、社会认可、国家支持、生态良好等预期成效，也为全国更好地开展易地扶贫搬迁工作提供了成功的范例。

坚韧不拔的拼搏精神

坚韧不拔的拼搏精神是陕西移民搬迁精神的重要组成部分，也是形成移民搬迁精神的重要保障。陕西省委、省政府把移民搬迁工程作为解决集中连片特困区、自然灾害易发区、生态功能保护区“三区叠加”地区发展的重要抓手，坚持系统化推进、预防式治理、一次性解决灾害胁迫和贫困束缚的办法和思路，无疑具有科学性、战略性和前瞻性。

然而，移民搬迁工程是脱贫攻坚的难中之难，如何把上述的先进理念和有效措施“因地制宜、分类指导”地予以贯彻并非易事。作为区域性的重大民生工程、生态工程和发展工程，陕西大规模移民搬迁工程事实上面临着土地资源制约、资金缺口巨大、产业发展滞后等结构性制约难题。移民（脱贫）搬迁工作困难重重，但陕西信念坚定，意志顽强，在摸着石头过河的探索中积极寻求破解之道。不仅鼓起“不破楼兰终不还”的劲头，还秉持着“蚂蚁啃骨头”的精神，把这项惠及民生的大工程进行到底。不论决策者、组织者，还是实践者、参与者，以对移民搬迁高度的责任感，时不我待的紧迫感，以坚韧不拔、奋发向上的精神状态化解移民搬迁中的一道道难题。

为破解移民搬迁用地问题，陕西 2013 年 11 月 29 日争取到国家层面的政策支持，即国土资源部《关于支持陕西省陕南地区生态扶贫避灾移民搬迁有关政策实施的函》（国土资源函〔2013〕837 号）。这不仅能促进解决陕南移民搬迁用地问题，还能筹措到一定的建设资金。同时，陆续出台了《进一步做好陕南陕北地区移民搬迁安置工作的通知》《陕西省移民搬迁安置税费优惠政策》等诸多公共政策，通过推进搬迁户旧宅基地腾退复垦，多次提高移民搬迁购房补助标准以及用好增减挂钩跨省交易政策等方式，以有效减轻移民搬迁对象的经济负担，在确保“搬得出”的同时，更好地支持脱贫攻坚、攻克深度贫困堡垒。

为解决移民搬迁资金难题，陕西广开资金渠道，用足用活各项扶持政策。例如，允许陕南三市在实施移民搬迁中，可分别将其中 500 亩土地指标，按照相关规定进行融资，以解决部分资金难题。从 2013 年起，陕西还把各地移民搬迁资金落实和建设进度情况列入年度目标责任考核，并实行一票否决。除积极引导民间资本参与搬迁之外，还争取到国家专项财政支持，财政部也给予陕南避灾扶贫生态移民搬迁财政支持，2013—2015 年财政支持达 40 亿元，2016—2018 年财政支持达 36 亿元。

推进移民（脱贫）搬迁，“搬得出”只是手段，“稳得住、能致富”才是目的。为此，陕西统筹发挥好群众主体、政府主导和社会帮扶的作用。例如，为确保“稳得住”，把强化管理服务作为重要保障。2013 年上半年，庄长兴副省长主持召开多次陕南移民搬迁配套设施建设对接会，组织 18 个省级部门与陕南 28 个县区逐县对接 2011—2013 年移民搬迁集中安置点配套建设项目。积极顺应人口居住空间变化，同步调整优化公共管理和社会治理体系，创新移民安置社区治理。积极推进全方位保障移民搬迁户的权益。各地在移民搬迁中充分发扬民主，做到搬迁前农民自愿、搬迁过程中农民参与、搬迁之后农民满意。采用“一证变两证”“两权变三权”以及“原籍管理林和地、社区管理房和人”等创新性做法，充分保障了搬迁户在原集体的耕地、林地承包权以及在迁入地的教育、医疗等社会保障权利，增强群众的归属感和满意度。

把发展特色产业作为移民搬迁工程的核心支撑，多渠道增加搬迁群众的经济收入，确保“能致富”。陕西移民搬迁中各地立足区域实际，按照“一县一业”“一村一品”要求，大力发展特色产业，配套建设产业园区和基地，引导搬迁群众就地就近就业。积极鼓励大众创业、万众创新，引导和组织搬迁群众用好用足“双创”“互联网＋”等扶持政策，努力激发脱贫内生动力。通过设立产业扶持基金、农民创业基金、强化致富技能培训等多种方式，加快催生一批致富带头人，兴办一批特色产业项目，扶持搬迁群众开展自主创业，增强自我发展能力和更多的获得感。

陕西各级政府部门认真贯彻中央决策部署，精心组织、科学规划，加快实施，持续提升，从人、财、物、技术、信息等力量上给予重点保障，移民搬迁工作努力克服任务、时间、用地和资金上的巨大压力，确保既定目标任务顺利实现、高质量达成。通过统筹规划建设、统筹政策资金、统筹管理创新，把移民搬迁与提高城镇化发展质量、提升农村公共服务水平、创造农民新的生产生活方式、促进城乡融合发展和推动乡村振兴等方面结合起来，促进了人口聚集、资源集中、要素聚合，协同推进、有效治理、相互带动产生了“共振效益”和“聚集效应”，从而实现资金投入集约化、移民搬迁效率最大化、城乡公共服务均衡化和生活治理的有效化。

久久为功的实干精神

久久为功的实干精神、奉献精神是移民搬迁精神得以稳健发展、巩固提升和复制推广的核心。以陕南移民搬迁为发端，陕西省先后启动了陕北白于山区、关中秦岭北麓三个板块的移民搬迁，在这期间，陕西省委、省政府的主要领导发生了多次正常变动，但移民搬迁工程始终高位推动、持续推进和有效实施。各级领导干部树立战略眼光、不贪一时之功，坚持咬定青山不放松、一锤接着一锤敲，破除搞面子工程、形象工程等短期行为的现象，使移民搬迁之路越走越好。

陕西省委、省政府把易地扶贫搬迁工作置于全局发展的高度进行系统谋划并认真组织实施。构建和完善移民（脱贫）搬迁工作责任体系。目前已形成“省负总责、部门配合、市级统筹、县抓实施”的推进机制，形成一级抓一级、层层抓落实的组织领导体制。扶贫、国土、发改、财政、住建、农业、林业等部门和有关单位密切协同，牢固树立“一盘棋”的思想，在分工负责和加强协作中已形成“上下联动、左右协同”抓推进、抓质量的工作合力。完善激励机制，多次评选表彰移民搬迁先进单位和个人，同等条件下优先提拔和重用扶贫干部；健全移民搬迁监督考核机制，加强督导检查。

每一届领导班子对移民搬迁脱贫工作的重视程度不仅没有减弱，还在不断巩固和加强；政策措施不仅没有减少，还在不断巩固和完善。他们都本着谋长远、打基础的理念，用“功成不必在我”的胸襟持之以恒地把这项功在当代、利在千秋的工程干实、干好、干响。陕西省委、省政府高度重视移民（脱贫）搬迁工作，主要领导和分管领导多次做出重要指示，亲自调研指导和现场办公，以领导干部的英明决策和辛苦指数来换取和提升移民搬迁群众的幸福指数。2012 年 2 月 3 日，时任省委书记赵乐际在全省扶贫开发工作会议上讲话指出，要举全省之力、集全民之智，突破重点、扎实推进，加快连片特困地区脱贫攻坚，做好避灾扶贫生态移民搬迁等工作。2013 年 5 月 2 日，时任省委书记赵正永到陕西陕南移民搬迁工程有限公司调研时指出，要坚定信心、坚持标准，一张蓝图绘到底，持之以恒地推进移民搬迁工作，使更多农民群众感受到城镇化带来的便利。2016 年 5 月 6 日，省委书记娄勤俭在主持召开全省移民搬迁工作专题会议上强调，以扶贫为主的移民搬迁是打赢脱贫攻坚战，实现同步够格建成小康社会，推动全省经济社会全面发展的重要举措，要切实把这件造福当下、惠及子孙的大事办实办好。5 月 19 日，胡和平省长在主持召开全省移民（脱贫）搬迁工作电视电话会议上强调，切实把思想和行动统一到省委、省政府的决策部署上来，坚定不移地把移民（脱贫）搬迁工作抓紧抓好。

陕西省委、省政府新形势下作出以扶贫为主、同步统筹推进避灾、生态、采煤沉陷区等搬迁这一决策，全面实施易地搬迁脱贫工作，要求陕南加力推进、陕北加快推动、关中高点起步。这集中体现了对人民群众高度负责、对发展全局的深谋远虑和对乡村振兴发展的有力推进。当前，陕西移民搬迁脱贫工作的目标、思路、举措都已非常明确，所取得的成效也十分突出，只要进一步认真贯彻落实战略部署“扣扣子”、责任履行“担担子”、工作落实“钉钉子”的精神，一张蓝图绘到底、不达目的不罢休，必将继续为全国移民搬迁脱贫工作提供可信可行、可学可用、可复制可推广的“陕西经验”。

在开拓移民搬迁脱贫新境界中丰富移民搬迁精神内涵

伟大精神引领着光荣事业。移民搬迁精神是陕西精神的重要组成部分，也是陕西全面打赢脱贫攻坚战，特别是进一步扎实做好移民（脱贫）搬迁工作的重要指南。随着移民搬迁脱贫实践的持续深入开展，移民搬迁精神的内涵将变得更加丰富。深入推进移民（脱贫）搬迁，坚决打赢脱贫攻坚战，应全面弘扬移民搬迁精神，与时俱进、真抓实干，让移民搬迁精神在脱贫攻坚进程中发扬光大，更好地助力追赶超越。把思想行动切实统一到中央、省委决策部署上来，把责任牢牢扛在肩上、任务紧紧抓在手上，扑下身子切实为搬迁群众解难题、办实事，帮助他们早日摆脱贫困、安居乐业。

在新的起点上进一步丰富移民搬迁精神内涵。2016 年 5 月 6 日陕西省委、省政府在全面总结陕南移民搬迁成功经验的基础上，进一步创新思路，做出以扶贫搬迁为主、同步统筹推进避灾、生态和其他类型搬迁这一重要决策，进一步理顺工作体制和机制，移民（脱贫）搬迁工作迈进新的发展阶段。新起点的移民搬迁，要秉持预防式治理的理念和做法，立足当前“挪穷窝”“挖险根”，实现安居乐业，也要倡导前瞻性治理的思维和举措，着眼长远谋全局，促同步，实现脱贫攻坚、新型城镇化、城乡融合发展、美丽乡村建设和生态文明建设一举多赢。要全面认真贯彻落实习近平总书记对陕西“五个扎实”的重要要求，紧扣“搬得出、稳得住、能致富”的根本要求，不忘初心，持久用力，继续前进，持续创新，全面提升移民（脱贫）搬迁工作水平，不断开拓移民（脱贫）搬迁新境界，持续打造移民（脱贫）搬迁“新标杆”。进一步丰富移民（脱贫）搬迁精神内涵，大力宣传移民搬迁精神，为陕西打赢脱贫攻坚战，实现追赶超越和全面建成小康社会做出最大努力和更多贡献，把习近平总书记对陕西提出的“追赶超越”和“五个扎实”持续向前推进，切实贯彻落实“五新”战略任务[1]，不断满足三秦百姓对美好生活的向往，持续增强群众的获得感、认同感和幸福感！

令人欣喜的是，在移民搬迁精神的指引和鼓舞下，在深入推进易地扶贫搬迁进程中，陕西 2017 年已经确立了“顺应规律、系统思维、‘四化同步’、统筹推进、一举多赢”的工作思路，推行“精准搬迁、精确施策、精细管理”工作模式。2017 年 4 月 1 日，杨忠武同志在主持召开陕西省国土资源厅 2017 年度第 1 次重点工作月度点评会上讲话指出，不遗余力推进移民搬迁这一全厅的“一号工程”，要强化措施坚决完成好“易地搬迁脱贫一批”的历史重任。随后不久，陕西省国土厅制定了《举全系统之力狠抓移民搬迁助力脱贫攻坚工作方案》，从紧盯脱贫攻坚目标、强化

[1] 指的是 2017 年 5 月陕西省第十三次党代会所提出的“培育新动能、构筑新高地、激发新活力、共建新生活、彰显新形象”。

搬迁用地支持、大力扶持脱贫产业、促进搬迁群众增收、持续给力工作保障五方面，提出23条举措，全力支持移民搬迁工作。陕西省国土资源厅副厅长、陕西移民（脱贫）搬迁工作办公室主任邹顺生认为，搬迁群众最大的顾虑是后续生存问题，不能为了搬迁而搬迁，在开展易地扶贫搬迁时做到一次性规范签订“搬迁安置、就业创业、旧宅基地腾退”三项协议，确保搬迁群众的知情权、选择权和监督权得到落实，让他们知道自己搬到哪里，收入从哪儿来，心里更有底，确保搬迁群众稳定脱贫。这些在明显改善群众生产生活条件的同时，也有力助推了各地一、二、三产业快速发展及乡村振兴发展。

秉持“顶天立地、理论务农”的宗旨研究易地扶贫搬迁

习近平总书记指出，哲学社会科学工作者要立志做大学问、做真学问。学问之真、学问之大，就在于理论与实践同向同行、同频共振。突出实践导向，关注和研究重大理论和现实问题，更好地服务地方改革创新，是新形势下学者的一项重要使命。2011年5月6日开始，西北农林科技大学公共政策与地方治理研究中心的专家学者就对陕南避灾移民搬迁工程进行密切关注、跟踪调查，后来的调查研究扩展为全省的移民搬迁工程。作为该团队的负责人，本人敏锐地意识到大规模移民搬迁的学术意义和政策价值，率先展开大规模实地调查研究，并承担了多项以易地扶贫搬迁为主题的纵向科研项目和横向研究课题，力争在回答中国问题、构建中国学术、贡献中国智慧等方面发挥一定的作用。在科学研究中，我和我的团队秉持“顶天立地，理论务农”的学术方针，坚持问题导向和经验提升相结合，以此指导易地扶贫搬迁实践，研究成果具有前瞻性和可操作性。我们在进行理论分析的同时，还积极建言献策，产生了一系列易地扶贫搬迁研究成果，譬如，在人民出版社出版专著《山区避灾移民搬迁政策执行研究：陕南的表述》，在知识产权出版社出版专著《治理贫困——易地搬迁与精准扶贫》；其中：专著《山区避灾移民搬迁政策执行研究：陕南的表述》已先后获得陕西高校人文社会科学优秀成果二等奖，陕西省哲学社会科学优秀成果三等奖。我和我的团队提交的多篇研究报告获得陕西省委、省政府领导的重要批示，部分研究成果已被吸收进政府文件和领导讲话中，有的被国土部门、扶贫部门和地方政府予以采纳应用。这些对于提升易地扶贫政策效应和确保搬迁群众“搬得出、稳得住、能致富”产生了明显的积极作用和显著的经济社会效益。陕西易地扶贫搬迁的主要设计者、陕西省扶贫办主任、陕西脱贫攻坚指挥部副总指挥王卫华同志对我有如下的书面评价：“何教授关注移民搬迁、关心陕西发展精神可嘉。移民搬迁这项重大工程关乎经济社会发展、城镇化建设、生态文明和城乡统筹，需要更多像何教授这样的专家学者关注、支持、指导。”本人被誉为“陕西移民搬迁研究第一人”，西北农林科技大学也被公认为是陕西易地扶贫搬迁研究重镇。

过去，是现在的过去，现在，是未来的过去。只有清楚地懂得过去，才能更加有效地建设未来，把握未来。为了系统梳理多年来中央和相关部委以及陕西省对陕西移民搬迁工程的关心、指导和支持，充分展现陕西移民搬迁工作领导小组、各地市及社会各界对这项工程所发挥的作用、所付出的努力、所存在的问题、所进行的探索、所给予的肯定、所取得的成就和所积累的经验，由我和我的团队以第三方身份对陕西移民搬迁的发展历程、主要经验、巨大成就和未来走向等进行了较为系统的梳理和总结。

摆在读者面前的这部即将付梓的著作《摆脱贫困——记述陕西易地扶贫搬迁》就是我们团队近期的一项重要研究成果。它分为抗灾救灾篇、高位推动篇、协同实施篇、社会反响篇和重要文献篇，以事实和数据进行分析和说话，客观、生动地再现了陕西易地扶贫搬迁披荆斩棘的探索之路、波澜壮阔的发展之路、协同创新的引领之路、预防式治理的共享之路！这部著作是陕西易地扶贫搬迁催人奋进、精彩纷呈的“成长史”，也是一部具有较好的政策指引作用的“工具书”，更是一部面向未来、开拓创新的“智慧树”。《摆脱贫困——记述陕西易地扶贫搬迁》作为一部既有史料性，又有理论性的著作，我相信无论易地扶贫搬迁与贫困治理的政策设计者和实践者，还是关注易地扶贫搬迁与社会发展的学者和社会其他人士，都能从本书中汲取相应智慧，获得诸多启迪，从而创造更加美好的未来！

何得桂

2017 年 6 月 1 日

目　录

一、抗灾救灾篇

长期以来，灾害与贫困是陕西发展的重要制约因素。防灾减灾与扶贫开发历来是陕西工作的重中之重。特别是陕南地区的汉中、安康、商洛三市，是我国自然灾害多发区，又处于秦巴集中连片特困地区腹地，贫困程度深，生态责任重，灾害与贫困问题更为突出，防灾减贫任务尤为艰巨。摆脱灾害侵袭、加快脱贫致富、与全国同步进入全面小康社会，是陕西人民的强烈愿望。

（一）陕南发生大范围强降雨

2010 年 7 月 14 日，陕西省陕南地区发生了降雨，在 7 月 16 日发展为大范围强降雨，先后在柞水—宁陕、南郑—勉县—宁强、镇巴—紫阳—岚皋一带出现了三个主要暴雨区，有 15 个县累计降雨量超过 100 毫米，5 个县降雨量超过 50 毫米，最大降雨量为镇巴县达 202 毫米，洋县为 180 毫米。汉江干支流相继涨水，安康水库遭遇 50 年一遇的入库洪水。中共陕西省委、省政府对此高度重视，及时做出安排部署，确保了抗洪抢险工作有力有序开展。

2010 年 7 月 18 日，汉中市勉县、南郑、宁强等县区迅速组织群众开展生产自救工作，采取措施对水库、滑坡点、山洪灾害等地巡查与监测，降低灾害损失。

2010 年 7 月 18 日下午，陕西省防总[1]根据汉江安康段汛情实际启动了汉江防汛Ⅲ级应急响应行动；经省市防总会商讨研究，7 月 18 日 16 时，安康市发布了城区防汛 1 号令，紧急撤离了汉滨、旬阳、白河三县区低洼危险区人员 6086 人。7 月 18 日 19 时，根据洪水发展发布了城区防汛 2 号令，应撤离危险区人员 2. 3 万人。

2010 年 7 月 18 日 21 时，陕西省防总派出的抗灾指导组抵达安康协助指导抗洪抢险，同时紧急向安康调运 6 艘冲锋舟支援抢险工作。

2010 年 7 月 18 日晚，中共陕西省委副书记、陕西省人民政府代省长赵正永向正在省防总坐镇指挥的省水利厅厅长王锋询问了汛情发展及安康水库运行情况，亲切慰问了坚守在各级防汛抗洪一线的同志们。赵正永要求全力以赴防抗暴雨洪水灾害，千方百计保证人民群众生命财产安全。

2010 年 7 月 13 日至 18 日，陕南地区同期内多点爆发特大洪涝和地质灾害，遭受重大人员和财产损失，造成 73 人死亡，121 人失踪。

2010 年 7 月 19 日，中共陕西省委书记赵乐际做出重要批示要求“陕南三市全力以赴做好抗洪救灾工作，确保损失降到最低限度”；代省长赵正永批示要求“动员一切力量，调集当地武警开展抢险救援”；省防总总指挥长、副省长姚引良要求“市县两级要做好抢险救援和群众安置工作”。

2010 年 7 月 19 日上午，安康召开市委常委扩大会，对查灾救灾工作进行全面安排，对迎战汉江洪峰进行紧急动员部署。由市级领导带队的 10 个救灾指导工作组奔赴 9 县 1 区领导指挥抗洪抢险救灾。

2010 年 7 月 19 日，陕西省人民政府副省长、省防总指挥部总指挥长姚引良一行到安康市岚皋县实地查看灾情，慰问受灾群众，指导救灾工作。

截至 2010 年 7 月 19 日 19 时，这次强降雨导致 4 座县城进水，安康城东坝片区

---

[1] 它是陕西省防汛抗旱总指挥部办公室的简称，下同。

8 平方公里受淹，最大水深 6 米，白河县城 1.5 平方公里受淹，最大水深 10 米左右，旬阳县城 1.5 平方公里受淹，最大水深 2 米左右。共倒塌房屋 7933 间，紧急转移人口 114067 人。农作物受灾 30.336 千公顷，因灾公路中断 542 条次，供电中断 66 条次，通信中断 59 条次。损坏堤防 876 处、166 公里。陕西省防总 5 次向汉中、安康、商洛三市发出防抗暴雨洪水和山洪泥石流防御工作紧急通知。陕南三市各级全力以赴做好防汛工作。安康共安全转移、营救群众 7.12 万人，汉中累计投入抢险人员 2.18 万人次，转移受威胁群众 3664 人。

陕西省防总统计数字显示：我省因暴雨、山洪、滑坡、泥石流灾害，共死亡 18 人，失踪 65 人（汉中死亡 8 人、失踪 4 人，安康死亡 10 人、失踪 61 人）。强降雨共造成陕南 3 市的 23 个县区、331 个乡镇、133.96 万人受灾，汛情造成直接经济损失 11.8 亿元。其中，安康市 10 县区、168 个乡镇受灾；安康城区及旬阳、白河、平利县城进水，受灾人口 65.31 万人，倒塌房屋 2773 户、6306 间，损坏房屋 2.47 万间，紧急转移人口 10.31 万人。农作物受灾面积 2.2 万公顷，成灾 1.25 万公顷，绝收 2900 公顷，因灾减产粮食 8.45 万吨。交通、水利、电力、通信等基础设施严重损毁，境内公路中断 415 条次，供电线路中断 25 条次，通讯中断 9 条次，镇坪县移动、联通信号中断，损坏堤防 511 处 46.61 公里，冲毁其他水利基础设施 234 处。初步测算本次灾害安康市直接经济损失 8.8 亿元以上。

2010 年 7 月 20 日，中共陕西省委副书记、代省长赵正永在安康市汉滨区大竹园镇七堰村指挥抢险救灾工作。通往七堰村的道路已被冲毁，昔日的良田被满川沙石覆盖。赵正永顶着烈日，踏着泥泞，跋涉前行，徒步一个多小时来到滑坡现场，关切地询问有多少力量在抢险？搜救进度怎么样？还有哪些危险？大竹园镇党委书记邹远利告诉赵正永同志，灾害发生后，镇村积极组织群众自救，上百名武警官兵也赶来支援，目前搜救正在抓紧进行。赵正永要求，必须组织精干力量，争分夺秒抢救被困群众，全力搜寻遇难群众遗体。要加强地质灾害监测，防止次生灾害发生，尽快抢通交通、电力等基础设施，恢复正常生产生活秩序。途中，赵正永看望了遇难群众家属李发兰等人，对遇难群众表示哀悼，叮嘱家属一定要节哀。赵正永深入居民家中了解灾情，并查看救灾款物发放情况，要求对城区防洪堤再次进行检查维修，同时组织好城镇过水区域和人员伤亡区域的消毒和卫生防疫。当晚召开的安康市“7·18”特大灾害救灾工作汇报会上，赵正永观看了暴雨洪灾的录像资料，听取了安康市抢险救灾工作进展情况介绍。赵正永指出，陕南重大灾情发生后，党中央、国务院十分关注，省委、省政府高度重视，受省委赵乐际书记委托，我们专程前来检查指导抢险工作。赵正永强调，要全力搜救被掩埋群众，妥善安置受灾群众生活；要下气力从长远解决问题，采取加强灾害监测预警、移民整体搬迁、建设保障性住房、推进有条件群众进城落户等综合措施，消除自然灾害对群众住房的威胁；

同时着眼长远，科学规划，抓好灾区恢复重建工作。陕西省人民政府副省长、省防总指挥部总指挥长姚引良，省军区副司令员邱俊本和国家减灾中心副主任冯金社一同指挥抢险救灾。姚引良在会议结束时要求，安康市委、市政府要认真落实会议精神，切实查清灾情，尽快开展恢复重建，省级各部门要积极向国家有关部委汇报，争取国家支持和社会力量的帮助。省政府秘书长秦正及省级有关部门负责人陪同检查。

受暴雨影响，截至2010年7月20日中午12时，陕南3市14个县城、54个乡镇和425处农村供水工程受到不同程度损毁，影响供水人口58.96万人，直接经济损失9886万元。陕西省人民政府决定从省财政落实应急供水资金800万元，用于补助陕南3市灾后恢复应急供水。

2010年7月20日下午，陕西省应急办通报了陕西省南部地区遭受暴雨洪涝灾害的有关情况。此次暴雨区域集中，范围广，雨量大，时间长。强降雨集中在陕南3市22个县区，各县累计降雨量达到80～200毫米，最大降雨量紫阳县达330毫米。主要暴雨区降雨量接近或超过1953年以来历史纪录，为100年一遇。强降雨致使陕西省境内30条河流34站出现洪峰78次，有13条河流超过警戒洪峰流量，汉江干流安康段形成洪峰流量为50年一遇，沿江支流有的甚至出现500年、1000年一遇。安康水库最大入库流量25500立方米每秒，为建库以来最大洪水，经水库调节，下游安康水文站洪峰流量削减为21700立方米每秒。截至7月20日22时，汉中、安康、商洛3市共有24个县（区）166万人受灾，因灾死亡41人，失踪107人。倒塌和严重损毁房屋8720户、27160间，一般毁坏房屋27200户、80200间。另外，农作物和基础设施受损严重，101千公顷农作物受灾，其中绝收18千公顷。2条国道、4条省道和35条县道、115条乡道和1478条村道，8个县城、132个乡镇交通先后中断。通信、供电设施和水利设施也遭受了非常严重的损失。初步估计直接经济损失达24.89亿元。

截至2010年7月20日18时最新统计，安康市10县区共有104.7万人受灾，损坏房屋102994间，农作物受灾面积8.739万公顷，2条国道、4条省道及8个县城、132个乡镇交通中断，损坏堤防511处396公里。初步测算本次灾害直接经济损失12.5亿元以上。累计因灾死亡35人，失踪120人。

截至2010年7月20日，据初步统计，暴雨洪灾共造成汉中市172个乡镇34.26万人不同程度受灾，因灾死亡11人、失踪1人，紧急转移安置1.62万人，全市洪灾造成直接经济损失6.45亿元。群众财产和农业损失严重。倒塌和严重受损房屋2440户9329间，损坏房屋5160户15480间；农作物受灾24.7万亩，成灾15.46万亩，绝收5.1万亩；毁坏耕地1.9万亩。直接经济损失2.39亿元。

2010年7月20日晚10时，在陕西省人民政府代省长赵正永、副省长姚引良带领的省级有关部门在安康重灾区查看灾情、慰问灾民、指导救灾工作刚刚结束离开后，中共安康市委书记刘建明、市长方玮峰立即召开所有市级领导及市直各部门会议，要求全市上下按照省委、省政府领导的重要指示，迅速采取果断措施，全面扎实地开展抗洪救灾工作。

（二）部署抗洪抢险和灾后重建

2010年7月21日下午，代省长赵正永紧急召开省政府第12次常务会议，安排部署陕南三市抗洪抢险和灾后重建工作。武警陕西省总队总队长曹建国、省军区副参谋长何炳利列席会议。会议指出，这次灾害给人民生命财产造成严重损失，我们必须紧急行动起来，把抢险救灾和灾后重建作为当前的头等大事来抓，省上成立抢险救灾和灾后重建工作领导小组，由一名副省长负责，陕南各地和省级有关部门也要成立相应的机构，组织强有力的队伍，深入一线开展工作。会议明确指出"要按照长远规划、分布实施的原则，下决心从根本上消除一些重大安全隐患，重点搞好安康城区东坝防洪工程建设和地质灾害易发区的移民搬迁工作，居住在危险区域的群众要动员其尽快撤离，决不能让悲剧重演"。会议决定，立即启动灾后重建工作。

2010年7月22日，省委书记赵乐际驱车近4小时到达此次受灾最重的安康市岚皋县，实地察看灾情，看望慰问受灾群众，检查指导抗洪救灾工作。赵乐际来到安康市岚皋县四季乡木竹村，看望慰问受灾村民何远志，为他擦去泪水。在看望了村民何远志后，赵乐际来到四季乡麦溪小学，仔细翻阅受灾群众安置登记表，了解人数、来源等情况。汉滨区新城街道办油坊村坐落在安康城区的洼地处，容易发生涝灾。当天，赵乐际绕村察看了灾情。赵乐际随即与市县及水利等部门的负责同志讨论，研究解决问题的措施办法。他说，要坚持科学精神，权衡各种利弊，积极进行论证，抓紧完善规划，采取工程、生态、移民等多种措施，争取早日解决安康城区水患。

针对7月22日至25日，陕北南部、关中大部、陕南东北部、西部局地将再次迎来大到暴雨以及严峻的防汛形势，2010年7月22日，省委副书记、代省长赵正永紧急批示："这一轮降雨是我省防汛抗灾关键时段，不仅陕南，而且渭河流域也进入了抗灾严峻时期，各地务必把转移易淹、易滑坡地段的群众作为首要任务，妥善安置，避过险期。"根据赵正永批示，省防总紧急下发了《关于进一步做好陕南及渭河流域暴雨过程防范工作的紧急通知》，并连夜召开视频会部署新一轮强降雨防汛抢险工作。会议传达了赵正永的重要批示，并对未来五天全省防汛抢险工作进行了再安排、再部署。

2010年7月22日，副省长、省防汛抗旱总指挥部总指挥长姚引良带领省政府办公厅、省水利厅、省国土资源厅、省气象局等有关部门负责同志到汉中市察看灾情，指导救灾并检查防汛准备工作。汉中市政府负责同志陪同检查。

为支持遭遇洪涝灾害的安康等市做好抗洪救灾工作，体现省委对灾区基层党组织和共产党员的关怀，2010 年 7 月 22 日晚，中共陕西省委组织部根据灾情的轻重程度，兼顾受灾乡镇和党组织党员数量情况，下拨省管党费 100 万元，分配给受灾严重的安康、汉中、商洛等市 20 个县区 313 个乡镇，主要用于帮助遭受洪灾的党员群众抗洪救灾，解决生产生活困难，修缮因灾受损的基层党员教育设施。

2010 年 7 月 22 日至 24 日，陕西省文物局派省文研院古建设计所所长王伟，工程师李居西、宋伟等组成“洪水灾后文物受灾情况调查小组”，赶赴安康境内对重要的文物保护单位进行调查，记录和拍摄文物受灾情况。专家组一行先后到旬阳文庙、太极城民俗馆、黄州会馆、杨泗庙、蜀河老街、小河古民居等文保单位实地详细查看了解灾情。由于岚皋、紫阳、平利三县整体受灾严重，道路损毁无法到达，调查小组 7 月 23 日下午电话通知当地文物部门对文物受灾情况予以通报，并将文字及图片资料传给省局文物处。

为组织动员各级党组织和广大党员干部抢险救灾与灾后重建，省委组织部于 2010 年 7 月 22 日晚成立了以省委常委、省委组织部部长李锦斌为组长的抗洪救灾工作领导小组，并于 7 月 23 日一早派出由主要领导和副厅级以上干部带队的 7 个慰问帮扶小组，分赴安康等七市开展慰问帮扶工作。

2010 年 7 月 23 日上午，中共陕西省委书记赵乐际来到汉滨区大竹园镇七堰村，踩着泥石流冲下来的乱石，顺着沟底走到滑坡体现场，听取村支书黄峰介绍情况。看到救援人员的腿深陷泥泞，赵乐际关切地叮嘱他们，在全力救援的同时，一定要保重身体、注意安全。在受灾群众生活补贴兑现处，赵乐际仔细翻看补助登记表，要求工作人员对凡是符合条件的受灾群众，都要及时足额兑现补贴，不漏一户一人。在临时安置点，看到部分群众因为失去亲人痛哭流泪，赵乐际说，这次暴雨山洪泥石流百年不遇，给大家生命财产安全造成了严重损失，我和你们一样十分痛心。灾害无情人有情，希望大家节哀、坚强起来，在各级党委、政府和社会各方面的关心支持帮助下，自力更生、艰苦奋斗，重建美好家园。赵乐际嘱咐市县乡负责同志，一定要把救灾政策给群众讲透讲明白，认真落实政策，搞好心理疏导，做细做实抗洪救灾工作。赵乐际指出，当前我省防汛抗洪救灾正处在关键时期。要认真排查安全隐患，发现险情、及时消除，防止次生灾害和新的灾害发生。要抓紧修复基础设施，抢修冲毁道路、水利、电力和通信设施，确保救援人员和救援物资在第一时间到达灾区。新一轮的强降雨已经来临，各地要坚持把人民的生命安全放在首位，市县乡干部要深入到村组一线，选择好避险转移地点，一有险情，立即组织群众转移避险，最大限度地避免人员伤亡。赵乐际强调，要把统筹城乡发展、加快扶贫开发等结合起来，尊重规律、因地制宜，尽快制定灾后重建方案，抓紧修复受损房屋，对不适宜就地重建的村庄要有序搬迁，并确保受灾群众入冬前住进新居。要组织群众采取各种方式开展生产自救，努力减轻灾害损失。要切实加强宣传舆论工作，实事求是、客观及时地报道灾情，大力宣传抗洪救灾中涌现出的感人事迹和先进典型，营造齐心协力战胜困难的良好氛围。

2010 年 7 月 23 日，中共陕西省委书记赵乐际在岚皋县木竹村做出“生命至上，保人第一”的指示，强调要把避灾转移作为当前抗洪抢险的铁律，首先要把人搬出去，一定要减少老百姓的伤亡。

2010 年 7 月 23 日，副省长、省防汛抗旱总指挥部总指挥长姚引良一行来到汉中市气象台检查防汛气象服务工作，详细了解了该市近期降水和天气情况，通过气象可视会商系统与省气象台负责同志视频连线，听取了全省过去 24 小时降水和近期天气形势的汇报，并现场研究应对措施。姚引良强调，要加强雨情、汛情监测预警，提前采取有效措施，积极应对新一轮强降水。

2010 年 7 月 23 日下午，副省长、省防汛抗旱总指挥部总指挥长、陕南救灾及灾后重建领导小组组长姚引良，在省防汛抗旱指挥中心主持召开省防总和陕南救灾及灾后重建领导小组联席会议，安排部署防抗新一轮强降雨和陕南救灾及灾后重建工作，要求各地各有关部门立足防大汛、抗大灾，进一步加强领导、落实责任、强化措施，全力抓好防汛工作，妥善安置受灾群众生活，及时启动灾后恢复重建工作。姚引良强调，持续强降雨给陕南地区造成了严重灾情，民政、交通、水利、电力、通信、国土资源、农业、林业等相关部门，要尽快组织力量深入灾区，协助做好抗灾救灾工作，妥善安置受灾群众生活，全面开展灾情核查统计，在此基础上科学规划、统筹安排，抓紧启动恢复重建工作，确保灾区人心安定、社会稳定。

2010 年 7 月 23 日，陕西省人民政府通报最新暴雨洪灾情况，经进一步核查，截至 7 月 23 日 12 时，汉中、安康、商洛 3 市 24 个县（区）177 万人受灾，紧急转移安置 21.3 万人，因灾死亡 73 人，121 人失踪，倒塌房屋 13298 户 42016 间，损坏房屋 46860 户 140315 间；农作物受灾面积 106.7 千万顷，绝收面积 19.7 千万顷，直接经济损失 29.15 亿元。

2010 年 7 月 23 日 12 时至 7 月 24 日 16 时，商洛市 7 个县区再次遭受特大暴雨灾害，全市有 17 个乡镇降雨量超过 100 毫米，5 个乡镇降雨量超过 150 毫米，3 个乡镇降雨量超过 200 毫米，最大降雨量 244.6 毫米。7 月 22 日至 24 日，商洛市委书记魏增军、市长杨冠军等 16 名市级领导分赴 7 县区现场指挥防汛救灾工作；全市组建各类抢险队伍 2397 支 6.6 万人。

2010 年 7 月 24 日下午，省委书记赵乐际来到省防汛抗旱总指挥部检查指导工作。赵乐际听取了省防总、省气象局、省水文局关于当前全省汛情和防汛工作的介绍、详细了解近期雨情、水情和灾情，认真询问各水库的容量、水位、警戒线和主要河流的实时流量。赵乐际强调，要把防汛抗洪救灾作为当前头等大事，按科学规律办事，加强监测预警，加大工作力度，落实工作责任，确保人民生命财产安全。

2010年7月24日，省委副书记、代省长赵正永冒雨赴渭南华阴市（县级）罗夫河决口现场、麻家边水库泄洪区和商洛市丹凤县竹林关镇泥石流冲击带、沪陕高速清嘴梁隧道堵塞段，现场检查指挥抢险工作。赵正永强调，一定要调集所有力量，克服面临困难，全力以赴确保人民群众生命安全。7月24日凌晨的山洪和泥石流，造成丹凤县竹林关镇6人死亡1人失踪，80%以上房屋被淹，6000多名群众紧急疏散。赵正永趟着一尺多深的泥浆，先后检查了镇中心小学和设在镇政府的群众临时安置点。竹林关镇党委书记彭霞珍告诉赵正永同志，路、水、电、通信都中断，饮用水源也被破坏，虽然有5000多名群众通过投亲靠友等方式进行了疏散，但还有1000多名群众临时安置在镇上的7个地方，靠方便面和矿泉水生活。赵正永立即要求市县两级紧急调运粮食和饮用水，确保受灾群众每人每天有一斤粮，有干净水喝，能够得到妥善安置。一些公安干警和武警战士正在加紧清淤，赵正永叮嘱他们要在参与抢险救灾的同时，维护好社会治安，坚决避免群众利益受损。赵正永要求，市县干部要深入一线、靠前指挥，全力做好群众疏散、安置、保障和基础设施抢修等工作，并积极采取以工代赈等方式组织群众开展生产自救。副省长、省防总指挥部总指挥长姚引良，省军区司令员程兵，武警陕西省总队总队长曹建国，省政府秘书长秦正、省级相关部门负责人陪同检查。

2010年7月24日至25日，受省委书记赵乐际、代省长赵正永委托，省委常委、副省长洪峰深入汉中市实地察看洪涝灾情，慰问受灾干部群众，检查指导抗洪救灾。7月24日上午，洪峰带领省级有关部门和单位负责同志紧急赶赴洪灾严重的镇巴县察看灾情。行至镇巴县陈家滩乡时，因泥石流阻隔，洪峰一行徒步赶往灾区，沿途察看灾情。在受灾严重的拉溪塘村，房屋倒塌过半，道路损毁严重。洪峰慰问了受灾群众，并向正在现场救灾的县乡同志详细了解受灾情况和救灾工作。洪峰要求县乡村各级全力搜救被困群众，救治受伤村民，安排好受灾群众生活，尽快组织群众开展生产自救。7月24日23时和25日上午，洪峰先后2次在西乡县召开会议，听取有关救灾工作汇报。省政府副秘书长李明远，武警陕西省总队和省交通、水利、城建、民政、地电、电信等部门和单位负责人随同检查。

2010年7月25日8时30分左右，汉中市宁强县舒家坝乡发生山体滑坡灾害并形成了堰塞湖，所幸没有造成人员伤亡。该滑坡山体约有10万立方米，垮塌后堵塞了板踏河河道，形成堰塞湖。舒家坝乡政府工作人员紧急转移了受威胁的2个村庄300余名群众。

2010年7月25日17时，汉中市防汛指挥部召开新闻发布会。截至7月25日16时，暴雨洪灾共造成汉中市209个乡镇61.36万人不同程度受灾，因灾死亡21

人、失踪10人，初步核定直接经济损失达32亿元以上。

2010年7月25日，中共陕西省委创先争优活动领导小组向各市委、杨凌示范区党工委创先争优活动领导小组，省委和省级国家机关各部门、各人民团体创先争优活动领导小组发出《关于在抗洪救灾和灾后重建中 深入开展创先争优活动的通知》。

2010年7月25日，农行陕西省分行专门从总行争取新增信贷5500万元，用于陕南3市抗洪救灾。信贷资金具体投向为：汉中3000万元，安康1000万元，商洛1500万元。

2010年7月26日下午，代省长赵正永到省气象局检查工作，并慰问气象战线的干部职工。他强调，要进一步提高气象工作水平，拓宽气象服务领域，为全省经济社会发展和人民群众生产生活提供有力保障。省政府秘书长秦正和省防总指挥部、省应急办、省气象局的负责人陪同检查。

2010年7月27日，陕西省十一届人大常委会第十六次会议召开，会议专门听取了省民政厅厅长曹莉莉做的关于当前我省抗洪救灾工作情况的汇报。会议要求省政府为近期洪涝灾害造成的“三无”（无粮、无衣、无房）和“三孤”（孤儿、孤老、孤残）困难群众实行临时生活救助政策，发放为期3个月的补助，期限从2010年8月1日至10月31日。补助标准为：“三无”人员每人每天10元补助金、0.5公斤成品粮（粮食转移出来的不享受补助）；因灾造成的“三孤”人员每人每月补助600元；受灾的原“三孤”人员每人每月补足到600元。补助的钱粮做到及时足额按月发放，无论集中安置点的受灾群众，还是分散安置点和投亲靠友的受灾群众，都保证将救灾款物发放到本人手中，确保受灾困难群众有饭吃、有衣穿、有地方住、有干净饮用水喝、有病能及时得到治疗。对于此次受灾农村民房的恢复重建，省上已拟定了实施方案，将参照“5·12”汶川大地震灾后重建政策，把灾后重建与农村危房改造、公住房、廉租房建设、生态移民搬迁、扶贫搬迁及城镇化建设相结合，尽早开工建设，要求原址重建的力争今年底前完成，异地重建的力争明年5月汛期前完成。

截至2010年7月27日，7月14日以来的两轮强降雨引发的山洪、滑坡、泥石流等灾害，已造成陕西全省461万人受灾，紧急转移安置81.3万人，因灾死亡127人，失踪201人。灾害还给陕西各地公共基础设施造成严重损害，导致安康市东坝片区和白河、旬阳等4座县城进水，铜川城区和陇县县城发生严重内涝积水，渭河支流罗夫河发生决口。陕西受灾地区交通、水利、电力、通信等基础设施和教育、卫生、文化等损毁严重。襄渝、阳安、宝成、宝中、宁西等9条铁路88处中断，累计中断铁路正线行车249小时；2条高速公路、5条国道、12条省道、500多条县乡道路和4000多条农村公路受损。各地的供水、供电、通信及学校、医疗机构等受损也较为严重。

2010年7月27日至28日，受省委书记赵乐际委托，省委常委、省委组织部部长李锦斌深入安康市抗洪救灾一线，看望在抗洪救灾中英勇牺牲的优秀共产党员、汉滨区谭坝乡鸭蛋河村党支部书记杨宗兴、紫阳县焕古镇派出所指导员罗春明和焕古镇文化站干部冉本义的亲属，向他们转达了省委主要领导的亲切慰问。李锦斌一行还先后深入到岚皋县四季乡木竹村、铁炉乡受灾群众安置点以及紫阳县焕古镇大连村等，慰问受灾的4个村党组织和6户党员群众。在慰问中，李锦斌高度赞扬了这些党员干部在抗洪救灾中奋不顾身、把群众生命财产安全放在第一位的精神，要求各级党组织解决这些同志的家庭困难，褒扬先进，树立导向。

2010年7月29日，国土资源部部长、党组书记、国家土地总督察徐绍史深入商洛市调研地质灾害防治。徐绍史一行冒着高温酷暑，踩着泥泞，穿过乱石堆，深入受灾严重的丹凤县竹林关镇，一边听取县、镇抗灾救灾工作汇报，一边沿途查看灾情。徐绍史在听取商洛市地质灾害防治工作汇报后指出，目前商洛乃至陕西还处在主汛期，地质灾害防治形势依然严峻。要继续坚持防大汛、抢大险、抗大灾思想不动摇，进一步完善措施，严阵以待做好防汛各项工作。强化措施，夯实责任，按照省市统一要求和部署，进一步完善和规范地质灾害群测群防网络，加强地质灾害的防治工作，坚决防止和减少次生灾害发生，避免出现新的人员伤亡。对受滑坡威胁的村庄，统筹规划，尽快实施搬迁，从根本上杜绝安全隐患。大力宣传抢险救灾中涌现出的先进典型，宣传全社会支持灾区的感人事迹，宣传各地恢复重建的做法和成效，鼓舞士气，增强信心，努力夺取全市抗灾救灾和灾后恢复重建取得全面胜利。

2010年7月29日，副省长景俊海赴商洛市检查指导旅游景区灾后重建、基层工商所受灾恢复和灾区市场供应情况。

2010年7月下旬，省扶贫办以陕南三市重灾县为重点，省财政厅及时调整和下拨今年第二批小额到户财政扶贫贷款贴息资金1000万元，可贷款2亿元，专项用于支持9市52个县受灾贫困农户开展生产自救。其中陕南三市的贴息资金额度各200万元，共计600万元，可贷款1.2亿元。此外，陕西省2010年新增财政扶贫资金计划也在抓紧调整安排，重点向洪涝灾害重灾县受灾群众建房、基础设施恢复项目倾斜。

2010年7月29日21时，随着汉中市镇巴县清水乡的电灯亮起，镇巴24个乡镇主干线路全部恢复供电。

2010年7月30日，国土资源部部长、党组书记、国家土地总督察徐绍史一行7人，在陕西省人民政府副省长姚引良等陪同下深入汉滨区大竹园镇七堰村查看灾情，实地调研地质灾害防范、检查指导地质环境监测工作。当天下午，徐绍史一行观看了安康市“7·18”抗洪救灾情况专题片，听取了安康市关于地质灾害防治情况汇报。徐绍史指出，安康灾害呈现三个显著特点：一是全域性。即洪水和滑坡泥石流灾害在全市10县区同时爆发；二是高强度。46个自动速报监测点雨量均超过100毫米，局地降雨量高达280.5毫米，主要暴雨区降雨量接近或超过1953年以来历史纪录，为100年一遇；三是损失重。其中，有26起滑坡、泥石流地质灾害。此外，发生严重地质灾害的4县区位于大巴山区，地形陡峻，高差相对较大，沟谷纵坡大，有利于大气降水汇集，成为滑坡泥石流发育的重要基础条件，且隐患排查难度大；降雨强度属于特大暴雨类型，山体裂缝快速充水容易形成滑坡泥石流灾害。安康市委书记刘建明主持汇报会并做了表态发言。姚引良在讲话中表示，省上将尽快向国土资源部争取资金，统筹安排解决安康山区群众搬迁重建工作，并对安康重大地质灾害隐患点工程治理及耕地复垦等予以资金支持。

2010年7月31日晚，安康市举行“生命至上，安康奋起——‘7·18’特大洪灾赈灾活动”。1万多名安康各界群众参加了此次活动。社会各界踊跃捐款支持赈灾，共收到救灾资金1811.85万元。

2010年8月初，面对地质灾害防治严峻形势以及陕南灾区灾后恢复重建的艰巨任务，陕西省人民政府做出决定，每年将安排2亿元用于补助移民搬迁。为做好灾区灾后恢复重建中的地质防治工作，彻底消除地质灾害易发区居民的安全隐患，省委、省政府下决心，利用5年左右的时间，结合城乡统筹发展、城镇化建设、城市低洼区改造、旧城区改造和新农村建设以及扶贫搬迁计划，对处于地质灾害易发区至少10万名居民，组织动员其避让搬迁。由于该项工作耗资巨大，涉及部门多，除省政府每年安排资金补助移民搬迁外，省上还要求相关市县拿出配套的财力、物力促进移民搬迁有序开展，做到十年规划，五年大见成效。同时，省政府责成省国土资源厅会同住房和城乡建设厅拿出实施方案。待方案确定后，将在陕南三市全面组织实施。

2010年7月下旬，陕南三市遭受了百年一遇的强降雨，大量的工矿企业灾情严重，生产经营损失巨大。面对灾情，省工业和信息化厅紧急安排4000万元专项资金，帮助重灾区恢复工业生产。

2010年8月初，国土资源部副部长汪民深入汉中市检查指导地质灾害防治工作。在汉中市汉台区河东店镇沥水沟地质灾害隐患点，汪民现场观察隐患点动态变化和治理情况，并与当地干部群众进行了亲切交谈，介绍了地质灾害防治的基本知识。同时要加强宣传力度，普及防灾基本知识，增强群众“防灾避险”意识，提高应对灾害的能力，最大限度地避免和减少地质灾害的损失，确保人民群众生命财产安全。

截至2010年8月2日20时，陕西省灾区供电全部恢复。截至目前，省电力公司累计抢修输电线路289条，长度949.58公里，配电变压器7313台，136个乡镇、

1509个行政村、43.36万户居民用电得到恢复。

2010年8月初，长江水利委员会水土保持局局长廖纯艳一行受国家防总的指派，代表国家防总到汉中灾区检查指导抗洪救灾工作。在听取汉中市防汛抗旱指挥部及市水利局领导关于全市灾情汇报后，检查组一行深入到镇巴、汉台、西乡、洋县实地查看灾情，及时地把汉中市雨情灾情和抗洪救灾情况反馈给国家防总。

2010年8月3日凌晨3时左右，安康市白河县小双乡东村二组发生一起山体滑坡事故。经现场勘测，整个滑坡体长约200米，宽150米，厚15米，约45万立方米。该滑坡体属于新发生滑坡，导致6户17人被掩埋。事发后，省委、省政府高度重视，要求市县迅速组织力量全力搜救。安康市委副书记、安康市人民政府市长方玮峰随即赶赴现场指挥，白河县第一时间成立了现场紧急抢险救援机构，101名群众已被撤离到安全地带。截至8月3日13时10分，已有10人成功获救（其中3人轻伤、1人重伤住院治疗），5人死亡，2人下落不明。

2010年8月3日，陕西省水产总站、省水产研究所等水产专家共10人赴安康市检查渔业灾情，指导渔业灾后重建工作。

2010年8月4日，省委副书记、代省长赵正永带领省级相关部门负责人，驱车赶赴汉中市镇巴县，深入陈家滩乡拉溪塘村、青水乡营盘村和向家坪村以及镇巴县老城区等地现场检查指导抢险救灾和恢复重建工作。在当晚听取了汉中市的工作汇报后，赵正永充分肯定了汉中市和镇巴县的抗洪救灾工作，他指出，灾后重建是当前一项十分重要而艰巨的任务，各级政府各有关部门一定要高度重视，加强领导，精心组织，确保恢复重建各项工作有序进行。积极筹措资金，科学合理选址，尽快解决受灾群众的住房问题，确保绝大多数受灾群众能在新房中过冬，同时要结合移民搬迁和中心镇建设，积极动员有条件的农民进城落户。省政府秘书长秦正陪同检查。

2010年8月4日，省委副书记王侠带领省级有关部门在安康市委书记刘建明，市委副书记、市长方玮峰等陪同下，冒着高温酷暑，深入重灾区的汉滨区、平利县，检查防汛救灾和恢复重建工作。王侠十分牵挂受灾群众的安置问题，专程来到七堰村和平利县老县镇马鞍山村受灾群众安置点，看望慰问受灾群众。王侠说，山地灾害威胁着群众的生命财产安全，要以人为本、着眼长远，科学谋划、统筹安排，把恢复重建作为改善民生的重要抓手，尽早使居住在有地质灾害隐患地带的群众搬迁到安全区域，把重建家园、新农村建设和统筹城乡发展、推进城镇化有机结合，从根本上改善群众的生产生活条件。现在还是主汛期，要从思想上、工作上切实做好防大汛、救大灾的准备，统筹安排，科学实施，把灾后恢复重建工作抓实抓好。

2010年8月4日上午，省国资委系统企业向陕南灾区捐赠仪式在西安举行，副省长、省救灾及灾后重建工作领导小组组长姚引良出席捐赠仪式并讲话。延长石油集团、省有色金属集团、省煤业化工集团、省地方电力集团、省投资集团、西电公司等55家省属企业及中央驻陕企业现场捐款1.9398亿元。此次捐款将按照省政府对陕南灾区对口支援的安排，用于7个重灾县开展灾后恢复重建。省国资委党委书记、主任白阿莹主持捐赠仪式，陕西延长石油集团党委书记兼董事长沈浩代表捐赠企业发言。省国资委机关干部职工现场进行了捐款活动。

2010年8月4日上午，安康市、汉滨区两级人力资源和劳动社会保障部门在城区兴华建材市场，为市场受灾商户发放了40万元的小额信用担保贷款。

2010年8月5日，陕西省人民政府办公厅下发《关于做好学校防汛救灾和恢复重建工作的紧急通知》，要求确保全省各级各类学校（幼儿园）安全度汛，受灾学校秋季如期开学，学校恢复重建工作顺利进行。

2010年8月6日，省委、省人大、省政府、省政协领导、机关干部职工和离退休老同志纷纷慷慨解囊，踊跃向灾区群众捐款，以实际行动支援灾区。省委书记、省人大常委会主任赵乐际，省委副书记、代省长赵正永，省政协主席马中平，省委副书记王侠，省委常委郭永平、李锦斌、宋洪武、孙清云、洪峰、胡悦，省人大常委会常务副主任杨永茂，副主任赵德全、刘维隆、黄玮，省政府副省长朱静芝、郑小明、景俊海，省政协副主席刘新文、李冬玉等到现场捐款。省人大常委会副主任罗振江、李晓东❶、张道宏，省政府副省长吴登昌、姚引良，省政协副主席张伟、张生朝、王晓安、李晓东❷、李进权、周卫健等因公务活动未能到现场，委托工作人员捐款。省级老领导白纪年、张勃兴、李溪溥、周雅光等，也亲自到现场或委托他人捐款。据统计，截至8月6日，省委、省人大、省政府、省政协机关共收到捐款13.9万元。

2010年8月6日，团省委在安康启动促进陕南农村灾后生产恢复“双千行动”，将免费培训安康、汉中、商洛重灾县农村青年“领头雁”1000人次，免费为1000名农村青年提供了小额贷款；团省委副书记、省青联主席李豫琦代表团省委党组赴安康慰问奋战在抗洪救灾一线的广大团员青年，并援赠117万元项目资金用于促进安康救灾和灾后重建工作。

2010年8月初，省委组织部决定，再次拿出100万元省管党费，与中央组织部下拨的100万元中管党费配套，共200万元下拨给遭遇严重洪涝灾害的汉滨、紫阳、岚皋、平利、白河、山阳、丹凤、商南、镇巴、宁强、勉县11个县区，主要用于帮助遭受洪灾的党员群众抗洪救灾，解决生产生活困难，修缮因灾受损的基层党员教

---

❶ 李晓东，男，1954年10月生，陕西岐山人，1973年3月参加工作，2008年1月起担任陕西省人大常委会副主任、党组成员。

❷ 李晓东，男，1955年9月生，重庆人，1972年12月参加工作，2008年1月担任陕西省政协副主席。

育设施。

2010 年 8 月 9 日下午，副省长、省防总总指挥长姚引良率省级有关部门负责同志到省气象局听取了天气形势预测预报情况介绍，在省防总指挥中心召开防汛会商会议，进一步研究部署当前防汛减灾工作，要求建立部门预警联动应急响应机制，毫不松懈地做好防汛和地质灾害防御工作。省防总指挥长、省政府办公厅纪检组长刘曙阳和省水利厅、省国土资源厅、省气象局、省广电局、省应急办负责同志参加了会议。

2010 年 8 月 10 日，全省深入推进创先争优活动座谈会（陕南片）在安康召开。省委常委、省委组织部部长、省委创先争优活动领导小组组长李锦斌出席会议并讲话。座谈会听取了安康、汉中、商洛三市创先争优活动、特别是各级党组织和党员干部在抗洪救灾中创先争优的事迹，商洛市山阳县、汉中市镇巴县青水乡、安康市汉滨区谭坝乡党委介绍了他们和杨宗兴等基层典型的先进事迹。

2010 年 8 月中旬，为支持陕西做好抗洪救灾和应急恢复工作，国家发展改革委紧急下达陕西 2010 年中央预算内投资 5000 万元，专项用于受灾地区城镇供水、交通等应急恢复工程。

2010 年 8 月 12 日，全省部分市县抗洪救灾灾后重建资金物资监管工作座谈会在商洛市举行。省委常委、省纪委书记郭永平强调，要切实加强抗洪救灾和灾后重建资金物资监管，确保资金物资真正用于受灾地区和受灾群众，确保抗洪救灾工作顺利进行。会上，宝鸡、咸阳、铜川、渭南、汉中、安康、商洛等市分别就受灾情况和灾后重建抗洪救灾资金物资监管情况做了发言。郭永平在认真听取了各市的发言后指出，能否管好、用好抗洪救灾资金物资，直接关系到灾区群众的基本生活和恢复生产、重建家园的顺利进行，直接关系到党和政府在人民群众中的公信力、感召力、凝聚力。各级党委、政府和纪检监察机关一定要强化政治意识和大局意识，进一步增强责任感和紧迫感，紧贴抗洪救灾任务，服务灾后重建大局，把抗洪救灾和灾后重建资金物资监管工作作为当前一项重要任务，全面履行职责，推动抗洪救灾和灾后重建工作顺利进行。

（三）把灾后重建和移民搬迁结合起来

2010 年 8 月 16 日上午，省委副书记、代省长赵正永主持召开省政府第 14 次常务会议，研究抗洪救灾恢复重建资金筹措、加强政府债务管理等工作。会议决定，省财政多渠道筹集专项资金用于抗洪救灾恢复重建工作，由省救灾与灾后重建工作领导小组统筹安排。会议要求，要合理安排重建资金，区分轻重缓急，优先解决受灾群众的住房问题。要把灾后重建和城镇化建设、移民搬迁等工作结合起来，科学做好重建工作。要加强审计监督，确保资金使用安全。省级机关要带头厉行节约，各级机关也要切实压缩开支，把有限的资金用于灾后重建工作。

2010 年 8 月 17 日，灾后恢复重建对口支援工作会议在西安召开，副省长、省救灾及恢复重建工作领导小组组长姚引良出席会议。为调动各方面力量搞好灾后恢复重建，省委、省政府决定，组织西安、榆林等灾情较轻、财力较好的市以及省属国有企业、中央驻陕企业、中省金融机构对口支援 11 个重灾县（区），其中西安市对口支援汉滨区，榆林市对口支援镇巴县，长庆油田对口支援商南县，金融机构对口支援白河县，国资委系统企业和部分中央驻陕企业对口支援岚皋县、紫阳县、平利县、山阳县、丹凤县、宁强县、勉县。对口支援主要采取资金援助的办法，每个县（区）援助 2000 万～3000 万元，专项用于补贴农村低保户、低收入户和“三无”困难户建房，在各级财政补助基础上每户再补助 1 万元，其余额可用于学校、医院、敬老院恢复重建。姚引良在会上要求，援助单位和受援县（区）要建立协作对接机制，共同做好对口支援工作。受援县（区）要认真做好灾情核查工作，实事求是地确定损毁民房重建数量；要抓紧制定灾后恢复重建规划，统筹安排财政补助资金和社会捐赠资金，及时足额落实配套资金，加快推进恢复重建工作，确保大多数受灾群众入冬前迁入新居；要坚持恢复重建与农村危房改造、廉租房建设、生态移民搬迁、扶贫移民搬迁以及城镇化建设相结合，尽可能集中重建，引导和鼓励有条件的重建户进入城镇，推进城镇化建设；要加强对各类重建资金使用情况的监管和审计，确保专款专用。

2010 年 8 月 19 日上午，针对新一轮雨情，省委书记赵乐际对防汛工作做出重要指示。赵乐际指出，前一阶段防汛工作主动、有力、有序、有效。面对新一轮雨情，一定不可松懈、不可麻痹、不可大意，一些地方山体松散，发生泥石流和垮塌的可能性增大，务必要跟踪天气，及时预报，科学预警，该转移群众的地方一定要下决心转移，群众的生命至上，千万不要酿成大灾。赵正永代省长再次强调，一定要确保人民生命安全。根据指示，省防总紧急召开全省防汛视频工作会，传达赵乐际书记关于防汛工作的重要指示精神，进一步安排部署新的暴雨洪水灾害防抗工作，强调并要求各地克服麻痹松懈思想，保持百倍警惕，严阵以待做好当前防汛抗洪工作，全力迎战 8 月 25 日前新一轮暴雨洪水灾害过程。

2010 年 8 月 18 日，省委常委、副省长洪峰带领省交通运输厅、省发展改革委、省住房和城乡建设厅、省公路局等省级部门主要负责同志深入商洛市检查指导灾后重建工作。洪峰强调，各级党委、政府要用更加扎实细致的作风去组织实施灾后重建，以更加坚定的信心、更加饱满的热情、更加昂扬的斗志，切实帮助灾区群众早日渡过难关、重建家园，夺取抗洪救灾的全面胜利。在灾后重建中，一是要突出重点，把受灾群众住房和乡村道路作为当务之急，确保受灾群众入冬前住上新房，抢修好通乡、通村公路；二是不能把灾后重建理解为单纯的灾后恢复，一定要在重建中不断完善思路，把灾区建设得比灾前更加美好；三是要按照“着眼长远，适当超前”的原则制定灾后重建规划，用科学避免灾害；四是要打破条条框框界限，提高资金的使用效率和灾后重建效果。

2010 年 8 月 18 日上午，省国资委主任白阿莹带领陕西延长集团、省有色金属集团、陕西交通建设集团等 20 多家省属国有企业，来到受特大暴雨洪灾袭击的商洛市，分别向对口援助的山阳县、丹凤县捐款 2800 万元、2798 万元，重点支援受灾群众加快建房工作。

2010 年 8 月中旬，中共陕西省委宣传部做出《关于开展向冉本义同志学习活动的决定》，号召全省宣传思想文化战线向冉本义同志学习。冉本义同志生前是安康市紫阳县焕古镇文化专干，中共党员。2010 年 7 月 18 日，在紫阳县焕古镇特大暴雨洪灾中，面对随时可能出现山体滑塌的险情，冉本义同志一心想着群众安危，临危不惧，冲锋在前，紧急组织转移 42 名群众到了安全地带，就在他返回最后一户群众家中准备施救时，被突如其来的泥石流掩埋，不幸牺牲，年仅 37 岁。

2010 年 8 月中旬，省政府出台《陕西省气象灾害应急预案》，正式确立了建立各级政府主导、气象部门牵头、相关部门联动、按职响应、公众参与的气象灾害防御工作机制。其中，共有 27 个部门参与了气象灾害防御工作机制。同时，省政府还详细按照不同的气象灾害种类、不同的气象灾害等级规定了相应的监测预警、应急处置、恢复与重建、保障措施等具体工作。

（四）新一轮强降雨与抗灾救灾

2010 年 8 月 20 日中午，省防总总指挥长、副省长姚引良对做好新一轮强降水防汛工作进行紧急安排部署。在了解掌握最新雨情后，姚引良提出两条要求：一是省应急办商省防办、省气象局、省国土资源厅启动防汛和地质灾害防御预警联动机制，通过广播、电视、网站、手机短信等多种方式，把预警信息第一时间传递给基层干部和广大群众，有关市、县要紧急行动起来，抓紧组织群众转移避险，确保人民生命安全；二是省水利厅、国土资源厅、工信厅、交通厅等有关部门根据职责启动相应预案，做好水库、淤地坝、尾矿坝、地质灾害影响区、交通干线等重点部位的防范工作。

2010 年 8 月 20 日 21 时，省防总启动了全省Ⅳ级防汛应急响应行动。省防总派出七个工作组分赴宝鸡、安康、渭南、汉中、延安等市现场动员督促。国家防总、水利部对我省及时启动Ⅳ级防汛应急响应行动给予充分肯定和支持，8 月 21 日上午派出工作组来我省检查指导防汛工作。

2010 年 8 月 20 日至 8 月 21 日，汉中市再次遭受特大暴雨袭击，江、河水暴涨，汉台、勉县、留坝、佛坪、南郑等县区局地损失严重，造成部分地方交通、通信、电力中断，市区十多处出现内涝，水深50厘米左右。316国道多处塌方，道路中断，全市紧急转移危险地段群众避险。

2010年8月20日，中共商洛市委常委、常务副市长张荣珠在《陕西日报》第3版发表《灾后恢复重建应注意的几个问题——暴雨洪水过后的思考》一文。

针对2010年8月20日陕西迎来今年入汛以来范围最大的暴雨天气过程，省国土资源厅要求全系统各部门充分认识当前地质灾害防治形势的严峻性，做好防、抢、撤方案，谨防暴雨引发的城市内涝、山体滑坡、泥石流等灾害的发生。

2010年8月21日上午，陕西省国土资源厅副厅长喻建宏向媒体介绍，截至8月20日，全省发生地质灾害1009起，其频次是2009年的10倍。陕西是全国地质灾害易发区之一，地质灾害易发区面积占全省国土面积的49%。面对新一轮强降雨天气的到来，省国土资源厅已将全省9300多个地质灾害易发点纳入地质灾害群测群防网络，并要求各地市国土资源系统，积极配合各地方政府、气象部门等，注意水情、雨情的发生，做好防、抢、撤方案。同时，加强秦巴山区群发性滑坡、泥石流的防范，向处于滑坡体、泥石流危险易发区的群众广泛宣传避险知识，把协助易发区群众撤离的责任落实到村到组到人。

2010年8月21日上午，省粮食局组织西瑞集团、西粮公司和陕西军粮供应站将省级储备粮中的54万公斤大米调往山阳、丹凤等商洛市7个受灾县（区）。

2010年8月23日，针对新一轮强降雨可能引发的地质灾害，省国土资源厅迅速向全系统下发了《关于全力做好当前地质灾害防治工作的紧急通知》，再次要求各市、县国土资源部门坚持防重于抢的方针，全力以赴确保人民群众生命财产安全。要求各市县国土资源部门要时刻绷紧地质灾害防治工作这根弦，围绕“查、防、治、宣”进行部署。“查”，当前要抓好以县乡干部为主的地质灾害排查、巡查。同时，重点针对陕南地区，组织开展地质灾害详细调查工作。

2010年8月23日8时至24日20时，陕西宝鸡南部、西安南部、渭南南部、汉中、安康、商洛的大部分地方将出现50毫米以上区域性暴雨，局部地区将出现100毫米以上大暴雨。针对严峻的防汛形势，8月23日，省防总紧急发出通知要求各地进一步继续做好8月23日至24日防汛抗洪工作。

2010年8月23日上午，省防总总指挥长、副省长姚引良针对省气象局报送的《强降水过程服务材料》做出批示，要求按规定通知相关市县做好防汛防灾工作。此次强降水主要集中在关中南部和陕南，雨强分布均匀，时间长，关注渭北和秦巴山区山洪和地质灾害，重点防范汉中的宁强、略阳等地震灾区强降水可能引发的地质灾害；重点关注渭河流域中等强度洪涝灾害，省局应急移动气象台处于随时待命状态；注重乡村气象信息员对地质灾害预警信息的传递，尤其是地质灾害重点防范区。

受“5·12”地震和今年“7·24”暴雨影响，略阳县境内地质灾害点大量增加，已查明地质灾害点644处，威胁群众15255户、58993人。特别是今年入汛后全县因暴雨新增的有202处，受威胁群众有2200户、7500人。针对这一情况，该县迅速成立了由县政府主要领导任组长的地质灾害防治工作领导小组，落实了各级行政“一把手”的工作责任。县上筹措专项资金300万元，组织专业技术人员，对出现险情的地质灾害点进行应急治理，同时聘请三家地勘单位，对县城周边凤凰山等地质灾害险段和乡镇辖区内的67处重大地质灾害险情、灾情点进行应急排查评估。尤其对威胁10人以上的地质灾害点，单独编制防灾减灾预案，逐一明确预警信号和撤离方案，并将“明白卡”发放到每一个受灾害威胁群众手中。县防滑办及各地质灾害点严格执行领导带班、24小时值班和险情、灾情“零报告”制度，及时灵通信息、掌握动态、确保安全。

2010年8月下旬，陕西省林业厅召开厅长办公会议，研究部署林业系统防汛抗洪和灾后重建工作。出现特大洪涝灾害后，陕西省林业厅立即组成8个抗灾救灾调研指导工作组，分赴受灾严重的市县查看受灾情况，指导林业系统灾后重建。据统计，目前全省林业系统因暴雨、泥石流等造成苗圃损毁2.3万亩、苗木损失1.6亿株；核桃等干杂果经济林受灾58万亩，涉及农户10.1万户；林地受灾83万亩，林木损失0.4亿株；房屋倒塌364间，造成危房4451间；损毁林区生产道路4028公里，初步经济损失达14.6亿元。省林业厅要求各级林业部门利用秋冬季大力开展造林和补植补栽，加强苗圃、经济林基地恢复重建。对受损的林场、管护站、动物圈舍等，全力组织清淤抢修，争取短期内得到恢复。特别是对干杂果经济林、苗圃、采穗圃，要抓紧清理淤泥杂物，培土扶苗、整修林地，实现当年受灾当年恢复。

2010年8月25日上午，世界宣明会通过省慈善协会向陕南灾区捐赠了7400床棉被、17万公斤大米，总价值165万元，这批救灾物资已于当天运往安康市的汉滨区、岚皋县，汉中市的镇巴县，商洛市的山阳县、丹凤县，在8月底前将被发放到灾区群众手中，以确保受灾群众的生活所需。省慈善协会会长徐山林、世界宣明会中国办事处副总监傅志成出席救灾物资启运仪式。

2010年8月下旬，为加快灾后重建、恢复生产，继续保持县域经济社会平稳较快发展势头，安康市镇巴县把灾后恢复重建纳入年度目标责任考核。考核内容涵盖受灾群众生活救助和灾民房屋重建、交通设施恢复重建、水利设施恢复重建、城镇基础设施恢复重建、农业恢复生产、工矿企业恢复重建、地质灾害治理、教育、卫生、计生恢复重建、电力、通信、广电网络设施恢复重建、灾区社会稳定和灾后恢复重建监督检查等方面，重点考核对受灾困难群众采取的救助和帮扶措施、灾后恢复重建进展，统计上报，党员干部深入群众解决急难险重问题和干部纪律作风等情况。在计分设置上，专门给予灾后重建权重分并确定评分标准，实行年度综合考核倒扣分制。

2010年8月27日，中共陕西省委《关于命名表彰全省抗洪救灾创先争优先进基层党组织和优秀共产党员的决定》发布，省委决定，授予镇巴县青水乡党委等30个基层党组织“全省抗洪救灾创先争优先进基层党组织”荣誉称号，授予张宏斌等43名共产党员“全省抗洪救灾创先争优优秀共产党员”荣誉称号，追授杨宗兴等7名共产党员“全省抗洪救灾创先争优优秀共产党员”荣誉称号。

2010年8月30日上午，全省抗洪救灾创先争优先进基层党组织和优秀共产党员代表座谈会在西安召开。省委书记赵乐际出席并做重要讲话。省委副书记、代省长赵正永主持。省委常委、省委组织部部长李锦斌宣读省委《关于命名表彰抗洪救灾创先争优先进基层党组织和优秀共产党员的决定》。省政协主席马中平，省委副书记王侠，省委常委、省委宣传部部长胡悦，省人大常委会常务副主任杨永茂，副省长姚引良等出席座谈会。赵乐际指出，这次抗洪救灾再次警示我们，必须始终坚持发展不动摇，一心一意谋发展、聚精会神搞建设，不断提高经济综合实力，进一步增强有效抵御自然灾害的综合能力；必须始终推进改革不懈怠，更新思想观念、创新体制机制，完善社会管理和应急救援体系，千方百计降低自然灾害造成的损失；必须始终按照客观规律办事，实事求是、因地制宜，顺天而行、顺势而为，努力促进人与自然和谐相处；必须始终贯彻以人为本，坚持执政为民、生命至上，既见物、更见人，切实做到发展为了人、依靠人、富裕人、人共享；必须始终积极争当先进和争创优秀，围绕中心、立足本职，牢记宗旨、履职尽责，在危难关头体现先进性，在考验面前成为主心骨。赵乐际强调，要加快恢复重建提高防灾减灾能力，努力保持经济社会发展良好势头。在座谈会上，省上领导为受表彰的先进基层党组织和优秀共产党员代表颁奖，汉滨区谭坝乡党委书记方顺平、山阳县长沟镇党委书记张宏斌、镇巴县青水乡党委书记李健、岚皋县溢河乡天池村党支部书记高显华先后发言。

2010年8月31日，副省长朱静芝带领省级有关部门负责同志到商洛市丹凤县和山阳县检查受灾学校恢复重建以及新学期开学准备情况。朱静芝一行先后深入丹凤县竹林关镇中心小学、初级中学，山阳县高坝一中和高坝镇中心小学等学校详细察看了学校的受灾情况。考察期间，朱静芝还慰问了部分教师代表，并通过他们向全省教师致以节日的问候。

2010年9月2日上午，由陕西省金融办、中国人民银行西安分行、陕西银监局、陕西证监局、陕西保监局组织的全省金融系统向白河县灾区捐款仪式在省政府新城大院举行。在陕的75家金融机构向对口支援的安康市白河县共计捐款近3000万元，以实际行动支援灾区。副省长姚引良出席捐款仪式并发表讲话。

（五）表彰抗洪救灾先进集体和先进个人

2010年9月3日上午，全省抗洪救灾创先争优先进事迹报告会（省直专场）在西安国际会议中心举行。省直机关工委书记李顺民主持报告会。报告会上，安康电视台记者陈梦圆、安康市紫阳县高桥中学教师靳松、安康市岚皋县孟石岭乡大学生村官张莹、安康市紫阳县公安局一级警司朱晓群、商洛市山阳县长沟镇党委书记张宏斌、安康市岚皋县溢河乡天池村党支部书记高显华、汉中市镇巴县青水乡党委书记李健分别做了题为《请记住这样一位农村党支部书记》《一名预备党员的生死抉择》《追寻英模的足迹》《他用生命诠释了人民警察的神圣职责》《履职尽责为群众、争先创优作表率》《在抗洪救灾一线构建坚强战斗堡垒》《万众一心战洪魔》的报告，分别介绍了安康市汉滨区谭坝乡鸭蛋河村原党支部书记杨宗兴、原紫阳县焕古镇文化站干部冉本义、原岚皋县铁炉乡经济发展办公室干部温光旭、原紫阳县焕古镇派出所教导员罗春明、山阳县长沟镇党委书记张宏斌5名个人的英雄事迹和岚皋县溢河乡天池村、镇巴县青水乡2个集体的先进事迹。

2010年9月3日，为总结经验，省防总决定，对今年入汛以来，在汉江、渭河沿岸大中型水库防洪调度工作成绩突出的安康、宝鸡、西安市防汛抗旱指挥部和安康、喜河、石泉、冯家山、金盆、石头河、桃曲坡等水库管理单位进行通报表彰。

2010年9月3日上午，商洛市隆重举行抗洪救灾创先争优先进集体和先进个人表彰大会，安排部署当前和今后一个时期灾后重建和经济社会发展工作。大会表彰了山阳县、丹凤县、市发改委等55个抗洪救灾先进集体，山阳县牛耳川镇牛耳川村党支部书记助理朱妮、山阳县公安消防大队战士李安等10名抗洪救灾标兵，商洛市慈善协会会长王有德、山阳县长沟镇三官殿村村支书陈世宽等71名抗洪救灾标兵。大会还特别表彰了5名抗洪救灾英模，他们分别是山阳县长沟镇党委书记张宏斌、十里铺乡司法所长、老沟村支书吕盈、在抗洪救灾中牺牲的丹凤县土地整理中心干部刘建文、丹凤县北赵川乡黄蝉村组长周光美、商南县过风楼镇徐家店村村民母德军。

2010年9月上旬，为帮助“7·18”洪灾中16625户49876间房屋垮塌、13287户39862间房屋成为危房的农户尽快入住新居，汉滨区确定了灾后建房补助标准和应资助的范围，扶助受灾户重建美好家园。按照省市相关政策规定，汉滨区把房屋倒塌需重建的受灾户以及处于高山、深沟、低洼地、河沟旁、滑坡点等危险地带的住户，严重损坏不能居住的农户，全部纳入灾后恢复重建范围予以补助。通过逐级申报核实后，经审定确认为恢复重建对象的农户接受集中安置、进城居住、入镇定居、购买农村居住安全的“二手”民房、投亲靠友定居，均可以享受恢复重建补助，每户补助1.7万元，符合贷款条件的重建户还可以申请3万元以内3年期政府贴息贷款。一般损坏房屋通过加固维修还能居住的，列入修缮补助范围，视其损毁程度，给予每户最高不超过1900元的补助。对于集中安置不单划宅基地、进城居住户口转为市民、入城镇定居购房后不再划宅基地、将农村住房转让给受灾重建户到城镇定居、投亲靠友不再划宅基地建房的五种类型的农户，可以享受政府奖励1万元。但对房屋倒塌的“五保户”和“三孤人员”，原则上不再重建，由民政福利供养机构集中供养；对长期不居住，房屋倒塌和严重损坏的；有两处以上住房，旧房倒塌或严重损坏的；因灾倒塌或严重损坏的临时用房、简易房、圈厕和独立厨房一律不予补助。

2010 年 9 月 7 日，省教育厅召开陕西高校对口援建重灾中小学恢复重建工作部署会，我省 77 所高校将携手全力开展对口援建省内受灾严重的 14 所中小学，并已明确了具体援建任务和时间表。这次援建高校主要包括 6 所中央部委属院校、26 所省属公办本科院校、7 所省属民办本科院校、16 所省属公办高职院校、10 所省属民办高职院校、2 所成人院校和 10 所独立学院共 77 所，受援学校为特别急需建设的紫阳县等 8 个县区的 14 所重灾学校。援建内容包括为受援学校提供规划编制、建筑设计、专家咨询、工程建设等支持。援建工作以募集资金为主，支持学校建设和修复受损校舍、附属设施、配置图书和教学仪器等。省教育厅要求，9 月 30 日前，各援建高校要根据援建规划内容，与当地政府签订协议，明确各自责任义务。整个援建工作将于 2011 年 5 月底前结束，确保 2011 年的秋季正常开学。

2010 年 9 月 8 日，《陕西日报》刊发了陕西日报社社长、高级记者杜耀峰等撰写的长篇通讯《一个最底层执政者的灵魂报告》对杨宗兴的英雄事迹做了全面报道。杨宗兴同志生前系安康市汉滨区鸭蛋河村党支部书记，2010 年 7 月 18 日在组织转移群众撤离工作中被泥石流淹没，光荣牺牲，献出了年仅 48 岁的生命。

2010 年 9 月 9 日上午，陕西省应急救援总队成立揭牌授旗仪式暨应急救援业务技能汇报表演大会在西安隆重举行。省委常委、副省长洪峰为“陕西省应急救援总队”授旗并讲话。公安部消防局副局长朱力平揭牌。省人大常委会副主任罗振江、省政协副主席李进权出席仪式。新组建的省应急救援总队将承担全省范围内重大、特别重大自然灾害、事故灾难、公共卫生安全和社会安全等突发事件的应急救援任务。总队下设应急救援支队和省级专业应急救援队。目前已成立有医疗救护、森林灭火、矿山抢险、地震等专业应急救援队和 11 个市区的应急救援支队。

2010 年 9 月上旬，商洛市审议通过了《商洛市“7・23”暴雨洪水灾后重建规划》，其中规划项目总数 1454 个，总投资近 40 亿元。该规划的实施，将使重建规划区域内基础设施达到或超过灾前水平，受灾群众住房状况将明显好于灾前，住房保障能力、抗御自然灾害能力明显增强。该规划建设期限至 2011 年底，规划范围覆盖该市 7 县区 144 个乡镇，规划项目分为住房、基础设施、社会事业、产业、尾矿库与地质灾害防治 5 个大类，总投资近 40 亿元，其中申请中省补助资金近 26 亿元。

2010 年 9 月 22 日，由四川省人民政府、陕西省人民政府、甘肃省人民政府和国家行政学院共同举办的“5・12”汶川特大地震恢复重建暨巨灾应对国际研讨会在成都举行，姚引良副省长出席会议并发表主题演讲。姚引良说，陕西是“5・12”汶川特大地震三个重灾省之一，全省 10 个设区市不同程度受灾。2010 年 9 月底前，陕西将基本完成灾后恢复重建工作，实现“三年任务、两年完成”的目标。姚引良在会上介绍了我省抗震救灾和恢复重建的体会，将其概括为建立“四个体系”、做到“四个坚持”。“四个体系”就是统一协调的组织领导体系、全面科学的规划体系、系统有效的扶持政策体系和严密规范的监管体系；“四个坚持”就是以人为本、突出民生，资金统筹、集中使用，建章立制、保证质量，创新机制、合力推进。“四个体系”和“四个坚持”的经验也在今年抗洪救灾中发挥了重要作用。

2010 年 9 月下旬，为切实加强山洪灾害防御工作，根据省安排，安康市全面启动了山洪灾害防治县级非工程措施项目建设工作。山洪灾害防治县级非工程措施项目建设，主要包括山洪灾害普查、危险区划定、临界雨量和水位等预警指标的确定、监测预警系统建设、责任制组织体系建立、防御预案编制和完善以及宣传培训演练等。主要目的是，通过山洪灾害防治县级非工程措施项目建设以达到提升监测预警水平、强化群测群防体系、提高全民防灾避灾意识，做到有效防御山洪灾害，减少人员伤亡和财产损失，尤其是有效避免群死群伤事件。根据安排，从 2011 年起，安康将利用 3 年时间，完成全市 10 个县区受山洪灾害威胁的 185 个乡（镇）、1979 个行政村、3684 个自然村的山洪灾害防治县级非工程措施实施工作。2011 年安康市将启动首批 6 个县区的山洪灾害防治工作。

（六）七堰社区集中安置点开工

2010 年 9 月 25 日，省委副书记、代省长赵正永，副省长姚引良到安康市紫阳县和汉滨区检查指导灾后恢复重建工作，并出席了汉滨区大竹园镇七堰社区集中安置点开工仪式。检查中，赵正永对安康高标准、快步骤建设受灾群众集中安置点的做法给予了肯定，要求继续抓紧这项工作，确保受灾群众都能按期住进安全、适用、美观的新房。赵正永强调，当前，陕南各市受灾群众集中安置点建设已全面拉开，必须结合城乡统筹和新农村建设大力推进，方便有条件的农村居民成为城镇居民。各建设单位要加强协调，抓紧进度，保证工程，确保如期完工。各级党委、政府要组织群众，自力更生，齐心协力，把自己的家园建设好，把当地经济搞上去。赵正永要求，各地要按照省委、省政府的要求，坚持统筹城乡发展的思路，切实加快灾后恢复重建步伐，确保受灾群众如期住上新房。位于汉滨区大竹园镇的七堰社区，是在国土、建设、民政等部门和当地政府的通力协作下规划建设的全新社区，一期用地 255 亩，主要解决受灾严重的七堰村整体搬迁安置和新铺、小沟、金鸡等村“三无户”、倒房户、危房户、滑塌体户的搬迁安置。赵正永听取了规划介绍，先后走访了李秀珍、林家平等受灾群众，仔细询问大家的建房资金有没有着落、今后生活有什么打算。林家平告诉赵正永同志，政府的补贴已经到位，自己也有些积蓄，再贷点款，建房资金可以满足。今后还要多喂几头猪，多种几亩茶，再学些实用技术，把日子过得红红火火。赵正永高兴地说，看到大家对重建信心十足，各项准备到位，感到很欣慰，等新房建好了，我一定再来看大家。赵正永注意到有些群众使用蜂窝煤炉做饭，叮嘱他们一定要注意安全，严防煤气中毒和火灾发生。省政府秘书长秦正，省发展改革委、民政厅、财政厅、国土厅、住建厅、水利厅和安康市的主要负责人陪同检查。

在省委、省政府的正确领导下，各受灾市自 8 月初就开始全面推进灾后民房恢复重建工作。2010 年 9 月 25 日，安康市汉滨区大竹园镇七堰社区、汉中市勉县武侯镇武侯村、商洛市商南县太吉河镇江西沟村等集中安置点同时开工建设，将惠及受灾群众 248 户 1000 多人。至此，全省已有 232 个受灾群众集中安置点开工建设，占全省规划总数的 87. 88%。

2010 年 9 月 27 日上午，陕西省十一届人大常委会第十八次会议在西安召开。省人大常委会主任赵乐际主持会议，省人大常委会常务副主任杨永茂，副主任赵德全、刘维隆、黄玮、张道宏，秘书长桂维民和常委会委员共 51 人出席会议。会议听取了省人大法制委员会主任委员杨尊法分别做的关于废止部分地方性法规的决定（草案）的说明、关于《陕西省气象灾害防御条例（草案）》审议结果的报告。“统筹规划、分级负责、预防为主、防治结合”的气象灾害防御原则和新增“增强社会公众气象灾害防御意识，根据实际需要组织应急演练，提高避险、避灾、自救、互救的应急能力”等条款被纳入其中，以进一步加强气象灾害防御，避免和减轻气象灾害造成的损失，保障人民群众生命财产安全。

2010 年 9 月 29 日，陕西省第十一届人民代表大会常务委员会第十八次会议通过《陕西省气象灾害防御条例》，该法规包括总则，预防措施和设施保护，监测、预报和预警，应急处置，法律责任和附则 6 章共 38 条，自 2010 年 12 月 1 日起施行。

2010 年 10 月上旬，陕西省共有 94 个县区列入全国山洪灾害防治县级非工程措施建设计划。通过 3 年的建设，将全面提高基层山洪灾害防御能力，有效减轻人员伤亡，尽最大可能避免群死群伤事件发生。而此前已先期列入全国山洪灾害防治试点的镇巴县泾洋河流域和宁强、岚皋、商州、吴起 4 县区已经开展了初步建设工作，并取得了一定的效果。陕南秦巴山区、渭河以南秦岭北麓、渭北黄土塬区、陕北白于山河源区、黄土丘陵沟壑区、黄河沿岸土石山区 6 大区域，是山洪灾害高发的重灾区，每年都不同程度地发生灾害，给当地人民群众的生产生活和生命财产安全造成巨大威胁。

2010 年 10 月 15 日，团省委、省实施希望工程办公室、陕西人民广播电台、中国电信陕西分公司等联合在西安交通大学举行 2010 年“希望工程圆梦 · 广播爱心情系陕南灾区贫困学子”助学金发放仪式，来自陕南灾区的 100 名贫困学子分别领取了 4000 元助学金及中国电信陕西分公司捐赠的天翼爱心手机。

为妥善安排好受灾群众生活，加快灾后民房恢复重建，确保灾区群众过好冬，省民政厅、省住房和城乡建设厅针对近日全省大范围降温情况，从2010年10月25日起联合组成三个检查组，对陕南三市重灾区群众生活安排和灾后恢复重建工作进展情况进行督促检查。

2010年11月2日，《人民日报》头版头条刊发了题为《乡亲的泪，为他而落——追记陕西省安康市鸭蛋河村支部书记杨宗兴》的长篇通讯。2010年夏，陕西省安康市汉滨区谭坝乡鸭蛋河村原支部书记杨宗兴在抗洪救灾中为保护村民生命财产献出了宝贵的生命。11月4日，《陕西日报》头版头条转发了这篇通讯。

2010年11月5日，汉滨区委、区政府组织召开“向杨宗兴同志学习”座谈会。

2010年11月5日下午，省政府与国土资源部在西安签署了共同推进陕西省国土资源工作促进经济社会又好又快发展合作协议书。省委书记赵乐际，省委副书记、代省长赵正永会见国土资源部部长徐绍史一行，并出席签字仪式。赵乐际在会见时对徐绍史一行来陕表示欢迎，对国土资源部长期以来特别是今年抗洪救灾中给予的支持和帮助表示感谢。赵乐际说，合作协议标志着部省合作进入了新阶段，对陕西国土资源管理工作提供了新机遇、提出了新要求。我们将加强耕地保护，集约节约利用土地，推进矿产资源勘查开发，促进地质环境保护和灾害防治，为全省经济社会发展提供有力保障。省委常委、副省长洪峰，国土资源部总规划师胡存智参加会见并在合作协议书上签字。

2010年11月7日，安康市委书记刘建明带领市县乡三级干部到鸭蛋河村和干部群众学习座谈。刘建明组织党员干部学习了《乡亲的泪，为他而落——追记陕西省安康市鸭蛋河村支部书记杨宗兴》和编者短评，并进行了热烈讨论。

2010年11月7日上午，省民政厅、省老龄委办公室召开新闻发布会，通报了灾后民房恢复重建工作和灾后困难群众生活安排情况、社会救助标准提高及建立高龄老人补贴制度的情况。2010年以来，陕西先后发生干旱、暴雨洪涝、滑坡、泥石流等多种自然灾害，为了切实做好农村民房灾后重建工作，省上共筹集重建资金15亿多元，其中，中央重建款5.2亿元、省财政重建资金6.9亿多元、对口支援和捐赠资金3.1亿多元。截至11月4日，全省灾后民房重建工作进展顺利，倒房重建已开工6.92万户。为了做好受灾群众入冬生活安排，省民政厅下发了《关于开展今冬明春受灾群众生活救助工作的通知》，并会同省住房和城乡建设厅组成工作组，分赴受灾较重的汉中、安康、商洛3市，重点检查了灾后民房恢复重建和冬季群众生活安排情况，同时要求市县加大本级投入，备齐备足棉衣被，优先保障受灾困难群众中的老人、孩子和残障人。省政府决定从2010年10月1日起提高城乡居民最低生活保障标准和农村五保供养最低限定标准。全省城市低保保障标准每月提高30元；农村低保最低限定标准由每人每年1196元提高到每人每年1600元，月人均补助由65元提高到85元；全省农村五保供养最低限定标准由2104元/人年（其中，现金不低于1904元/人年）提高到3200元/人年（其中，现金不低于3000元/人年）。省政府常务会议决定，建立高龄老人补贴制度，从2010年10月1日起，80~89周岁老人，每人每月发放50元生活补贴；90~99周岁老人，每人每月发放100元生活补贴；100周岁以上（含100周岁）老人，每人每月发放200元生活补贴。

2010年11月18日，省民政厅就全面检查受灾群众冬令生活安排做出部署。省民政厅决定组织全省民政系统1万多名干部职工从11月22日开始，深入乡镇村组和边远贫困山区的受灾群众家中，对冬令受灾群众生活安排进行一次大走访、大检查。此次检查的主要目的是，了解我省今冬受灾群众生活安排情况和灾后农村民房恢复重建情况，及时发现和解决问题。采取入户走访，现场解困的形式，逐村逐户摸底排查冬令期间受灾群众生活困难情况。

2010年11月中旬，在2010年7月23日晚抗洪抢险救灾中年仅40岁光荣牺牲的丹凤县土地整理中心职工刘建文同志，被省政府批准追认为革命烈士。

2010年11月29日至30日，省委常委、省纪委书记郭永平先后到安康市石泉县、汉滨区、汉阴县等地，就统筹城乡发展、增加农民收入、加快灾后重建及反腐倡廉建设等工作进行调研。在汉滨区大竹园镇七堰村灾民临时安置点，郭永平详细询问了灾民的生活情况、政府补贴发放情况。郭永平强调，要高度关注民生，切实解决好老百姓最关心的实际问题。

2010年12月14日，全省有248.9万亩作物受旱。据最新会商分析结果显示，到2010年12月底前，陕西大部分地方降雨仍将偏少，冬旱将呈发展之势。省委副书记、代省长赵正永做出重要批示，要求各级密切关注旱情变化，积极落实好抗旱措施。12月20日省防汛抗旱总指挥部发出紧急通知，要求各地各单位认真贯彻赵正永代省长对当前抗旱工作的重要批示精神，尽快行动起来，落实责任，强化措施，切实做好抗冬旱工作。

2010年12月下旬，近年来，陕西不断加大山洪灾害防治工作力度，持续开展山洪灾害监测预警能力建设，累计建成雨水情自动测报站点663处，市到县防汛视频会商系统58处，山洪灾害防治工作初显成效。地处黄河、长江上中游地区，特定的地理位置和特殊的自然环境，决定了我省是全国山洪灾害频发重发省份之一。特别是陕南秦巴山区、渭河以南秦岭北麓、陕北和渭北黄土丘陵沟壑区等区域，是山洪灾害多发的重灾区，给人民群众的生活生产和生命财产安全造成巨大损失。

2010年12月29日，省委副书记、代省长赵正永主持召开省政府第23次常务会，审议并原则通过了《安康市城区东坝防洪工程方案设计报告》等事项。会议指出，要结合陕南移民搬迁总体规划，尊重自然规律，科学设计安康市城区东坝防洪工程方案，争取尽早开工建设，从根本上解决安康城区的水患问题。

2011年1月31日，省政府办公厅发出明传电报，要求各级人民政府认真贯彻落实国务院办公厅有关通知精神，进一步做好当前抗旱工作。

2011年3月16日上午，安康中心城区防洪保安工程建设委员会指挥部揭牌，这标志着以东坝防洪工程为重点的安康中心城区防洪保安工程正式启动建设。东坝防洪工程不仅是安康“十二五”的重点防洪工程，也是重点民生工程，工程涉及面积2.46平方公里，涉及人口约2.5万人。

2011年4月25日，副省长姚引良参加安康东坝防洪保安工程启动仪式并宣布开工。该工程的启动标志着汉江防洪治理工作开启了新的一页。

2011年4月29日20时30分左右，安康市汉阴县突然遭受8级大风袭击，月河川道局部地区形成龙卷风，城关镇、涧池镇、永宁乡等乡镇蔬菜瓜果农户损失惨重。据初步统计，该县设施农业受灾面积达到0.4万亩，养殖圈舍受灾400余间，夏粮受灾6.4万亩，油菜受灾4.5万亩，风灾损失高达2970多万元。尤为严重的是竹木结构大棚，90%以上架倒膜烂，导致680亩设施果蔬落花脱果。

2011年5月初，省防总已派出3个检查小组在陕南地区检查防汛工作，随后还将有6个小组奔赴各地，重点检查水毁修复工作。2010年，陕南、关中大部遭受特大暴雨洪水灾害，水库、堤防、水文及防汛通信等基础设施损毁严重。全省共损坏中型水库2座，小型水库122座，损坏堤防7604处、4557公里，中小河道堤防决口326处、51.957公里，损坏护岸1571处、水闸324座、水文测站38个、水电站76座，冲毁塘坝984座。水利设施经济损失49.7亿元。

2011年5月25日，省防总召开会议，认真贯彻赵正永省长在省政府常务会议上关于防汛抗旱工作的安排部署，听取防汛准备工作情况汇报，要求提高认识、严阵以待，扎实做好当前防汛工作。

2011年5月26日至27日，副省长祝列克在安康检查防汛备汛、调研农业农村工作时强调，要增强责任意识、紧迫意识、群众意识，警钟长鸣，常抓不懈，切实提高应急处置能力，做到“五个”兼顾❶，扎实做好防汛备汛工作，确保人民群众生命财产安全。祝列克一行先后来到瀛湖镇、安康水电厂和安康东坝堤防工程现场，检查了防汛物资储备情况，观看了民兵应急小分队的抗洪抢险演练。安康市委书记刘建明，市长方玮峰，市委副书记崔光华，市委常委、市委秘书长薛建兴，市委常委、汉滨区委书记陈勇，副市长邹顺生等陪同调研

2011年5月30日下午，全省防汛抗旱工作会议在西安召开，省长赵正永出席并做重要讲话。赵正永强调，各地各部门要站在确保人民群众生命财产安全的高度，

---

❶ 指的是，既要注重主要河流的防洪保安，也要重视小河小库的安全度汛；既要注重城镇的防汛工作，也要重视农村的汛期安全；既要防御水灾，也要防范地质灾害；既要抓好常态预防工作，也要做好异常状况下应急处置；既要全面防范，也要突出重点，从严从细落实各项备汛措施，确保万无一失。

突出重点扎实做好今年防汛抗旱各项工作，全力以赴实现全省安全度汛。副省长祝列克主持会议并代表省政府与各市区政府签订目标责任书，省军区副司令员党国际出席会议。赵正永指出，旱涝灾害频发是陕西的基本省情，抗灾救灾是各地的长效工作，也是检验各级政府执政能力的重要方面。今年是“十二五”的开局之年，又是各市县乡党委的换届之年，抓好今年的防汛抗旱工作，为经济社会发展提供安全的环境意义尤其重大。各地有关部门一定要认真汲取去年旱涝灾害的深刻教训，把形势估计得严峻一些，把问题认识得严重一些，把情况考虑得复杂一些，切实做到换届前后队伍不散、领导精力不分散、工作力度不减弱，早部署、早准备、早安排，坚决打赢防汛抗旱这场硬仗。赵正永要求，要突出重点区域、重点部位、重点环节，扎实做好今年防汛抗旱各项工作。会议还表彰了去年防汛抗旱先进集体和个人，省水利厅负责同志对今年全省防汛抗旱工作进行了具体部署，安康、渭南两市做了交流发言，省气象局、省水文局就汛期天气、水情趋势进行了预测介绍。

2011 年 6 月 1 日，陕西省召开水库和淤地坝安全度汛视频会议，全面安排部署今年水库和淤地坝防汛工作。省防总要求，全省各级防汛部门和水库管理单位，要充分发挥水库拦洪削峰错峰作用，最大限度发挥水库防洪减灾和兴利综合效益。

2011 年 6 月 2 日，省防总召开汛前检查情况汇报会，会议听取 9 个防汛检查组检查情况汇报，分析研究了各地备汛工作存在的问题，进一步安排部署防汛工作。

（七）陕西有明显降水过程与救灾

2011 年 6 月 16 日，省防总发出紧急通知，要求各地密切跟踪天气形势变化趋势，切实履行防汛职责，做好当前防汛工作，确保人民群众生命财产安全。省气象台预报，6 月 17 日至 18 日陕西省有一次明显降水过程，陕南大部中雨，南部部分地方大到暴雨，过程降水量 30 ~ 70 毫米。

2011 年 6 月 21 日 17 时省气象台继续发布暴雨蓝色预警：6 月 21 日 20 时至 22 日 20 时，汉中东部、安康、商洛南部部分地方将出现 50 毫米以上暴雨。

2011 年 6 月 25 日，按照省委、省政府的统一安排，省委常委、常务副省长娄勤俭到分片联系的汉中市检查防汛备汛工作。娄勤俭强调，目前全省即将进入主汛期，我们务必夯实责任，强化措施，严阵以待，确保汉江等主要江河安全度汛，确保人民群众生命财产安全，促进全省经济社会持续稳定发展。娄勤俭冒着酷暑，先后检查了石门水库、汉台区防汛物资储备库、中心城区堤防工程以及汉江平川段等防汛重点工程和关键部位。在听取了汉中市主要负责同志的汇报后，娄勤俭指出，由于特殊的气候与自然地理条件影响，汉中市洪涝、泥石流灾害多发易发，给人民群众生命财产造成很大威胁。我们要高度重视防汛减灾工作，着力建立健全防汛工作机制，切实加强组织领导，层层夯实责任，狠抓防洪工程、应急指挥和监测预警体系建设，积极备汛防灾，加强督促检查，科学调度指挥，确保安全度汛。省政府副秘书长陈国强、汉中市委书记张会民、市长胡润泽以及省教育厅、省国土资源厅、省水利厅等有关单位负责同志一同检查。

2011 年 7 月 5 日，省防总召开紧急会议，通报近期雨水情和天气预报情况，分析当前汛情形势，安排部署防汛救灾工作。省防总总指挥长、副省长祝列克要求，各成员单位和各地要立即行动起来，认真准备，严明纪律，积极应对陕南新一轮强降雨过程，全力做好当前防汛抗洪救灾工作，保证群众生命财产安全。

2011 年 7 月 5 日上午，针对陕南地区严峻的防汛形势，省防总总指挥长、副省长祝列克要求省防总迅速通知有关市县，扎实做好防范工作，全力确保群众安全。省防总于 7 月 5 日 11 时发出紧急通知，要求切实做好汉江嘉陵江流域防汛工作，并宣布汉江、嘉陵江流域进入防汛紧急期，要求各有关市、县防指❶和各有关单位按照相应预案立即采取应对措施，全力组织做好暴雨洪水防范工作，特别要做好山洪地质灾害易发区和水库下游人民群众生命财产安全的防御工作，及时组织受威胁地区群众撤离转移，确保安全。同时，省防总召开防汛紧急视频会议，与汉中、安康、商洛、宝鸡、西安市紧急会商。会议要求陕南三市严阵以待，对雨情水情汛情深入分析，做好防抗大洪水的各项准备，千方百计保证群众生命财产安全。7 月 5 日中午，省防总已立即向降雨强度一再升级并已出现灾情的汉中市派出工作组，重点督导市县防汛部门巡堤巡库查险工作和防汛责任制落实情况。

2011 年 7 月 4 日 20 时以来，陕西汉江以南米仓山、大巴山地区和嘉陵江流域突降暴雨和大暴雨，截至目前已造成 12 人死亡、1 人失踪、2 人受伤，降雨强度仍在不断升级。据初步统计，目前 8472 人紧急撤离，部分群众房屋倒塌。汛情发生后，汉中、安康两市立即采取措施，当地干部群众紧急投入抗洪抢险行动中。

2011 年 7 月 6 日，针对陕西省近期突发的洪涝灾害和严重损失，省委书记赵乐际、省长赵正永分别做出重要批示，要求进一步采取措施，确保人民生命安全，把确保人的安全放在防灾救灾工作的首位。其中，赵乐际批示：“要把确保人的安全放在防灾救灾工作的首位，当作基本要求、基本目标，万万不可有半点疏忽和大意。”7 月 6 日 7 时，省防总总指挥长、副省长祝列克带领国土、民政、水利、交通等部门负责同志，赶赴汉中略阳县检查指导抗洪抢险救灾工作。

今年入汛以来，陕西省已发生 5 次大范围强降雨过程，陕南、陕北均遭受不同程度灾害，13 个县区、86 个乡镇、12.95 万人受灾，倒塌房屋 1070 间，紧急转移 6700 人，直接经济总损失 2.56 亿元。2011 年 7 月 5 日的强降雨，造成汉中市略阳县县城金亚路滑坡体发生塌方 5000 余立方米，8 间商户房屋被埋，18 人死亡，4 人

---

❶ 指的是防汛抗旱指挥部办公室的简称。

重伤，两河口镇唐家沟村 1 人被洪水冲走失踪。中共中央政治局委员、国务院副总理回良玉紧急批示：“请高度关注略阳县等地的山体滑坡情况，务必强化救援救助和受灾群众的生活安置。”灾情发生后，省委书记赵乐际当即委派副省长、省防总总指挥长祝列克赶赴受灾现场指导抢险救灾，并明确要求“降雨仍在继续，在做好搜救、抢救、救治和其他善后工作的同时，一定要进一步采取措施，确保生命安全。要把确保人的安全放在防灾救灾工作的首位，当作基本要求、基本目标，万万不可有半点疏忽和大意。”省长赵正永及时召开省政府专题会议，对近期防汛救灾工作明确提出三个“一定要”：一是各级各部门一定要高度重视防汛工作，相关责任人要坚守工作岗位，严密关注雨情汛情，强化检查督查和隐患排除工作，对突发汛情在第一时间做出应急处置；二是一定要特别关注重点县、重点部位、重点人群的安全，空间狭小的县城、中小学特别是靠近山体的学校以及城市低洼区等易发生灾害地区，一旦发生强降雨必须提前撤离群众，力求最大限度减少群众的伤亡和财产损失；三是对已经出现灾情的地方，民政等相关部门一定要及时做好救灾救助和善后安置工作，绝不能让群众在灾后生活出现困难，同时要抓住有利时机，积极开展灾后重建和恢复生产，把灾害的损失降到最低。省委副书记王侠打电话询问灾情，指导防汛抢险工作。省委常委、常务副省长娄勤俭要求“务必要千方百计保证人民群众生命财产安全，努力搞好防汛抢险救灾工作”。祝列克在现场听取救援工作汇报后要求，切实增强以人为本、生命至上的群众意识，扎实做好防范应对工作，加大地质灾害点的监测治理，加强预警预报，加密巡查频次，及时做好防抢撤工作，千方百计保证群众生命财产安全。

2011 年 7 月 6 日上午，陕西省民政厅在 7 月 5 日晚上下发《关于切实做好强降雨过程防范应对工作的紧急通知》的基础上，又召开抗灾救灾紧急会议，通报陕西近期灾情，全面部署抗灾救灾工作。

针对当前汛期地质灾害防治和略阳县城象山等发生的崩塌灾害，2011 年 7 月 7 日上午，省国土资源厅召开相关部门应急排查部署会，同时紧急下拨 200 万元用于汉中市地灾排查及处置。

2011 年 7 月 19 日至 21 日，省委常委、省军区司令员程兵率省军区有关部门负责人，对汉中、安康两市进行防汛抢险现地勘察，要求军地合力，密切协作，夯实防汛抢险坚强保障。

2011 年 7 月 20 日，省长赵正永，副省长祝列克就加快推进引汉济渭工程[1]进行专题调研。赵正永强调，引汉济渭工程事关全省发展大局，在项目建议书已获国家

---

[1] 引汉济渭工程又称陕西南水北调工程项目，从陕南汉江流域调水到渭河流域的关中地区，用以满足西安、咸阳、宝鸡、渭南 4 重点城市及沿渭河两岸的 11 个县城和 6 个工业园的调输配水工程。该项目是解决陕西关中、陕北缺水的战略性水资源配置工程。

发改委批准的情况下，各有关方面要进一步加快前期准备工作，为争取项目尽早全面开工建设创造条件。该工程从 20 世纪 90 年代开始筹划，主要由黄金峡水利枢纽、三河口水利枢纽和秦岭隧道三大部分组成，近期调水规模为 5 亿立方米。前期工作于 2004 年启动，经过十多年努力，最近，项目建议书得到国家发改委批准，这标志着陕西省有史以来规模最大的水利工程很快将进入全面建设阶段。祝列克要求省级有关部门和西安、汉中、安康三市及周至、洋县、佛坪、宁陕四县，认真按照省委、省政府的部署和要求，加强协作，强化措施，形成合力，完成好项目报批、建设用地、移民安置及专项设施迁建等工作，为工程顺利进行提供有力保障。西安市人民政府市长陈宝根和汉中、安康两市，省级有关部门及相关企业负责人参加了调研。

2011 年 7 月 21 日，省防总向陕南汉中、安康和商洛三市防指发出紧急通知，要求切实做好当前短时暴雨洪水防范工作，全力确保人民群众生命安全。

2011 年 7 月 23 日，商洛市丹凤县竹林关镇地质灾害警示碑揭碑暨全省重点地质灾害治理工程开工仪式举行。国土资源部地质环境司、中国地质环境监测院、省财政厅、省扶贫办、省应急办、省民政厅、省水利厅等相关部门负责人等参加仪式。2010 年 7 月 23 日，丹凤县遭遇百年不遇的特大暴雨袭击，直接经济损失达 11.85 亿元。竹林关镇大柴沟发生特大泥石流灾害。省国土资源厅现场宣读了对竹林关镇成功预报地质灾害的奖励决定，中国地质环境监测院和省财政厅领导分别为竹林关镇颁发奖牌和 5 万元奖金。之后，竹林关镇地质灾害防治现场举行了现场观摩突发地质灾害应急演练。部、省、市相关领导和有关部门负责人还参观了竹林关镇大柴沟泥石流治理工程和移民搬迁集中安置点。

2011 年 7 月 28 日下午，省防总紧急召开防汛视频动员会，宣布陕北南部、关中中西部、陕南西部进入防汛紧急期，要求各有关市、县防指和各有关单位迅速采取紧急措施，全力做好暴雨洪水防范工作，特别要做好中小河流、山洪地质灾害易发区和水库、淤地坝下游人民群众生命财产安全的防御工作，及时组织受威胁地区群众撤离转移，确保人员安全。

2011 年 7 月 27 日至 30 日，汉中市由于持续的强降雨，发生严重的暴雨洪涝灾害，导致民房进水，农作物受损，交通、水利、通信、电力等基础设施不同程度受损。据初步统计，暴雨洪涝灾害造成全市 11.3 万人受灾，紧急转移安置 9390 人，倒塌房屋 1010 户 2773 间，供电中断 8 条次，通信中断 5 条次，108 国道、316 国道、211 省道交通一度中断，全市因灾造成直接经济损失 3.29 亿元。灾情发生后，在外开会的汉中市委书记张会民通过电话做出救灾指示。市级领导分别带领水利、民政、交通等部门赶赴灾区，组织开展抢险救灾工作。汉中市政府果断启动《汉中市自然灾害救助应急预案》Ⅲ级响应。市县已抽调公安、武警 50 人连夜奔赴华阳重灾区抢险救灾。市政府安排市长预备金300万元、救灾应急资金30万元、道路抢修资金50万元；紧急调运帐篷150顶，发放彩条布100包，棉被1300床，夏凉被400床，折叠床100张，粮食4万斤，方便面300箱，馒头2000个，食用油500斤，矿泉水300箱，雨衣300件、雨鞋80双、应急灯40个。

2011年7月28日到31日20时，陕西省出现进入主汛期以来又一次大范围强降水过程，主要雨区在陕北东南部、关中中西部和陕南西部地区。全省共有102个县（市、区）降水，其中降水量50～100毫米29个，100毫米以上34个，最大为咸阳市淳化县胡家庙乡242毫米，汉中市南郑县258毫米，汉中市洋县230毫米，汉中市镇巴县203毫米，宝鸡市太白县195毫米。降雨造成汉江干支流及渭河支流出现洪水过程。

2011年8月1日1时，针对7月28日以来强降雨致使汉江和渭河流域干支流普遍涨水，水库、塘坝蓄水量明显增加，全省9个中小型水库出现超汛限水位的情况，省防总发出紧急通知，要求各级防指和水库管理单位切实加强水库防洪调度管理，全力确保水库安全度汛。

2011年8月2日下午，省长赵正永专程来到省政府应急指挥中心检查工作，强调要牢固树立人民利益高于一切的理念，全力做好汛期各项应急准备，保障人民群众生命财产安全。省政府秘书长秦正陪同检查。

2011年8月2日，省防总发出紧急通知，要求各级防指切实做好新一轮强降雨过程防汛工作。据省气象部门预报，8月3日晚到5日陕西省中南部将有一次明显的降水过程，强降水主要出现在8月4日凌晨到5日早上。省委、省政府领导高度重视，省长赵正永做出重要批示，要求加强防范和人员撤离，确保人员生命安全。副省长祝列克批示，要求省防总立即部署，指导各地做好防范工作，尤其是前期降水较多的汉中、安康、商洛、宝鸡等地，要进一步加大工作力度，强化工作措施，落实工作责任，扎实做好防范强降雨以及可能引发的山洪、滑坡、泥石流等次生灾害的各项工作，全力确保群众生命安全。

2011年8月2日，受省委书记赵乐际、省长赵正永委托，副省长祝列克带省级有关部门负责同志在汉中市主要领导陪同下，赴汉中市洋县察看灾情，慰问干部群众，指导灾后重建工作。祝列克查看了洋县至华阳公路水毁路段，了解道路抢通、应急修复进展情况。他深入重灾区华阳古镇，代表省委、省政府慰问了暂时安置在华阳中学的倒房户，检查安置点的伙食情况，希望他们保持积极乐观的心态，在政府的扶持下重建美好家园。走进正在清除淤泥、帮助群众抢救财物的陕西预备役高炮五团官兵中间，祝列克握着第一个发出山洪警报、迅速组织周围群众撤离而自家6间房屋全部被冲毁的华阳村党支部副支书尚黑娃的手，祝列克称赞："你是好样的。"在听取汉中市委、市政府防汛救灾工作汇报后，祝列克强调，各级政府一定要坚持以人为本的原则，妥善安排受灾群众的转移安置和生活救助，确保他们有饭吃、有衣穿、有水喝、有住处、有病能救治；要迅速组织开展受灾群众生产自救和道路、电力、通信、水利、供水等重要基础设施和农田的应急修复，尽快恢复正常生产生活秩序，为下一步灾后重建奠定基础；要通过申报灾后重建项目，争取上级对交通、水利等设施重建的资金支持，强化项目建设规划先行意识，着眼长远，把受灾群众房屋重建与陕南移民搬迁和小城镇建设结合起来，实行规模集中安置；加快华阳景区恢复重建，争取早日向游客开放。

2011 年 8 月 3 日上午，安康市召开全市防汛工作电视电话会议，传达省委书记赵乐际 8 月 2 日对安康市防汛工作的重要指示精神，要求全市各级各有关部门牢记“人是第一、生命至上”的要求，全面落实防汛工作责任，切实抓好五项措施落实，确保人民群众生命财产安全。

2011 年 8 月 3 日 21 时，省防总召开紧急防汛视频会商会议，再次安排部署新一轮强降水防汛抗洪工作，要求各级防指迅速落实各项防汛措施，全力迎战暴雨洪水灾害，确保人民群众生命财产安全。

2011 年 8 月 3 日至 4 日，汉中市委、市政府分别召开会议，迅速贯彻落实省委、省政府领导关于做好汉中抗洪救灾工作的重要指示，加快推进全市抗洪救灾、恢复重建各项任务。

2011 年 8 月 4 日 12 时 30 分，汉中市城固县罗儿湾水库因坝体左侧山体滑塌 1000 余方，造成溢洪道堵塞无法正常泄洪。省防总指挥长、水利厅厅长王锋带领工作组紧急赶赴汉中，检查指导防汛抢险工作。

2011 年 8 月 4 日 18 时，省防总紧急启动汉江流域四级防汛应急响应行动。

2011 年 8 月 5 日，省防总、省农业厅发出紧急通知，要求切实做好今年第 9 号“梅花”超强台风防汛工作，确保台风期间我省防汛安全。

2011 年 8 月上旬，汉中市政府针对地质灾害防治形势十分严峻决定在全市范围内紧急开展地质灾害隐患排查工作。全市共核查地质灾害隐患点达 935 个，其中新增点 229 个。

2011 年 8 月上旬，汉中市洋县华阳灾区获得了 2011 年中央专项彩票公益金 1500 万元的扶持资金，这是该县发生“7·29”洪灾后争取到的首批最大项目建设资金。

2011 年 8 月 15 日，壹基金携手陕西省妈妈环保志愿者协会在洋县开明广场启动了“7·29”暴雨灾害援助项目，向洋县华阳镇、茅坪镇、关帝镇 5 个村 526 户 1990 人提供大米、食用油、棉被、手电筒等价值 20.8137 万元的紧急救助物资。这是我省自 2008 年以来首次获得壹基金救灾项目援助。

2011 年 8 月 16 日，省防总发出紧急明传电报，要求各级防指和有关部门高度重视新一轮强降水过程，切实做好各项防范工作，确保人民群众生命财产安全。

2011 年 8 月 17 日，省防总再次发出紧急明传电报，要求各级防指和有关部门认真贯彻落实省长赵正永对当前防汛工作的重要批示精神，全力做好强降雨防范工作，确保群众生命安全。

受西南暖湿气流和西风槽共同影响，2011 年 9 月 3 日起陕西省自北向南出现大范围降水天气过程。2011 年 9 月 6 日 9 时，省气象台发布暴雨蓝色预警，预计 6 日 9 时至 7 日 9 时宝鸡南部、咸阳南部、西安、渭南、汉中、安康、商洛部分地区将出现 50 ~ 100 毫米降水，汉中南部局地、安康南部、商洛南部局地将出现 100 ~ 150 毫米降水。随后，省气象局启动重大气象灾害（暴雨）Ⅳ级应急响应，全力以赴做好此次强降水的气象服务工作。

2011 年 9 月 10 日，省防总向关中、陕南各市防指和有关单位发出明传电报，要求高度警惕 9 月 10 日至 14 日强降水过程，切实做好各项防范工作。

2011 年 9 月 11 日，关中和陕南西部强降雨仍在继续，防汛形势愈加严峻。针对当前防汛严峻形势，省防总总指挥长、副省长祝列克做出重要批示，要求各地做好防范工作，处理好蓄水与泄洪、上下游指挥协调，确保人员和设施安全。国家防办❶督察专员田以堂电话询问陕西降雨情况，要求做好防范工作，重点关注陕南山洪泥石流等灾害。省防总迅速贯彻落实，并于当天下午 4 时 30 分召开防汛紧急会商会，分析研判汛情，提出具体措施。

秋雨绵绵，持续不断，新一轮强降雨又将出现，使陕西省汉江流域再次处于警戒状态，防汛抗洪形势愈加严峻。2011 年 9 月 12 日省长赵正永做出明确批示，要求防指发布预警并对陕南加强预告，望认真加强防范，防止久雨后局地暴雨带来的地质灾害，确保人民生命安全。9 月 12 日 20 时，省防总根据汉江流域雨水情、水文气象预报及《陕西省防御洪水灾害应急预案》规定，适时启动汉江流域Ⅳ级防汛应急响应行动，要求各市县和相关单位采取有力措施，全力做好汉江防汛工作。

2011 年 9 月 13 日 11 时，安康城区防汛指挥部根据近日汉江上游降雨情况和汉江干支流水情发展趋势，发布汉江防汛警戒紧急通知：安康城区新城、老城、江北指挥分部和各包干单位人员立即集结，分赴枣园村、枣园社区、高井村等地同村委会和社区居委会一道宣传动员群众，做好群众撤离准备工作。提前组织老弱病残和妇女儿童撤离，转移贵重财产。2011 年 9 月 13 日 8 时至 14 日 8 时，安康市中到大雨，紫阳、岚皋、汉滨、镇坪 4 县（区）大到暴雨，全市防汛雨量自动监测站有 20 个站出现 50 毫米以上暴雨天气，点最大降雨量出现在镇坪华坪日降雨量 92.6 毫米。

---

❶ 是国家防汛抗旱总指挥部办公室的简称。

2011年9月16日晚，陕西省出现新一轮暴雨天气过程。针对十分严峻的秋汛形势，中央政治局委员、国务院副总理、国家防总总指挥回良玉做出重要批示，指出近日局部地区降雨仍然较强，渭河、汉江等支流发生超警洪水，要求在已做出安排部署的基础上，加强应急值守，毫不松懈地抓好防秋汛工作。省委书记赵乐际、省长赵正永数次询问汛情，多次做出重要批示，要求以确保群众生命安全为防汛工作的首要目标，坚决打赢防汛抗洪斗争这场硬仗，夺取今年防汛抗洪工作的全面胜利。9月16日下午，省长赵正永紧急召集省防总领导，研判当前汛情形势，进一步安排部署，要求各级立即行动，切实做好防范，确保群众生命安全。省防总指挥长、省水利厅厅长王锋立即组织召开防汛紧急会议，专题研究贯彻落实国务院和省委、省政府领导重要指示精神，发出紧急通知，对防抗暴雨洪水工作进行具体安排。9月16日22时30分，省防总召开紧急视频会商会，再次安排部署强降雨防范和应对工作，要求全力做好强降雨过程防范和应对工作，以实际行动落实群众生命至上的防汛原则。

针对日趋严峻的防汛形势，安康市委、市政府高度重视，安康市委书记刘建明冒雨检查指导防汛工作，实地查看水情。安康市人民政府市长方玮峰前往安康水电厂检查防汛工作，要求全市迅速进入临战状态。各县（区）各部门提前撤离危险地带群众，并稳妥安置，对鳏寡孤独、老弱病残、五保户、危房户等重点特殊人群，落实包抓措施和责任人。市防汛抗旱指挥部各成员单位、市直各包抓防汛工作的领导和干部、各县（区）、镇（办）干部一律取消双休日休假，迅速进入防汛防滑岗位。

2011年9月17日，副省长祝列克带领省级有关部门负责同志赴汉中市镇巴县检查防汛救灾工作。祝列克一行踏着泥泞深入镇巴县巴山镇白腊园村，详细查看公路损毁、民房受灾情况，看望慰问受灾群众。听取有关情况汇报后，祝列克对市、县防灾救灾工作给予了充分肯定，同时强调指出，进入九月份以来，我省已连续出现三次强降雨过程，9月16日开始的这轮降雨过程范围广、强度大、时间长，防汛救灾形势异常严峻，各地各有关部门务必要继续发扬不怕疲劳、连续作战的精神，进一步细化任务，落实责任，毫不松懈地抓好防汛救灾工作。要密切监测天气和水情变化，科学预报，及时预警，确保重要天气预报及雨情、水情、汛情、险情在第一时间传递到千家万户，一旦发现险情立即组织群众转移，确保群众生命安全。要加强水库科学调度和江河堤防巡查，加强危旧房屋和地质灾害隐患排查，逐人逐户落实应急防范措施。要始终坚持以人为本，扎实细致地做好受灾群众的救助工作，确保他们有饭吃、有衣穿、有地方住、有干净水喝、有病能及时医治。要组织力量抓紧抢修水毁道路等基础设施，保证应急抢险和群众正常生产生活的需要。要立足长远，科学规划，迅速开展灾后恢复重建，并与避灾搬迁、小城镇建设紧密结合，从根本上改善群众的生产生活条件。省政府副秘书长胡小平和省级水利、民政、发展改革、交通运输部门以及汉中市、镇巴县的负责同志随行检查。

2011 年 9 月 17 日 18 时，国家减灾委、民政部针对陕西灾情，紧急启动国家Ⅳ级救灾应急响应，并派出工作组赴陕西灾区。

2011 年 9 月 18 日上午，在全省防汛抗洪的关键时刻，省委书记赵乐际来到省防汛抗旱总指挥部检查指导工作。赵乐际听取全省防汛工作汇报，通过视频了解安康、渭南的雨情汛情和渭河、汉江水势以及金盆、石头河、安康、石泉等大型水库水位与泄洪情况，慰问省防总干部职工。赵乐际说，面对 50 年来降雨量最大的强秋淋天气，全省防汛战线沉着应对、科学调度，各项工作有力有序、成效显著。赵乐际强调，当前降雨仍在持续，主汛期、危险期还未过去，安全度汛形势严峻。全省各级要认真落实回良玉副总理重要批示精神，把防汛抗洪作为当前各项工作的重中之重，认真落实已有部署，加强应急值守，掌握防汛抢险主动权。要坚决执行省防总的命令要求，高度警惕、严阵以待，进一步完善抢险预案，加强巡堤查险，做好人员、物资和技术装备等准备，确保抢险工作科学有序、万无一失。赵乐际要求，要坚持以人为本、生命至上，把保证群众生命安全作为第一要务，认真搞好山洪易发区、河流薄弱段和重点水库等的专人盯防，积极开展危房、地质灾害等隐患排查和预警监测，强化群众防灾意识。一旦发现险情，迅速组织群众撤离，尽最大努力减少灾害损失。要充分发挥现有水利设施作用，科学调度全省江河水库，同时总结防汛经验，进一步加强防汛水利设施建设。副省长祝列克一同检查。

2011 年 9 月 18 日晚，在渭河、汉江流域干支流普遍涨水、超警戒洪峰来袭的防汛关键时刻，省防总总指挥长、副省长祝列克在省防总坐镇指挥，视频连线渭南、安康、西安市防指，研究渭河及其南山支流、汉江干支流防汛抗洪措施，强调务必要强化各级防汛责任制，尤其是基层防汛责任制，加强防守，积极应对，努力打赢这场防汛抗洪攻坚战，确保人员生命财产安全。祝列克与省防总值班人员共同分析了渭河、汉江干支流洪水演进趋势，各大中型水库洪水调度及渭河南山支流防御对策。

2011 年 9 月 18 日，据各地民政部门核查上报，2011 年 9 月 4 日以来的持续降雨使陕西 10 市 1 区全部受灾，受灾县（区、市）76 个，受灾人口 148.43 万人。与此同时，陕西省的灾情仍在进一步发展中。陕西各受灾地区紧急转移安置 11.71 万人，农作物受灾面积 86.45 千公顷，农作物绝收面积 11.12 千公顷，倒塌房屋 24232 间（其中倒塌居民房屋 9324 户 23509 间），损坏房屋 56935 间。

2011 年 9 月 20 日上午，省长赵正永，省委常委、常务副省长娄勤俭，副省长祝列克一行到省防汛抗旱总指挥部检查防汛工作。赵正强调，要严防死守，全力抗洪，抓紧启动恢复重建工作，奋力夺取防汛救灾的最终胜利。在省防汛抗旱总指挥部指挥大厅，赵正永通过视频仔细查看渭河、汉江各监测点的实时水位，详细了解各大水库、重点堤防和撤离群众安置的具体情况。赵正永指出，要尽快启动灾后重建，结合避灾避险搬迁、重点镇建设、保障性住房建设等工作，把倒损房重建纳入保障性住房建设予以解决。省政府办公厅，省民政厅、交通厅、水利厅、农业厅、气象局的负责人参加相关活动。

2011 年 9 月 20 日，国家水利部部长陈雷专门电话询问渭河下游洪峰演进情况，慰问防汛战线广大干部职工，高度评价我省渭河、汉江防汛工作取得的成效，要求再接再厉，夺取防汛抗洪工作更大胜利。

2011 年 9 月 24 日上午，省防总在西安举行新闻发布会，通报了 2011 年秋汛中全省受灾及救灾情况。据通报，此次灾害共造成全省 78 个县区、925 个乡镇、305.9 万人受灾，因滑坡、泥石流、倒房等次生灾害死亡 58 人，失踪 4 人。

2011 年 11 月 1 日，省防总召开全体成员会议，深入总结 2011 年防汛抗洪工作，审议省防总推荐，拟以省政府名义表彰的防汛抗洪抢险先进市县人民政府和单位，安排今冬明春防汛工作。省防总总指挥长、副省长祝列克要求，各级抓住汛末有利时机，认真贯彻中省水利工作会议精神，加快防汛减灾体系建设，提高防汛抗洪应急能力。省防总指挥长、省政府副秘书长胡小平主持会议，省防总指挥长、省水利厅厅长王锋代表省防总作 2011 年防汛工作报告，省军区副司令员尹武平及省防总成员单位领导成员出席会议。

（八）受灾农村民房恢复重建

2011 年 11 月 7 日上午，省长赵正永主持召开省政府今年第 20 次常务会议，审议并原则通过 2011 年全省暴雨洪涝灾害受灾农村民房恢复重建实施方案等。2011 年我省雨量大、灾情重、受灾群众多，会议研究决定在国家补助的基础上，对房屋重建户每户再补助 1 万元，维修加固户每户再补助 1000 元。要求各有关方面全力加快重建进度，陕南三市和延安市优先安排避灾扶贫移民搬迁对象，重建资金与移民搬迁资金捆绑使用。确保分散重建任务年底前完成，集中重建任务 2012 年 5 月底前完成。重建户和资金发放要公开透明，重建方案要符合避灾防灾减灾要求，集中重建点的路、水、电等基础和公共服务设施要同步规划建设。据统计，陕西省共有 101 个县（区、市）受灾，受灾人口 518.71 万人，因灾倒塌民房 57809 户 143750 间，损坏民房 86430 户 260609 间，直接经济损失 83.75 亿元。

2011 年 11 月上旬，省防总下发通知，要求各地和各有关单位切实加快水毁防洪工程修复进度，全面恢复提高抗洪能力，为明年安全度汛打好基础。

2011 年 12 月 21 日上午，省政府新闻办举行新闻发布会，邀请省民政厅副厅长李保存介绍今冬明春困难群众生活安排情况。2011 年以来，陕西省极端天气频繁发生，先后造成全省107个县（市、区）1273万人（次）受灾，72万人（次）紧急转移安置，倒塌民房7.68万户、18.99万间，损坏民房13.6万户、41万多间，直接经济损失达160.9亿元。灾区民房恢复重建工作进展顺利，全省需重建的75311户（其余1489户通过移民搬迁解决）倒房户，已开工65575户，开工率87%；竣工47726户，占63%。民政部、财政部下拨陕西省第一笔冬春受灾群众救助款2.37亿元，省级财政安排配套资金1000万元，本月底前将下拨到市县，及时发放到困难受灾群众手中。市县计划安排8062万元，用于解决冬春困难受灾群众口粮救济。此外，省民政厅还向市县调运救灾棉被、棉衣裤、衣服等生活类救灾物资13.18万件（套）。2012年元旦、春节期间，我省还将向城乡困难群众发放一次性双节生活补贴。

2012年1月4日上午，省长赵正永主持召开2012年省政府第1次常务会议，决定对248项2011年度科学技术项目和2011年防汛抗洪抢险先进单位等进行表彰奖励。2011年陕西省遭受了30年一遇的超强秋淋，洪涝灾害频发，在全省上下共同努力下，防汛工作取得巨大胜利，无一水库垮塌，无一江河堤防决口，无一人员因洪水死亡，受到国家防总和水利部的充分肯定。会议决定对33个防汛抗洪抢险先进单位通令嘉奖，号召全省各单位和干部群众向先进学习，把陕西防汛工作提高到新水平。

2012年2月中旬，省防总发出通知，要求各市防指及有关单位迅速开展水雨工情监测（视）设备的维护和检修，加强信息资源的整合利用，切实提高信息资源的利用效能和服务能力。

2012年2月29日至3月1日，国家民政部常务副部长罗平飞一行来陕检查灾后重建工作和国家救灾物资储备中心建设情况，对我省近年来在防灾减灾、灾后重建工作中取得的成绩给予充分肯定。省民政厅厅长曹莉莉、省减灾中心主任董亚明等陪同检查。罗平飞一行到商洛市丹凤县竹林关镇姚沟村，实地考察了2010年“7·23”特大暴雨洪涝灾害恢复重建情况，当看到灾后重建村民已经得到妥善安置，住进了统一规划建设的二层小楼，各个防患点全部治理到位，他们非常高兴。当得知安置群众通过政府补贴和自筹资金发展“农家乐”，旺季一个月收入可达8000元以上时，罗平飞对这种将安置与后续生活有机结合，扶持灾民发展第三产业的做法给予充分肯定。在大柴沟综合治理工程、“7·23”记忆园、水毁河堤工程建设工地、渭南市陕西中央级救灾物资储备库，罗平飞在听取建设工程进展情况汇报后说，凡事预则立，防灾、减灾胜于救灾。近年来我国气候复杂多变，灾害防御难度加大，减灾救灾工作面临严峻形势。要健全协同联动机制，抓紧实施综合防灾减灾规划，尽快启动关键工程项目；要加快灾害监测预警体系建设，加强综合风险管理和防灾抗灾工程建设；要强化应急处置能力，加强抢险救援指挥体系建设，规范应急救助管理；要强化资源资金整合，大力推动救灾技术装备和物资保障能力建设，切实提升综合保障水平。

2012年3月20日，省防总召开省水利厅直系统防汛备汛工作座谈会，回顾总结2011年防汛抗旱工作经验，深入分析研究了2012年汛旱情形势，安排部署汛前各项备汛工作，为2012年安全度汛奠定基础。

2012年5月4日，省政府召开全省防汛抗旱工作电视电话会议，总结工作，交流经验，分析形势，安排部署今年防汛抗旱工作。省防总总指挥长、副省长祝列克出席会议并讲话，要求各地突出重点，落实措施，全力以赴实现今年安全度汛。会上，祝列克代表省政府与各市区政府、杨凌示范区管委会签订了防汛抗旱目标责任书。省防总指挥长、省水利厅厅长王锋代表省防总作工作报告，省军区副司令员尹武平出席会议。

2012年5月中旬，省政府发布了《陕西省2012年地质灾害防治方案》，对2012年地质灾害重点防范区域及防范期做了划定，并对地质灾害监测人、防灾责任人、地质灾害防治措施等提出了具体要求。据预测，2012年全省地质灾害发生频度、密度和造成的损失呈增大趋势，地质灾害以崩塌、滑坡、泥石流等突发性地质灾害为主，地质灾害防治形势依然严峻。

2012年5月中旬，通过水利专线，汉江白河出陕段实时水情画面传输到了省防总指挥室里。这是陕西省第一次通过视频监控实时掌握江河水情变化。

2012年5月14日，水利部党组副书记、副部长矫勇率领国家防总黄河流域防汛抗旱检查组来陕检查防汛抗旱准备工作。省防总总指挥长、副省长祝列克，黄河水利委员会主任陈小江等一同检查。

2012年5月20日14时，省防汛抗旱总指挥部发出紧急通知，要求各级防指和有关单位迅速安排部署，立即上岗到位，全力以赴组织动员做好强降雨防范工作。省防总总指挥长、副省长祝列克做出批示，要求密切监视天气变化，加强预警预报，切实做好强降雨过程防范工作。

2012年5月27日，省防总向陕南各市防指发出通知，要求切实做好强降雨防汛工作，确保人民生命和财产安全。省防总总指挥长、副省长祝列克做出批示，要求陕南各市做好应对暴雨的各项防范工作。省防总要求各地、特别是预报有大到暴雨的陕南各市加强防汛值班，切实履行职责，密切监视汛情变化，及时做好汛情、险情的上报下传工作，关注中小水库和水电站的管理，加强水库、河道巡查力度，及时有效地应对各种突发灾害事件，遇有情况要及时预警、果断处置、迅速报告，最大限度地减少灾害损失，确保人员生命安全。

2012年6月1日，陕西省召开水库淤地坝安全度汛视频会议，落实水库淤地坝安全度汛措施，确保库坝安全万无一失。

2012 年 6 月 6 日，副省长祝列克带领省级有关部门负责同志赴安康检查防汛工作。祝列克一行先后来到安康水电厂、安康城区东西坝堤防工程现场以及平利县老县镇、镇坪县城，详细了解防洪工程建设进度、防汛物资储备、信息发布平台建设等。祝列克对安康市防汛备汛工作给予了充分肯定，强调要科学防汛，强化预警，夯实责任，全力做好防汛备汛工作，确保群众生命财产安全。

2012 年 6 月 13 日至 15 日，省军区司令员郭景洲带领驻陕相关部队负责同志赴渭南、安康 6 个重点防洪区县进行现地勘察，现场明确重点防汛部位驻军防汛抢险任务，明确用兵条件及用兵数量。

（九）2012 年重大天气灾害及应对

2012 年 6 月 28 日，省防总发出紧急通知，要求各级防指和各有关单位迅速安排，密切关注 6 月 29 日开始的强降雨过程，切实突出防范重点，落实各项防范措施，全力做好防汛工作。

2012 年 6 月 29 日 15 时，省防总发出紧急通知，要求各级防指和各有关单位认真贯彻落实国务院领导关于四川凉山州重大山洪泥石流灾害的重要指示及国家防总的紧急通知要求，切实加强山洪灾害防御和水库水电站安全度汛工作，进一步落实防汛责任，及早消除防汛隐患，及时发布预警信息，全面落实防汛避险措施，最大限度减少人员伤亡和财产损失。7 月 1 日，陕西省将全面进入主汛期，进入极端暴雨天气的高发期和山洪泥石流灾害的多发期，山洪灾害防御和水库水电站安全度汛任务异常艰巨。

2012 年 7 月 1 日，省国土资源厅、省气象局联合发布 24 小时地质灾害气象预报：陕南南部地质灾害气象预报等级为三级，发生滑坡、崩塌、泥石流等地质灾害的可能性较大，请当地民众注意防范。

2012 年 7 月 2 日，汉中市南郑县内汉江南岸支流濂水河洪水暴涨，致使沿河灌溉工程石梯堰出现险情。当天下午 3 时，南郑县水利局局长蒋安成在查看险情时不慎落入洪水失踪。获悉消息后，省防总总指挥长、副省长祝列克，省防总指挥长、省水利厅厅长王锋分别做出批示，要求有关方面全力搜救，尽最大努力抢救落水防汛干部。与此同时，省水利厅副厅长薛建兴带领工作组于昨晚紧急赶赴汉中，帮助开展失踪人员搜救工作，督导防汛抢险工作。

2012 年 7 月 2 日 11 时，省防总发出紧急通知，要求各级防指和有关单位高度重视，切实做好 7 月 2 日至 4 日强降雨防汛工作，切实做好各项应对准备，全力减轻灾害损失，坚决避免人员伤亡。根据省气象台预报，7 月 2 日到 4 日陕西省有一次强降水过程，陕北地区有阵雨或雷阵雨，关中、陕南有中雨，关中南部局地、陕南南部部分地方有暴雨，陕南南部局地有大暴雨。省政府领导高度重视这次强降水过程防汛工作，省防总总指挥长、副省长祝列克做出重要批示："请防办认真布置安排，防止人员伤亡。近期陕南已进入主汛期，请全体防汛人员加强值班，落实责任，确保安全度汛。"

2012 年 7 月 2 日，省气象台发布暴雨蓝色预警信号。预计未来 12 小时汉中南部、安康、商洛西南部部分地区降雨量将达 50 毫米以上。上述地区可能诱发较严重的滑坡、泥石流、洪水等地质灾害，提醒相关部门做好防暴雨的准备工作。

2012 年 7 月 3 日 19 时，省防总再次发出紧急通知，要求切实做好主汛期查险抢险工作，确保防汛抢险人员生命安全。

2012 年 7 月 4 日，省防总再次发出紧急通知，要求各级防指和各有关单位切实履行防汛职责，全力做好防汛减灾工作，确保人民群众生命财产安全。自 7 月 2 日以来，关中、陕南地区普降大到暴雨，汉江干支流河道普遍涨水，南郑县濂水河洪水流量达 211 立方米/秒，造成濂水河堤防堤脚淘刷发生险情，致人员伤亡。险情发生后，省委书记赵乐际、省长赵正永等领导对南郑县防汛抢险高度重视，分别对做好当前防汛工作做出重要批示。

2012 年 7 月 4 日，省政府召开新闻发布会通报，2011 年陕西省遭遇重大天气灾害，全省 107 个县（市、区）1273.56 万人受灾，倒塌民房 18.99 万间，损坏居民住房 41 万间。截至 2012 年 5 月底，需重建的 75311 户新建房屋全部竣工，其余 1489 户通过移民搬迁予以解决。据发布会通报，灾后重建与农村危房改造、保障性住房建设、移民搬迁及城镇化建设相结合，倡导采用"砖混房、地圈梁、构造柱、现浇板"的建房标准，提高农户建房质量。倒房重建每户补助 2 万元，市、县两级把灾后民房重建列为年度目标责任考核内容，由党政一把手亲自负责。各地均重规划、把质量，力求把重建民房建成经济适用的放心工程。

2012 年 7 月 4 日，包茂高速西安至安康，沿途中到大雨。特别是旬阳至安康段，两旁青山似吸饱水的海绵黄水四溢，大小河流浊浪翻滚。❶ 面临今年入汛以来强度最大的一次降水过程，安康市委书记方玮峰亲临市防指部坐镇指挥，市长郭青亲临防汛一线检查，市防指指挥长、副市长邹顺生带领市、区有关部门负责人深入月河、恒河、付家河流域现场指挥抢险工作。市、区防指下发紧急通知，要求各县（区）、各镇（办）和有关部门密切监测雨水汛情，及时启动应急预案，迅速组织撤离转移受威胁群众，全力抗洪抢险。❷

---

❶ 据安康市防汛办公布，2012 年 7 月 3 日 8 时至 4 日 14 时，安康市普降中到大雨，紫阳、岚皋、旬阳、汉滨、汉阴、石泉等县区大到暴雨，部分镇（办）出现大暴雨。

❷ 据安康市防汛办初步统计，截至 2012 年 7 月 4 日 16 时，汉滨、汉阴、石泉、宁陕四县（区）42 个镇 4.54 万人受灾，紧急转移群众 2.51 万人，无人员伤亡。农作物受灾面积 2.719 千公顷，成灾面积 1.921 千公顷，绝收面积 0.538 千公顷。倒塌房屋 630 间，公路中断 31 条次，供电中断 31 条次，水毁堤防 135 处、8.4 公里。损坏灌溉设施 157 处，直接经济损失 7207 万元。

2012年7月2日至4日，汉中全市持续大范围降雨。受降雨影响，汉江及其支流形成当年首次洪水过程，共发生起报流量以上洪水过程22场次。南郑、西乡、勉县、宁强、镇巴5个县受灾。受灾人口1.69万人，紧急转移0.1万人；倒塌房屋0.01万间；农作物受灾面积2.82千公顷，成灾面积1.42千公顷，绝收面积0.46千公顷，减产粮食0.52万吨，经济作物损失176万元；公路中断39条次，供电中断5条次；损坏堤防66处、5.61千米，损坏水闸2座。因洪涝灾害造成的直接经济损失0.7247亿元，其中农业直接经济损失0.1717亿元，工业交通业直接经济损失0.4036亿元、水利工程水毁直接经济损失0.1132亿元。汉中市委书记张会民、市长胡润泽分别坐镇市防汛指挥部值班室，了解当日雨情及未来趋势，分析研判当前防汛形势。

2012年7月6日18时30分，省防总发出紧急明传电报，要求各级立即进入临战状态，落实各项防范措施，切实做好7月6日至10日强降雨过程防汛工作，确保群众生命安全。《紧急明传电报》指出，此次过程具有局地雨量大、短时降雨强、致灾性大等特点。前期降雨致使关中部分地区和陕南土壤含水量已严重饱和，此次降雨可能诱发山洪地质灾害。

2012年7月7日，省防汛抗旱总指挥部召开视频会议，会商迎战入夏以来第二轮强降水天气过程。根据预报，从7月6日晚开始到10日，陕西省自西向东有一次大范围强降水天气过程，陕北南部、关中西部和陕南中西部有大到暴雨。7月6日晚陕南已降中到大雨，镇巴、南郑、西乡、石泉等地出现100毫米以上的大暴雨。高强度降雨极易引发洪涝灾害，防汛形势严峻。省长赵正永7月6日下午批示“请防汛指挥部、应急办加强信息关注和汛情”。副省长祝列克要求各级防汛部门密切关注，尤其要防止山洪灾害及次生灾害，确保人民生命财产安全。

2012年7月7日11时40分，省气象台发布暴雨蓝色预警，预计从7月7日20时至8日20时汉中、宝鸡部分地区将出现40～80毫米的降水，其中汉中西部、宝鸡西北部局地降水量可达100毫米。上述地区可能诱发较严重的滑坡、泥石流、洪水等地质灾害。省气象局于2012年7月7日11时45分启动了重大气象灾害（暴雨）Ⅳ级应急响应。

2012年7月8日下午16时，汉中市气象局发布暴雨橙色预警。汉中市委书记张会民、市长胡润泽分别率领防汛督导组，分东西两片冒雨巡回检查各县防汛工作。据不完全统计，截至7月8日14时30分，本次强降雨造成西乡、镇巴、南郑、汉台、留坝、佛坪6县（区）55个镇受灾。受灾人口9.72万人，紧急转移4500人，倒塌房屋1100间；农作物受灾面积5.91千公顷、成灾3.57千公顷、绝收1.38千公顷；停产企业6家，公路中断32条次，供电中断7条次，通信中断1条次；损坏农村堤防85处、20.81千米，损坏塘坝12处。洪涝灾害直接经济损失3.32亿元。

2012年7月8日晚，省防总总指挥长、副省长祝列克赶赴省气象台，详细了解各地降雨、防汛工作情况及后期天气趋势，要求各级防汛部门认真履行职责，始终把群众生命安全放在首位，全力做好当前强降雨防范工作。

2012年7月上旬，省军区政治委员段进虎深入汉中军分区和安康部分人武部检查调研，了解上半年工作完成和师级党委班子建设情况，重点对当前陕南防汛抗灾工作进行实地指导。省军区政治部副主任李卿君陪同调研。

2012年7月6日晚以来，陕西省出现主汛期以来第二次大的强降雨过程，尤其是汉中、安康等地发生严重汛情。2012年7月9日12时，省长赵正永对当前防汛工作做出重要指示：当前我省正值主汛期，全省防汛形势严峻，各级党委、政府要高度重视和关注防汛工作，尤其是陕南三市要把防汛工作作为重中之重。各级防汛部门要切实加强应急值守，特别是基层防汛值班制度的落实，密切关注汛情动态，果断处置，有效应对，确保群众生命安全，最大限度减少灾害损失。随后，省委常委、常务副省长娄勤俭也在省防汛办《雨水情概况》上做出重要批示，要求各级防指严密监视汛情，加强对汉江、渭河干支流的调度指挥，指导科学、有效抗灾。

2012年7月9日，省政府启动自然灾害救助应急预案Ⅱ级响应，省民政厅、省财政厅已向受灾较严重的汉中、安康、渭南各下拨200万元救灾应急资金，支援三市抗洪救灾。同时，省民政厅派出三个救灾查灾工作组，由厅领导带队，分赴汉中、安康、渭南三市指导抗洪救灾工作。

2012年7月10日下午，省委常委、常务副省长娄勤俭，副省长朱静芝听取了汉中市政府关于防汛救灾工作情况的汇报，要求省级有关部门和受灾市县切实安排好受灾群众生活，科学组织抢险救灾和恢复重建工作，防止次生灾害发生，最大限度地减少灾害损失，确保安全度汛。截至2012年7月9日21时，仅汉中市受灾人口就达30.3万人，紧急转移安置37516人，倒塌房屋5415间，破损16807余间，直接经济损失8.5亿元。

2012年7月12日，国家减灾委办公室副主任、民政部国家减灾中心副主任冯金社，在省减灾委办公室主任董亚明的陪同下，紧急赶赴汉中市实地察看灾情，指导防灾救灾工作。

2012年7月13日，国务院交通运输部在成都召开全国集中连片特困地区交通扶贫开发工作推进会。会上，省委常委、副省长江泽林与交通运输部党组副书记、副部长翁孟勇签订了《交通运输部陕西省人民政府加快集中连片特困地区交通运输发展共建协议书》。根据该协议，国家将投资200亿元支持陕西特困地区交通建设。

2012年7月13日19时50分，省防总发出明传电报，要求陕南三市和咸阳、铜川、西安、渭南市防指立即安排部署局地强降雨防汛工作。

2012年7月15日，省防总再次发出紧急通知，要求各地各部门把当前防汛抗洪工作摆在更加突出的位置，高度警惕，警钟长鸣，立即组织对山洪和地质灾害易发点，逐户查看，加强排查，告知注意事项。

2012年7月18日至19日，省委常委、省委组织部部长李锦斌带领省民政厅、省电力公司的负责人到安康检查防汛备汛工作，要求全力以赴抓好防汛工作，确保人民群众生命财产安全。李锦斌一行先后来到汉阴县蒲溪镇、安康水电厂、安康城区东坝防洪工程现场，仔细察看了防汛应急预案落实、物资储备以及受灾安置等情况，听取了安康市入汛以来防汛备汛工作汇报。

为支持汉江、丹江和渭河流域多灾易灾市县进一步做好抗洪备灾工作，积极应对主汛期可能出现的重特大自然灾害，切实保障受灾群众生活，省民政厅2012年7月中旬决定，向汉中、安康、商洛、渭南紧急调拨棉被1.8万床、衣裤1.8万套的救灾物资。汉中、安康、商洛各5000床棉被和5000套衣裤；渭南3000床棉被和3000套衣裤。这批救灾物资主要针对灾害发生后，确保第一时间对受灾群众开展救助。

2012年7月19日，省防总召开专题会议，认真总结主汛期两轮强降雨防汛抗洪工作经验，对主汛期防汛抗洪工作再动员、再部署，要求各级防汛部门要积极创新防汛抗洪的方式方法，努力提高防汛科学化能力与水平。

2012年7月20日13时30分，省防总发出紧急明传电报，要求各级防指和各有关部门切实做好7月21日至23日强降雨过程中的防汛工作，切实做好群众转移避险和应急撤离工作，确保人民群众生命安全。《紧急明传电报》指出，由于近期的两次降雨致使土壤含水极度饱和，本次强降水极易产流形成洪水，防汛形势严峻。省防总总指挥长、副省长祝列克做出重要指示，要求各级防汛部门把确保人民群众生命安全放在首位，认真安排好防范工作。

2012年7月23日下午，省防汛抗旱总指挥部举行了2012年陕西省长江流域防汛抗洪抢险调度指挥演习。

2012年7月23日至24日，受省委书记赵乐际、省长赵正永委托，省委副书记孙清云到汉中市看望慰问受灾群众，调研统筹城乡发展工作。孙清云代表省委、省政府赶赴受灾最为严重的南郑县牟家坝镇，看望慰问干部群众，实地察看洪灾对道路、农田、民房、水利设施造成的损坏，了解防汛救灾和群众生产生活安排情况。7月24日上午，孙清云专程到在巡堤查险过程中不幸遇难的南郑县水利局原局长蒋安成家中，看望慰问蒋安成的妻子王正英。此外，孙清云还调研了统筹城乡发展工作以及到汉江综合整治城固江湾段，察看工程施工情况。他要求有关部门抓住国家大兴水利的有利机遇，加快推进陕西重点水利工程建设，不断提高防汛抗灾能力。汉中市委书记张会民、市长胡润泽和省级有关部门负责同志一同调研。

针对陕西2012年7月2日以来的暴雨洪涝灾害，国家减灾委、民政部启动了国家自然灾害救助应急预案Ⅳ级响应。根据救灾工作规程，2012年7月25日，民政部派出工作组一行4人来陕评估灾情。

2012年7月30日下午，针对新一轮强降雨过程来临的紧急防汛形势，省防总召开全省防汛视频会议，通报强降雨过程天气形势，总结经验教训，进一步安排部署强降雨防汛抗洪工作。省防总总指挥长、副省长祝列克要求，各地各有关部门要共同努力，科学防御，奋力防抗，坚决打赢新一轮防汛抗洪攻坚战。

2012年7月30日8时至31日8时，商洛市5县区（商州区、洛南县、山阳县、镇安县、柞水县）相继遭受暴雨灾害袭击。

2012年7月31日，正值汉江流域防汛主汛期最关键时刻，也是1983年"7·31"特大洪水的纪念日，安康市在紫阳县召开全市防汛信息预警现场会，认真总结交流全市防汛信息预警到户工作经验，安排部署当前防汛工作。

2012年8月3日，省防总发出通知，要求关中各级防指和各大中型灌区充分认识当前出现的伏旱，立即行动，强化措施，切实做好防抗夏伏旱各项工作，努力夺取秋粮丰收。

2012年8月10日下午，省长赵正永带领省级相关部门负责人赴汉中检查汉江综合治理工作。赵正永强调，要加快进度、确保质量，全力推进综合整治工作，加快建设安澜、生态、富民的新汉江。省委常委、副省长江泽林一同检查。

2012年8月12日20时，省防总向关中、陕北和商洛市防指以及省级有关部门发出紧急明传电报，要求切实做好8月13日至14日强降水防汛工作，确保城乡居民群众生命财产安全。

2012年8月13日下午，省长赵正永主持召开第14次省政府常务会议，听取2012年暴雨洪涝灾害恢复重建方案有关情况的汇报，审议并通过《陕西省农民工工资支付保障规定》等法规。2012年7月以来，陕西省连续出现强降雨并引发洪涝、滑坡和泥石流等灾害，截至2012年8月9日，全省10个市84个县（区）受灾，直接经济损失42.25亿元，涉及人口231.82万人。会议原则同意暴雨洪涝灾害恢复重建方案，强调灾后恢复重建要坚持民生优先、突出重点、市县自救、省级帮扶的原则，优先解决受灾群众的生活问题和遇难人员的补助，房屋重建要尽量纳入已有移民搬迁和危房改造规划，力争灾区早日恢复正常的生产生活秩序。各市、县（区）政府作为灾后恢复重建的责任主体和实施主体，要切实负起责任，搞好规划布局和项目建设，确保工程质量。省级有关部门要加强业务指导，统筹安排补助资金，强化监督检查工作。会议强调，当前依然处在主汛期，一定要保持高度警惕，毫不松懈地抓好防汛工作，确保人民生命财产安全。

2012年8月16日16时和17时30分，省防总两次向陕北、关中各市和汉中市防指及省级有关部门发出紧急明传电报，要求切实做好8月16日至19日强降雨过程防汛工作，全力确保群众生命安全。

2012年8月19日18时，省气象台发布暴雨蓝色预警信号：预计未来12小时安康中西部、商洛西部和北部等地的部分地区以及西安南部、渭南南部、汉中东部等地的局部地区降雨量将达50毫米以上。8月19日18时，省防总再次向西安、渭南和陕南三市防指发出紧急明传电报，要求各级毫不松懈地抓好强降雨防御工作，落实好防御措施，全力确保群众生命安全。

2012年8月19日，安康市发布暴雨黄色预警，全市5个乡镇出现暴雨。为做好防汛与人员转移，安康市防汛抗旱指挥部指挥长、副市长邹顺生与汉滨、紫阳等8个副县（区）长视频连线，就防汛工作再部署再落实，并要求千方百计确保群众生命安全。

2012年8月29日20时，省防总向各市区防指和省级有关部门发出紧急明传电报，指出防秋汛形势不容乐观，务必做好各项防汛工作，确保群众生命安全。根据省防汛会商专家组8月29日18时会商认为，8月31日凌晨到9月1日，陕西自西向东将出现一次明显降水过程，主要落雨区在陕北南部、关中中西部、陕南中西部地区，暴雨中心分别位于米仓山、大巴山一带的宁强、南郑、城固、西乡、镇巴、紫阳、石泉、汉阴等地和秦岭主峰一带的太白、眉县、周至、户县、宁陕、佛坪、洋县、留坝等地。强降雨极易诱发山洪泥石流灾害。

2012年8月30日16时，省防总再次向各市区防指及省级有关部门发出紧急明传电报，要求迅速贯彻落实省防总领导指示精神，全力做好暴雨洪水防范工作，确保群众生命安全。针对此轮强降雨防汛工作，省防总总指挥长、副省长祝列克做出重要批示，要求各级防办安排好此次防汛工作，特别注意地质危险区和河道及城市内涝。省防总指挥长、省水利厅厅长王锋要求各地加强应急值守，全面落实防抗措施，及时撤离危险区人员，确保群众生命安全。

2012年8月30日，为切实做好受灾群众生活救助和受损设施恢复工作，由省发改委、民政厅、财政厅联合制定的《暴雨洪涝灾害群众救助和灾后恢复实施意见》（陕发改投资〔2012〕1333号）印发实施。

2012年9月1日16时，省防总启动汉江汉中段Ⅱ级防汛应急响应行动，并派出工作组赶赴现场，指导汉江流域石门、石泉、安康水库和渭河南山支流的石头河、金盆水库提前预泄腾库迎洪。9月1日8时至20时，全省有71个县区普降中到大雨，汉中南部的镇巴、西乡、南郑、洋县及关中的太白、户县、周至降暴雨，镇巴县降雨量最大达77毫米。

2012年9月1日，安康市再发紧急通知，要求进一步做好当前的防汛工作。

2012年8月30日至9月2日，陕西省出现入秋以来最强降雨过程，强降雨导致陕南及关中南部多地发生山洪泥石流灾害。陕西省2012年建成的34个县区山洪灾害防治县级非工程措施项目，在迎战这次山洪灾害中充分发挥作用，通过预警系统，先后使2.4万余名群众安全撤离转移，减免财产损失1.6亿多元，有力确保了避免人员伤亡目标。

2012年9月6日20时，省防总向各市区防指和省级有关部门发出紧急明传电报，部署强降雨防范工作，要求强化值守，夯实责任，落实措施，全力防抗，确保群众生命安全。

2012年9月7日17时，省气象台发布暴雨蓝色预警：9月7日20时到8日20时，西安南部、渭南南部、汉中东部、安康中西部、商洛的部分地方以及宝鸡南部局地将出现50~80毫米的降水。同时省气象局启动重大气象灾害（暴雨）Ⅳ级应急响应，各级政府及相关部门要按照职责做好防暴雨准备工作，注意防范山洪、泥石流、滑坡等次生灾害以及防范流域洪水灾害。

2012年9日17时30分，陕西省气象台发布暴雨蓝色预警：受西太平洋副热带高压外围西南暖湿气流和北方冷空气共同影响，9月9日20时到10日20时，汉中部分地区、宝鸡南部局地、安康西部局地将出现40~80毫米的降水，其中汉中南部局地可达80~100毫米。

2012年9月11日，省防总召开防汛会商会，总结今年以来的防汛工作，安排部署下一阶段防汛重点工作。副省长、省防总总指挥长祝列克强调，要进一步增强责任感和紧迫感，毫不松懈地抓好防抗秋汛工作。

（十）严峻的防汛形势与科学应对

2013年1月27日，陕西省人民政府代省长娄勤俭在陕西省第十二届人民代表大会第一次会议上所做的《政府工作报告》指出，把重点示范镇建设、撤乡并镇、小村并大村、空壳村整治、移民搬迁、鼓励农村居民进城落户结合起来，同步安排建设基础设施，强化教育、医疗、文化等基本公共服务功能，加快建设1000个新型农村示范社区，从根本上改善农村基本生产生活条件。在城镇化和农村新型社区建设中，要坚决避免复制传统农村现象。

2013年1月29日下午，省人大代表、代省长娄勤俭分别到安康、汉中、商洛代表团参加审议。娄勤俭说，良好的生态环境是陕南的优势所在，一定要围绕生态环境保护确定主导产业、延伸产业链条，通过园区承载、循环发展达到既保护生态、又加快发展的目的。要切实用好避灾移民搬迁、保障性住房建设、国家加快推进城镇化等各项政策，让群众生活得更幸福、更有尊严。

2013年4月9日，省防总向各市区水利（水务）局、防指和省级有关单位发出通知，要求各级加快进度，确保按时完成水毁防洪工程修复任务，为今年安全度汛创造良好基础。

2013年4月26日，陕西省召开防汛抗旱电视电话会议，副省长祝列克要求各级各有关部门全力做好迎战准备。

2013 年 5 月 10 日上午，省长娄勤俭到安康市检查东坝防洪工程建设情况。娄勤俭强调，要立足抗大旱防大汛，高标准建设防汛工程，科学制定防洪预案，确保全省安全度汛。省政府秘书长陈国强，省级有关部门和安康市负责人一同检查。

2013 年 5 月 15 日至 16 日，副省长祝列克到商洛市检查防汛备汛工作，调研现代农业产业发展。祝列克还实地察看了丹凤县竹林关镇江北移民小区和商州区沙河子镇柴湾移民小区建设等情况。

2013 年 5 月 16 日，商洛市丹江流域[1]综合治理工程开工动员大会在商州区舒杨村举行，这标志着丹江流域综合治理项目建设正式拉开帷幕。副省长祝列克宣布开工令，省政协副主席祝作利出席大会。省政府副秘书长王拴虎及省发改委、省财政厅、省水利厅等部门负责同志也出席了动员大会。

2013 年 5 月 23 日上午，省防总召开全省水库（水电站）、淤地坝安全度汛视频会议，深入分析水库度汛安全形势，安排部署今年水库（水电站、淤地坝、尾矿坝）安全度汛工作，确保水库安全万无一失。

2013 年 5 月 23 日 17 时 30 分，省防总发出紧急通知，要求各级防指和省级有关单位切实做好 5 月 25 日至 27 日强降雨防范工作。

2013 年 5 月 25 日 8 时至 17 时，陕北南部、关中及陕南出现明显降雨过程，降雨主要集中在陕南和关中中东部，其中陕南南部及东部出现大到暴雨，点最大降雨量旬阳 62 毫米，山阳 55 毫米，商州 53 毫米。5 月 25 日，省防总再次向陕南和西安、渭南市防指及省水文局发出紧急通知，要求各地要高度重视暴雨过程可能引发的汛情、灾情，切实落实各项防范措施，提前落实各项应急防御和群众转移避险措施，全力避免人员伤亡。

2013 年 5 月 25 日下午 4 时，省国土厅发出《关于进一步做好汛期地质灾害防治工作的通知》紧急明电，要求各市、县国土资源部门要加强同气象、水利等部门的密切配合，监视天气和雨水情变化，及时分析雨情和汛情趋势，切实做好地质灾害防范工作。并对辖区内的地质灾害隐患点和移民搬迁点进行一次全面排查。

2013 年 5 月 28 日，在陕西省即将全面入汛的关键时刻，省长娄勤俭先后到省国土资源厅和省防汛抗旱总指挥部，检查指导防灾备汛工作。副省长祝列克、庄长兴分别参加检查。在省国土资源厅，娄勤俭听取了地质灾害防治工作汇报，观摩了应急指挥系统的实际应用。娄勤俭强调，要适应地震、气候等因素带来的地质情况新变化；避灾移民搬迁安置点和重点镇建设，必须结合地质条件科学施工。随后，娄勤俭来到省防汛抗旱总指挥部，听取 2013 年防汛情况工作汇报，并通过视频连线

---

[1] 丹江流域是国家南水北调中线工程的重要水源涵养地，也是商洛市政治经济文化发展的核心区域。

检查了解安康市、靖边县和周至县马召镇、镇安县回龙镇的防汛工作情况，代表省委、省政府向奋战在防汛第一线的干部群众表示慰问。娄勤俭强调，要始终把群众生命安全放在首位，全面做好防汛备汛和应对地质灾害的各项工作。

2013 年 5 月 28 日，省委书记赵正永对当前我省防汛形势高度关注并做出重要批示，要求各级防汛指挥部门密切关注全省雨后灾情，提前预防，加强应急，主动避让，防止久雨泥石流灾害。

2013 年 6 月 1 日，《陕西省气象灾害监测预警办法》正式开始实施。《办法》的发布实施，对于规范陕西省气象灾害监测、预报和预警活动，健全突发公共事件应急体系，提升气象灾害防御和应急救援能力，保障经济社会发展和人民安全福祉具有重要意义。

2013 年 6 月 3 日，省防总专题召开 2013 年防汛水情工作座谈会，深入分析汛情测报预报、雨水情报送与总结评估等方面存在的薄弱环节，并就水情报送工作进一步明确任务、落实责任、强化措施。

2013 年 6 月 8 日，副省长祝列克到安康检查东坝防洪工程和安康水库备汛情况防汛备汛，考察茶产业发展情况。

2013 年 6 月 19 日，省防总发出紧急通知，要求各地和省级有关单位切实做好 6 月 19 日至 22 日强降雨过程防汛工作。省防总总指挥长、副省长祝列克做出重要批示："请省防办精心部署，加强系统值班，密切注意，确保安全。"省防总指挥长、省水利厅厅长王锋要求各级严密监视、周密部署、严格值守、加强防范。

2013 年 6 月 19 日至 22 日，陕西省出现的强降雨过程，致使渭河、汉江等河流出现洪水过程，20 日宝鸡、汉中接连发生了 2 起洪水围困河滩群众事件，给群众生命安全造成严重威胁。为确保人民群众生命安全，省防总再次发出紧急通知，强化汛期涉河人员安全管理工作，严令各地切实加强河道汛期安全管理，教育引导群众增强防汛减灾避灾意识，远离行洪河道，确保生命安全。

2013 年 6 月 27 日上午，省政府召开全省主汛期防汛抗洪视频会议，分析主汛期汛情形势，安排部署防汛抗洪工作。副省长、省防总总指挥长祝列克出席会议并讲话。祝列克指出，我省很快进入暴雨洪水高发、重发期，江河洪水、山洪、泥石流、滑坡等随时可能发生，防汛形势严峻。

2013 年 6 月 30 日，省委常委、省委组织部部长毛万春，副省长白阿莹带领省直有关部门负责同志到商洛市检查防汛工作时要求，各级各部门要牢固树立防大汛、抗大灾、保平安思想，认真落实各项防汛措施，切实加强重点部位防控，确保人民群众的生命财产安全。省政府副秘书长杨长亚等陪同检查。

2013 年 7 月 3 日 12 时，省防总发出紧急通知，要求各地和省级各有关单位迅速贯彻省委、省政府领导对当前防汛工作的重要批示精神，高度重视 7 月 3 日至 5 日强降雨过程防范工作，全力以赴做好防汛减灾工作，确保人民生命安全。省委书记赵正永就做好暴雨洪水防御工作做出重要批示：“请防汛办告知相关市县做好防御地质灾害、泥石流的准备，确保人民生命安全。”省防总总指挥长、副省长祝列克也做出批示：“请防办督促有关地区严密监视可能发生的灾害，做好预防措施，保护人的生命安全。”

2013年7月7日，省防总发出紧急通知，要求各地防指和省级有关部门高度重视7月7日至10日的强降水防汛工作，确保人民群众生命安全。

2013年7月12日，针对严峻复杂的防汛形势和严重汛情灾情，省委书记赵正永批示，要求有关各方要认真检查防汛救灾措施落实情况，吸取教训，查究责任，防患于未然。副省长张道宏❶批示，要求有关市县和有关部门强化预报预警，加强防范应对，把山洪灾害作为防汛的重中之重，避免人员伤亡。副省长祝列克批示，要求有关市及防汛等部门密切注意天气变化，全面进行排查除险，及时组织防洪避灾，确保人员生命财产安全。省防总迅速派出工作组赶赴延安、商洛等重点区域，传达赵正永书记等领导重要批示精神，督导防汛抢险工作。

2013年7月13日，省防总发出紧急通知，要求各级各单位切实抓好主汛期暴雨洪水防范工作，确保人员生命安全，最大限度减少财产损失。陕南秦巴山区要重点做好中小河流洪水和山洪地质灾害防御。

2013年7月14日上午，省委常委、常务副省长江泽林到省防汛抗旱总指挥部、省政府应急指挥中心检查防汛抗洪和汛期应急值守工作。在听取当前全省防汛抗洪工作汇报后，江泽林指出，近期我省陕南、陕北地区连续发生高强度暴雨过程，部分地区降雨量达到百年一遇，防汛形势十分严峻。各级党委、政府和有关部门高度重视，反应及时，措施得力，完成了前一阶段防汛救灾任务。省政府副秘书长张光进和省级有关部门负责同志一同检查。

目前，陕北地区强降雨过程仍在持续，关中西部和陕南中南部还将出现强降雨过程。主汛期以来强降雨已使得土壤含水量十分饱和，部分土石山体非常脆弱，再遇强降雨过程，极易引起山洪、泥石流、滑坡等灾害，同时发生江河大洪水的风险增大，防汛形势十分严峻复杂。为此，省防总要求切实做好暴雨洪水防范工作。

2013年7月15日，受省委常委、常务副省长江泽林委托，副省长张道宏带领省级有关部门负责同志在汉中检查防汛工作。张道宏强调，要把保证人民群众生命财产安全放在首位，做实预案，落实措施，夯实责任，确保安全度汛。

截至2013年7月15日，2013年陕西省已出现6次大范围暴雨洪水过程，给陕

❶ 张道宏，男，汉族，1959年3月生，河北青县人，1975年2月参加工作，1992年9月加入中国民主同盟，大学学历，工学学士，教授。

北和陕南部分地区造成严重洪涝损失和次生灾害。暴雨洪水造6市39个县331个乡镇59.5万人受灾，直接经济损失15.1亿元。

2013年7月17日下午，省政府召开防汛抗洪工作视频会议，省防总总指挥长、副省长祝列克出席会议并讲话，省防总指挥长、省军区副司令员金乐昌出席会议。会议指出，当前正值我省主汛期，全省多地多次出现强降雨过程，部分地区发生了洪涝、滑坡、泥石流等灾害，造成了较重的人员伤亡。针对近期全省还将出现大范围的强降雨过程，祝列克强调，要始终把群众生命安全放在首位，进一步夯实基层乡镇、村组、街道办和有关企业的防汛责任，对责任落实不到位的要从严追究责任。要把主动撤离群众作为减少人员伤亡最有效的手段，落实撤离措施，不漏一户一人，全力避免人员伤亡。要密切监视天气和雨水情变化，科学会商研判，及时预报预警，提前做好防范措施。要扎实做好江河库坝防洪工作，一旦发出洪水预警，要迅速启动防洪预案，科学调度水库，果断处置险情，确保主要江河和重点河段堤防不垮不决，特别是陕北地区要切实落实水库、淤地坝防守抢险措施。要认真搞好灾情核查，妥善安置受灾群众，确保他们有饭吃、有衣穿、有住所、有洁净水喝、有病能得到及时医治；要加快水毁设施修复，按照“先通后畅”的原则，抓紧组织开展恢复重建工作，保障灾区群众正常生产生活。

2013年7月20日至21日，省委常委、常务副省长江泽林到汉中检查防汛工作。江泽林指出，近期陕南地区连续发生高强度暴雨过程，部分地区发生洪涝灾害，防汛形势十分严峻。汉中是全省防汛工作的重点区域，近期又将迎来新一轮强降雨过程，全市上下要立足于防大汛、抗大洪、抢大险，未雨绸缪，主动防控，确保安全度汛。省政府副秘书长张光进，省住建厅、省水利厅负责同志一同检查。

2013年7月21日，省委常委、延安市委书记姚引良深入宝塔区和延安新区北区察看受灾群众安置和灾后恢复重建工作。姚引良强调，要妥善安置好受灾群众，加快推进居民下山工程和新区建设，确保灾后恢复重建工作顺利开展。姚引良来到体育场临时安置点和宝塔山，察看宝塔山西坡山体居民受灾情况。姚引良强调，要迅速把工作重心转移到查灾救灾和灾后恢复重建上来。一是要仔细甄别受灾群众的户籍信息和自救能力，在中心城市和县城逐步取消临时安置点，动员群众投亲靠友、借住租住和返回原籍；二是对无法返迁的群众，要充分利用有限空间，尽可能多地临时安置受灾群众。对于纳入救助范围的群众，在足额发放生活补助的基础上，鼓励开展生产自救；三是要积极提供救灾物资和公共服务设施，加强临时安置点管理，组织开展志愿服务；四是宝塔区和市国土局要尽快制定居民下山和避灾搬迁规划，确保25度以上、沿山根一线坡面的居民全部下山。

2013年7月21日晚上，陕西开始大范围强降雨过程；7月22日上午，副省长、省防总总指挥长祝列克到省防办传达赵正永书记重要批示要求，部署新一轮强降雨防范应对工作。

针对陕西省2013年7月18日以来的暴雨洪涝灾情，国家减灾委、民政部2013年7月26日紧急启动国家Ⅳ级救灾应急响应，派出工作组赶赴灾区，查看灾情，指导开展救灾工作。

2013年入汛以来，商洛市连遭四次强降雨，部分群众财产和基础设施受到较大损失，省委、省政府十分重视。省长娄勤俭在做出批示之后，又于2013年7月26日至27日到商洛检查防汛抗灾情况，并就重点工作进展进行调研。娄勤俭一行首先来到灾情较重的洛南县寺耳镇，察看民房、农田和道路损毁情况，仔细询问受灾群众生活的安置，详细分析建筑易遭水毁的原因。娄勤俭强调，一定要安排好受灾群众生活，加快重建水毁设施。要吸取教训，合理规划群众住房布局，并与移民搬迁相结合，引导群众逐步搬到适宜居住的地方。在洛南县阳光华庭保障房小区和山阳县高坝店镇移民搬迁集中安置点，娄勤俭对他们统筹规划保障性住房、移民搬迁、产业园区的做法给予肯定，要求在抓好建设的同时，探索保障性住房管理持续有效运行的机制，更加重视解决搬迁群众的就业与致富问题。省政府秘书长陈国强，省级有关部门和商洛市负责人参加活动。

2013年7月27日下午，在延安检查防汛救灾工作的省委书记赵正永，会见了国务院扶贫开发领导小组副组长、扶贫办主任范小建。赵正永说，这次延安受灾，给群众生命财产带来很大损失，也是对各级干部的严峻考验。我们正在扎实推进避灾扶贫移民搬迁，希望国家扶贫办给予大力支持。范小建表示，将认真研究，加强沟通衔接，为改善延安贫困群众生活提供更大帮助。省委常委、延安市委书记姚引良一同会见。

2013年7月28日8时至22时，全省有98个县（区）降水，其中点最大降雨量为紫阳县74毫米，镇安县64.2毫米，山阳县52毫米。降雨主要集中在关中中南部，汉中、安康局部，商洛中部地区。针对持续强降雨过程，省防总总指挥长、副省长祝列克批示要求省防办密切注视天气变化，及时指导支持相关市县防灾抗灾。省防总指挥长、省水利厅厅长王锋紧急安排部署，要求所有防汛责任人全部上岗到位，全力组织防御。

2013年7月30日，省委常委、常务副省长江泽林在汉中市留坝县和宝鸡市凤县检查防汛工作和重点项目建设情况。江泽林强调指出，在做好防汛的同时，也要注意防止滑坡、泥石流等次生灾害。要求省级相关部门也要加强防汛指导，对水毁工程恢复重建给予帮助。要牢固树立防大汛、备大汛观念，克服麻痹思想，严格落实防汛责任，完善监测预警体系，确保安全度汛。要科学规划，按照精品建设、精细管理的要求，扎实推进重点项目建设。省政府副秘书长张光进，省国土资源厅、省水利厅负责人陪同调研。

2013年7月30日晚，中共中央政治局委员、中央书记处书记、中央组织部部长赵乐际打来电话，询问陕西和延安受灾情况，了解防汛救灾措施，慰问受灾群众和救灾人员。赵乐际在电话中要求，陕西省和延安市一定要坚持以人为本、生命至上，做好危险地段群众转移工作，妥善安排受灾群众基本生活。要严密防范、科学应对，加强对雨情汛情和滑坡等地质灾害的监测，努力把灾害的损失降到最低。省委书记赵正永详细汇报了陕西和延安干部群众防汛救灾情况，感谢中央和乐际同志对陕西的关心，表示省委、省政府一定会安排好灾区群众的生产生活，抓紧灾后重建工作，打好防汛救灾这场硬仗。

2013年7月31日，在安康"1983·7·31"特大洪灾30周年到来之际，安康市进行了一系列警示教育活动，以此缅怀遇难同胞，汲取沉痛教训，服务现实工作。1983年7月31日，汉江洪水暴涨，安康城区进水，瞬间造成了870人罹难、89600人受灾的特大灾难。以史为鉴，警示后人。在"1983·7·31"特大洪灾30周年到来前的几个月，安康市就向全社会搜集整理"1983·7·31"洪灾影音、图像、文字资料，日前，950件档案资料在安康市档案局、市规划局档案馆和城市规划展览馆面向社会开放。由陕西电视台和安康电视台联合摄制的6集专题片于2013年7月28日至8月2日在陕西电视台和安康电视台同时播放。安康市还举办了多层次防汛减灾研讨会。筹划已久的防汛减灾警示教育基地目前正在建设中。

2013年8月1日，安康市白河县遭遇冰雹强降雨天气，个别镇降大暴雨。强降雨引发白石河、构扒河、厚子河、冷水河等大小河流山洪暴涨，构扒镇高庄村自动水位站最高水位234米，超警戒水位2米，此次暴雨伴有雷电大风冰雹等多种灾害性过程，致使全县大量农作物、经济作物被毁，交通、电力、通信等基础设施损毁严重，四个镇部分村电力中断，个别镇通讯中断，造成直接经济损失1550万元。这是自2013年7月29日以来该县第二次遭遇强降雨过程。

2013年8月6日16时，省防总向各市区防指和省级有关单位发出紧急通知，要求迅速安排部署，切实做好暴雨洪水防范工作，由于强降雨区前期降水量偏多，此次强降雨极易引发山洪、泥石流、山体滑坡等次生灾害和中小河流洪水暴涨，防汛形势严峻，各地要确保人民群众生命财产安全。

根据气象预报和省防总会商分析，2013年8月6日晚至8日陕西省陕北和关中、陕南西南部将有一次大到暴雨过程。8月6日晚，省委书记赵正永、省长娄勤俭分别在省防总重要信息专报上做出重要批示，赵正永要求各地务必做好防范工作，做好人员撤离避让，确保群众生命安全。加强山体滑坡和水库险情监测。娄勤俭要求各地、各部门要高度重视新一轮降雨过程，切实做好防灾抗灾工作。

2013年8月7日下午，省政府召开会议，听取延安市灾情汇报并研究支持延安防灾救灾和灾后重建有关工作。省长娄勤俭出席会议。常务副省长江泽林主持会议，副省长祝列克就有关具体问题提出要求。

在分别听取延安市和省发改委关于最新灾情和省上拟支持延安搞好防灾救灾及恢复重建有关政策的汇报后，娄勤俭说，延安灾情发生后，省委、省政府高度重视，第一时间对抢险救灾做出了安排部署。省级有关部门和延安市密切合作，全力转移受灾群众，认真实施排险抢险，灾区社会保持了稳定，成绩值得肯定。

娄勤俭强调，当前汛情还在继续，近期仍会发生较强降雨，延安市要毫不放松抓好防灾抗灾工作，特别要高度警惕暴雨引发的次生灾害，以高度的责任感安置好受灾群众的基本生活，全力保障群众的生命财产安全。要及早谋划灾后重建，实事求是摸清受灾底数，优先解决受灾群众住房问题，尽快恢复公共设施基本功能，让受灾群众回到正常的生产生活状态。灾后重建规划要在功能性恢复的基础上，统筹考虑城乡一体化发展和推进城镇化建设，坚持一次规划、分步实施，推动延安持续健康发展。娄勤俭强调，延安此次受灾损失重、重建难度大、社会关注度高，省级各部门要加大支持力度，延安市要坚持自力更生、艰苦奋斗的优良传统，各方面共同努力把延安建设得更加美好，让党中央、国务院放心，让人民群众满意。省政府秘书长陈国强，延安市政府、省级有关部门和企业负责人参加会议。

2013 年 8 月 19 日，陕西省人民政府《关于支持延安市防灾救灾和灾后重建的意见》（陕政字〔2013〕34 号）印发。这个文件从继续加强防汛抗灾工作，全力做好受灾群众生活安置工作，有力有序开展灾后恢复重建工作以及分工协作、合力推进救灾和重建工作四个方面提出了支持延安做好防灾救灾和灾后重建工作。

2013 年 8 月 29 日至 30 日，受省委书记赵正永委托，省长娄勤俭带队赴京向国务院领导汇报延安市灾情和灾后重建有关问题，并拜会了国家有关部委领导。省委常委、副省长江泽林，副省长祝列克分别参加有关活动。2013 年 7 月以来，陕西省特别是延安市遭遇了百年不遇持续强降雨，引发洪涝、滑塌、泥石流等特大自然灾害，给人民群众生命财产和经济社会发展造成巨大损失。党中央、国务院高度重视延安灾情，中央领导同志先后做出批示和打来电话指导救灾工作，国家有关部委在第一时间向陕西省派出了工作组，并及时下拨了救灾和防汛资金。

娄勤俭向国务院领导详细汇报了延安的受灾情况以及开展抢险救灾和灾后重建的工作进展，并请求国家对相关工作给予更多的指导和支持。娄勤俭表示，陕西有信心也有决心，以自力更生、艰苦奋斗的延安精神搞好灾后重建，在尽快恢复正常生产生活的基础上，统筹考虑灾后重建和城乡发展，使延安的经济社会实现新的提升，让圣地人民的生活过得越来越好。

娄勤俭一行还就延安灾情和灾后重建以及陕西经济社会发展的重大事项，分别拜会了国家发改委、民政部、住房和城乡建设部、环境保护部和国家能源局领导，希望他们在延安灾后重建和重大项目建设方面给予我省更大的支持。国家发改委主任徐绍史、能源局局长吴新雄等表示，将在延安灾后重建、西咸新区建设、全省电力外送通道和高端能源化工基地建设等方面予以支持，努力为陕西发展搞好服务。省政府秘书长陈国强参加汇报和座谈。

2013 年 9 月 4 日上午，省委常委、延安市委书记姚引良到赴志丹县视察灾后重建工作。姚引良强调，要扎实开展灾后重建，妥善安置受灾群众，加速推进全市城镇化步伐。在双河乡桃庄湾村，得知村里大部分群众都愿意搬迁到中心社区居住后，姚引良高兴地说，这次大灾让我们的干部群众深受教育，也坚定了我们推进统筹城乡发展的信心和决心。各县区和各有关部门要充分尊重群众意愿，认真做好移民搬迁、危窑危房改造、灾后重建住房补助等相关政策的宣传，集中捆绑，合理运用，确保扶持救助政策既覆盖所有受灾群众，又体现公平公正原则。要加强政策研究，凡搬迁群众都应将原宅基地复垦，实现土地占补平衡，争取国家将延安市避灾移民搬迁专门立项。

（十一）中央领导关心延安灾情与抗灾

2013 年 9 月 6 日下午，省委召开常委会议，传达学习习近平总书记关于延安受灾情况的重要批示，安排部署灾后重建工作，研究我省贯彻全国党委秘书长会议精神的具体措施。省委书记赵正永主持会议。

会议指出，习近平总书记、李克强总理、张高丽副总理等中央领导同志对延安灾情高度关注、做出重要批示，充分体现了我们党全心全意为人民服务的根本宗旨，充分体现了党中央、国务院对老区人民的关心关怀，为推进延安灾后重建工作注入了强大精神力量。要认真传达学习、严格落实批示要求，把搞好重建工作作为对延安人民的庄严承诺，弘扬延安精神，坚持自力更生、艰苦奋斗，坚持立足实际、量力而行，进一步核准受灾情况，抓紧完善重建方案，确保完成各项任务。要以倒塌和严重损坏房屋为重点，扎实推进住房修复重建工作，捆绑各项政策，集中使用资金，加快工程进度，严格质量监管，确保两年内群众能够入住回迁。以实实在在的工作成效让党中央放心。延安市就进一步做好灾后重建工作再次进行安排部署，提出要以重要批示精神为动力，克服一切困难，加快生产自救，努力把延安建成老区人民幸福美满的新家园。省直有关部门和延安市要加强上下衔接，保障好受灾群众生产生活，真正让老区人民感受到党和政府的温暖。

2013 年 9 月 9 日，省政府召开专题会议，学习习近平、李克强、张高丽、汪洋等党中央、国务院领导同志对延安灾情的重要批示，通报灾情核查情况，安排部署灾后重建工作。省长娄勤俭主持会议。会议指出，中央领导对延安灾情的重要批示，充分体现了党中央、国务院对老区人民的关怀，是对延安灾后重建工作的极大鼓舞和强大支持，我们要坚决落实批示精神，妥善安置受灾群众，全力做好各项重建工作。会议强调，安排好受灾群众的基本生活依然是当前救灾工作的重点，特别是要解决好他们的过冬问题。要尽快实施倒损民房修复重建项目，足额落实配套资金，确保明年入冬前全部完成。要立足实际，长远规划，统筹考虑灾后重建和城乡发展问题，抓紧进行地质灾害防治和基础设施修复，使延安经济社会实现新的提升。会议要求，要以延安精神推进灾后重建，延安市要充分发挥主体作用，省级有关部门要加大支持力度，让中央放心，让群众满意。常务副省长江泽林，省政府资政郑小明，副省长张道宏、白阿莹、祝列克、王莉霞，秘书长陈国强，以及延安市和省级有关部门负责人参加会议。

2013 年 9 月 19 日，汉中市遭遇罕见秋季特大暴雨，导致主城区地势低洼地带大范围积水，居民出行受阻。汉中市政府果断决定启用即将竣工的中心城区东排洪渠泄洪，极大缓解了城市防洪排涝压力。至 9 月 20 日上午 11 时许，城市内涝基本消除。

2013 年 9 月 21 日，省委常委、延安市委书记姚引良到宜川县视察指导灾后重建工作。

2013 年 9 月 26 日，省委副书记孙清云在志丹县调研灾后重建工作时强调，要落实好扶持政策，按照规划，保证质量，加快灾后居民住房的重建进度，确保受灾群众安全过冬。省委常委、延安市委书记姚引良一同调研。

2013 年 11 月 20 日，全省防汛抗旱办主任会议召开。省防总针对今冬明春防汛抗旱形势，要求扎实做好五项重点工作。其中第三项要求是：提早做好山洪灾害防治二期、指挥系统二期及山洪沟治理项目前期工作，加快启动 16 个县区山洪灾害调查评价、31 个县区非工程措施补充完善、98 个县级监测预警平台和群策群防体系完善升级、省市监测预警信息管理共享评价系统、3 条山洪沟治理试点项目建设，确保明年 9 月底前完成建设任务。

2013 年 11 月 15 日，省委常委、延安市委书记姚引良深入宝塔区部分乡镇、农村检查灾后重建工作。姚引良强调，要坚持统一规划，加快建设进度，确保受灾群众安全温暖过冬。

2013 年 11 月 19 日，省委常委、延安市委书记姚引良深入延长县调研。姚引良先后深入郭旗乡窑则沟村、郑庄镇屈台村和吴旗村集中安置点以及郑庄镇灾后重建安置中心社区，仔细察看住房重建进度，并与群众亲切交谈。姚引良强调，要以学习贯彻十八届三中全会精神为动力，加快灾后重建步伐，积极谋划好明年工作。各级党委、政府要认真做好摸底排查，不漏一户一人，妥善安置好受灾群众。要力求高标准规划建设，完善配套公共服务，配齐功能设施。要用活用好危窑危房改造、保障房建设、扶贫移民搬迁、城乡建设用地指标增减挂钩等政策，建立台账，公之于众，确保公开透明、公平公正。

2013年12月25日至26日，省委书记赵正永、省长娄勤俭到延安检查灾后重建、看望受灾群众。赵正永在宝塔区杨家岭保障房安置小区，听取建设规划和搬迁情况介绍，询问居民入住后的感受、补助政策落实等，听到大家对新居比较满意，他欣慰地说，你们满意了，党和政府就放心了。在延长县郭旗乡窑子沟村，赵正永详细了解群众就学、饮水、如厕等公共设施，强调要尽可能扩大集中规模，优化设计、搞好配套，让群众生活得更加便利舒心。在郑庄镇吴旗村，赵正永走进困难户张桂丽家，看到她满脸洋溢着住进新房后的喜悦，询问分了几间房，花了多少钱，还有什么困难，当得知她有两个孩子上大学时，赵正永勉励她坚定信心，有困难大家会帮助。随后，赵正永来到屈台村，详细了解群众收入情况，鼓励大家进城务工创业，加快土地流转，实现一份资源、两份收入。

娄勤俭来到富县温馨家园小区，退休职工张富贵激动地告诉省长，没想到窑洞塌掉之后这么快就能搬进新居。娄勤俭说，党和政府一直牵挂着受灾群众，就是要想办法让大家早日住进安全、舒适的房子。宜川县富庄村统筹受灾群众住房建设与产业发展，娄勤俭对他们的做法给予充分肯定，在村民封金宝的家里，他一项一项地询问政府的建房补贴和各项民生政策落实情况，得知已全部到位后，高兴地说，你们住上了新房，我就放心了，相信以后的日子会越来越好。在高窑村，看到当地政府给每户居民都免费发放取暖的煤炭，并逐项公布政策执行情况，娄勤俭说，基层工作就是要细一些、实一些，真正做到群众的心上。

12月26日上午，赵正永、娄勤俭听取了延安市工作汇报，充分肯定延安灾后重建工作和经济社会发展。赵正永要求，要把重建住房与推进新型城镇化结合起来，比照城市社区高标准建设新居，引导群众转变生活方式，避免传统农村的再复制。要抓紧推进城乡统筹试点，以33个镇为重点，完善基础设施，打破户籍等限制，让进城农民融入城市，同时各县区之间要互帮互助，推动城乡统筹取得明显成效。

赵正永强调，要始终把发展作为第一要务，找准增长速度的合理区间，抓住机遇、整合资源，推动延安经济持续健康发展。要紧盯突出问题，认真谋划项目，一步一个脚印地推进产业转型。要用好延安整风精神发源地的独特优势，及早谋划、精心组织即将开展的第二批群众路线教育实践活动，努力为全省各市县带好头、作表率。

娄勤俭在讲话中说，延安灾后重建取得了阶段性成果，当前要把工作做得更细一些，确保每位受灾群众都能温暖过冬。要着眼长远，更加注重将灾后重建与城镇化融为一体，让群众向县城、重点镇和新型社区聚集。他指出，延安的转型发展已处在向上的拐点，要在稳定石油产能的同时，大力发展化工、天然气、现代农业和现代服务业等产业；要重视城镇化质量，加快城乡统筹发展步伐，切实搞好新区建设、旧城改造、居民下山等工作，推动全市经济尽快步入一个新的较快增长期。省委常委姚引良一同调研。

2014年1月6日至7日，副省长白阿莹带领省级有关部门负责同志赴延安调研革命旧址灾后恢复重建工作。白阿莹一行先后到西北局革命纪念馆和西北局、宝塔山、杨家岭、鲁艺等革命旧址实地调研，听取了延安市政府关于革命旧址灾后恢复重建工作的汇报。

（十二）强降雨、地质灾害与科学救灾

2014年4月25日，面对连日来的强降雨，省国土资源厅紧急下发通知，要求汉中、安康、商洛三市积极做好移民搬迁安置工程地质灾害防治工作。对在建的、已经建成的各类陕南移民搬迁安置点，要严格落实地质灾害危险性评估各项要求。

2014年5月26日至27日，副省长祝列克带领省级有关部门负责同志赴石泉县检查防汛备汛，调研精准扶贫工作。祝列克指出，要搞好新建移民安置点、堤防工程等建设，确保安全度汛。要始终把人的生命安全放在首位，完善应急预案，加强监测预警，全力避免人员伤亡。在考察云雾山镇板桥村、池河镇大阳村产业扶贫以及职业教育中心、扶贫信息监测中心后，祝列克强调，要切实抓好干部驻村联户扶贫和建档立卡工作，扎实推进精准扶贫。科学制定村规划、户计划，大力发展专业合作社和小微企业，加大对贫困户发展蚕桑、畜禽等种养业的扶持力度，促进贫困户早日脱贫。通过在安置点建设共有产权房等多种形式，切实解决好“三无户”安全住房问题。

2014年7月11日13时，省防总向汉中、安康两市防指发出通知，要求切实做好7月11日至12日强降水防汛工作，确保群众生命安全。据气象预报和会商分析，7月11日至12日，陕南南部局地有大到暴雨过程，暴雨区主要分布在汉中的镇巴、西乡和安康的紫阳、岚皋、平利、镇坪等县。

2014年8月9日下午，省防总向西安、宝鸡、咸阳、渭南、汉中、安康、杨凌等地发出预警信息，要求各地加强监测预警，重点做好山洪灾害、中小河流洪水及城镇内涝防范，严密预测预警，提前组织危险区群众转移避险，严格撤离区警戒管理，避免人员伤亡。

2014年8月29日，省防总发出紧急通知，要求各级防指切实做好8月29日至9月3日强降雨防汛工作，确保群众生命安全。副省长祝列克针对强降雨防汛批示：这次降雨十分有利，但局部地区可能产生灾害，因此一是加强水库蓄水，搞好水情监测；二是对陕南特别是镇巴至紫阳一线做好防灾准备工作，确保人员安全；三是各地防汛部门要加强值班，防止城市内涝和局部灾害，确保人员财产安全。

2014年9月16日上午，省委书记赵正永深入安康市汉滨区看望慰问受灾群众，检查指导防汛救灾工作。赵正永强调，目前已进入应对洪涝等灾害的关键点，要始

终绷紧防患于未然这根弦，进一步强化措施、夯实责任、做好工作，切实保障群众生命财产安全。

2015 年 1 月 15 日，省民政厅召开新闻发布会介绍 2014 年相关抗灾救灾情况。陕西省 2014 年发生洪涝、干旱等 9 类自然灾害 375 次，灾难共造成 1177.4 万人次受灾，倒塌和严重损坏房屋 4.74 万间，轻度损坏房屋 8 万间；直接经济损失 93.85 亿元。省民政厅去年共向市县下拨中、省救灾资金 2.375 亿元，市、县积极筹措重建资金 4500 多万元，将灾后民房重建与农村危房改造和移民搬迁工作相结合，特别是陕南三市将灾后重建纳入陕南移民搬迁范围、陕北两市灾后重建纳入扶贫搬迁，开辟了灾后重建工作的新路径。截至 2014 年 12 月，我省已完成 7400 户农房重建和 16129 户农房修缮任务，部分未建成新房将在 2015 年汛期前完成。

2015 年 4 月 1 日上午，省防总向各市防指发出紧急通知，要求各地切实做好强降雨过程防范工作。根据省气象台预报，4 月 1 日至 10 日，陕西省将有持续阴雨天气过程，过程降雨量陕北 5 ~ 20 毫米，关中 20 ~ 50 毫米，陕南 30 ~ 60 毫米，其中 4 月 1 日至 2 日，宝鸡、汉中、安康等地将有 50 毫米以上暴雨过程。4 月 1 日开始，陕南西部多县区已降大到暴雨，喜神坝河出现超警洪水。省防总 4 月 1 日上午已向汉中、安康、宝鸡市防指发出防汛预警，要求立即组织防汛人员上岗到位，加强预报预警，果断提前转移受洪水威胁区群众，全力避免人员伤亡。

目前陕西省虽未入汛，但由于本次降雨过程持续时间长，暴雨出现早、范围广、强度大，容易引发中小河流洪水及山洪地质灾害，极易由于警觉不够、麻痹松懈造成人员伤亡和财产损失。省防总要求各地防汛、气象、水文部门要高度重视暴雨过程可能引发的汛情、灾情，立即组织人员上岗到位，迅速进入临战状态，加强预报预警，提前落实各项应急防御和群众转移避险措施，全力避免人员伤亡。

2015 年 4 月 30 日下午 4 时，省防总向汉中、安康、商洛三市发出防汛预警，要求各地切实加强应急值守，重点做好山洪和中小河流洪水防范，确保群众生命财产安全。

2015 年 6 月 28 日 8 时至 16 时，陕西省有 91 个县区降雨，主要集中在汉中市，最大降雨南郑县 133.6 毫米、城固县 79.8 毫米、西乡县 66.4 毫米。受强降雨影响，汉江支流冷水河三花石站 15 时 30 分出现超保证洪峰流量 1840m^3/s，重现期相当于 50 年一遇；喜神坝河、漾家河、湓水河出现超警戒洪峰流量。

针对出现的暴雨洪水，按照省防总指挥长、省水利厅厅长王锋的指示要求，省防办 4 次向汉中和安康市发出防汛预警，要求各级责任人进岗到位，关口前移，坚决果断撤离受洪水威胁区群众，并对撤离区实行严格的警戒管理。汉中市防指迅速向南郑县发出暴雨红色预警，南郑县 6 月 28 日 12 时紧急启动三级防汛应急响应，迅速组织转移危险区群众 1.5 万余人，有效地避免了人员伤亡。

针对陕西省近期洪涝灾情，省政府2015年6月30日14时紧急启动陕西省自然灾害救助应急Ⅳ级响应，副省长冯新柱带领民政、财政、水利等部门负责同志紧急赶往汉中灾区，指导抗灾救灾工作。截至6月30日9时，汉中、安康、宝鸡、咸阳、渭南、延安、铜川7市28个县（区）出现洪涝灾情，灾害共造成45.1万人受灾，4人死亡、13人失踪，紧急转移安置3.4万人。农作物受灾37.89千公顷，绝收面积4.65千公顷；3400间房屋倒塌和严重损坏，一般损坏房屋7000多间；直接经济损失9亿多元。

2015年6月30日至7月2日，受省委书记赵正永和省长娄勤俭委托，副省长冯新柱带领省级有关部门负责同志在汉中检查指导防汛救灾工作。冯新柱先后到南郑县大河坎镇三花石村，牟家坝镇街道，法镇李子垭、后河、黄家沟等村和佛坪县岳坝镇栗子坝村，西岔河镇西岔河村，袁家庄街道办肖家庄村察看道路和桥梁、水坝水毁情况，看望慰问受灾群众和奋战在抗洪救灾一线的基层干部和武警官兵。在听取相关部门汇报后，冯新柱指出，今年汛期来得早、来得急，汉中在遭遇罕见洪灾情况下，行动迅速，应对有力，经受住了考验。目前当务之急要把受灾群众生活安排好，加大救助力度，切实保障他们的基本生活；要继续加强预防预警，严防次生灾害发生；要尽快启动基础设施恢复重建工作，把救灾和脱贫致富、移民搬迁、保障房安置相结合，长久解决群众居住安全隐患，尽最大努力保证人民群众生命财产安全。各级要高度重视防汛工作，加强领导，落实责任，关口前移，强化预防，把防汛救灾工作扛在肩上，全力以赴保障群众生命安全。

2015年8月12日零时30分左右，商洛市山阳县中村镇烟家沟村发生一起突发性山体滑坡，滑坡土石量达150多万立方米，14人获救。截至8月15日20时，山体滑坡事故中被埋64人（其中包括7名未成年人）中，尚未发现生命迹象。造成厂区15间职工宿舍，3间民房被埋。

2015年8月13日，为落实党中央、国务院领导对商洛市山阳县中村镇烟家沟村发生特大型山体滑坡灾害做出的重要批示，陕西省人民政府办公厅下发《关于在全省开展地质灾害隐患排查工作的紧急通知》（陕政办发明电〔2015〕46号），要求省级有关部门，各市、县政府和有关部门，举一反三，从即日起至9月底，在全省开展地质灾害隐患排查、防范和治理工作。通知指出，陕西省是全国地质灾害最严重的省份之一。近年来，陕西地质灾害防治形势已发生三大趋势性变化，地质灾害高发区从陕南秦巴山区向陕北黄土地区延伸，地质灾害发生时间从季节性转向全年时有发生，在引发因素上，采矿、修路等人为工程活动引发的地质灾害呈现上升趋势。特别是目前进入主汛期，地质灾害防治形势十分严峻。

2015年8月13日，省防总向各级防指发出紧急通知，要求切实加强山洪灾害防御工作，确保人民群众生命财产安全。通知要求，各地、各有关部门要严格落实行政首长负责制、部门分工责任制，突出抓好县区、乡镇、村组和工矿企业、学校、医院、旅游景区、涉河管理单位等责任制的落实，严明防汛工作纪律和责任追究制度，确保山洪灾害各项防御措施落到实处，坚决避免山洪灾害群死群伤事件发生，最大程度减少灾害损失。

2015 年 8 月 13 日下午，刚刚参加完省委统战工作会议的省委书记赵正永立即赶赴商洛市山阳县中村镇，主持召开山阳县突发山体滑坡应急救援工作会议。在应急救援指挥部，赵正永听取了救援工作进展情况，观看了遥感航拍图像，详细了解了山体滑坡现场情况，与大家一起讨论了目前的重点、难点和风险点，对下一步救援工作进行了部署。省长娄勤俭、副省长庄长兴、省军区副司令员戚智学出席会议。赵正永要求，要认真吸取教训，举一反三、警钟长鸣，扎实开展安全排查，严防灾害再次发生。这次灾害再次证明，避灾生态移民搬迁非常重要、非常必要，我们一定要千方百计把群众从地质灾害易发多发地带搬出来，多措并举防止群众回迁山区老宅等危险行为，确保群众生命财产安全。

2015 年 8 月 13 日晚，以国土资源部部长姜大明带队的国务院工作组在陕西省商洛市山阳县召开专题会议，研究部署山阳“8・12”山体滑坡抢险救援工作。省委书记赵正永主持。省长娄勤俭、国土资源部副部长汪民、副省长庄长兴、省军区副司令员戚智学等参加会议。会上，商洛市汇报了抢险救援情况，救援指挥部汇报了应急救援工作进展，省测绘局介绍了灾害点和周边地质环境勘察情况，专家组对灾害成因进行初步分析说明。姜大明在讲话中说，山阳“8・12”山体滑坡后，党中央、国务院高度重视，习近平总书记、李克强总理等中央领导同志先后做出重要批示，要求尽最大努力减少人员伤亡，切实防范次生灾害发生，妥善做好善后事宜。同时，明确要求增派以国土资源部牵头的国务院工作组赶赴现场，指导帮助地方全力以赴做好抢险救援工作。今天看了以后，感到陕西省委、省政府反应迅速、措施得当，各方面齐心协力、密切配合，做了大量艰苦、危险的工作，整个抢险救援有力有序有效。

姜大明对下一步抢险救援工作提出六点要求。一要把搜救作为当前第一位的任务，继续全力以赴搜救被困人员；二要严防次生灾害发生，采取各种方法做好预警防范；三要依靠科学方法和先进技术，认真听取专家组意见，进一步明确方向、提高效率，做到科学施救、妥善决策；四要深入细致开展调查，查明灾害发生原因；五要充分发挥各级党组织和基层干部作用，共同做好安抚工作，妥善处理善后事宜；六要吸取教训、举一反三，进一步全面排查地质隐患，切实把在隐患点居住的群众都搬出来。

会前，参会领导赶赴抢险一线，察看抢险救援进展，慰问参与救援的部队官兵和志愿者，还到山阳县中村镇中心卫生院看望了获救的受伤人员。

2015 年 8 月 14 日上午，在山阳县宏祥移民搬迁安置小区和下桃园安置小区，国土资源部部长姜大明实地查看小区规划和建设进度，详细了解项目施工、建设成本、服务配套等情况，并到搬迁户家中与群众亲切交谈。姜大明对当地“山上建园区、山下建社区”的做法给予充分肯定，他说，移民搬迁可以从根本上避免地质灾害对群众生命财产安全的损害，陕西在这方面做了大量探索，实践证明是非常有效的。希望汲取“8・12”山体滑坡的教训，全面排查地质隐患，进一步加大移民搬迁的工作力度，把更多群众搬迁到安全、宜居的地方。省长娄勤俭，副省长庄长兴、商洛市委书记胡润泽、省陕南移民搬迁工作办公室主任李永平等陪同参加了上述活动。

2015 年 8 月 17 日上午，省委召开常委会议，再次学习习近平总书记、李克强总理对山阳县“8・12”山体滑坡做出的重要批示，传达学习习近平总书记、李克强总理对天津港“8・12”瑞海公司危险品仓库特别重大火灾爆炸事故和做好安全生产工作的重要批示精神，听取省应急救援指挥部关于山阳县山体滑坡抢险救援汇报。省委书记赵正永主持会议并讲话。赵正永强调，要科学精准施救，充分听取专家意见，全力做好搜救工作。要密切监测灾害点地质情况，坚决防止次生灾害发生。要全面排查地质灾害隐患点，强力推进避灾扶贫生态移民搬迁工程。

2016 年 1 月初，国务院批复陕西省人民政府《关于山阳县“8・12”突发特大山体滑坡灾害处置工作情况报告》。经调查认定，该滑坡是在不利地质条件下，受重力、岩溶和地质构造的长期作用而形成的特大型自然灾害并对 8 名相关责任人进行问责。

（十三）防汛抗旱与政府作为

2016 年 4 月 19 日上午，省政府召开全省防汛抗旱工作电视电话会议，传达省委、省政府主要领导重要批示，部署今年防汛抗旱工作。副省长、省防总总指挥长冯新柱讲话，省军区副司令员、省防总指挥长戚智学出席。

2016 年 5 月 6 日 16 时，针对陕西今年入汛后的第一次局地高强度降水过程预报，省防总向陕南三市防指发出紧急通知，要求高度重视局地强降雨可能引发的山洪、泥石流、滑坡和中小河流洪水灾害，重点做好危险区域和河道的雨水情预报预警，提前做好移民集中安置区、人口密集村镇和场所的山洪地质灾害风险警示，严格落实暴雨洪水威胁区群众避险工作，提早落实应急防范抢险措施，确保人民群众生命财产安全。

2016 年 5 月 30 日，省防总向陕南三市防指和省水文局下发通知，要求高度重视本次降雨过程，密切监视天气和雨水情变化，加强监测预警和应急值守，切实做好灾害防御工作，全力保障人民群众生命安全，努力减轻灾害损失。

2016年6月6日8时到7日8时，陕西省汉中市、安康市、商洛市的部分县区突降暴雨。其中西乡县柳树镇2小时降雨97毫米，造成部分群众房屋进水，道路桥梁受损，通信一度中断。受降雨影响，汉江部分支流出现小幅涨水过程。省委书记娄勤俭、省长胡和平就陕南三市暴雨分别做出批示。

2016年6月23日，省防总先后向关中、陕南各市区防指发出两次预警通知，要求各级切实加强山洪灾害防治和水库、水利风景区等重点区域的管控，做到责任到边触底、预案进户对人、临危逃命撤人，确保人员安全。

2016年6月23日，省国土厅下发紧急通知，要求各级国土资源部门进一步做好强降雨过程及可能引发地质灾害的应对工作。省国土厅要求各市、县国土局作为地质灾害防治的牵头协调部门，要把地质灾害防治作为当前工作的重中之重，切实履行地质灾害防治的组织、协调、指导、监督职责，并协助当地政府履行好地质灾害防治主体责任。同时，加强横向联系和纵向沟通，与气象、水利、地震等部门紧密配合、通力协作，建立灾情会商、信息共享、预警发布等联动工作机制。通知要求各地要进一步加强应急值守、检查。省国土厅坚持24小时值班；省厅汛期地质灾害值班室要对各市国土局值班情况逐个检查；省移民（脱贫）搬迁办要针对移民搬迁安置区建立汛期值守制度，并报省厅备案。省地质调查院要加强省级地质灾害应急值守、防范和应急准备工作。各市、县国土部门要会同当地移民搬迁工作机构加强对移民搬迁安置点的巡查、检查工作，加强本辖区内地质灾害隐患点的监测预警和群测群防工作。一旦发生灾情险情，要按照应急预案和突发地质灾害应急处置相关要求，及时处置并迅速报告。

二、高位推动篇

经过深入调研论证和广泛听取意见，陕西省委、省政府决定按照移民搬迁与新型城镇化、农业农村现代化“四位一体”的原则，使用系统谋划、统筹推进的方式实施陕西移民搬迁。这是坚持以人民为中心、生命至上、敬畏自然、尊重规律、主动避灾的科学抉择，是高度重视民生，破解自然灾难之殇与贫穷落后之困的治本之策，是立足经济社会协调可持续发展大局、坚决打赢脱贫攻坚战、促进陕西城乡融合发展和全面建成小康社会的重大战略举措。

（一）移民搬迁安置工程的酝酿

2010 年 7 月 22 日至 7 月 23 日，陕西省委书记赵乐际在安康检查指导防汛救灾工作时，思考、酝酿提出用 10 年时间，对陕南三市居住在危险地段、生产生活困难的群众实施移民搬迁。认真倾听基层干部群众避灾安居的呼声，深入剖析原址重建、反复受灾的根本原因，认识到只有顺应自然规律，远离灾害源头，才是应对地质灾害，特别是自然灾害的治本之策，才能走出“受灾—重建—再受灾”的恶性循环。

2010 年 7 月 22 日晚上，省委书记赵乐际听取了安康市委、市政府的防汛救灾工作汇报。赵乐际强调，要把统筹城乡发展、加快扶贫开发等结合起来，尊重规律、因地制宜，尽快制定灾后重建方案，抓紧修复受损房屋，对不适宜就地重建的村庄要有序搬迁，并确保受灾群众入冬前住进新居。要组织群众采取各种方式开展生产自救，努力减轻灾害损失。要切实加强宣传舆论工作，实事求是、客观及时地报道灾情，大力宣传抗洪救灾中涌现出的感人事迹和先进典型，营造齐心协力战胜困难的良好氛围。武警陕西总队总队长曹建国，省级有关部门和安康市负责同志等参加有关活动。

2010 年 7 月 28 日上午，陕西省委副书记、代省长赵正永主持召开陕西省人民政府第 13 次常务会议，全面安排陕西防汛救灾及灾后重建工作。会议指出，这次灾害面积之大，损失之惨重，历史罕见。当前我省仍处于主汛期，绝不能有丝毫松懈，必须密切监测雨情汛情，完善防汛预案，补充抢险物资，毫不放松地做好防大汛的各项准备工作，同时不失时机地把工作重心转移到灾后恢复重建上来。会议强调，要从七个方面抓好灾后恢复重建工作：一是加强组织领导；二是抓紧抢修基础设施，尽快恢复灾区正常生产生活秩序；三是要把群众住房和学校、医疗机构作为恢复重建的重中之重；四是下决心解决陕南受地质灾害威胁群众的整体搬迁和全省的重点隐患。对居住在深山的群众要制定规划予以搬迁，从明年起列入财政预算分步实施，争取五年见效。对洪水威胁严重的一些重大隐患，也要制定规划，从根本上予以治理；五是广泛开展社会捐助活动，并组织财力较好的市和重点企业进行对口支援；六是各级政府机关要厉行节约。取消没有实质意义的会议和活动，年内停止购置公务用车和停建已批准的办公场所，省级部门支出压缩 5%，把有限的资金用于灾后重建；七是大力宣传抢险救灾中涌现出的先进典型，宣传全社会支持灾区的感人事迹，宣传各地恢复重建的做法和成效。

2010 年 7 月 28 日晚上，省委书记赵乐际和省委副书记、代省长赵正永在西安会见了来陕调研地质灾害防治的国土资源部部长徐绍史一行。赵乐际代表省委、省政府对徐绍史来陕表示欢迎。赵乐际说，7 月中旬以来我省两次强降雨引发的山洪、滑坡、泥石流等自然灾害，给人民群众生命财产造成重大损失。灾害发生后，国土资源部立即组成由汪民副部长带领的工作组，专程赶赴安康帮助救灾。这次徐绍史部长实地深入灾区查灾，指导地质灾害防治，我们表示衷心感谢。当前，我们正在按照党中央、国务院的要求，在国土资源部等中央部委的支持下，进一步加强灾害防治，加快避让搬迁，及时消除地质灾害易发区的安全隐患。徐绍史说，这次灾害发生后，陕西省委、省政府科学应对、措施得当，防汛抗洪抢险救灾工作有力有序有效，把损失降到了最低程度。但目前陕西还处在主汛期，地质灾害防治形势依然严峻。国土资源部将从资金、项目和用地指标等方面，给予倾斜和扶持。会见之前，国土资源部与省政府举行了座谈会。在简要介绍灾情后，赵正永说，这次强降雨引发的地质灾害对我省造成了巨大损失，下一步灾害防治和灾后重建任务十分繁重，希望国土资源部给予更多帮助。徐绍史充分肯定了陕西省防御地质灾害和抗灾救灾工作，表示国土资源部将在秦巴山区地质调查、地质灾害治理、灾毁耕地复垦和山区群众搬迁等方面加大支持。副省长姚引良等参加会见。

2010 年 11 月 12 日，全省移民扶贫工作现场会在咸阳市淳化县召开，副省长姚引良出席会议并讲话。姚引良指出，目前全省仍有许多低收入人口居住在陕北白于山区、黄河沿岸土石山区、陕南秦巴中高山区，这些地方自然条件恶劣、生态环境脆弱、基础设施落后，改善生产生活条件难度大、成本高。各地各有关部门要把实施移民扶贫作为加快贫困地区脱贫致富步伐、破解农民增收难题的关键举措，进一步加大移民搬迁力度，从根本上增强群众的持续增收能力。

2010 年 11 月 25 日至 11 月 26 日，省委书记赵乐际深入商洛市商南县和丹凤县，看望慰问困难群众，考察经济社会发展情况。11 月 25 日下午，赵乐际一行深入商南县试马镇受灾群众集中安置点和郭埡村七组检查指导灾后重建工作；11 月 26 日上午，赵乐际一行到丹凤县竹林关镇察看重建进展，在了解了竹林关镇大柴沟地质灾害治理情况后，赵乐际说，地质灾害治理要认真听取专家意见，遵循规律、科学推进，除弊兴利、造福百姓。赵乐际还来到王青山、刘社荣等受灾户的重建工地，亲切地向他们问好。调研中，赵乐际与商洛市领导班子成员进行了座谈并强调要以人为本、安排好恢复重建和困难群众生活，发挥优势、走具有商洛特色的发展路子，努力实现经济社会又好又快发展。

（二）移民搬迁安置工程的顶层设计

2010 年 12 月 6 日上午，省委、省政府领导亲自主持，组织相关领导和专家学者经过十余次调研、论证，赵正永代省长主持召开 2010 年第 21 次陕西省政府常务工作会议，审议并原则通过了《陕南地区移民搬迁安置总体规划（2011—2020年）》[1]和《陕西省白于山区扶贫移民搬迁规划（2011—2015年）》（以下简称两个《规划》）。会议强调，实施陕南地质灾害易发区和陕北白于山区贫困群众移民搬迁，是省委、省政府立足全局、着眼长远做出的重大决策，各地各有关部门要统一思想，尽快行动，力争到2020年分别搬迁240万人和39.2万人，从根本上解决环境恶劣地区群众的居住安全和生存发展问题。会议确定：（1）把移民搬迁与城镇建设、新农村建设、推进有条件的农民进城和发展农业产业化有机结合起来，统筹考虑村镇布局、配套设施、产业发展和土地利用等问题，确保群众搬得出、稳得住、能致富。（2）要在群众自愿的基础上，充分发挥政府主导作用，有序引导群众向村镇集中，优先搬迁地质灾害严重和生活条件恶劣地区的群众。（3）按照部门联动、资金打捆、渠道不变、各计其功的原则，通过整合以工代赈易地搬迁、扶贫移民搬迁、土地开发整理、农村危房改造等各类资金，统筹解决搬迁安置的基础设施、公共服务设施等建设资金。（4）省市县财政都要将搬迁费用列入预算。陕南移民搬迁省上每年安排2亿元，相关市安排1亿元，同时统筹使用各类财政资金。白于山区扶贫移民搬迁资金，2011年省上和榆林、神木、靖边以及神华集团各安排4亿元，定边县安排2亿元，延安市及其相关县结合推进城乡统筹安排资金，从2012年起纳入各级财政预算。（5）移民搬迁补助标准参照汶川地震灾后恢复重建相关政策执行。（6）要加强领导，明确省市县各级政府的责任。省上成立陕南地区和陕北白于山区移民搬迁安置领导小组，由娄勤俭同志任组长，洪峰、姚引良同志任副组长，领导小组办公室设在省发展改革委，省级有关部门为成员单位。搬迁工作进展情况要定期向省级四大班子通报。（7）责成省国土资源厅和省扶贫办根据会议讨论意见，分别对两个《规划》再做修改完善后，以省政府文件下发并向社会公布。

2010年12月23日，中国共产党陕西省第十一届委员会第七次全体会议通过的《中共陕西省委关于制定陕西省国民经济和社会发展第十二个五年规划的建议》指出，实施秦巴山区、白于山区、黄河沿岸土石山区等集中连片地区扶贫开发攻坚工程，把移民搬迁与小城镇建设、旅游等特色产业发展结合起来，把扶贫开发与防灾减灾结合起来，确保搬得出、稳得住、能致富。

2011年1月7日，省委副书记、省农村工作领导小组组长王侠[2]在安康市主持

---

[1] 该规划决定从2011年启动“陕南地区移民搬迁安置”工程。搬迁工程涉及安康、汉中、商洛三市共28个县区。搬迁对象首先是受地质灾害洪涝灾害或其他灾害影响严重的村庄，特别是要把深山里居住条件最危险的农民搬迁出来。距离公路超过5公里、人口规模过小的偏远村庄等地也在搬迁之列。到2020年，搬迁居民总数达240万人，超过安康、汉中、商洛三市的总人口数的1/4，也超过了139.76万人的三峡库区移民规模。

[2] 王侠，女，汉族，1954年5月出生，陕西清涧人，1974年7月入党，1971年12月参加工作，中央党校研究生院经济管理专业毕业。

召开座谈会，听取汉中、安康、商洛三市和部分县乡村基层干部对农业农村工作的意见和建议。王侠指出，2010 年 7 月陕南三市不同程度遭受了洪灾，省上针对地质环境脆弱、自然灾害频发的特点，专门制定了《陕南地区移民搬迁安置总体规划》，这是解决秦巴山区群众生存条件、增加贫困人口收入的重大举措。希望陕南各市按照省上的统一部署，认真组织实施移民搬迁安置工程，把这一惠及广大群众的实事办好。移民搬迁要与城镇化、新农村建设、发展现代农业结合起来，做到科学规划、严密论证，避开地质灾害易发区。要注重后续扶持，发展主导产业，让搬出来的群众有产业依托，有致富门路。要加大撤乡并村力度，推进群众向小城镇、中心村集中，完善配套设施，为群众生产生活提供便利。要加强陕南国家南水北调水源地保护力度，改善生态环境，确保青山常在、绿水常流。

2011 年 1 月 22 日，陕西省十一届人大四次会议举行第三次全体会议，赵正永当选陕西省省长。在记者见面会上，在回答陕西人民广播电台记者提出的关于省政府为什么投巨资在陕南地区实施大规模移民搬迁的问题时，赵正永说，省委、省政府下决心把多年来饱受洪涝和地质灾害之苦的陕南深山区群众搬迁出来，这是一项历史性工程，不仅是当地群众的期盼，也是我们尊重自然规律的必然选择。2010 年陕南发生特大洪涝灾害，在安康市汉滨区大竹园镇七堰村，面对几十万方吞噬了同胞生命的泥石流，我的心情非常沉重。人民群众的生命高于一切、大于天。所以，从今年开始，我们启动实施陕南地区移民搬迁，用 10 年时间对 60 万户、240 万深山区群众进行搬迁安置，为他们进一步改善生产生活环境创造条件。我们将加大财政资金投入，吸引社会力量参与，加快推进这一宏大工程，尽早让当地群众走出深山、走向富裕。人类的活动必须遵循自然规律，不宜人类生存的地区，就应该搬离。赵正永表示，按照规划，陕西省将用 10 年的时间，实施“陕南地区移民搬迁安置”工程，但从目前来看，估计很有可能提前完成。

（三）移民搬迁安置工程的决策

2011 年 1 月 22 日，陕西省第十一届人民代表大会第四次会议批准的《陕西省国民经济和社会发展第十二个五年规划纲要》指出，以防洪薄弱地区和山洪地质灾害易发地区为重点，突出抓好渭河中下游、汉江重点段及丹江干流等防洪工程，加大洛河、嘉陵江、延河、无定河等中小河流治理和山洪地质灾害防治力度。实施扶贫六大工程。全力推进秦巴山区、白于山区、黄河沿岸土石山区、采煤沉陷区等特殊困难地区扶贫开发，启动移民搬迁安置和扶贫移民搬迁工程，在全面完成移民搬迁 280 万人任务上取得重大进展。

2011 年 1 月 29 日至 1 月 30 日，省委书记赵乐际冒着严寒，翻山越岭来到汉中市镇巴县，看望慰问灾区干部群众，向他们致以新春的问候和祝福。镇巴县陈家滩乡拉溪塘村在2010年7月的特大暴雨洪涝和泥石流灾害中有209户1080人受灾。1月29日下午，赵乐际来到正在建设的受灾群众集中安置点，询问重建规划和安置户数，了解建房资金来源和农民收入。看到村民马德坤在刚盖起来、还未装修的房子门口贴春联，赵乐际走过去与他一起念起来，“春光照大地送走人间疾苦、政策暖人心迎来太平盛世”。赵乐际一行专程到镇巴县敬老院看望慰问了镇巴县泾洋镇鹿子坝村1974年入党、担任村主任和村支书36年的老党员黄林成。赵乐际十分关心市场情况，1月30日上午，他走进镇巴县农贸市场，不时地与摊主和顾客交谈，向他们拜年，最后还在货摊上选购了当地生产的豆腐皮带回西安。他嘱咐有关部门全力搞好节日市场供应，确保群众安全温暖愉快地过节。汉中市委、市政府主要负责同志等参加看望慰问。

2011年2月14日下午，陕西省扶贫开发领导小组召开会议，安排部署今年和“十二五”全省扶贫开发工作。省委副书记、省长赵正永，省委副书记王侠，省委常委、常务副省长娄勤俭出席会议并讲话，副省长姚引良主持会议。赵正永在讲话中指出，扶贫开发是经济社会发展的重要组成部分，必须进一步增强责任感和使命感，牢固树立抓发展必须抓好扶贫的理念，进一步创新工作思路，强化推进措施，不断提高扶贫开发的效能和水平。要从常规性扶贫向根本性扶贫转变，采取避灾、扶贫搬迁等超常措施，从根本上解决环境恶劣地区群众的生产生活问题。王侠指出，要抓住移民搬迁、推进有条件农民进城等重大机遇，以增加收入为中心，加强贫困地区的产业开发，加大对农民的培训力度，同时加强对行业、社会扶贫的组织和引导。娄勤俭要求各级各部门要认真抓好会议确定事项的落实，努力完成今年的扶贫任务，同时精心谋划未来10年的扶贫工作。

2011年2月17日，根据省政府领导同志江泽林关于陕南移民搬迁安置工作有关批示，省国土资源厅党组书记、厅长王登记召集党组副书记、副厅长王卫华，副厅长雷鸣雄和厅相关处室负责同志召开紧急会议，传达省政府领导批示精神，研究部署陕南移民搬迁公司组建的相关前期准备工作。

2011年2月18日，省国土资源厅党组副书记兼副厅长王卫华、副厅长雷鸣雄以及有关处室的同志赴省有色集团，就组建陕南移民搬迁工程有限公司与省有色集团董事长黄晓平等进行了座谈，达成了初步共识。双方确定了专门人员负责公司组建方案、出资人协议和公司章程等文件的起草工作。三个文件初稿形成后，省国土资源厅多次组织有关人员进行了讨论修改。

2011年3月1日，省发改委、省财政厅、省国土资源厅和省有色集团召开联席会议，专题研究公司组建相关事宜。省国土资源厅厅长王登记，党组副书记、副厅长王卫华，副厅长雷鸣雄，省财政厅副厅长韩中林，省有色集团总经理汪汉臣，省发改委以工代赈办负责同志出席了会议。王登记就组建陕南移民搬迁工程有限公司的目的、公司的经营宗旨以及公司在陕南移民搬迁安置工程中将发挥的作用等讲了意见，与会各方就出资人身份、出资额度及资金到位时间、政府公务员在公司兼职等相关问题进行了讨论。

2011 年 3 月 17 日，陕西省人民政府发布《关于印发白于山区扶贫移民搬迁规划（2011—2015 年）的通知》（陕政发〔2011〕13 号）。为了切实实施好白于山区贫困群众搬迁工程，促进贫困群众持续较快增收，推动城乡统筹发展，针对白于山区的实际情况，《白于山区扶贫移民搬迁规划（2011—2015 年）》从指导思想和基本原则，目标任务和实施范围，安置方式、安置地选址和建设内容，投资概算、补助标准及资金筹措，具体要求等五个方面做出了部署。白于山区移民搬迁项目共涉及 8 个县 90 个乡镇，其中榆林市 47 个乡镇，延安市 43 个乡镇。白于山区扶贫移民搬迁 2011—2020 年将搬迁安置 39. 2 万人，“十二五”期间搬迁安置 6. 23 万户、26. 8 万人，其中榆林市 20 万人，延安市 6. 8 万人，具体为定边县 9 万人、靖边县 5. 7 万人、横山县 3 万人、子洲县 2. 3 万人、吴起县 1. 25 万人、志丹县 3. 25 万人、安塞县 0. 59 万人、子长县 1. 74 万人。平均每年搬迁安置 5. 37 万人，其中榆林市每年 4 万人，延安市每年 1. 37 万人。

2011 年 3 月 18 日，省长赵正永主持召开省政府专题会议，传达十一届全国人大四次会议精神，并对政府部门抓好落实进行安排部署。常务副省长娄勤俭，副省长江泽林、朱静芝、郑小明、姚引良以及省政府组成部门和直属机构负责人参加会议。赵正永指出，要把持续改善民生作为政府的重要职责，尤其要抓好就业、城乡养老保险、医疗体制改革、保障性住房建设等重点工作和避灾扶贫移民搬迁、推进有条件农民进城、重点镇建设等重点工程，使陕西的公共服务能力和人民生活水平有较大幅度的提高。

2011 年 3 月 23 日至 3 月 24 日，省委常委、副省长江泽林在安康市调研城乡建设和陕南移民搬迁工作。江泽林一行先后到平利县城关镇药妇沟安置社区、城东区廉租房小区、汉滨区七堰村移民搬迁安置点、黄沟廉租房小区和恒口镇，考察移民搬迁、保障性住房和重点镇建设情况。在平利县城关镇药妇沟安置社区和汉滨区七堰村移民搬迁安置点调研时，江泽林详细了解项目建设进度和基础设施建设的配套情况。江泽林说，在 2010 年“7・18”“7・23”陕南强降雨诱发重大地质灾害后，省委、省政府决定对陕南受灾地区实施避险移民搬迁，从根本上解决陕南地质灾害威胁群众生命财产安全的问题。要以重点镇建设为载体，统筹做好保障性住房建设、农村居民进城落户和陕南移民搬迁工作，加快推进安康城镇化建设步伐。

2011 年 3 月 24 日，白于山区扶贫移民搬迁工程、现代农业产业基地建设项目在榆林举行启动仪式，副省长、省扶贫开发领导小组副组长、省现代农业示范园区建设工作领导小组组长姚引良出席仪式，并宣布项目启动。项目建设内容涉及农民住房、新村基础设施、产业开发、贫困户发展能力、生态环境等五大部分。省农业厅、省扶贫办、省发改委等有关部门领导和分管负责领导参加了启动仪式。

2011 年 3 月 28 日晚，省扶贫办把延安市、榆林市的八个县区扶贫办主任们召集起来开座谈会。主要目的是，贯彻落实全省扶贫开发工作电视电话会议特别是赵正永省长重要讲话和姚引良副省长在白于山区扶贫移民搬迁启动仪式上的指示精神，听取两市八县关于今年白于山区移民搬迁项目计划编制情况，研究分析面临的困难和问题，安排部署近期白于山区搬迁有关工作。

2011 年 4 月 9 日上午，省长赵正永主持召开 2011 年第六次省政府常务会议。会议认为，要努力解决社会和群众关注的热点问题，特别要加大渭河治理、避灾和移民搬迁、保障性住房建设、重点镇建设和社会保障等工作力度，形成改善民生与发展经济有机结合、相互促进的局面。

2011 年 4 月 13 日，陕西省国土资源厅向陕西省人民政府上报《关于上报〈"陕南地区移民搬迁安置工作动员大会暨公司揭牌和工程启动仪式" 活动方案〉的请示》（陕国土资字〔2017〕46 号）。

2011 年 4 月 21 日，陕南移民搬迁工程有限公司创立大会在西安召开，标志着陕南地区移民搬迁安置工程以公司化体制正式开始运行。创立大会上，各股东审议并通过了公司名称、出资人协议及公司章程，选举产生了公司董事和监事。曲大伟任公司董事长，李强任总经理，宋宝中任监事会主席。创立大会由陕西有色总经理汪汉臣主持。移民搬迁工程牵头部门代表、省国土资源厅副厅长雷鸣雄，股东代表、陕西有色总经理汪汉臣在公司创立大会做了讲话。省发改委、财政厅、国土资源厅、建设厅、审计厅等部门相关人员出席大会。在取得工商部门注册后，该公司将在陕西省陕南移民搬迁工作会议及项目启动仪式上正式揭牌。

2011 年 5 月 4 日，陕西省国土资源厅党组副书记、副厅长王卫华主持召开专题会议，研究陕南移民搬迁安置工作会议筹备和组织工作。会议确定成立陕南移民搬迁工作会议筹备领导小组，领导小组在厅党组统一领导下，由雷鸣雄副厅长、李强副巡视员、安康市国土资源局张彦平局长负责总协调，厅办公室主任卢勇、环境处处长宁奎斌负责总联络。筹备小组下设会务组、材料联络组、现场组、后勤组四个工作组。

（四）陕南移民搬迁安置工程启动实施

2011 年 5 月 6 日，陕西省人民政府在安康市召开陕南地区移民搬迁安置工作会议，省长赵正永出席会议并讲话。赵正永强调，要以"搬得出、住得稳、能致富"作为检验标准，切实抓好移民搬迁安置各项工作措施的落实。要通过加大财政补助、整合各类资金、争取国家支持以及吸引民间资本等途径，千方百计筹措建设资金，尽量让搬迁群众少出钱或不出钱，确保群众搬得出。要统筹推进城镇和居民集中区建设，完善公共基础设施及教育、医疗、文化等条件，加强技能培训和就业指导，增加公益性岗位，拓宽就业渠道，努力解除搬迁群众的后顾之忧，确保搬迁后群众生产生活的稳定。要切实完善各项扶持政策，积极鼓励搬迁群众就业创业，通过各种途径和方式增加群众的经营性、财产性和工资性收入，确保群众能致富。赵正永要求，要结合陕南实际，因地制宜，在市县、就近乡镇和条件好的川道建设一批移民集中安置点，配套搞好各项公共设施建设，同时要把推进有条件农民进城、重点镇建设以及扶贫开发等各项政策统筹实施，使其更好地发挥出综合效益。要加强领导，强化考核，扎实推进各项工作，以实际行动如期兑现政府的承诺，让群众满意。省委常委、副省长江泽林主持会议并要求省级有关部门和陕南各市县，要从全省发展大局出发，进一步把思想统一到省委、省政府的决策部署上来，认真贯彻落实会议精神，密切配合，相互支持，扎实推进各项工作，确保陕南地区移民搬迁安置工程顺利推进。安康市委书记刘建明致辞，省市县有关部门，陕南三市市县区主要负责人等参加会议。会上，省国土资源厅负责人做了工作报告，并代表省政府与陕南三市签订 2011 年移民搬迁安置目标责任书。汉中市政府、商南县政府负责人分别在会上做了发言。省级有关部门，陕南三市市县主要负责人参加了会议。

2011 年 5 月 6 日，陕南移民搬迁工程和全省重点示范镇建设项目集中开工仪式在安康市恒口镇举行。陕西省委副书记、省长赵正永宣布开工，省委常委、副省长江泽林出席，并共同为陕西陕南移民搬迁工程有限公司揭牌。省政府副秘书长周玉明、李明远，省发改委、省财政厅、省国土资源厅、省住房城乡建设厅、省民政厅、省交通厅、省水利厅等有关部门以及安康、汉中、商洛市相关区县、相关部门负责人和施工单位 2000 余人参加了开工仪式。当天集中开工的全省重点示范镇建设项目有：安康市汉滨区恒口镇重点示范镇、汉中市城固县崔家山重点示范镇、商洛市商州区沙河子重点示范镇等建设项目。陕南地区移民搬迁安置工程涉及 60 万户 240 万人。其中，因地质灾害避险移民搬迁 12.39 万户 49.16 万人；洪涝灾害避险移民搬迁 9.3 万户 32 万人；扶贫移民搬迁 28.97 万户 116.6 万人；生态移民搬迁 12.7 万户 46.88 万人。全省实施移民搬迁安置分两个阶段，即 2011 年至 2015 年，重点安排陕南地区地质灾害和洪涝灾害频发易发区、贫困山区以及生态移民搬迁安置 38 万户约 140 万人；2016 年至 2020 年，安置移民搬迁 22 万户约 100 万人❶。陕西陕南移民搬迁有限公司是经省政府批准由陕西有色金属控股集团和省财政厅共同出资组

---

❶ 据悉，“十二五”期间，全省移民搬迁类型主要是地质灾害避险移民搬迁、洪涝灾害避险移民搬迁、扶贫移民搬迁、生态移民搬迁和工程移民搬迁，总投资为 435.9 亿元。2011 年，省政府确定安排陕南三市移民搬迁安置 6 万户 24 万人。其中，汉中市和安康市各 2.2 万户共 17.6 万人；商洛市 1.6 万户 6.4 万人。省上要求各市县及省级相关部门在 5 月底前，第一批移民搬迁安置户要动工建设，进城无土安置要全面启动。

建。2011—2020 年该公司将在陕西省移民搬迁安置领导小组的指导、协调下，在陕南移民搬迁项目指挥部的统一安排下，配合陕南三市各级政府，按照搬迁安置的总体规划以重点镇建设为载体，坚持政府主导、政策扶持、企业推进和独立运营、分步实施的思路，将移民安置与小城镇建设、农民进城和发展农业产业化有机结合，推进陕南移民搬迁安置工作。

2011 年 5 月 8 日上午，省委常委、副省长江泽林主持召开会议，专题研究陕南移民搬迁安置工作中各类移民搬迁政策细化和资金的筹措、安排等问题。会议听取了省国土资源厅关于贯彻落实陕南移民搬迁安置工作会议精神有关意见的汇报，还有省财政厅关于财政补贴政策的汇报。省政府副秘书长李明远及省发展改革委、住房城乡建设厅、水利厅、林业厅、扶贫办和陕西陕南移民搬迁工程有限公司等有关部门和单位负责同志参加了会议并发言。会议认为，陕南移民搬迁安置工程是从根本上借鉴陕南地质灾害威胁群众生命财产安全问题，提升陕西省生态环境建设，改善群众生产生活条件，加快陕南地区城镇化和城乡统筹发展的重大工程。为进一步加快工程实施，目前亟需进一步细化各类移民搬迁的政策，明确目标人和责任主体，落实财政资金，有序推动陕南移民搬迁安置工作顺利进行，确保群众搬得出、稳得住、能致富。会议还对目标任务、基本原则、管理体制、规划编制的原则、资金筹措、基础设施、制度保障等进行了研究、确定。

2011 年 5 月 23 日上午，省长赵正永主持召开省政府第八次常务会议，研究防汛抗旱、陕南移民搬迁安置等工作。会议强调，要认真汲取 2010 年陕南特大暴雨泥石流灾害的教训，立足于防大汛救大灾，积极做好 2011 年防汛抗旱各项工作。要继续强化防汛责任制，落实各项工作措施，加强防汛安全督促检查，特别要搞好尾矿库坝、中小学校舍、城市防洪、陕北地质脆弱区等重点区域、部位的安全排查，发现隐患及时整改。要加快推进渭河全线治理各项工程建设，尽快启动渭南南山支流防洪工程建设，确保汛期安全和在建项目安全。会议听取了陕南移民搬迁安置有关工作的汇报，要求有关市及部门认真落实责任，严格兑现承诺，真正把这项民生工程办实办好。要统筹安排重点镇、保障性住房建设，综合运用土地增减挂钩等政策，集中捆绑使用资金，积极争取国家支持，最大限度地为移民搬迁提供保障。要发挥政府的导向调控作用，集中配置各类资源，积极为群众组织质量保证、价格便宜的钢材、水泥等建筑材料。要逐户建立档案，强化监督检查，严防弄虚作假等现象发生，确保建设质量。陕北白于山区和黄河沿岸土石山区的移民搬迁也要按照相关要求尽快启动实施。

2011 年 5 月 27 日下午，省长赵正永带领省级相关部门负责人，第三次到安康市汉滨区大竹园镇七堰村，深入农户了解灾后恢复重建和移民搬迁工作。沿着蜿蜒曲折的山路，赵正永一行再次来到 2010 年灾害现场。淤积的泥石流已被青草覆盖，但旁边仅露出屋顶的两层小楼、脚下杂乱的石块和残破的木板，仍然让人感到触目惊心。赵正永伫立良久，语重心长地说，维护人民群众生命财产安全永远是政府工作的重中之重，针对陕南特殊的地形地貌，一定要加强地质灾害治理，实施移民搬迁工程，让群众远离灾害威胁，避免类似灾难再次发生。赵正永说，移民搬迁要充分尊重群众意愿，在户型设计和建筑面积等方面尽可能把客观实际与群众的意愿结合起来，努力做到让群众满意。在群众安居的同时，要依托当地资源发展特色产业，加强技能培训，做好生产指导，让群众就业乐业。临行时，村民李发兰拿出自己缝制的布鞋和鞋垫塞给省长，并热情地挽留省长吃晚饭，赵正永笑着谢绝了，他说："春节我再来看大家，和全村群众一起过住进新社区后的第一个新年。"

2011 年 5 月 30 日至 5 月 31 日，省委常委、常务副省长娄勤俭到安康市调研陕南循环经济发展情况，并召开陕南循环发展调研座谈会。娄勤俭一行深入紫阳县蒿坪镇双新村移民安置点等地实地查看发展状况，了解存在的困难和问题。娄勤俭强调，陕南循环发展，核心是建立现代循环产业体系，重点是建设循环经济聚集区，关键是强化设施建设，前提是保护生态环境，出发点和落脚点是以人为本、改善民生，让陕南人民过上更加美好的新生活。要把移民搬迁和产业发展结合起来，良性互动，互相促进。省级相关部门负责同志陪同。

（五）陕北扶贫移民搬迁安置

2011 年 5 月 30 日下午，副省长祝列克与榆林、延安两市政府负责同志在西安签订白于山区扶贫移民搬迁工程目标责任书。祝列克在讲话中强调，要进一步提高认识，夯实责任，加快进度，从根本上改变白于山区贫困人口的生产生活状况，真正使搬迁户过上更加美满幸福的生活。祝列克指出，陕北白于山区扶贫移民搬迁涉及延安、榆林两市 8 县 96 个乡（镇），未来十年要搬迁 39.2 万人，其中"十一五"期间已经搬迁 26.8 万人，今年计划搬迁 6 万人。省政府与两市政府签订目标责任书，就是要进一步明确市县政府的主体责任，两市也要与各县签订责任书，把各项任务逐级分解，认真落实到实际工作中。项目涉及的市、县政府要进一步理清思路，制定优惠政策，落实好配套资金，全力推进白于山区扶贫移民搬迁工作。

2011 年 5 月 31 日，陕西省人民政府发布《关于成立陕北扶贫移民搬迁安置领导小组的通知》（陕政字〔2011〕54 号）。陕北扶贫移民搬迁工作领导小组正式成立。领导小组办公室设在省扶贫开发办，办公室主任由郭汉文同志兼任。组成人员如下：

组　长：祝列克　副省长

副组长：胡小平　省政府副秘书长

　　　　郭汉文　省扶贫开发办公室主任

成　员： 李忙全　省发展和改革委员会副主任
梁宝林　省教育厅副厅长
许强省　省公安厅副厅长
李保存　省民政厅副厅长
苏新泉　省财政厅副厅长
沙德宪　省人力资源和社会保障厅副厅长
雷鸣雄　省国土资源厅副厅长
张文亮　省住房和城乡建设厅副厅长
胡保存　省交通运输厅副厅长
管黎宏　省水利厅副厅长
郭志诚　省农业厅副厅长
闫宏省　林业厅副巡视员
葛云峰　省卫生厅副巡视员
贺昌信　省扶贫开发办公室副主任
刘　斌　省地方电力公司副总经理
刘文洪　省电力公司纪检组长
彭祖佑　延安市政府副市长
王长安　榆林市政府副市长

（六）陕南移民搬迁安置工作的推进

2011 年 6 月 9 日，陕南地区移民搬迁工作指挥部在商洛挂牌成立。省委常委、副省长江泽林和商洛市委书记、市人大常委会主任魏增军为陕南地区移民搬迁工作指挥部揭牌。商洛市委副书记、市长杨冠军致辞，省住建厅厅长李子青，省发改委副主任李忙全，省交通厅副厅长李永民，省扶贫办副主任贺昌信，商洛市委常委、常务副市长张荣珠等出席，省国土资源厅党组副书记、副厅长王卫华主持，省国土资源厅副厅长雷鸣雄讲话。为了加快推进陕南移民搬迁工作，省政府决定成立陕南移民搬迁工作指挥部，指挥部设在省国土资源厅，下设三个处，成员由省发改、住建、国土、扶贫等有关部门和陕南三市政府的相关领导组成，指挥部及其联络机构常驻陕南三市，在陕南移民搬迁工作领导小组及其办公室领导下，负责组织、协调、指导和督促移民搬迁工作，确保总体规划顺利实施和年度计划圆满完成。陕南移民搬迁工作指挥部的成立，是在全省陕南移民搬迁工作会议之后，适应陕南移民搬迁工作形势和任务的重要举措，也是陕西加快陕南移民搬迁步伐的又一件大事，体现了省委省政府、省级相关部门、陕南三市以及商洛市政府对陕南移民搬迁工作的高度重视和关心，标志着这项宏伟工程进入加快推进的新阶段。

2011 年 6 月 26 日下午，省长赵正永会见了在陕西调研的国务院扶贫开发领导小组副组长、国务院扶贫办主任范小建一行。副省长祝列克一同会见。赵正永代表省委、省政府感谢国务院扶贫办长期以来对我省的支持，并简要介绍了全省扶贫开发工作情况。赵正永说，陕西是全国扶贫任务较重的省份之一，贫困人口多、贫困程度深，始终是省委、省政府高度重视并致力解决的问题。“十一五”我们实现了 325 万的贫困人口脱贫的目标，“十二五”将进一步通过多种措施加快提高贫困人口收入，特别是针对生存条件差引发贫困的问题，决定从今年起用 10 年时间，按照“建设小城镇、发展现代农业和避灾扶贫搬迁”三位一体的思路，在陕南秦巴山区、陕北白于山区和黄河沿岸土石山区实施避灾和扶贫移民搬迁，从根本上解决这些地区的贫困问题，希望得到国务院扶贫办的指导和支持。范小建说，陕西的扶贫工作对全国做出了积极贡献，许多成功的探索，尤其是推进农村低保和开发扶贫制度衔接实施避灾扶贫移民搬迁以及动员社会力量扶贫等方面的做法，完全符合国家有关要求，具有重要的借鉴意义。国务院扶贫办将一如既往支持陕西搞好扶贫开发工作，促进当地经济社会更好更快地发展。省政府办公厅、省财政厅、省扶贫办负责人等参加会见。

2011 年 7 月 4 日，陕西省人民政府办公厅印发《陕南地区移民搬迁安置工作实施办法（暂行）》（以下简称《办法》）（陕政办发〔2011〕67 号）。该文件对陕南移民搬迁安置中的有关具体问题给予明确规定，共有 5 章 36 条，第一章为总则，第二章为搬迁安置，第三章为政策保障，第四章为职责分工，第五章为考核奖惩。《办法》规定，根据陕南地区地形地貌特征和居住习惯，按照节约集约用地原则，采取以集中安置为主的办法组织实施。集中安置每户宅基地用地控制在 0.2 亩以内；分散安置每户宅基地用地控制在 0.25 亩以内。搬迁对象要优先搬迁受地质灾害、洪涝灾害威胁的村、户，确保人民群众生命财产安全。搬迁群众中的特困户，每户按 30～50 平方米安置，各市特困户、五保户占本市搬迁总户数的比例不得超过 10%，其他搬迁户原则上分别按 60 平方米、80 平方米和 100 平方米三种建房面积的房屋安置。搬迁户安置要根据家庭实际人口，按人均不超过 25 平方米标准选择确定以上三种户型。集中安置按照 60 平方米、80 平方米和 100 平方米三种建房面积，由搬迁户按照不同的户型分别负担 1 万元、2.5 万元、4 万元。建房所需其余资金由各级财政补助并整合项目资金统筹解决。分散安置按每户 3 万元的标准予以补助。搬迁群众中的特困户、五保户和孤寡老人按照规定面积，由政府免费提供住房，所需资金各级财政安排解决。五保户和孤寡老人也可纳入敬老院、社会福利院等形式安置供养。

《办法》明确，依据《陕南地区移民搬迁安置总体规划》，结合陕南各市实际，制订年度和 3 年移民搬迁安置计划，将搬迁任务落实到户、到安置点。陕南移民搬迁区涉及相关的税、费减免由财政、税务、工商等部门依法制定减免政策，住房和城乡建设、林业、水利、扶贫等部门在各自的职能范围内依法制定优惠措施。

2011年7月18日，《关于印发〈陕南地区移民搬迁用地审批意见〉的通知》（陕国土资发〔2011〕42号）印发。

2011年7月21日，受陕南地区移民搬迁工作领导小组组长、省委常委、副省长江泽林的委托，陕南地区移民搬迁工作领导小组副组长、办公室主任、陕南地区移民搬迁工作指挥部指挥长、省国土资源厅厅长王登记主持召开了陕南地区移民搬迁领导小组第一次会议。省发改委、财政厅、住建厅、扶贫开发办、陕西陕南移民搬迁安置工程有限公司等单位的领导及陕南地区移民搬迁工作指挥部全体工作人员参加了会议。

2011年7月26日至7月27日，省委书记赵乐际深入商洛市商南县、商州区调研。赵乐际考察了商南县清油河镇河东移民小区、商南县东畈保障性住房项目建设工地、商州区杨峪河镇的新农村建设情况。赵乐际说，集约就是节约，要适应农村社区化、种养园区化、农民专业化的趋势，集中资源要素配置，提高公共服务水平，促进农村生产生活方式转变。群众的期盼是我们最大的心愿，群众的满意是我们最大的追求。要尊重群众意愿，避免强迫命令，加强示范引导，积极有序推进移民搬迁。他强调，要顺应群众生产生活的新变化，尊重群众意愿、加强示范引导，扎实推进移民搬迁，加大保障性住房建设力度，不断保障和改善民生。

2011年8月5日，陕西省住房和城乡建设厅印发《关于做好陕南地区移民搬迁安置规划工作的通知》（陕建发〔2011〕179号）。

2011年8月10日，根据《陕西省人民政府关于成立陕南地区移民搬迁工作领导小组的通知》（陕政字〔2011〕85号），陕南地区移民搬迁工作领导小组正式成立。领导小组办公室设在省国土资源厅，办公室主任、副主任分别由王登记同志、雷鸣雄同志兼任。领导小组组成人员名单如下：

组　长： 江泽林　副省长

副组长： 李明远　省政府副秘书长

王登记　省国土资源厅厅长

成　员： 李忙全　省发展改革委副主任

梁宝林　省教育厅副厅长

李保存　省民政厅副厅长

韩中林　省财政厅副厅长

赵　云　省人力资源社会保障厅副厅长

雷鸣雄　省国土资源厅副厅长

李敬喜　省环境保护厅副厅长

张文亮　省住房城乡建设厅副厅长
胡保存　省交通运输厅副厅长
管黎宏　省水利厅副厅长
郭志诚　省农业厅副厅长
陈玉忠　省林业厅副厅长
范　兵　省卫生厅副厅长
马玉红　省审计厅副厅长
贺昌信　省扶贫办副主任
王庭亮　省国资委副主任
李忠民　省金融办副主任
张雁毅　汉中市副市长
邹顺生　安康市副市长
张荣珠　商洛市常务副市长
黄晓平　陕西有色金属控股集团董事长
李永赖　省电力公司副总经理
刘　斌　省地方电力公司副总经理

2011年8月19日，陕西省人民政府印发了《陕南地区移民搬迁安置总体规划(2011—2020年)》(以下简称《通知》)(陕政发〔2011〕49号)。《通知》要求各市、县、区人民政府，省人民政府各工作部门、各直属机构“认真组织实施，并尽可能提前实现”。

截至2011年8月20日，陕西陕南移民搬迁工程有限公司在省财政厅及省有色集团的支持下，已筹措避灾移民启动资金10亿元，并以联合建设的方式借给三市政府。其中，汉中和安康市各3.6亿元，商洛市2.8亿元。据悉，由于三市经济困难，缺乏项目建设启动资金，60%的项目无法开工建设。截至2011年8月底，陕西陕南移民搬迁工程有限公司已与汉中市宁强县、洋县，安康市石泉县、汉阳县及商洛市商州区、柞水县政府签订了联建协议，初步确定宁强县二道河安置小区等12个项目为陕南移民搬迁安置项目建设示范点，并为这些项目筹措启动资金2亿元。

（七）陕北移民搬迁安置工作再发力

2011年8月23日晚，省政府在榆林靖边县召开陕北白于山区扶贫移民搬迁工作座谈会。省长赵正永强调，要围绕总体目标和发展要求，全力以赴积极推进白于山区扶贫移民搬迁，用10年时间彻底改变群众生产生活条件。省委常委、常务副省长娄勤俭，陕北扶贫移民搬迁安置领导小组组长、副省长祝列克出席会议。

赵正永在讲话中充分肯定了白于山区移民搬迁工作进展情况并指出，实施白于山区移民搬迁，是贯彻落实科学发展观的具体实践，是解决和改善民生重大问题的重要举措，我们一定要按照省委、省政府的决策部署，全力以赴、持之以恒地把这项工作紧抓不放，不达目的决不罢休，力争尽早让这一地区的群众摆脱贫困，走向富裕。

赵正永强调，要围绕建设农民幸福新家园、统筹城乡发展和让群众共享改革发展成果的目标要求，完善集中居住区公共服务设施，积极创造就业岗位和渠道，切实改善生产生活条件，确保群众搬得出、稳得住、能致富。要统筹兼顾、分类解决好不同情况群众的实际问题，特别要安排好特困户、五保户等困难群众的生活。要参照灾后重建政策，加大资金、土地等方面的政策支持力度，各类资金要优先向集中居住区倾斜。要妥善处理好搬迁地区与矿业企业之间的关系，各类企业特别是国有企业要积极参与扶贫搬迁，共同创造利益共享、和谐发展的良好环境。各级政府一把手要亲自负责这项工作，省级相关部门要加强指导，积极配合，同时要加大宣传力度，倡导社会各方面力量积极参与，形成合力，确保群众早日受益。

娄勤俭要求，各相关市县和部门要认真贯彻落实会议精神，进一步统一认识，开拓思路，创新方法，完善措施，确保这一工程扎实有效推进。

祝列克要求，要加大政策扶持力度，强化项目资金管理，加快项目建设进度，及早谋划明年工作，切实抓好工作落实。省扶贫开发办及定边、靖边、志丹、吴起县汇报了有关情况。

2011 年 9 月 1 日至 9 月 3 日，国务院扶贫开发领导小组副组长、国务院扶贫办主任范小建深入延安、榆林两市调研黄河沿岸土石山区扶贫开发工作。范小建强调，要深刻领会、全面贯彻新十年扶贫开发纲要，抓住机遇，集中力量，采取有力措施，打好集中连片特困地区扶贫攻坚战。移民搬迁是解决黄河沿岸土石山区贫困问题的一项重要措施，在实施过程中要做到科学规划，分步实施，有组织有计划地集中搬迁安置；要把产业发展和实现农民增收作为搬迁的前置条件，做到“搬得出、稳得下、能致富”；要坚持自愿的原则，通过政策引导群众根据自身条件，选择最适合自己的方式自愿搬迁到条件较好的地方；要整合各方面资源，把移民搬迁和新村建设、中低产田改造、人畜饮水、道路改造、教育医疗等结合起来统筹考虑；要加大对贫困农户的政策倾斜，使最困难的户也能搬出来。省政府副秘书长胡小平，国务院扶贫办政策法规司司长洪天云以及省、市、县有关负责同志等陪同调研。

2011 年 9 月 5 日，陕西省国土资源厅印发《关于成立陕南地区移民搬迁工作指挥部的通知》（陕国土资发〔2011〕64 号）。

2011 年 9 月 6 日，陕南地区移民搬迁工作指挥部印发《关于设立陕南地区移民搬迁工作指挥部安康、汉中、商洛联络处和西安办事处的通知》（陕南移指发〔2011〕12 号）。

2011 年 9 月 23 日上午，继白于山区扶贫移民搬迁工程启动之后，陕西省又一大规模扶贫移民版块——陕北黄河沿岸土石山区扶贫移民搬迁工程，在延川县永坪镇贺家崖移民社区正式开工，这标志着陕西省陕北地区的扶贫移民搬迁工作已全面进入实施阶段。同日，陕北扶贫移民搬迁工作指挥部也揭牌成立。副省长、陕北扶贫移民搬迁安置领导小组组长祝列克出席揭牌仪式并宣布开工。

2011 年 9 月 26 日上午，省长赵正永主持召开 2011 年省政府第 18 次常务会议，研究调整集中供热价格及提高冬季取暖补贴标准问题，听取我省第六次人口普查工作情况汇报，审议并原则通过陕北移民搬迁安置工作若干政策规定等。会议指出，陕北白于山区、黄河沿岸土石山区的扶贫移民搬迁，要本着轻重缓急和先解决最贫困户的原则实施，坚持高起点规划、高水平推进、高质量完成，原则上集中安置点按百户以上进行规划，以均等化为标准建好公共服务设施、搞好公共服务。各级各部门相关资金都要用于移民搬迁，项目涉及费税一律按规定减免。

（八）领导重视与制度安排双管齐下

2011 年 9 月 28 日，省政府在安康召开陕南地区移民搬迁工作现场会议，省委常委、副省长江泽林出席会议并讲话。江泽林强调，不管有多大困难，都要下定决心，扎实推进，确保完成陕南移民搬迁各项工作任务。江泽林说，陕南移民搬迁是我省当前最受关注的工作之一。从 2011 年起，陕南地区将有 60 万户、240 万人口在 10 年内搬迁出滑坡等危险地质灾害区，显示了省委、省政府的巨大决心和对老百姓生命安全的高度关注，这既是一项长期的战略任务，又是一项极为紧迫的惠民工程；既是一个经济社会发展问题，又是一个促进社会和谐稳定的重大政治问题，是各级党委、政府和有关部门义不容辞的光荣使命和重大的政治责任。顺利推进陕南移民搬迁工作当前的重点是，省级有关部门和市县政府要按照省政府的框架性意见，搞一个资金闭合运行的模块，算清建房资金、基础设施和公共服务设施的资金账，并按“渠道不乱、用途不变、各计其功”的原则下达，由县一级统筹各专项资金。要把公共交通向大一点的安置点延伸，充分考虑各安置点的群众就业和产业发展，尤其是农业产业发展问题，使搬迁群众稳得住，能致富。要科学规划、合理布局，节约集约利用土地，充分利用县城和中心镇的承载能力，有序引导搬迁群众向县城、中心镇集中，加快城镇化步伐。要采取综合措施，把保障性住房建设、重点镇建设、有条件农民进城以及扶贫开发等各项政策统筹实施，使其发挥出最大效益。江泽林要求，省级有关部门和市县政府要加强领导，陕南移民搬迁的各级工作机构要正视和直面工作中遇到的问题，定期研究，及时总结和倡导实际工作中一些好的做法，抓好示范，典型引路。市县政府和各级纪检监察部门要加强对陕南移民搬迁资金和工程质量的监管力度，防止出现腐败工程、豆腐渣工程，确保陕南移民搬迁这项民生工程成为优良工程。

会上，安康市委书记刘建明致辞，省国土资源厅负责人做了工作报告，安康市长方玮峰，市委常委、常务副市长徐启方，市委常委、秘书长薛建兴，副市长邹顺生等领导，汉中、安康、商洛市县区负责人参加。省发改委、财政厅、住建厅负责同志分别就分管工作做了具体安排部署。安康市白河县、汉中市城固县、商洛市洛南县在大会上做了交流发言。当天，会议代表冒雨到安康市石泉县城关镇杨柳移民搬迁安置示范区和紫阳县蒿坪镇双星移民搬迁安置小区进行了现场观摩。

2011 年 9 月 29 日上午，省长赵正永和省委常委、副省长江泽林到陕南移民搬迁工程有限公司实地视察并召开现场办公会，专题研究陕南移民搬迁资金筹措和公司运行问题。赵正永强调，陕南移民搬迁工程是我省的重点民生工作，各级各部门要进一步提高思想认识，完善工作机制，强化推进措施，确保移民搬迁年度任务顺利完成。陕南移民搬迁工程有限公司于 2011 年 5 月 6 日成立，由省财政和陕西有色集团共同出资组建，主要任务是筹措资金，为移民搬迁提供融资支持。在公司展厅，赵正永察看并询问了重点搬迁安置项目进展情况。汉滨区大竹园镇七堰村移民搬迁安置点一期工程已有 75 户群众顺利入住，二期工程也于 5 月 10 日开工。赵正永高兴地说，让受到地质灾害威胁的群众搬到安全的地方住，是移民搬迁的首要目标，一定要做到安全选址，确保建筑质量，搞好公共基础设施，让群众过上更好的生活。紫阳县双安镇闹热村民营企业家黄寿远以资金入股，村民以承包地入股，共同组建公司开发万亩油茶园，并自己筹资为村民建设新的住宅小区，既推动了企业发展，促进了农业产业化，又实现了群众安居乐业。赵正永对此表示肯定，认为这是社会资本参与移民搬迁的有益探索，值得其他地方学习借鉴。赵正永还看望了陕南移民搬迁工程有限公司员工，详细了解公司运营管理情况，叮嘱大家尽职尽责，尽心尽力，为陕南移民搬迁做出积极贡献。

在随后召开的现场办公会上，赵正永指出，陕南移民搬迁是从根本上消除群众居住安全隐患并改善其生产生活条件的长远之策，我们要全力以赴予以推进。市县政府要进一步强化主体责任，切实做好搬迁安置相关工作。省级有关部门要整合扶贫开发、生态移民、以工代赈等各方面资金，为陕南移民搬迁提供有力保障。陕南移民搬迁工程有限公司要及时拨付和回笼资金，加快周转速度，并配合做好安置点选址、公共设施规划、项目预算审核等工作。同时要加强信息化建设，将搬迁户资料全部纳入计算机系统，以不断提高管理水平。省政府办公厅，省发改委、财政厅、国土厅、住建厅、林业厅、扶贫办和陕西有色集团的负责人参加调研。

2011 年 10 月，《陕西省陕南移民搬迁安置补助资金筹集与管理办法》出台，该文件共 5 章 18 条，该办法自 2011 年 10 月 16 日起实施，至 2016 年 10 月 15 日废止。

2011 年 10 月 24 日，陕西省人民政府《关于印发陕北移民搬迁安置若干政策规定的通知》（陕政发〔2011〕57 号）发布。《陕北移民搬迁安置若干政策规定》对搬迁对象和范围，搬迁补助标准，搬迁用地，住房建设，公益设施建设，能力建设，权益保障，考核激励等方面做出明确规定。该规定自发布之日起施行，2020 年 12 月 31 日废止。

2011 年 11 月 8 日，陕西省人民政府办公厅以（陕政办发〔2011〕111 号）文号印发《陕南地区移民搬迁安置建房资金筹措方案》和《陕西陕南移民搬迁工程有限公司运行机制》。《陕南地区移民搬迁安置建房资金筹措方案》对资金总需求，各专项资金整合来源，土地收益、集中安置点配建限价商品房筹措资金部分以及资金管理等方面做出规定。

2011 年 11 月 25 日，陕西省人民政府《关于印发陕北黄河沿岸土石山区（洛河峡谷地带）扶贫移民搬迁规划（2011—2020 年）的通知》（陕政发〔2011〕68 号）发布。为改善陕北黄河沿岸土石山区（洛河峡谷地带）群众基本生存条件和发展环境，加大集中连片贫困地区扶贫开发力度，实现贫困人口持续、快速、稳定增收，推动城乡统筹发展，针对该地区实际，《陕北黄河沿岸土石山区（洛河峡谷地带）扶贫移民搬迁规划（2011—2020 年）》从基本状况、指导思想及基本原则、实施范围及目标任务、安置方式、建设内容、投资概算及补助标准、保障措施七个方面做出了明确规定。陕北黄河沿岸土石山区和洛河峡谷地带，涉及延安、榆林 2 市 17 个县（区）、115 个乡镇、2685 个行政村，总人口 132 万人。这里自然生存条件恶劣，基础设施建设滞后，群众增收缓慢，需移民搬迁人口达 4.95 万户 19.83 万人。“十二五”期间，陕西省计划搬迁安置 11.9 万人。平均每年搬迁安置 2.38 万人，其中榆林市 1.43 万人，延安市 0.95 万人。

2011 年 11 月 27 日，省委书记赵乐际到商洛市柞水县石瓮镇胜利村一组等地看望慰问困难群众。石瓮镇四新移民安置示范小区是陕西省 2011 年实施的避灾搬迁工程项目。在建设工地，赵乐际了解了安置计划和规模、询问户型和面积，与施工人员计算了建房周期和成本。赵乐际问安置户胡昌华：“原来住哪儿?”“山上，离这儿有 6 公里。”“搬到这里愿意不?”“愿意。以前一下雨，不仅潮湿，还有滑塌的危险。现在搬到这里，一建好管几代人，把几辈人的心愿都实现了。”看到路旁洗衣服的四新村三组村民陈松莲，赵乐际临时停车询问“你家搬迁建房吗?”“都准备了，要建 115 平方米。”“家里几口人?”“五口人，两个孩子都在上大学，现在困难一些，以后就好了。”赵乐际叮嘱大学即将毕业的孩子要努力学习，立足在外就业创业。调研中，赵乐际每到一户都送上慰问金，带来党和政府的温暖。赵乐际指出，贫困群众的主要困难是家里有人生病、小孩上学花费。我们要因地制宜、尊重民意，做好移民搬迁工作。

2011 年 11 月 30 日至 12 月 1 日，省长赵正永带领省级相关部门负责人到汉中、宝鸡检查移民搬迁、保障性住房建设等进展情况。在留坝县城关镇避灾移民搬迁集中安置点，赵正永查看了选址、建设及设施配套等情况，要求在高标准、高质量建好群众住宅的同时，抓紧搞好产业规划培育及搬迁群众的就业培训等工作，真正让老百姓既能搬得出，也要稳得住、能致富。在留坝县城关镇中心小学地质灾害点，赵正永要求尽快组织对受地质灾害威胁的学校进行搬迁，确保师生安全。调研中，赵正永还专门听取了汉中市的工作汇报。赵正永强调要坚定不移地抓好避灾移民搬迁、保障性住房建设、汉江综合治理等重大民生工程，当前特别要及早谋划安排好明年的建设任务、资金保障等工作。

2011 年 12 月 9 日上午，省委召开常委会议，传达学习中央扶贫开发工作会议精神，听取省委贯彻落实中央深化文化体制改革、推动社会主义文化大发展大繁荣若干重大问题决定《实施意见》的情况汇报。省委书记赵乐际主持会议。会议强调，要全面把握新阶段扶贫开发工作目标，抓住国家提高扶贫标准、推进集中连片特殊困难地区扶贫攻坚等机遇，搞好开发扶贫与低保制度的有效衔接，统筹移民搬迁与城镇化、新农村建设。

2011 年 12 月 13 日，《陕西省国土资源厅关于避灾移民搬迁安置用地有关问题的通知》（陕国土资用发〔2011〕44 号）发布，该文件从“避灾移民搬迁安置工作涉及的区域范围，避灾移民搬迁安置用地原则，多途径保障避灾移民搬迁安置用地，简化审批程序，建立避灾移民搬迁安置用地审批绿色通道，加大扶贫力度，推动避灾移民搬迁安置工作，加大耕地保护和土地整理复垦的支持力度，做好耕地占补平衡以及切实保护好群众的土地权益，积极稳妥做好土地权属调整工作”等七个方面做出规定和安排。

2011 年 12 月 25 日下午，省委常委、常务副省长娄勤俭出席全省发展和改革工作会议并讲话。娄勤俭强调，要认真做好就业和社会保障工作，继续搞好保障性住房建设，扎实推进移民搬迁和扶贫工作。

（九）2012 年：陕西移民搬迁安置有力推进

2012 年 1 月 7 日，省委常委、副省长江泽林在安康调研时强调，要结合陕南移民搬迁安置、保障性住房和重点示范镇建设，统筹安排，科学规划，加快工作进度，推动城镇化进程，使陕南人民早日脱贫致富。江泽林一行首先来到汉阴县城关镇杨家坝移民搬迁安置小区进行调研。该小区位于汉阴县城关镇泰和桥北端，占地 300 亩，其中一期用地 50 亩，是汉阴县 2011 年启动建设的陕南移民搬迁安置与保障性住房相结合的示范小区。在查看工程进展情况和听取项目负责人介绍后，江泽林指出，省委、省政府决定对陕南受灾地区实施避险移民搬迁，将从根本上解决陕南地质灾害威胁群众的生命财产安全问题。目前，陕南移民搬迁安置工程整体进展顺利，安康市已完成2011年省上下达的搬迁任务，工作值得肯定。杨家坝移民搬迁安置小区将移民搬迁与保障房建设、县城新区建设相结合的做法，能够拉大县城骨架，对推进城镇化进程具有重要作用。各地要根据实际，创新工作思路，并在充分调研的基础上，一次规划，分期实施，使学校、医院、文化广场等公共设施和绿化、供排水、电力等基础设施实现共享，聚合使用政策，分类实施管理。要加强对搬迁群众的技能培训，做到搬得出、稳得住、能致富。随后，江泽林一行到汉滨区恒口镇。在详细查看恒口镇建设进度后，江泽林要求，要以重点示范镇建设为载体，将有条件的农民进城、移民搬迁、保障房建设、产业园区建设等工作结合起来，实现五位一体发展。要高起点加快制定镇域总体规划，并严格按照规划开展各项工作。市、县、镇三级政府要按照省上下达的工作计划，进一步加快建设步伐，在城乡统筹和区域协调发展上有新的突破。省级有关部门及安康市有关负责同志陪同调研。

2012年1月12日至1月16日，陕西省第十一届人民代表大会第五次会议在西安顺利召开。会议指出，要扎实推进陕南陕北移民搬迁工程；2012年陕南搬迁8万户、29.5万人，陕北搬迁2.2万户、8.8万人。

2012年1月13日，陕西省人民政府印发《陕西省移民搬迁安置税费优惠政策》（陕政发〔2012〕4号），共有十三条规定。

2012年1月17日至1月18日，省委书记赵乐际深入安康市农村、社区和企业、工地调研，看望慰问基层干部群众，送上节日的美好祝福。在2010年遭受特大洪涝灾害的紫阳县蒿坪镇双星村，赵乐际指出，移民搬迁能从根本上改善群众生产生活条件，让群众换个活法，一定要坚持不懈、扎实推进，把实事办实、好事办好。在滨江大道三期市政防洪工程工地，赵乐际向施工人员表示感谢和慰问。调研期间，赵乐际听取了安康市工作汇报。省人大常委会副主任、省总工会主席黄玮等参加活动。

2012年2月1日至2月2日，全省农村工作会议在杨凌示范区召开。省委、省政府高度重视这次会议，2012年1月9日，省委常委会就贯彻落实中央农村工作会议精神专题研究，省委书记赵乐际做了重要讲话，强调高度重视增加农民收入问题，明确指出陕西“三农”工作的核心是农民增收。2012年2月2日上午，省委副书记、省长赵正永出席会议并做重要讲话，省委常委、常务副省长娄勤俭主持。副省长祝列克做总结讲话。赵正永强调，要扎实推进重点示范镇建设和县城建设，深入实施陕南陕北移民搬迁工程，继续引导有条件的农村居民进城落户，以加快推进城镇化步伐提升群众生活质量。

2012年2月3日，全省扶贫开发工作会议在西安召开。省委书记赵乐际、省长赵正永做重要讲话。省委常委、常务副省长娄勤俭主持上午会议并做总结讲话。副省长祝列克宣读表彰决定并主持下午会议。省政协主席马中平，省委常委江泽林、郭永平、李锦斌、宋洪武、姚引良，省人大常委会副主任罗振江、吴前进，副省长朱静芝、郑小明、景俊海、李金柱，省政协副主席刘新文，西安市代市长董军等出席会议。省上领导向受到表彰的单位和个人颁了奖。赵乐际强调，要举全省之力、集全民之智，突破难点、扎实推进，加快连片特困地区攻坚，做好避灾扶贫生态移民搬迁、生产生活条件改善、区域特色产业培育、千企千村扶助行动四项工作。赵正永强调，要切实抓好基础工作和重点任务，以实施避灾扶贫生态移民搬迁为重点，推进连片特困地区扶贫攻坚，特别要做好我省移民搬迁规划与国家相关规划的衔接融合，争取更多项目进入国家规划盘子。会上，省发改委、宝鸡市等8个单位做了交流发言。省农村工作领导小组成员单位、省扶贫开发领导小组成员单位、省级"两联一包"扶贫牵头单位主要负责同志，各市和杨凌示范区主要负责同志、分管领导及有关部门负责同志，各县（市、区）主要负责同志、分管领导及扶贫部门负责同志等参加了会议。

2012年2月6日至2月7日，省委书记赵乐际深入汉中市洋县调研春季农业生产和移民搬迁工作，与洋州镇草坝村群众欢度元宵佳节。赵乐际在洋州镇草坝村了解扶贫移民搬迁人口的生计和文明村建设情况后，指出要认真落实中省扶贫开发政策，扎实推进扶贫移民搬迁，引导大家共建新农村、共享新生活。华阳镇罗家坝是洪灾损毁房屋群众集中安置点，目前各项重建工作扎实有序进行，部分群众已搬进新居。2月7日上午，沿着蜿蜒的山路，赵乐际专程来到这里，看望了尚黑娃、尚跃进等搬迁户，察看了新房设施、询问建房成本，了解了打工收入以及养老等惠民政策落实情况，并考察了华阳古镇的灾后重建。赵乐际强调，要进一步完善配套设施，提高公共服务水平，努力使搬迁户安居乐业。严格落实规划，坚持质量标准，彰显古镇特色，建设幸福美好家园。

2012年2月10日上午，省长赵正永主持召开专题会议，听取陕南陕北避灾扶贫移民搬迁和保障性住房建设工作进展情况汇报。省委常委、副省长江泽林，副省长祝列克出席会议。赵正永指出，陕南陕北移民搬迁和保障性住房建设都是事关群众切身利益、社会广泛关注的大事，我们一定要在认真总结去年工作经验的基础上，继续探索完善解决有关实际问题的途径和方法，尽快使工作步入规范化、常态化轨道，确保这几项重大民生工程顺利推进。赵正永强调，要继续坚定不移地推进这几项事关我省发展大局和长远的重大民生工程，确保省委、省政府决策部署落到实处，确保广大群众真正受益。陕南陕北移民搬迁要以集中安置为主，年度任务安排要大体均衡，优先建设群众住房，同时按照整体规划、分步实施、先急后缓、逐步完善的原则，解决好饮水、供电、道路和学校、医院等基本公共设施建设。保障房建设要强化资金保障，按年度任务加快建设，并切实做好公平分配和廉租房、公租房的日常运营管理工作。陕南移民搬迁工程有限公司和省保障性住房建设工程有限公司要与市县政府加强配合，切实做好项目审核、财务管理及工程监督、示范点建设等工作。要充分利用现有资源加快平台建设，尽早实现建设项目及移民、保障对象的信息化管理。各级各部门要进一步强化责任，明确任务，抓好落实，确保目标任务按时间节点顺利完成。陕南、陕北移民搬迁安置领导小组成员，省保障性安居工程领导小组成员，省级相关部门和部分省属大型国企的负责人参加了会议。

2012 年 2 月 28 日至 2 月 29 日，省长赵正永到商洛市部分县区（商南县、山阳县、商州区、丹凤县）调研。赵正永强调，要继续加快推进陕南移民搬迁、保障性住房等重大民生工程建设，切实把群众多年期盼的民生大事办好，真正让广大群众过上更幸福的生活。在商南县试马镇、山阳县高坝店镇，赵正永实地察看了避灾移民搬迁集中安置点建设情况，详细询问了工程造价、房屋结构、基础设施建设及产业布局等情况，赵正永说，移民搬迁一定要统筹安排好群众住房、基础设施建设及公共服务配套、产业发展等，确保群众搬得出、稳得住、能致富。搬迁群众刘实兴告诉省长，原来住的山沟，头顶上就是滑坡体，一到下雨大家就提心吊胆，现在搬到这里居住感觉很安全，还有承包地，开起了门面房，致富有了盼头，群众打心眼里感谢党和政府。赵正永欣慰地说，我们就是要通过搬迁让群众住得安全，能过上和城里人一样的生活，希望大家在新的生活环境中辛勤劳作，日子越过越红火。赵正永在商州区沙河子镇现场察看规划建设有关情况后指出，重点镇建设是统筹城乡发展、加快城镇化进程的有效抓手，也为提升镇域工业化水平提供了重要载体，我们一定要依据各地不同情况加强分类指导，搞好科学规划，切实把省上确定的重点镇建设好，以此带动和加快我省的小城镇建设，让更多的农村居民就近融入城镇生活。

丹凤县竹林关镇中小学在 2011 年“7・23”暴雨洪涝灾害中受损严重，现在已经全部异地重建完毕，校园内书声琅琅。赵正永来到学校，询问了学生寄宿人数、营养午餐落实及教师工资发放等情况，并实地查看了师生食堂。赵正永还在商南县调研了中小企业孵化园，并到神州实业公司、柏伦工贸公司察看，当得知两家企业负责人都是务工还乡的当地人后，他高兴地说，你们在外打工积累了一定生产技术和管理经验，现在自家门口的发展条件也好了，希望你们能带动家乡群众一起致富，并和仍在外经商务工的朋友多联系，欢迎大家回家乡创业发展。

在听取商洛市工作汇报后，赵正永指出，近年来商洛市经济发展连续高于全省平均水平，城乡面貌变化很大，希望全市干部群众抓住机遇，乘势而上不松劲，聚精会神抓发展，狠抓项目保投入，克服困难保增长，始终保持良好发展势头。要着力抓好移民搬迁、保障性住房、重点镇建设及有条件的农民进城落户等重点工作，加快城镇化进程，推动城乡统筹发展。要以开展“三问三解”活动为契机，拓宽社会管理工作的覆盖面，加强基层基础工作，切实解决好当地群众反映突出的各类问题，努力把党和政府的温暖送到群众身边。省政府秘书长秦正，省级相关部门负责人参加调研。

2012年2月28日至2月29日，副省长祝列克赴延安调研扶贫开发工作。祝列克先后到黄陵、富县、甘泉、志丹等县的移民安置点进行调研。他强调，各级政府和扶贫部门要充分发挥互助资金带动作用，进一步解决好贫困群众的产业发展问题，不仅让扶贫移民搬迁户搬得出，更要稳得住，能致富。各市县要按照省政府的统一部署，进一步统一思想，明确移民搬迁思路，认真落实政策规定，足额落实市县配套资金，切实加快工程项目建设，按时间节点保质保量完成年度建设任务。

2012年3月1日，陕北扶贫移民搬迁工作会议在延安市志丹县召开。副省长祝列克代表省政府与延安、榆林两市签订了2012年度扶贫移民搬迁目标责任书。祝列克指出，陕北地区是我省集中连片的特困地区，涉及延安、榆林25个县（区）。在陕北实施大规模扶贫移民搬迁，不仅是从根本上解决贫困群众脱贫致富的有效途径，推进城乡统筹发展的重要举措，也是保护生态环境的客观需要，对推进陕北地区乃至全省经济社会持续快速发展具有重要而深远的意义。各地各部门要早谋划，早动手，制定切实可行的措施，创造性地开展工作，按照时间节点，确保今年移民搬迁建设任务保质保量完成。

省政府副秘书长胡小平主持会议，省扶贫办主任郭汉文对2012年工作进行了安排部署，省国土资源厅、省林业厅、延安市政府、榆林市政府、志丹县政府、定边县政府做了表态发言。陕北扶贫移民搬迁安置领导小组成员单位的负责人，延安、榆林2市25县（区）的主管市、县（区）长、扶贫办主任参加了会议。

2012年3月5日下午，省委书记、省人大常委会主任、陕西省代表团团长赵乐际在审议时指出，温家宝总理所做的政府工作报告思路清晰、措施有力，我们要突出稳中求进工作总基调，结合陕西实际贯彻落实，下气力稳势头、转方式、惠民生、保稳定，不断开创科学发展、富民强省新局面。下气力惠民生，把增收富民作为紧迫任务，健全新增财力80%用于民生机制，大力发展社会事业，搞好促进就业工作、保障房建设、避灾扶贫生态搬迁、全民养老保险等民生实事。

2012年3月6日至3月8日，副省长祝列克带领省级有关部门负责同志，在安康调研汉江综合整治、移民搬迁、现代农业发展、小流域综合治理等工作。祝列克一行先后到安康城区东坝、西坝以及白河、旬阳、汉阴县，检查了汉江综合整治、防洪工程建设，并考察了洞河水库坝址。在紫阳县蒿坪镇双星村移民搬迁安置点，祝列克说，实施陕南移民搬迁是改善群众生活生产条件、促进经济社会持续发展的一项民生工程，要把移民搬迁与新农村建设、城镇化建设相结合，着眼长远，科学规划，统筹建设基础设施和公共服务设施，提高群众生活水平。要切实搞好就业服务和创业支持，帮助群众发展产业，为搬迁群众安居乐业、增收致富创造条件。

2012年3月20日至3月21日，省委书记赵乐际到商洛市镇安县调研。赵乐际一行先后深入镇安县午峪沟县域工业集中区、丽水家园保障房建设工地、云盖寺镇岩湾村、现代烟草农业示范点等地调研。云盖寺镇岩湾村是新确定的赵乐际扶贫联系点，村庄发展、群众生活牵挂着他的心。3月20日下午，赵乐际一进岩湾村，就来到涧槽凹移民搬迁集中安置点，看到祖祖辈辈受滑坡体威胁的群众搬进了整齐的楼房，赵乐际十分高兴。老党员徐春华是搬迁户，生活比较困难，赵乐际与他拉家常，了解搬迁前后生活的对比，询问惠民政策落实情况，讨论增收致富的办法。1957年入党的陈显齐曾经当过兵。赵乐际在了解他的病情和家庭困难后说，老党员、老复转军人为国家和人民做出了贡献，各级党委、政府要帮助他们。陈显齐说，我受过党的教育，在部队锻炼过，现在虽然生活困难，但是党和政府十分关心我。赵乐际还看望了村民杜永海一家，鼓励他们克服当前困难，在大家的帮助下把日子过好。赵乐际指出，要坚持扶贫开发到村到户，一村一法、一户一策，帮助困难群众早日脱贫致富。3月21日上午，赵乐际听取镇安县工作汇报后强调，各级要把一手抓发展、一手抓民生作为最基本的工作方针，在发展中解决民生，在解决民生中促进发展，扎实开展“三问三解”活动，让群众的日子越过越好。

2012年4月17日，副省长祝列克带领省政府办、财政、国土、住建、水利、农业、扶贫办到延安市吴起县调研扶贫移民开发工作。祝列克一行来到吴起县铁边城镇农民文化广场、南城坡移民新村等地，详细了解和听取移民搬迁安置、当地产业发展、农村住宅建设及农民生产生活情况。调研中，祝列克还走进农家，与农户交谈，了解搬迁安置、经济收入和生产生活情况。祝列克鼓励群众，要积极发展生产，增加经济收入，努力为过上幸福生活打下长远基础。祝列克强调，实施扶贫移民搬迁是解决白于山区农民脱贫问题的有效途径，要在科学合理规划的基础上，着力抓好基础建设、产业发展、公共服务和社会保障，确保群众搬得出、留得住、生活好、无忧虑，实现城乡统筹发展。要把扶贫移民搬迁作为关注民生的一项重要工作，把农民安居工程、扶贫移民搬迁、以工代赈等所有项目整合捆绑使用，统筹安排、同步推进，使建成的搬迁点能留得住人，发展得起产业，使广大群众过上幸福的生活，切实把扶贫移民搬迁建设成亮点工程、典型工程。梁宏贤、杨鑫、曾岚、薛占海等延安市领导陪同调研。

2012年4月24日，省委常委、副省长江泽林带领省发展改革委、省国土资源厅、省住房和城乡建设厅负责同志，赴安康市旬阳县、白河县实地调研陕南移民搬迁和保障性住房建设工作。在旬阳县甘溪镇滨湖小镇移民搬迁安置小区，江泽林详细了解了工程进展、移民安置类型情况，翻阅了安置移民档案。江泽林指出，陕南移民搬迁安置工作要坚决按照省上确定的原则，继续以集中安置为主，在具体工作中，要结合城乡统筹，将陕南移民搬迁与保障性住房、重点示范镇、农民进城落户等工作有机结合，有序引导群众自愿向集中安置点集中。要不断完善规章制度，规范工作流程，抓好政策兑现，确保目标任务如期实现。

2012年4月27日下午，省委常委、副省长江泽林带领省国土资源厅、省住房城乡建设厅和省交通运输厅等省级部门负责同志，赴汉中市佛坪县调研陕南移民搬迁和保障性住房建设工作。在佛坪县西岔河镇三教殿村陕南移民搬迁集中安置点，江泽林认真听取了情况汇报，详细了解工程进度、移民类型和资金投入等有关情况，查看了移民搬迁安置户的档案材料。当了解到该县在土地资源极为紧缺和安置建房选址困难的情况下，去年超额完成安置任务，今年已启动建设1041户时，江泽林对此给予充分肯定。他指出，陕南移民搬迁是省委、省政府的一项重大决策，市、县政府和有关部门要全力以赴予以推进。要严格遵循原则，结合城乡统筹，积极引导群众自愿向移民安置区集中。同时要按照省政府要求，整合各方面资金，努力搞好公共基础设施建设，使群众过上好日子。

2012年5月23日，省长赵正永到商洛就陕南移民搬迁工作进行专题调研。省委常委、副省长江泽林一同调研。山阳县银花镇街道村移民搬迁安置点项目占地52亩，计划安置附近6个受滑坡威胁村的309户、1236人，目前已有6栋楼开工建设，可安置220户群众。赵正永走上工地，冒着细雨实地查看建设进度，向负责人详细了解项目规划、建材成本、服务配套等情况，他说，移民搬迁是省委、省政府做出的重大决策，事关群众福祉，一定要做好建设规划，确保工程质量，同时抓好政策宣传、补助落实、产业培育等工作，让老百姓真正享受到民生政策的阳光。下午，赵正永召开座谈会，听取了商洛市及各县区推进移民搬迁工作的汇报，对商洛前期工作取得的成绩给予了充分肯定。赵正永说，避灾扶贫移民搬迁是省委、省政府向全省人民做出的庄严承诺，不仅要让群众免受自然灾害的侵袭，还要通过这一举措缩小城乡差距，提高群众生产生活水平。今年是完成搬迁任务的关键之年，县级政府作为责任主体，一定要把思想和行动统一到省委、省政府的部署上来，同心同力，克服实际困难，加快工作进度，将这项惠民工程坚持不懈地推进下去，确保移民搬迁各项任务按时间节点顺利完成。要多渠道整合资金，科学编制预算，确保资金足额及时拨付到位。要抢抓建设进度，按规定的时间节点保质保量完成建设任务，并优先建好幼儿园、小学和卫生院等公共服务设施，增强集中安置点对群众的吸引力。要坚持将80%以上群众实施集中安置，以集约节约土地，提高公共设施的使用效率。要以方便群众、推进工作为前提，积极研究解决工作中出现的问题，特别要结合“建材下乡”活动努力降低偏远地区的建设成本。江泽林要求各地严格落实会议精神，以更加坚定的信心和更加负责的态度，把移民搬迁这项民生工程和发展工程抓紧、抓好。省级有关部门、商洛市和陕南移民搬迁公司负责人参加调研。

2012年5月下旬，陕北扶贫移民搬迁安置领导小组出台《陕北扶贫移民搬迁工作考核办法（暂行）》。该考核办法依据省政府印发的《白于山区扶贫移民搬迁规划（2011—2015年）》、《陕北黄河沿岸土石山区（洛河峡谷地带）扶贫移民搬迁规划（2011—2020年）》和《陕北移民搬迁安置若干政策规定》及省政府与各市签订的移民搬迁年度目标责任书制定。考核的范围是，延安、榆林两市及所辖25县（区）的扶贫移民搬迁工作。考核实行分级负责制，省上考核两市，两市考核所辖各县（区）。省上的考核实行百分制，其中市级工作考核内容占20分，每市随机抽查的3个县（区）考核内容占80分，并实行工作绩效加减分，采取听汇报、查资料、看现场、访农户的方法综合评定。考核结果设优秀、良好、合格、不合格四个等次，将为省委、省政府对有关市县（区）年度考核工作提供依据。考评为优秀等次的，将通报表扬并给予一定奖励，考评为不合格等次的，要做出书面检查并在全省通报批评。

及时发现和解决陕南避灾移民搬迁中出现的问题，一直是省长赵正永关注的重点。2012年6月7日，省长赵正永，省委常委、副省长江泽林深入汉滨区晏坝镇安置社区等地检查调研陕南移民搬迁工作。省政府秘书长秦正，省级相关部门和安康市的负责人参加调研活动。6月7日下午在听取了安康市及各县（区）移民搬迁工作汇报后，赵正永强调，移民搬迁的目的不仅是解决居住安全问题，也有利于缩小城乡差距、改变二元结构和提高社会管理水平，各级政府对此一定要有清醒的认识。陕南移民既是民生工程也是发展工程，要进一步提高思想认识，拓宽工作思路，强化推进措施，把这一省委、省政府的庄严承诺落到实处根据工作中存在的问题，今后要着重抓好以下工作：一是进一步完善规划，从市到县都要统筹考虑移民搬迁与城镇体系规划，做到协调统一；二是重点解决好集中安置率较低的问题，要采取有力措施，坚决落实集中安置率80%以上和每个集中安置点必须在30户以上的硬指标；三是建设资金要优先用于群众住房建设，除必须的基础设施外，其他要按规划逐年建设。省级资金要坚持按期及时拨付，市县配套资金要确保足额到位；四是要根据安康实际，在全市和各县范围内统筹考虑安置点的布局和选址，把移民搬迁工作更好地向前推进。江泽林要求认真贯彻会议精神，及时研究解决工作中存在的问题，确保各项任务如期顺利完成。

2012年8月7日上午，省长赵正永主持召开省推进有条件的农村居民进城落户工作领导小组全体会议，听取有关情况汇报并安排部署下半年工作。赵正永强调，要顺应农民群众愿望，完善各项政策措施，推动更多有条件农村居民进城落户，促进全省城镇化水平的提升和农村居民收入的增加。省委常委、常务副省长娄勤俭，副省长祝列克出席会议。赵正永指出，下一步要在过去工作的基础上，重点解决在城市出生并生活三年以上的青少年、避灾扶贫移民搬迁集中安置居民等群体的进城落户问题，进而带动更多农民移居城镇。

2012年8月9日下午，省长赵正永在汉中市就陕南移民搬迁工作进行专题调研，省委常委、副省长江泽林一同调研。赵正永一行深入汉中市洋县磨子桥镇移民新村、汉台区河东店镇移民安置点等地。调研过程中，赵正永说，移民搬迁的过程就是城镇化的过程，我们就是要在群众自愿的前提下让他们住楼房、进城镇，增加财富、融入城市，实现生产生活方式的改变。移民搬迁工程符合群众意愿，也更加坚定了我们深入推进这项工作的信心和决心，要在确保质量的基础上加快建设进度，让更多符合条件的群众实施搬迁。在当晚召开的座谈会上，赵正永听取了汉中市及各县区推进移民搬迁工作的汇报。赵正永对汉中取得的成绩给予充分肯定，对陕南移民搬迁公司卓有成效的工作也给予了表扬。他指出，实施陕南避灾扶贫移民搬迁工程，对于陕南各市来说是一次难得的发展机遇，不仅可以有效解决群众居住安全问题，加快农民脱贫致富奔小康的步伐，而且能够推动城镇化加速，促进集约节约用地和生态环境建设。各市县一定要深刻理解省委、省政府这一重大决策的本质含义，充分认识机遇，准确把握机遇，牢牢抓住机遇，切实把这项民生工程、发展工程抓实抓好，推动全市发展迈上新台阶。赵正永强调，进一步搞好移民搬迁工作，一是要严格建房标准，确保建房质量，使搬迁群众有效增加财产性收入；二是要优先搬迁避灾和贫困群众，严禁借机扩大政策范围，把有限的资源集中使用到最需要帮助的群体；三是要坚持集中安置率不低于 80% 的标准不动摇，不具备条件的地方要在全县乃至全市的范围内统筹安置；四是要广开资金渠道，用足用活土地增减挂钩、扶贫开发、水源地保护等相关政策，千方百计为移民搬迁提供资金保障；五是要积极做好安置房的确权发证工作，抓紧落实搬迁群众的城镇户籍，使他们尽快融入城市；六是要提前谋划明年任务，不断完善措施，健全机制，把移民搬迁工作纳入常态化轨道。省政府秘书长秦正、省级相关部门和汉中市的负责人参加活动。

2012 年 8 月 9 日，陕南避灾扶贫移民搬迁工作汇报会在汉中市召开。赵正永省长在移民搬迁工作座谈会上，对陕南移民搬迁工作办公室、陕南移民搬迁工程有限公司给予充分肯定。赵正永指出："他们以事业为重，工作抓得紧，抓得实，以饱满的热情和过硬的作风极大的推动了工作落实。"陕南三市 2011 年度实际建成移民搬迁安置房 60193 户，全面完成年度搬迁任务。截至 2012 年 7 月 30 日，陕南地区实际建成移民搬迁安置房数量为下达 6 万户任务的 100.32%。其中，集中安置 45507 户，集中安置率达 75.6%。已达到入住条件 59772 户，占下达任务的 99.62%。807 个集中安置点中 684 个点基础设施配套到位。59772 户搬迁对象下半年均可以入住新房。

2012 年 10 月 11 日下午，陕西人民省政府在西安召开陕南陕北地区移民搬迁工作表彰电视电话会议，省长赵正永出席会议并讲话，省委常委、副省长江泽林主持。赵正永说，实施移民搬迁工程一年多来，广大干部群众克服困难、共同努力，逐步积累了经验、掌握了规律，环境恶劣地区的群众得到了看得见、摸得着的实惠，也锻炼出了一大批善打硬仗的优秀基层干部。我们要抓住有利时机加快推进移民搬迁工作常态化、规范化，在改善民生的同时扩大内需、加速城镇化进程，以移民搬迁带动当地经济社会加快发展。赵正永强调，下一步，要把移民搬迁与提高城镇化水平结合起来，与提高农村公共服务水平结合起来，与创造农民新的生产生活方式结合起来，不断发现问题、不断克服困难、不断解决问题，努力实现移民搬迁的最佳效果。一是要坚持80%以上的集中安置率不动摇，陕南每个集中安置点必须在30户以上，陕北要达到100户以上，确保公共服务设施集中有效配置；二是要广开资金渠道，用足用活各项扶持政策，把移民搬迁配套资金列入年度预算，并积极引导民间资本参与搬迁；三是要切实维护好群众利益，把有限的资源集中用于最需要帮助的群体，严把建筑质量关，加强社区物业管理，做好安置房确权发证、落实城镇户籍和就业、教育、社保等工作。赵正永强调，移民搬迁时间跨度长、安置人口多、建设任务重、投入资金多，必须进一步提高认识、健全机构、改进作风，扎实细致地搞好这一事关人民福祉的工程，把省委、省政府的部署不折不扣地落到实处。省政府副秘书长李明远宣读了《陕西省人民政府关于表彰2011年陕南陕北地区移民搬迁工作先进单位的通报》。决定对在2011年移民搬迁工作中获得一等奖的商洛市人民政府和榆林市人民政府，各奖励人民币500万元；对获得二等奖的汉中市人民政府、安康市人民政府和延安市人民政府，各奖励人民币300万元；对获得工作先进县的镇安、商南、山阳、略阳、西乡、城固、白河、平利、岚皋、志丹、吴起、延川、洛川、定边、靖边、榆阳、吴堡17个县（区），各奖励人民币100万元。省国土厅、扶贫办和镇安、略阳、白河、志丹、靖边五县做了发言。陕南移民搬迁工作领导小组、陕北扶贫移民搬迁安置领导小组各成员单位，省级有关部门及陕南移民搬迁工程有限公司负责人在主会场参加会议。延安、榆林、汉中、安康、商洛五市及各县区、乡镇负责人在分会场参加会议。

2012年12月10日，陕西省人民政府办公厅颁发了《关于进一步做好陕南陕北地区移民搬迁安置工作的通知》（以下简称《通知》）（陕政办发〔2012〕116号），文件从确保移民搬迁的集中安置比例、加强移民搬迁集中安置点规划管理工作、加大资金筹措和监管工作力度、落实移民搬迁基础设施配套项目和资金、合理控制移民建房用地面积，统筹安排保障性住房、认真做好移民安置住房“两权”发证工作、加强移民搬迁安置项目审查和管理、积极解决移民搬迁集中安置点建设中的困难和问题、加快移民搬迁安置信息化建设以及搞好移民搬迁考核工作十个方面共31条对相关工作做出规定和部署。《通知》自2012年12月30日起施行，2014年12月29日自行废止。

2013年1月经陕西省人民政府同意，陕西省人民政府办公厅印发《关于进一步做好陕南陕北地区移民搬迁安置工作的通知》（陕政办发〔2012〕116号），该文件有10个部分共31条，分别从确保移民搬迁的集中安置比例、加强移民搬迁集中安置置点规划管理工作、加大资金筹措和监管工作力度、落实移民搬迁基础设施配套项目和资金、合理控制移民建房用地面积，统筹安排保障性住房、认真做好移民安置住房“两权”发证工作、加强移民搬迁安置项目审查和管理、积极解决移民搬迁集中安置点建设中的困难和问题、加快移民搬迁安置信息化建设和搞好移民搬迁考核工作等十个方面对陕南陕北移民工作做出部署。该文件指出，《通知》自2012年12月30日起施行，2014年12月29日自行废止。

2013年1月9日，中共陕西省委书记赵正永对“北京大学陕南移民研究与探索课题组来陕调研的报告”做出批示，1月17日娄勤俭省长批示给陕南移民搬迁安置工作领导小组，1月21日江泽林副省长批示给国土资源厅拿出具体方案以配合专家组抓紧调研成立协调调研部门，最后形成理论成果并通过理论高度与践行模式的完美匹配把陕南移民推向又一轮加强城镇化和生态文明建设的新高潮。

2013年2月21日上午，陕西省人民政府省长娄勤俭参加国务院新闻办新闻发布会时介绍，下一阶段搬迁工程的重点是要把移民搬迁与提高城镇化水平、提高农村公共服务水平、创造农民新的生产生活方式三个方面结合起来。重点做好三项工作：一是要坚持80%以上的集中安置率不动摇，确保陕南每个集中安置点在30户以上，陕北达到100户以上，努力实现公共服务设施集中有效配置；二是广开资金渠道，用足用活各项扶持政策，把移民搬迁配套资金列入年度预算，并积极引导民间资本参与搬迁；三是切实维护好群众利益，严把建筑质量关，加强社区物业管理，做好安置房确权发证、落实城镇户籍和就业、教育、社保等工作。

2013年3月6日，陕西省人民政府副省长庄长兴在安康调研陕南移民搬迁、保障房、重点示范镇和新型农村社区建设工作。在紫阳县蒿坪镇双星移民搬迁安置点，庄长兴要求，陕南移民搬迁、保障房和重点示范镇要抓好四方面工作，即保质量、抢进度、抓配套、聚人气，切实形成镇有常住民、民有不动产的良好格局，实现富民强镇。在省级重点示范镇恒口镇，庄长兴要求要把探索完善农村宅基地流转制度作为统筹城乡发展的试点，同时要先建好一批住房，再搬迁一批群众，使群众搬得出、稳得住、能致富。

2013年3月9日，陕西省人民政府在北京与国务院扶贫办签署合作协议，省长娄勤俭、国务院扶贫办主任范小建签字。双方表示将深入贯彻党的十八大和习近平总书记扶贫讲话精神，认真落实中央扶贫开发工作部署，确保如期实现新阶段扶贫开发目标。依照协议，双方将在推进集中连片特困地区扶贫攻坚、实施专项扶贫开发重点工作、创新扶贫开发体制机制、培养扶贫人才等方面加强合作，到2015年使全省贫困人口比2010年减少一半以上，2020年贫困地区农民人均纯收入增幅高于全省平均水平，基本公共服务主要指标接近全省平均水平，重点县实现整体脱贫。副省长祝列克、省政府秘书长陈国强及省级有关部门负责人出席扶贫协议签字仪式。

2013年3月22日下午，陕西省人民政府召开电视电话会议，部署2013年陕南避灾扶贫移民搬迁工作。省长娄勤俭出席会议并讲话。娄勤俭指出，避灾移民搬迁有利于加速工业化进程，有利于统筹城乡发展，有利于发展现代农业，有利于促进生态文明建设，要进一步深化认识，明确责任，抓好落实，按照“五位一体”“四化同步”的要求，加快推进各项工作，让环境恶劣地区群众的美好夙愿早日变成现实。娄勤俭强调，避灾移民搬迁是“中国梦”在陕南地区的具体体现，一定要以高度的责任感切实抓好，确保规划目标的顺利实现，让群众生活得更有尊严。只有集中安置才能实现群众生产生活方式的根本改变，只有资金及时到位才能保障工程顺利推进。必须把集中安置率80%以上和每个安置点30户以上作为一条基本原则和硬指标；各地要把配套资金列入年度预算并确保及时到位，严格按规定用好省级资金，用足用活各项扶持政策，充分吸引民间资本及社会力量参与移民搬迁。娄勤俭特别要求，要切实解决好搬迁群众生计问题，加快发展特色产业和现代农业，加强就业培训、创业指导、政策扶持等工作，让大家就业有岗位、创业有门路、增收有渠道、生活有来源，同时加大配套设施建设力度，对集中安置区实施科学化管理，确保群众搬得出、稳得住、能致富。副省长庄长兴主持会议。会上，陕南移民搬迁工作领导小组办公室做工作报告，省发改委、财政厅做专题发言。陕南三市及各县区政府负责同志在分会场参加会议。会议决定：陕南移民搬迁将开展抓好城乡一体化建设试点；移民搬迁促进土地、山林流转工作试点；移民安置房的房产证、土地证“两证”发放试点；移民搬迁同保障性住房建设结合试点四项工作。

2013年3月28日，陕北扶贫移民搬迁工作会议在西安召开，副省长祝列克出席并讲话。会上，祝列克代表省政府与延安、榆林两市签订了2013年陕北扶贫移民搬迁目标责任书。陕北扶贫移民搬迁安置领导小组成员单位负责人等参加会议。祝列克指出，陕北扶贫移民搬迁已实施了2年，进入常态化轨道。2013年省上将安排搬迁1.6万户6万人。各级政府和有关部门要按照党的十八大提出的工业化、信息化、城镇化、农业现代化“四化”同步的要求，以新型城镇化的理念为指导，提高移民搬迁工作水平；以无劳动能力、无家庭积累、无安全住房“三无户”等特困群众优先安置为重点，积极推进移民搬迁工程进展；以增强自我发展能力为着力点，通过产业扶持、实用技术和技能培训等，促进贫困地区稳定持续发展。

（十）陕南移民搬迁驶入快车道

2013年4月15日至4月16日，陕西人民政府副省长庄长兴在汉中市西乡县和洋县的部分移民搬迁集中安置点调研陕南移民搬迁时强调，各级政府、相关部门要凝聚合力、创新举措、苦干实干，全面实施好移民搬迁工作，确保各年度移民搬迁任务如期完成。庄长兴一行详细了解移民搬迁工程建设中存在的问题，与搬迁群众亲切交谈，询问他们的搬迁成本和就业方式，了解他们的意愿。庄长兴强调，要按照安置集中化、管理社区化的思路，高起点规划集中安置点，注重与城镇、园区、产业相结合，统筹资金、捆绑项目，完善基础设施和公共服务设施；要摸清底数、对应到户，优先确保受地质灾害威胁的群众早搬快搬；要多渠道全力做好移民就业安置工作，进一步提升移民社区管理水平，让搬迁群众生活放心、舒心；各市县要以考核验收为节点，倒排工期，夯实责任，保证质量，将这项惠民工程办实、办好。

2013 年 4 月 27 日，中共陕西省委、陕西省人民政府《关于加快推进城乡发展一体化促进城乡共同繁荣的若干意见》发布，文件指出，大力推进城乡发展一体化要以移民搬迁为重点，加快连片特困地区扶贫开发。加大资金整合和项目建设力度，搞好陕南、陕北移民搬迁工程，今年完成陕南搬迁 6 万户 22.8 万人、陕北搬迁 1.6 万户 6 万人的任务。

2013 年 5 月 2 日下午，省委书记赵正永、副省长庄长兴到陕南移民搬迁工程有限公司调研。赵正永首先到公司规划项目部，察看移民安置小区规划图和项目对接流程，并拿起石泉县江南片区的申报规划询问项目的地质条件、安置范围和户型结构。在工程运行中心，赵正永认真观看陕南移民搬迁信息化管理系统运行演示，详细了解移民户、项目、资金、影像、地理等管理系统的功能和信息录入情况。随后，赵正永主持召开座谈会，听取陕南移民搬迁进展汇报，研究解决工作中遇到的困难和问题。王卫华厅长介绍了当前陕南移民搬迁工作的进展及取得的初步成效，分析了存在问题及需要解决的薄弱环节，提出了下一步做好移民工作的对策和建议：近一个时期，要按照巩固（即巩固已有成果）、完善（即完善相关政策和工作措施）、规范（即规范基层工作推进中的具体行为）、提高（即提高工作质量和水平以及经济、社会、生态等综合效益）的思路和移民搬迁与城镇化、农业产业化、新型社区建设四位一体的布局，坚定不移、坚持不懈地把陕南移民搬迁工作抓下去、切实抓出成效。

赵正永指出，陕南移民搬迁工程是省委、省政府下决心推进的重大民生工程，也是彻底改善贫困山区群众生产生活条件的治本之策。工程实施两年多来，各地各部门齐心协力、扎实推进，积累了经验、锻炼了队伍，也给群众带来了看得见摸得着的实惠。实践证明，这项工程符合农民意愿，得到了社会各界的大力支持和普遍欢迎。要坚定决心、坚持标准，一张蓝图绘到底，持之以恒推进移民搬迁，使更多农民群众分享到城镇化带来的好处。要加强政策宣传，推进规范化、精细化管理，进一步调动农民参与的积极性。要坚持一次规划、分步实施，严格执行已有政策，捆绑使用建设资金，切实搞好配套公共服务设施建设。要找准问题、完善对策，想方设法破解土地、融资等实际困难，集中精力抓开工、抓进度、抓入住率，确保移民搬迁工作按时间节点顺利推进。陕西有色集团公司董事长黄晓平、总经理汪汉臣、副总经理曲大伟陪同调研并参加座谈会。

2013 年 5 月 6 日下午，全省扶贫开发工作暨片区攻坚推进电视电话会议在西安召开，省长娄勤俭出席并做重要讲话，副省长祝列克做工作部署。娄勤俭强调，要以落实配套资金和集中安置为重点，按照既定部署扎实推进陕南陕北避灾扶贫移民搬迁。会议要求，移民搬迁工作的核心是集中安置；为了进一步推进陕南陕北避灾扶贫移民搬迁工作，从今年起，省上将把移民搬迁 80% 以上的集中安置率作为硬指标，其中是陕南每个集中安置点必须在 30 户以上，陕北要达到 100 户以上。各地要坚持“小城镇建设、现代农业产业和扶贫搬迁”三位一体的思路，严格按照既定规划和时间节点，不断把移民搬迁工作推向深入。同时，各地还要切实落实好“三无”特困户移民搬迁政策，统筹安排发改、住建、民政、扶贫等部门相关项目资金，在集中安置点配建部分特困户住房，确保无劳动能力、无家庭积累、无安全住房的特困群众得到妥善安置。省上决定，从 2013 年起将把各地移民搬迁资金落实和建设进度情况列入年度目标责任考核，并实行一票否决。省扶贫办、发改委、交通运输厅、卫生厅、陕煤集团和西安市、安康市负责同志作了发言。省扶贫开发领导小组各成员单位、省“千企千村扶助行动”联席会议制度成员单位主要负责同志、各设区市和有关县区政府负责同志在分会场参加了会议。

2013 年 5 月 7 日，副省长庄长兴主持召开陕南地区移民搬迁工作座谈会，传达省委书记赵正永 5 月 2 日在陕南移民搬迁工作汇报会上的重要讲话精神，对陕南移民搬迁工作再安排、再推进。2012 年下达的 8 万户搬迁任务，截至 2013 年 3 月底，开工建房 8. 0544 万户，其中主体完工 8. 0307 万户，占任务的 100. 4%；已达到入住条件 5. 8585 万户，占 73. 2%；在建的 2. 29 万户，预计 6 月底能全部完工。2013 年下达的 6 万户搬迁任务，陕南三市规划建设集中安置项目 674 个，安置 5. 7049 万户。截至 2013 年 3 月底，集中安置项目已开工 282 个，占 42%；开工建房 3. 378 万户，占 59%。会议要求各相关单位要加强政策宣传，依靠政策规范建设和管理工作。统筹规划各集中安置点，坚持靠镇靠城靠园区，用足用活各项扶持政策，落实好配套资金，不断完善基础设施和公共服务设施。要摸清底数、对应到户，优先安排受地质灾害、洪涝灾害威胁严重的群众进行搬迁。要落实责任，以高效有力的组织保障和考评机制强力推进，高标准完成年度各项目标任务。同时，积极筹备好即将召开的陕南移民搬迁工作点评会。要严格执行人均 25 平方米的标准，落实陕南移民搬迁的各项政策措施，按不同人数的家庭提供 60 平方米、80 平方米、100 平方米的房子，但房子面积最大不得超过 140 平方米，超标准部分的建房成本、土地成本以及设施配套要由搬迁户自己承担。有关部门要把好移民搬迁对象审核关，突出重点，各市县要重视那些受地质灾害、洪涝灾害威胁且因交通不便、发展潜力差导致贫困的农户，要避免只搬富人不搬穷人的情况。

会议决定：2013 年起陕西将按照先避灾、再贫困、然后生态和其他的顺序，通过允许陕南三市运用一部分土地指标，进行融资解决搬迁资金问题，适当提高补助资金等举措，力争 5 年内让避灾群众优先搬迁完毕。陕南移民搬迁整体工作将由前两年的侧重抓项目启动和盖房建设，转为抓规划、抓项目。为缓解移民搬迁资金难题，省国土资源厅允许陕南三市在实施移民搬迁中，可分别将其中 500 亩土地指标，按照相关规定进行融资，以解决部分资金难题。将把各市在避灾搬迁的资金配套落实情况，列入年度目标责任考核，并实行一票否决。入住率也被作为一项硬性指标纳入考核，倒逼各级政府在实施移民搬迁时更要抓好相关配套建设。

2013 年 5 月 7 日至 5 月 10 日，省长娄勤俭深入安康市石泉、白河、平利和镇坪等县，就做好党的群众路线教育实践活动进行调研。在石泉县饶峰镇、白河县茅坪镇、平利县城关镇，避灾移民搬迁安置区的群众高兴地告诉省长，避灾移民的好政策让几代人走出深山的愿望变成了现实，年轻人在外打工放心，孩子也受到了更好的教育。娄勤俭说，这说明省委、省政府避灾移民搬迁的决策完全正确，要持之以恒予以推进，综合运用各种政策，切实解决好产业发展、用气修路等问题，让更多群众生活得更加安稳，更有信心，更有尊严。省政府秘书长陈国强，省发改委、省政府研究室和安康市负责人参加调研。

2013 年 5 月 14 日，省委、省政府就我省发展的有关问题在北京分别与国家财政部、国土资源部座谈，省委书记赵正永，省长娄勤俭，财政部部长楼继伟，国土资源部部长姜大明出席。楼继伟、姜大明对陕西省经济社会发展给予高度评价，认为陕南移民搬迁、延安治沟造地等工程，符合科学发展要求，顺应人民群众意愿，国家财政部、国土资源部将一如既往地支持陕西，特别在提高财政资金效益、强化土地管理、防治地质灾害等方面给予帮助。常务副省长江泽林介绍了陕西省有关工作情况，副省长庄长兴参加了在国土资源部的座谈。财政部副部长张少春，国土资源部副部长徐德明、汪民，驻国土资源部纪检组组长王寿祥，副部长胡存智，国家土地副总督察张德霖等参加相关活动。

2013 年 5 月 29 日至 5 月 30 日，副省长庄长兴主持召开陕南移民搬迁基础设施和公共服务设施配套建设对接会，对商洛市 7 县区 2011—2013 年移民搬迁集中安置点基础设施和公共服务设施配套建设项目逐县与省级部门对接。庄长兴要求，省级部门要根据省陕南移民办审定的移民搬迁点规划及各集中安置点实际，按照“保基本、按标准、分阶段、抓统筹”的思路，优先保障陕南移民搬迁集中安置点的大配套设施建设和满足群众入住急需的水、电、路、通信等基本需求。省级部门要按照本次逐县区、逐点大配套项目对接情况，对本部门负责承担的基础设施、公共服务设施项目，按政策要求逐项落实，确保 2011—2013 年各集中安置点的配套设施按要求到位，提高入住率。省陕南移民办要按规定严格审核各集中安置点的配套设施，检查督促落实情况。各县区要注重移民搬迁规划与经济社会发展规划、产业发展规划的衔接，做好与省级部门的对接工作，确保陕南移民搬迁工作顺利推进。

2013 年 6 月 4 日至 6 月 6 日，副省长庄长兴分别主持召开五次陕南移民搬迁配套设施建设对接会，组织 18 个省级部门与汉中、安康两市 21 县区逐县对接 2011—2013 年移民搬迁集中安置点配套建设项目。至此，陕南 28 个县区移民搬迁配套设施建设项目全面实现了省市县三级对接。庄长兴强调，当前各县区要集中精力抓开工、抓进度、抓配套、抓入住，优先搬迁受地质灾害、洪涝灾害威胁的群众。省级部门和市县政府要统筹各方资源，按照“保基本、按标准、分阶段、抓统筹”的要求，确保 2011—2013 年各集中安置点的基础设施和公共服务设施及时配套到位，优先保障入住群众的基本生产生活需求，逐步完善功能，配套产业，确保搬迁移民搬得出、稳得住、能致富。

2013 年 7 月 31 日到 8 月 1 日，省委书记赵正永到安康市白河县、镇坪县和汉滨区调研，出席安康移民搬迁工作点评会议。在白河县西营镇天逸安置小区、镇坪县洪石镇五星桃花社区，赵正永认真听取规划、搬迁人口、建设进度等介绍，仔细察看楼房周边山体加固情况和道路、护栏、化粪池等配套设施，走进住户家和街边门面房询问买房花费、收入来源等，许多群众高兴地表示搬迁后生活安心方便。赵正永叮嘱当地负责同志，搬迁改善了群众生活条件，我们还要在完善公共服务设施、发展特色产业上下功夫，让群众搬得出、稳得住、能致富。赵正永专程到东坝防洪工程和汉江白河县城防洪保安工程施工现场察看进度，要求施工方保质保量建设，根治当地汉江水患。产业发展是促进群众就业的重要支撑。在白河县的俊达汽车有限公司，赵正永观看了垃圾车生产过程和自动装卸垃圾箱演示，希望加大推广力度，加强售后服务。赵正永还考察了镇坪县城关镇和湘坪村的基层组织建设，对基层服务发展、服务民生、服务群众、服务党员提出要求。2013 年 8 月 1 日下午，赵正永在安康移民搬迁工作点评会议上做了重要讲话，在充分肯定安康工作成绩后指出，要以对人民高度负责的精神，持之以恒搞好避灾扶贫移民搬迁，要严格按照时间节点完成移民搬迁任务，统筹安排好搬迁后产业发展、社区管理、教育引导等工作，优先搬迁贫困人口和地质灾害易发地区的群众，真正让陕南群众安居乐业。要积极稳妥加快城镇化步伐，因县制宜、科学规划，综合考虑县城、乡镇承载能力，加快乡镇机构改革，不断提升陕南城镇化水平。副省长庄长兴主持会议并做点评，还一同考察东坝防洪工程。

2013 年 8 月 8 日，副省长庄长兴在商洛市移民搬迁集中安置点调研，并主持召开商洛市移民搬迁工作点评会议。在丹凤县竹林关镇江北、商州区沙河子镇移民集中安置点调研时，庄长兴指出，陕南移民搬迁是我省的一项创举，这项惠及陕南 240 万群众的重大民生工程实施以来，成效初显，得民心、顺民意，商洛市各级政府要集中精力，扎实工作，继续把这项工作抓实抓好。点评会传达了省委书记赵正永在安康市移民搬迁工作点评会上的重要讲话精神。庄长兴在总结点评后强调，商洛的移民搬迁工作结合实际创造出了许多好经验好做法，要认真总结推广；对存在的突出问题，要高度重视，及时整改。商洛市要认真贯彻落实赵正永书记、娄勤俭省长的指示精神，因地制宜，科学规划，不断提升移民搬迁工作水平。同时，要在统筹推进、落实各类资金、严格执行政策、以及安置小区设施配套方面再下力气，切实做好搬迁群众后续产业发展和保障工作。

2013 年 8 月 27 日至 8 月 28 日，全省重点示范镇建设观摩讲评会在西安召开，副省长庄长兴出席会议并讲话。他强调，强力推进重点示范镇建设，统筹推动城乡一体化发展。

2013 年 9 月 2 日至 9 月 3 日，陕西省教育厅常务副厅长、厅党组副书记梁宝林到商洛市洛南县、丹凤县、山阳县调研陕南移民搬迁安置区对教育配套设施规划建设情况。

2013 年 9 月 2 日至 9 月 4 日，陕西省人民政府庄长兴副省长先后赴汉中机场，南郑县、留坝县、略阳县陕南移民搬迁安置点，宝汉高速、十天高速公路建设现场调研。他要求，要进一步把事关老百姓的重点工程抓紧抓好。移民搬迁工作要按照“四化同步”的要求，结合实际，统筹规划，形成合力，将陕南移民搬迁与重点镇、棚户区改造及保障性住房建设统筹考虑。

2013 年 10 月 15 日，陕西省人民政府办公厅发布《关于加快陕南地区移民搬迁集中安置点基础设施和公共服务设施项目建设进度的通知》（陕政办发明电〔2013〕53 号）。通知指出，2013 年年 6 月下旬，省政府组织汉中、安康、商洛三市 28 个县（区）对陕南地区移民搬迁 2011—2013 年集中安置点基础设施和公共服务设施配套建设项目，逐县（区）进行了省、市、县三级对接，印发《关于陕南移民搬迁基础设施和公共服务设施建设有关问题的会议纪要》（省政府专项问题会议纪要 2013 年第 90 次，以下简称《纪要》）。会后，陕南三市和省级各有关部门按照《纪要》确定事项，密切配合，主动对接，目前配套建设项目大部分已落实。但仍有部分省级部门负责的配套建设项目和资金还未落实到位；陕南三市部分县（区）政府也未按时限要求上报 2014 年集中安置点配套建设项目，已上报的配套建设项目存在“搭车”行为。这些问题直接影响已建成集中安置点搬迁群众入住和后续年度陕南移民搬迁工作的顺利推进。

（十一）表彰先进，树立典型

2013 年 10 月 16 日，陕西省人民政府印发《关于表彰 2012 年陕南地区移民搬迁工作先进单位的通报》（陕政函〔2013〕180 号）。为了表彰先进、树立典型，推动陕南移民搬迁工作再上新台阶，按照年度考核结果，省政府决定对在2012年移民搬迁工作中荣获一等奖的汉中市政府奖励500万元；对获得二等奖的商洛市政府、安康市政府各奖励300万元；对获得移民搬迁工作先进县（区）称号的洋县、镇巴县、城固县、汉中市汉台区、佛坪县、平利县、白河县、紫阳县、石泉县、镇安县、丹凤县、山阳县12个县（区）政府，各奖励100万元；同时授予陕西有色控股集团有限责任公司陕南移民搬迁特殊贡献奖，并予以通报表彰。

2013年10月31日，陕西省人民政府《关于表彰2012年陕北扶贫移民搬迁工作先进单位的通报》（陕政函〔2013〕188号）印发。2012年，根据省委、省政府的安排部署，延安、榆林2市25县（区）和省级有关部门按照“四化”同步推进、城乡一体化发展的思路，坚持扶贫移民搬迁与现代农业发展、城镇化建设相结合，完成了2.2万户8.8万人扶贫搬迁任务，彻底改善了他们的生产生活条件，加快了脱贫致富步伐。省政府决定，对在2012年度陕北扶贫移民搬迁工作考核中获得优秀等次的延安市政府奖励项目资金500万元，对获得优秀等次的延安市宝塔区、吴起县、志丹县、延长县、延川县、安塞县、黄龙县、洛川县、子长县、富县、黄陵县、甘泉县、宜川县和榆林市榆阳区、神木县、绥德县16个县（区）政府各奖励项目资金100万元。

2013年11月1日，陕南陕北地区移民搬迁工作电视电话会议召开，陕西省人民政府副省长祝列克主持会议，副省长庄长兴代表省政府讲话，会议表彰了2012年移民搬迁工作先进单位。为了确保陕南移民搬迁工程顺利实施，陕西省要求从2014年起，各市、县（区）要对移民搬迁对象逐户核实情况，重新建档立账，全部纳入陕南陕北移民搬迁信息系统并及时向社会公开。同时，根据轻重缓急，确定搬迁方式和轮候秩序，实施有序梯次搬迁。对受自然灾害威胁又相对贫困的“危困群众”，将进一步加大扶持力度。其中陕南对危困群众按不同的搬迁方式，在同类补助标准的基础上每户增加补助2万元。2014年起，陕西省根据各县（区）搬迁任务，将省级整合的专项资金和省、市、县应承担的建房补助资金按照任务量核定后，由各级财政部门直接拨到各县（区）移民搬迁专项资金共管账户，其中，市、县（区）两级应配套的每户1.5万元建房资金，由省财政在对市县（区）的转移支付资金中直接扣拨，市级承担比例不低于20%。针对每年陕西需要通过土地流转和配建商品房筹措的3.55亿元缺口资金，省上将从新增建设用地有偿使用费省级留成中再整合1.775亿元，剩余的1.775亿元，由县（区）按任务、按每户2960元的标准从县级土地和配建的商品房收益中解决，并归集到移民搬迁专项资金共管账户，闭合移民搬迁建房补助资金。

2013年11月11日至11月12日，全省扶贫移民搬迁工作现场观摩会在延安召开。省扶贫办主任郭汉文出席会议并讲话，市委副书记杨鑫致辞，副市长杨霄出席会议，省扶贫办副主任梁振思主持会议并通报2012年度陕北扶贫移民搬迁工作考核情况，部分市县在会上做了交流发言。省级有关部门负责人，全省各设区市及部分县区扶贫办主任参加会议。

郭汉文在讲话中指出，2012年以来全省扶贫移民搬迁工作整体态势良好，呈现出陕北移民搬迁步入常态化、秦岭北麓及渭北旱塬地区移民搬迁取得突破性进展、陕南扶贫移民搬迁稳步推进的大好局面。当前和今后一段时期，全省各市区要深刻学习领会习近平总书记关于扶贫开发的新要求和陕南陕北地区移民搬迁会议精神，全力推动扶贫移民搬迁工作取得更大成效。一是要精心做好规划，加快项目进度，强化后续管理，积极稳妥推进移民搬迁工作；二是要加大协调力度，抓紧做好基础设施及公共服务配套、土地及相关手续办理、配套资金落实、特困人口安置等工作，努力破解制约移民搬迁工作的各类矛盾和困难；三是要统筹安排，扎实做好当前扶贫移民搬迁工作，积极开展自查整改，提早做好明年项目编制工作，确保此项工作有力有序推进。会议期间，与会代表现场观摩了延川县文安驿镇、宝塔区青化砭镇、安塞县马家沟、志丹县东武沟、旦八镇移民搬迁安置点。

（十二）国土资源部的支持

2013年11月29日，国土资源部出台了《关于支持陕西省陕南地区生态扶贫避灾移民搬迁有关政策实施的函》（国土资源函〔2013〕837号），这份文件允许陕西省在陕南移民搬迁土地综合利用方面进行积极探索，有效解决土地利用规划、规模、布局、指标等问题。允许陕南移民搬迁地区合理调整土地规划、保障陕南移民搬迁建设用地计划、允许跨县在市域内使用节约建设用地指标、支持抢险救灾和灾后重建用地、在土地综合整治和地灾防治项目、资金上给予倾斜等，旨在保障陕南移民搬迁用地和解决资金难题。政策规定，为充分考虑陕南三市发展的阶段性特征和移民搬迁实际需求，合理安排新增建设用地年度计划和建设用地整治调整使用指标。在优先满足搬迁区移民安置和发展用地需求的前提下，可将腾退节约的农村建设用地在市域内安排使用，并将土地增值收益返还搬迁区，用于支持农业农村发展和改善农民生产生活条件，促进地灾防治和生态建设。为了促进陕南移民搬迁顺利实施，2013年5月，省委、省政府主要领导和分管领导在北京与国土资源部座谈时，重点就支持陕南移民搬迁相关事宜进行了充分协调沟通。随后，陕西省向国土资源部上报了关于开展陕西省生态扶贫避灾移民搬迁土地综合利用试点的请示。2013年7月，国土资源部对陕西省陕南移民搬迁情况进行了实地调研，2013年11月29日正式出台了陕南移民搬迁土地支持政策。

（十三）中央领导的关心和支持

2014 年 1 月 26 日至 1 月 28 日（农历春节前夕），国务院李克强总理心系陕西秦巴山片区特困群众。1 月 26 日上午，李克强总理乘飞机从北京飞往西安，随即转乘火车和汽车，辗转 7 个多小时赶赴安康。在开往安康的绿皮火车上，他立即召集相关人员了解扶贫状况，商议脱贫良策，对进一步做好扶贫开发工作做了部署。

陕西省委书记赵正永、省长娄勤俭等陕西省领导以及全国政协副主席、中国人民银行行长周小川，国家发改委主任徐绍史，国务院国资委主任张毅，国务院副秘书长、食品药品监管总局局长张勇，中国铁路总公司总经理盛光祖，新闻出版广电总局局长蔡赴朝，总理办公室主任石刚等参加会议。听了大家发言后，李克强说，扶贫是衡量社会公平、民生福祉的“温度计”。目前，仍未脱贫的地区大多自然环境恶劣、生存条件艰苦，脱贫任务很重，我们要以更大的决心继续向贫困宣战，绝不能让贫困代代相传。李克强强调，要通过区域整体开发创造有利于“造血式”扶贫的大环境，使贫困群众有更多公平的发展机会，推动精准扶贫更加有效、更可持续。要对不具备生存条件的地方进行整体搬迁，通过发展小城镇，一方面把扶贫资金不投到那些该搬迁的村，避免浪费；另一方面也可使搬迁的群众享受城里人一样的公共服务。李克强总理在陕西考察慰问时发表了重要讲话。尤其在安康会见安康市领导班子时的讲话，对安康市经济社会发展成就和规划的目标给予了充分肯定，寄托了“在秦巴山区中心开花，开出大花，结出硕果”的殷切希望。李克强指出安康虽然地处秦巴山区的腹地，但也有区位优势，有深厚的文化底蕴和历史传统，国家将给予安康必要的支持和更多的倾斜。1 月 26 日下午，李克强到陕西省商洛市镇安县云盖寺镇移民安置社区（花园社区）看望群众。初一小女孩江欣桐挤到总理面前说：“李爷爷，我给您写了一封信，还有一枝花。”总理接过花，拆开信说：“谢谢你，我回去后给你回信。”江欣桐说：“爷爷我能抱一下您吗?”总理说：“没问题!”

（十四）陕南移民搬迁工作又好又快发展

2014 年 2 月 8 日，副省长庄长兴主持召开陕南移民搬迁工作领导小组会议。会议审议了 2013 年工作总结和 2014 年工作重点，研究了中央财政新增陕南移民搬迁补助资金使用意见、集中安置点大配套项目建设意见和陕南移民搬迁标识设计方案。会议要求，省级各部门和陕南各市县要把移民搬迁工作与经济社会发展规划、城镇化发展规划、土地利用规划紧密衔接，综合提升移民搬迁的多重效益。要整合项目，用好资金，加大督查，高标准高质量推进移民搬迁工作。要加强调研，不断研究新情况，解决新问题，特别是抓紧制定产业扶持政策，认真解决搬迁群众关心的户籍、教育、医疗、社保等问题，努力实现搬得出、稳得住、能致富的目标。会上通报了省级有关部门承担的配套工程完成情况，对未落实到位的项目分析了原因，并对下一步落实时限提出了明确要求，会后按相关要求下发《关于陕南移民搬迁集中安置点基础和公共服务设施项目进展情况的通报》（陕南移办发〔2014〕6号）。

2014年2月18日至2月20日，副省长庄长兴赴安康平利、镇坪、岚皋县，就进一步推进陕南移民搬迁工作进行调研。庄长兴深入安康市3个县9个移民搬迁集中安置点，走访入户、随机了解搬迁群众的生活、生产情况，与乡镇、村组干部交谈，征求意见建议，利用晚上时间召开座谈，逐县点评移民搬迁工作。庄长兴指出，2013年以来，安康移民搬迁积累了许多新经验，发挥了避灾、扶贫、安居、生态和就地就近城镇化等多重效应。目前，陕南移民搬迁工作逐步规范，水平不断提高，重点正在由搬得出、稳得住转向促进群众致富。要进一步提高移民搬迁整体规划水平，加大与新型城镇化、产业布局、土地利用规划相衔接，切实发挥规划引领作用。要创新措施，综合施策，努力破解原宅基地复垦、搬迁群众居住证、房产证发放等难题，解决好群众关心的就业、教育、户籍、医疗、社保等问题，促进陕南城乡统筹发展。庄长兴用“四个振奋”对平利县的移民搬迁工作进行评价：“工作实实在在，效果明显，感到非常振奋；政策落实到位，推进理想，感到非常振奋；干部熟悉情况，工作踏实，感到非常振奋；百姓支持，群众理解，感到非常振奋。”

2014年2月26日，省长娄勤俭主持召开陕南地区避灾扶贫移民搬迁工作专题会议。会议听取了省国土资源厅关于陕南地区避灾扶贫移民搬迁工作情况的汇报，认真总结了前3年的工作，深入研究分析了工作中存在的问题，娄勤俭省长要求坚持省委、省政府关于陕南地区避灾扶贫移民搬迁的指导思想和总体要求，进一步完善、规范和深化陕南地区避灾扶贫移民搬迁工作。会议强调：陕南地区避灾扶贫移民搬迁要坚持同工业化、信息化、城镇化、现代农业化统筹规划、同步发展；要继续坚持集中安置为主，加大集中安置区基础设施和公共服务设施建设力度；要坚持优先搬迁居住在地质灾害、洪涝灾害危险区的群众和家庭经济困难自筹能力差的危困户，对上述群体，要力争在2016年底前完成全部搬迁任务，其中为危困户建设不超过60平方米的安置房实行交钥匙工程。省级各有关部门和汉中、安康、商洛市政府要进一步完善移民搬迁规划，科学合理布局，在进一步摸清底子的基础上，逐户按政策签订搬迁协议，采用现代信息技术管理的方式，不断提高移民搬迁工作的规范化和精细化管理水平，充分发挥移民搬迁综合效应；要加大陕南地区移民搬迁集中安置区基础设施配套和后续产业扶持力度，高度重视搬迁群众就业增收问题。在进一步完善、规范“搬得出”各项工作的基础上，逐步把移民搬迁的工作重点由“搬得出”向“稳得住、能致富”延伸。

2014年4月2日下午，省政府召开全省移民搬迁工作电视电话会议，省长娄勤俭出席并讲话。副省长祝列克主持会议，副省长庄长兴出席。会上，省国土资源厅和省扶贫办做了发言。省政府秘书长陈国强，省级有关部门单位和各市、县、乡级政府负责人分别在主、分会场参加会议。娄勤俭强调，避灾扶贫移民搬迁是践行群众路线的生动实践，要以更大的决心、更强的力度、更有效的举措予以推进。[1] 娄勤俭指出，今后三年是完成十年规划的关键阶段，必须充分认识搬迁工作的长期性和艰巨性，在保持现有良好态势的同时更加注重工作推进的计划性，统筹安排，科学调度，确保按时间节点完成任务，每年陕南陕北至少分别搬迁6万户和1.6万户。要在保质保量建好群众住房的同时更加注重相关设施的配套，根据不同安置点的规模，分类推进教育、医疗、文化、卫生等基本公共服务设施建设。要在改善群众生活环境的同时更加注重培育后续产业，因地制宜采取多种形式发展产业，让搬迁群众真正安居乐业。要在落实好配套资金的同时更加注重资金整合，切实提高使用效益。

会议要求，为防止个别地方发生挤占挪用移民搬迁资金，使得补助政策打折扣等问题，从2014年起，陕西省将对陕南避灾移民搬迁省级补助和市县建房配套资金、省级整合资金捆绑使用，实行专户管理、专款专用，要求各县（区）将这些补助资金及上楼安置的每户5000元奖励资金，及时足额兑现给搬迁群众。为了确保搬迁进度，陕西省要求各县区摸清底子，提前1年确定搬迁对象，签订协议，扭转过去一些地方先建房后确定搬迁对象的惯性做法。针对危房户，要求制定年度搬迁计划，实行交钥匙工程。对于搬迁集中安置点的基础和公共设施等“大配套项目”，要求省级各部门整合相关资源和项目资金，全力确保移民搬迁民生工程。对于集中安置小区“三通一平”的“小配套基础设施项目”，陕西省将从中央专项和省级整合资金中，给予每户2万元补助。

为了确保后续产业发展，陕西省将拿出部分省级整合资金，用于搬迁群众就业创业贷款贴息，促进搬迁户就业转移和增加收入。同时在安康市选择10个集中安置点，开展产业配套试点，摸索经验，面上推广。目前，陕西省已在商南县开展土地和房屋两证确权发放试点，要求各县（区）也要积极开展试点，争取今年上半年出台确权发证实施细则。

2014年4月24日至4月25日，副省长庄长兴深入汉中市镇巴县、城固县的部分移民搬迁点，调研陕南移民搬迁工作，与基层干部和搬迁群众交流，广泛听取意见建议，分类指导研究解决存在的问题。庄长兴指出，陕南移民搬迁是省委、省政

[1] 陕西省自2011年实施陕南陕北移民搬迁以来，累计投资441亿元，28.62万户群众搬到了交通便利、设施完善的新型社区，得到了群众拥护、社会认可和国家支持。2010年，又把秦岭北麓和渭北旱塬地区纳入搬迁范围，涉及70万人。

府确定的重大民生工程，陕南移民搬迁工程实施 3 年多来，已经取得了显著的阶段性成果，深受广大群众的欢迎。但一些地方也存在着选址规划不科学，政策宣传不到位，配套建设缓慢，项目管理不规范等问题。他强调，今年是陕南移民搬迁的规范、完善和提高年，陕南三市要认真总结工作经验，严格执行各项政策，把移民搬迁与“四化同步”推进、产城融合发展和新型城镇化结合好，省级有关部门要更加积极主动帮助市县共同加大基础设施和公共服务设施建设，努力提高移民搬迁工作水平和新型社区的品质，发挥移民搬迁在避灾、扶贫、发展、生态等多方面的综合效益，推进陕南各地循环发展，群众富裕，城乡美丽。

2014 年 5 月 15 日至 5 月 16 日，陕南移民搬迁办主任李永平带领相关处室负责人到安康调研避灾扶贫搬迁工作。当天晚上，围绕避灾扶贫搬迁群众就业增收、集中安置社区污水和垃圾处理以及搬迁群众殡葬管理等重点内容召开座谈会。李永平说，避灾扶贫搬迁工作得到中央的充分肯定，有政策支持，有资金扶持，面临难得的机遇。避灾扶贫搬迁工作是一项系统工程，“搬”只是工作的一部分，关键还要确保稳得住、能致富，这也是搬迁工作的新形势、新要求。近期，省上将重点围绕搬迁群众就业增收、集中安置社区污水和垃圾处理以及搬迁群众殡葬管理等开展专题调研，提出解决办法，提升搬迁群众生产生活水平。2014 年 5 月 16 日上午，李永平还深入汉滨区谭坝镇松坝等社区调研污水、垃圾处理设施建设情况。

2014 年 6 月 7 日，陕西省人民政府办公室印发《关于进一步加强和规范陕南地区移民搬迁工作的意见》（陕政办发〔2014〕47 号），该意见共 31 条，分为完善搬迁规划，优化集中安置点布局；严格审定移民对象，优先搬迁危困群众；规范安置模式，完善安置方式；全面落实“大配套”项目，同步建设“小配套”设施；加强项目管理，确保工程质量；加强资金筹集，强化资金管理；保障建设用地，规范土地管理；扶持产业发展，促进移民增收；维护移民权益，搞好移民服务以及加强机构建设，强化组织领导十个方面。

2014 年 7 月 17 日，省政府召开推进陕南移民搬迁工作规范化电视电话会，明确要求各地、各部门在继续加大移民搬迁力度的同时，更要注重群众搬迁后的生存发展，并进一步明确了配套设施建设、资金筹措、产业培育等问题，以更好地推进陕南移民搬迁工作顺利进行。2014 年起，陕西省要求各县（区）依据集中安置点的实际规模，以“小型保基本、中型保功能、大型全覆盖”的原则确立项目。对于安置点医疗、教育、文化、卫生等基本公共服务设施项目，鼓励新旧结合，减少新建项目数量。陕西省进一步明确各级财政的筹资标准以及搬迁群众的安置补助标准，集中安置户每户按 4.5 万元标准；分散安置按每户 3 万元标准；特困户和危困户，每户增加补助 1 万元；4 层以上楼房化安置户，每户增加 5000 元。同时采取多渠道筹集办法，建立陕南移民搬迁产业扶持基金，主要用于扶持搬迁户发展规模农业、农副产品加工业和绿色产业。此外，将率先在安康选择10个集中安置点进行试点。除了建立产业扶持基金外，还将按照省上确定的陕南发展循环经济定位，从面上鼓励有条件的县（区）着力发展吸纳就业能力强的设施农业、循环工业和生态旅游业；在点上，根据搬迁家庭状况以及就业、创业能力，因户确定扶持办法。同时，通过制定搬迁群众职业教育实施细则，确保每户有一人掌握1～2项实用技术，力争到2020年，基本形成独具陕南特色的现代产业体系。

2014年8月6日，省长娄勤俭在第九次陕南循环发展工作座谈会上讲话指出，陕南必须按照城乡一体化的要求，以移民搬迁为重点，全面加快城镇化步伐。一是要通过实施移民搬迁，促进形成中心城市、县城、重点镇、新型农村社区四位一体的城镇体系，特别要注意把移民搬迁与保障性住房、工业园区、现代农业和城镇建设结合起来、统筹推进，积极发展县域副中心，在带动人口有序合理集中的同时，有效解决一些县城已出现或可能出现的人口超负荷现象；二是要切实解决农业转移人口市民化问题。移民搬迁要坚持住房建设与基础设施和公共服务设施建设同步推进，使每个集中安置点都成为新型农村社区，让搬迁群众过上与城里人一样的生活。要更加注重解决进城落户农民的教育、医疗、社保等公共服务保障问题，让他们真正融入城市；三是要把产业发展作为加快城镇化的重要任务，尤其在移民搬迁中，要大力培育后续产业，并采取组织劳务输出、提供公益性岗位、设立创业资金等办法，帮助搬迁群众创业就业，让他们有稳定的收入来源；四是要结合移民搬迁，积极探索建立土地逐级流转的机制，有效缓解城镇化的土地和资金需求；五是要通过镇村改革切实转变乡镇政府职能，努力提高社会治理能力和政府管理水平，让更多的公共服务向社区和群众家门口延伸。

2014年8月13日至8月14日，副省长祝列克带领省级有关部门负责同志，赴榆林市靖边县、定边县调研现代农业和移民搬迁工作。在考察靖边县海则畔移民二区、定边县衣食梁移民社区后，祝列克强调，要结合城镇化建设和镇村综合改革，统筹安排保障性住房、生态移民等项目。要加强基础配套设施建设，使贫困群众早日迁入新居。要在安置点大力发展现代农业园区、农产品加工业和物流配送等，使移民群众能够就近就地就业，促进增收致富。

2014年9月1日至9月3日，省长娄勤俭到汉中市调研。娄勤俭一行考察了位于城固县的汉中航空智慧新城的陕飞公司，听取了项目情况汇报，现场研究解决有关问题。更好地推进避灾移民搬迁是娄勤俭调研的内容之一。在洋县磨子桥镇移民新区，娄勤俭亲切询问搬迁群众的生活变化和就业情况，听取意见建议，对当地同步推进移民小区建设与产业发展的做法给予肯定，并要求相关企业在解决群众就业的同时，搞好劳动保护和安全生产。在镇巴县泾洋镇安置点，搬迁户洪耀刚向省长介绍了生活的巨大变化，感谢移民搬迁的好政策。娄勤俭说，党和政府就是为人民服务的，群众生活好了，我们十分高兴，祝愿大家日子越过越好。调研中，娄勤俭反复强调，一定要把移民搬迁作为重要抓手，聚合城镇化、保障房建设等相关政策，加快城乡一体化发展步伐。省政府秘书长陈国强，省级有关部门和汉中市负责人参加活动。

2014 年 10 月 29 日，陕南移民搬迁工作领导小组召开全体会议，审定 2013 年度陕南移民搬迁工作目标考核任务结果，审议相关工作文件，安排部署下年度重点工作。副省长、陕南移民搬迁工作领导小组组长庄长兴主持会议并讲话。会议强调，各级、各部门要始终坚持把移民搬迁作为统筹陕南地区城乡发展、推动全省经济社会协调发展的重要抓手，坚持与新型城镇化建设、陕南循环经济发展和生态保护等工作系统谋划、统筹推进。要不断完善和规范移民搬迁工作措施，提升精细化管理和服务水平。在继续加大移民搬迁力度的同时，更加注重扶持产业发展、就业创业培训，完善社会保障，让搬迁群众就业有岗位、创业有门路、增收有渠道、生活有保障，奋力实现搬得出、稳得住、能致富的目标。

2014 年 10 月 29 日，陕西省扶贫开发办公室、陕西省发展和改革委员会、陕西省财政厅《关于印发〈陕北关中地区移民搬迁规划实施指导意见〉的通知（陕扶办发〔2014〕49 号）》印发。实施指导意见分别从调整完善搬迁规划、明确搬迁对象和范围、规范安置方式和补助标准、严格落实移民搬迁相关政策、统筹安排基础设施及公共服务配套项目、加大产业扶持力度、加强项目资金管理、做好搬迁群众服务管理和加强组织领导九个方面进行了规定。

2014 年 11 月 12 日上午，省委书记赵正永到陕南移民搬迁工程有限公司和陕西保障性住房建设工程有限公司调研。在陕南移民搬迁工程有限公司，赵正永听取了陕南移民搬迁工作进展情况介绍，详细了解搬迁安置、配套设施建设和公共服务、资金落实、社区管理等情况，并观看了移民搬迁信息化管理系统运行演示。赵正永指出，陕南移民搬迁和保障性住房建设是我们下决心推进的重点民生工程，也是省委、省政府给全省人民的庄严承诺。从目前进展看，各地和相关部门不断完善政策措施，有力有序推进，取得了比较明显的成效，既彻底改变了群众生产生活条件，也加快了全省新型城镇化的步伐。赵正永强调，陕南移民搬迁工程要按照既定部署，结合深化镇村综合改革，强化工程质量和标准，切实用好建设资金，逐步推进集中安置，坚决防止出现打折扣和走形变味等现象，确保实现搬得出、稳得住、能致富。保障性住房建设要加强精细化管理，建立工作台账，推进国有资产运营，强化目标责任考核，严格执行已有的各项政策。要坚持不懈、一抓到底，加快公共服务设施建设，不断提高入住率，帮助群众解决好实际困难，努力把这两项民生工程抓实抓好、抓出成效。副省长庄长兴等一同调研。

2014 年 11 月 23 日，《陕西省人民政府关于表彰 2013 年度陕南地区移民搬迁工作先进单位的通报》（以下简称《通报》）（陕政函〔2014〕152 号）发布。《通报》指出，自 2011 年实施陕南移民搬迁工程以来，经过三年多的努力，陕南三市励精图治，28 个县（区）创造性地开展工作，逐步形成了你追我赶、相互推动、交替上升的良好局面。“搬得出、稳得住、能致富”工作步入良性循环，移民搬迁安置工作进入了常态运行、健康发展的新阶段，工作逐步向以安置房建设为重点，同时注重完善集中安置点大配套设施、培育集中安置点周边产业、扶持搬迁群众创业就业和开展移民搬迁社区服务管理迈进，各项管理工作的规范化、精细化水平进一步提升，移民搬迁工程的综合效益日益显现，得到了中央领导同志的高度评价和社会各界的普遍肯定。为了表彰先进、树立典型，推动陕南移民搬迁工作再上新台阶，按照年度考核结果，省政府决定对 2013 年度陕南地区移民搬迁工作先进市、县（区）予以通报表彰。对荣获一等奖的汉中市、安康市政府各奖励 600 万元；对获得二等奖的商洛市政府奖励 500 万元；对获得陕南地区移民搬迁工作先进县（区）的南郑县、西乡县、宁强县、留坝县、镇巴县、城固县、安康市汉滨区、旬阳县、石泉县、宁陕县、平利县、汉阴县、丹凤县、山阳县、洛南县、商南县、镇安县 17 个县（区）政府，各奖励 200 万元。奖励资金主要用于弥补移民搬迁集中安置点基础和公共服务设施建设资金不足。

2014 年 12 月 9 日，陕西省政府召开陕南地区移民搬迁工作和保障性安居工程协调领导小组联组会议，副省长庄长兴出席会议并讲话。两个领导小组成员单位和陕南三市政府负责同志参加会议。会议指出，陕南移民工程和保障性安居工程实施三年来，各项措施不断完善，工作任务稳步推进，取得了重大阶段性成效，极大地改善了群众的生产生活条件，对推进陕西新型城镇化发挥了重要的作用。在旧宅基地腾退方面，无论是分散安置还是集中安置，都要严格落实“一户一宅”制度，避免因搬迁出现一户多宅等问题。会议要求，明年是“十二五”规划的最后一年，也是新一轮发展规划的谋划年、布局年。我省将进一步修订完善陕南移民搬迁规划，做好各类规划的全面对接。同时在加强搬迁户的产业培育和社区管理、加快旧宅基地腾退等问题上再下功夫。其中，因“稳得住、能致富”的责任主要在市县，因此今后陕西省将在各地市的年度考核上，增加此方面的考核内容，提高考核权重，以此推动产业培育和社区管理工作。对“两灾户”（受地质灾害、洪涝灾害威胁的群众），安置新居建成后，必须当年搬迁、当年完成旧宅基拆除腾退、复耕复绿，避免两栖居住（即新房建好后，居民还在存在地质灾害隐患点的老房子居住）带来的安全问题。对其他搬迁户，考虑到他们搬迁后的生活有一个缓冲期，则允许他们在安置后的 3 年内腾退宅基地。

（十五）陕西移民搬迁工作深入开展

2015 年 2 月 4 日，陕南移民搬迁工作办公室发布了《关于印发〈《十三五陕南地区移民搬迁专项规划》编制工作总体方案〉的通知》（以下简称《通知》），要求汉中、安康、商洛市移民搬迁工作办公室要明确任务，落实责任，研究标准，确定时间，完成“十三五”陕南地区移民搬迁专项规划编制工作。《通知》提出了《“十三五”陕南地区移民搬迁专项规划》的五项基本原则：完善规划、继承发展的原则；产城融合、服务均等的原则；总体布局、分步实施的原则；项目支撑、融合多规的原则；系统谋划、统筹推进的原则。

2015 年 2 月 5 日，陕西省发展和改革委员会、陕西省国土资源厅印发了《关于进一步做好陕南移民搬迁集中安置点基础设施和公共服务设施项目申报落实工作的通知》。

2015 年 2 月 27 日下午，陕西省人民政府召开全省移民搬迁工作电视电话会议，副省长祝列克强调，要系统谋划、凝集合力、精准搬迁，统筹推进移民搬迁步入规范化轨道。祝列克指出，“十二五”以来，我省移民搬迁工程取得了巨大成效，搬迁群众摆脱了自然灾害威胁，生产生活条件得到了改善，自然生态环境逐渐恢复，推动了贫困地区城镇化进程。祝列克强调，当前移民搬迁已进入承上启下的关键阶段，各地要注重移民搬迁与“稳增长”“调结构”“促改革”“惠民生”相结合，精心编制“十三五”移民搬迁专项规划并抓好实施，确保搬迁群众生活水平明显提升。要坚持统筹推进，更加重视规划引领、更加重视公共服务、更加重视产业融合发展、更加重视特殊人群，着重解决“搬富不搬穷”的问题。要坚持规范管理，用足用活相关政策，既要做好用地保障，也要规范用地行为，实现保障移民与保护耕地双赢。

会议指出，移民搬迁工程的实施，为陕南三市提高城镇化率贡献了 4. 78 个百分点，为陕北贡献了 4. 6 个百分点；并已为陕南、陕北地区累计节约土地 8. 4 万亩。截至 2014 年底，陕南三市已累计搬迁安置群众 26 万户 88 万余人，集中安置率达 86. 7%；其中当年建成安置房 5. 7759 万套，搬迁安置群众 19. 57 万人。移民搬迁工程已成为统筹解决群众安危、经济社会发展和生态环境问题的有效路径。

“十二五”以来，陕西省移民搬迁产生了巨大的综合效益。第一，搬迁群众摆脱了自然灾害威胁；第二，搬迁群众住进服务便捷的新型社区，生活质量显著提高；第三，搬迁群众传统生产方式得到改变，实现从单一产业向多产多业和多种就业方式的迅速转变；第四，群众迁出地区的自然生态环境逐渐恢复；第五，推动了贫困地区的城镇化进程。

为了进一步促进规范陕南移民搬迁工程的实施，陕西省在陕南三市选取了镇安、丹凤、城固、紫阳、白河等 11 个移民搬迁试点示范县，每年每县提供 400 万元支持资金，用于这些县区在转移就业、分类培训、精细化管理、旧宅基地腾退、社区管理等方面进行深入探索。示范县的评选和确定，采取动态淘汰机制，示范两年期满后，省移民办将配合省上相关厅局进行评审验收，并确定下一批示范县名单。

会议还要求陕南三市、各县（区）抓紧制定移民搬迁分户管理办法，凡擅自分户未经户籍管理部门批准的一律不予认可；对乡镇政府和户籍管理部门审核把关不严，甚至故意弄虚作假的，要严肃追究有关责任人责任。对恶意分户多头享受移民搬迁包括保障性住房政策的搬迁户，要收回享受的补助，坚决遏制一些地方为套取补助资金故意分户现象。

2015 年 4 月 21 日、4 月 23 日至 4 月 24 日，副省长庄长兴赴安康市石泉、汉阴、白河、旬阳县调研移民搬迁和省级重点示范镇、文化旅游名镇建设，与基层干部和搬迁群众交流，分类指导推进，研究解决问题。庄长兴指出，陕南避灾移民搬迁工程和小城镇建设自实施以来，安康市委、市政府高度重视，各县乡尊重基层首创精神，探索出了行之有效的好经验、好做法，取得了显著的阶段性成果。他要求，准确理解和落实好搬迁政策，实施精准摸底、精准搬迁、精细化管理。要通过“交钥匙”工程，支持危困户、特困户优先搬迁；通过发展特色产业、资金扶持、技能培训，促进群众就业，帮助群众增收致富。要按照以人为本、四化同步的要求，以聚集人口、产城融合、打造县域副中心为目标，继续加快重点示范镇建设。要以保护传承为重点，注重形态、文态、业态和生态建设，大力发展休闲旅游，持续推进文化旅游名镇（街区）建设。4 月 24 日上午，庄长兴组织省级有关部门与安康市进行了重大建设项目对接。

2015 年 4 月 30 日，省委副书记胡和平到商洛市镇安县调研扶贫开发工作。在青铜关镇丰收村，胡和平认真听取“双包双促”精准扶贫工作的介绍，对当地有效利用金融资本扶持困难群众创业、带动就业的做法给予肯定。胡和平到云盖寺镇花园移民安置社区详细了解搬迁户的居住成本、家庭收入、户籍等情况，希望商洛抓住移民搬迁政策机遇，让更多困难群众改善生活条件。在花园移民安置社区旁的中小企业孵化园，胡和平深入生产车间，来到企业产品展台前，一一查看了解企业技术研发、产品性能、经营销售等情况，希望企业在发展壮大的同时，多创造就业条件，带动当地群众增收致富，推动城镇化建设步伐。胡和平还考察了永乐镇栗园村农业合作社。胡和平强调，要认真学习贯彻习近平总书记在陕甘宁革命老区脱贫致富座谈会上的重要讲话精神，围绕落实“四个全面”战略布局、全面建成小康社会的战略目标，深入推进精准扶贫，因地制宜，加大力度，切实改善贫困群众生产生活。

2015 年 5 月 9 日，陕西省国土资源厅、陕西省住房和城乡建设厅联合印发了《关于陕南地区移民搬迁安置房与保障性住房结合有关问题的通知》（陕国土资发〔2015〕18 号）。

2015 年 5 月 18 日，省政府召开省市国土资源、住房城乡建设部门“优服务、稳增长、促发展”工作座谈会，副省长庄长兴出席会议并讲话。会议指出，要加快实施陕南移民搬迁、土地开发整治、小城镇建设、城市基础设施建设等重大工程，为实现全省经济社会发展目标做出更大贡献。

2015 年 6 月 1 日至 6 月 2 日，省委书记赵正永到汉中市佛坪、镇巴和西乡县调研。镇巴县地处巴山腹地，移民搬迁彻底改变了深山群众的活法。赵正永来到杨家河、鹿子坝两个移民安置点，检查集中安置和服务设施配套情况，走进搬迁户家中了解生活条件变化；到社区党支部察看基层组织为民服务情况，要求搞好移民搬迁、切实拔掉穷根，建好新型社区、提高服务群众水平。在西乡县城关镇北坝移民安置小区和东关片区改造项目工地，赵正永强调完善公共服务，为群众生产生活创造良好环境。6 月 2 日下午，在听取汉中市经济社会发展等情况汇报后，赵正永指出，要主动适应经济新常态，认真研判本地经济状况，积极克服困难、创新思路，以现代农业等为重点培育新的增长极。要精准做好扶贫工作，坚持分类施策、一户一法，确保如期实现全面建成小康社会目标。

2015 年 6 月，西北农林科技大学公共政策与地方治理研究中心何得桂副教授撰写的咨询报告《进一步完善陕南移民搬迁安置政策的若干建议》得到中共陕西省委书记赵正永、陕西省人民政府副省长庄长兴批示（省委批文 553，正永批文 1897；政府批文 1191，长兴批文 761）。陕西省国土资源厅党组书记、厅长王卫华，陕南移民搬迁工作办公室主任李永平也做出批示并把报告中的一些建议应用于移民搬迁工作。

2015 年 7 月 3 日下午，陕南移民搬迁工作领导小组会议在西安召开。副省长、陕南移民搬迁工作领导小组组长庄长兴主持会议并讲话。会议指出，2015 年是历时 10 年的陕南移民搬迁时间将要过半的关键一年，更是承接“十二五”、开启“十三五”工作的关键一年。要系统总结这项重大民生工程实施以来的整体情况，以适当方式进行公布，让社会各界了解陕南移民搬迁的决策背景、实施目的、基本政策、工作目标等，让基层工作者准确掌握移民搬迁工作的标准、要求、程序等，让符合搬迁条件的群众清晰了解享受的政策、权利和履行的义务以及给自身生产、生活方式带来的变化，充分调动人民群众的积极性，从而推动陕南移民搬迁工作再上新台阶、新水平。会议要求，要科学编制“十三五”移民搬迁规划，各相关部门要更好地履职尽责，全面落实集中安置点基础设施和公共服务设施配套项目，方便群众的生产生活；大力推进产业培育，扶持搬迁群众创业就业，实现致富；安置点选址要科学合理、安全方便，坚决制止“建设—受灾—重建”问题，一旦出现此类问题将严厉追责。要完善移民搬迁过渡期间及移民搬迁社区管理办法，更好地服务群众；完善移民搬迁过渡期间及移民搬迁社区管理办法，更好地服务群众；强化审计监督，促进移民搬迁工作规范化、精细化，持续推动陕南移民搬迁工作健康发展。

2015 年 7 月 6 日，陕西省陕南移民搬迁工作领导小组办公室在《陕西日报》第 1 版刊发了类似于“白皮书”的《陕南移民搬迁》，全文 10302 字，它分为前言、决策背景、总体目标与政策保障、政策实施与实践探索、初步成效与深远影响以及结束语共六个部分。全面介绍了陕南避灾扶贫搬迁的决策过程、预期目标、进展情况以及工作成效。该文认为，应对自然灾害是这一决策的直接动因；推动扶贫攻坚是这一决策的主要考量；解决环保难题是这一决策的长远谋划；新发展阶段的综合财力和群众意愿是这一决策的先决条件；促进城乡公共服务均等是这一决策的基本要求。该文指出，陕南移民搬迁是长期而艰巨的历史任务，这项工程正在推进当中，还有许多方面需要规范完善和提高，尤其是在“搬得出”的基础上实现“稳得住、能致富”，使陕南地区的人民生活实现全面小康，需要一个长期的奋斗过程。十年搬迁，百年大计。陕南移民搬迁任重道远，必须持续用力，久久为功。陕西省发布白皮书旨在认真总结和介绍陕南移民搬迁工程从决策到实施以来的进展情况，特别是各级干部和广大群众付出的艰辛努力和陕南正在发生的深刻变化，以增进公众对陕南移民搬迁的全面了解，凝聚社会共识，汇集各方面智慧和力量，更好地推动工程实施，促进陕南地区小康社会建设。经过 4 年多艰苦不懈的努力，陕南移民搬迁工程已完成投资 456. 7 亿元，完成移民搬迁 26 万户 88 万人，累计建设 30 户以上集中安置社区 2027 个，建成安置房 24. 51 万套 2480. 1 万平方米，安置 24. 31097 万户 86. 5719 万人。陕南移民搬迁在减灾扶贫、改善民生、促进发展、保护生态等方面取得良好成效，在解决“三农”问题、促进农村社会变革、巩固党的执政基础等多方面产生了一系列广泛和深远的影响，在“三个陕西”建设中发挥了重要作用。

2015 年 7 月 13 日下午，省长娄勤俭主持召开会议，专题研究全省避灾扶贫移民搬迁工作。省委常委、常务副省长姚引良，副省长庄长兴参加会议。在听取移民搬迁工作汇报后，娄勤俭指出，实施避灾扶贫移民搬迁工程，是省委、省政府顺应群众期待和新型城镇化发展趋势做出的重大决策，实践证明，这个决策是完全正确的。未来几年，移民搬迁工作将进入攻坚阶段，各级各部门要按照“四化同步”推进的要求，结合编制“十三五”规划进一步明确时间节点和阶段任务，把移民搬迁与群众避灾、精准扶贫和推进新型城镇化有机结合起来，努力实现“搬得出、稳得住、能致富”。要对搬迁工作进行全面“回头望”，总结经验，查漏补缺，制定针对性措施，统筹规划移民搬迁与保障房建设、棚户区改造及县城和重点镇建设。要因地制宜发展林下经济、水面养殖、农产品加工和运输物流等产业，让群众居者有其屋、致富有门路。要结合撤乡并镇和镇村综合改革，按城市标准建好集中安置社区，进一步提升教育、医疗、就业、社会保障等公共服务水平。要优化工作机制，强化资金保障，全面加快各项工程建设进度，当前尤其要根据需要提前下达任务计划，更好发挥移民搬迁对扩投资、稳增长的拉动作用。娄勤俭强调，要紧扣避灾和扶贫这个根本，以建好住房和完善配套设施为重点，坚持不懈地把移民搬迁这项既利发展、又惠民生的工程持续推向深入。陕西省自 2011 年实施避灾扶贫移民搬迁工程以来，已有 134 万名群众从环境恶劣地区搬到了远离灾害、交通方便、设施完备的新型社区，受到了国家肯定、群众拥护和社会的认可。省政府秘书长陈国强，省级有关部门主要负责同志参加会议。

2015 年 7 月 16 日至 7 月 17 日，陕西省人民政府在汉中召开陕南移民搬迁工作经验交流暨推进会议，组织陕南三市 28 县区会议代表对安康市汉阴县、石泉县，汉中市西乡县、城固县和汉台区的移民搬迁工作进行了首次跨市现场观摩考察。副省长、陕南移民搬迁工作领导小组组长庄长兴主持会议并讲话。省国土资源厅厅长王卫华，省陕南移民搬迁工作办公室主任李永平出席会议。会议传达了省委书记赵正永在汉中、商洛调研时关于避灾移民搬迁工作的指示精神，省长娄勤俭在省政府避灾扶贫移民搬迁专题会议上的讲话精神。汉中、安康和商洛 3 市的负责人进行了专题发言，西乡县、镇巴县、紫阳县、白河县、镇安县、山阳县 6 个工作先进县进行了大会经验交流，西乡县洛家坝镇等 11 个工作富有创新的镇做了书面经验交流。

在这次经验交流会上，西乡县为降低群众负担狠抓安置房项目成本管理；镇巴县为每户搬迁户提供至少 1 人的免费职业技能培训；紫阳县“以户定建”减少盲目投资；白河县创新农村社区化管理；山阳县将产业园区与移民安置点相结合的探索和创新，有效地推动了当地移民搬迁工作的进行，受到与会人员的高度关注。庄长兴希望与会人员能从本次经验交流会上的发言和材料中，多找亮点进行总结和吸收，从而不断规范和提升陕南移民搬迁工程。这项工作虽然取得了成绩，但还存在许多必须逐步研究解决的问题，特别是在今年这个时间、任务均过半的节点，很有必要对此项工作进行全面的“回头望”，查漏补缺，制定好针对性措施。

会议强调，要全面总结陕南移民搬迁工作经验，各相关部门统筹安排，科学布局，合理选址，系统谋划“十三五”规划；坚持避灾扶贫移民搬迁与新型城镇化、陕南循环经济发展和生态保护相结合，推动陕南移民搬迁上新台阶、新水平。会议要求，不断完善和规范移民搬迁工作措施，加强精细化管理。全面落实移民搬迁集中安置点基础设施和公共服务设施配套项目；大力推进产业培育，扶持搬迁群众创业就业，实现脱贫致富；完善移民搬迁过渡、新居入住、社区管理办法；严格执行政策，突出搬迁重点；强化审计监督，加强资金管理，促进移民搬迁工作规范化、精细化，持续推动陕南移民搬迁工作健康发展。

2015 年 9 月 7 日下午，经北京市委、市政府的专题安排，陕西省人民政府副省长庄长兴带领省住建厅、环保厅和省移民办负责人赴北京市环卫集团就解决陕西省陕南地区避灾移民搬迁集中安置点生活垃圾和生活污水问题进行了座谈，请求北京市环卫集团帮助解决陕南地区移民搬迁集中安置点生活垃圾和生活污水处理设施相关建设问题。

2015 年 9 月 10 日下午，省委书记赵正永、省长娄勤俭在西安会见了农业部部长韩长赋一行。双方表示，要认真学习贯彻习近平总书记来陕视察重要讲话，扎实推进特色现代农业建设，加快农业技术提升、结构调整和品牌培育，依托优美小镇等发展乡村旅游、促进农民增收，做好产业扶贫、搬迁扶贫等工作，努力推动陕西“三农”工作迈上新台阶。副省长冯新柱，农业部总经济师、办公厅主任毕美家等参加会见。

2015 年 9 月 24 日，陕南移民搬迁工作办公室在西安召开陕南三市及部分县（区）移民办主任会议。陕南移民搬迁工作办公室主任李永平出席并讲话，会议由省移民办副主任黄晋安主持。会议分别对《陕南移民搬迁目标责任考核办法（修订稿）》《关于规范兑现陕南移民搬迁建房补助有关问题的通知》《关于汉中市移民办 2015 年项目备案有关问题请示的回复》进行了讨论，并听取了陕南三市就贯彻落实省政府 7 月陕南地区移民搬迁工作经验交流暨推进会情况的汇报及陕南三市“十三五”陕南移民搬迁专项规划制定情况的汇报，进一步安排部署 2011—2013 年陕南移民搬迁项目清查工作。

2015 年 10 月 12 日下午，省长娄勤俭、省委副书记胡和平、副省长冯新柱在西安会见了国务院扶贫办主任刘永富一行。双方一致认为，陕西贫困面积广、人口多，集中连片特困地区脱贫难度大，扶贫开发任务艰巨。近年来，陕西省委、省政府强力推进移民搬迁，有效实施精准扶贫，工作成效显著。今后要继续创新思路，积极搭建金融和数据平台，多方整合资源，确保 2020 年全省现有贫困人口基本脱贫。

2015 年 11 月 13 日，中国共产党陕西省第十二届委员会第八次全体会议通过的《陕西省国民经济和社会发展第十三个五年规划纲要》提出，“以中心城市、县城、重点镇和搬迁移民社区建设为重点，深入实施陕南移民搬迁和脱贫攻坚工程”。

2015 年 11 月 19 日，省政府召开陕南地区移民搬迁和保障性安居工程两个领导小组联组会议，传达贯彻赵正永书记和娄勤俭省长近期就做好这两方面工作的重要指示要求，对标检查“十二五”完成情况，部署“十三五”建设任务，副省长庄长兴主持会议并讲话。会议要求，陕南移民搬迁要突出抓好“两灾户”和贫困户优先搬迁、基础设施和公共服务配套、产业培育、社区管理。保障性安居工程要加强规划引领、完善小区配套、强化质量监管、加快分配入住，提高社区管理和服务水平。通过进一步夯实责任、创新方式、规范运作，持续推进这两项重大民生工程上台阶上水平。会上，省住建厅、省国土厅分别汇报了保障性安居工程和陕南地区移民搬迁工作情况。两项工作的领导小组成员单位相关负责同志参加会议。

2016 年 1 月 24 日，娄勤俭省长在陕西省第十二届人民代表大会第四次会议上所作的政府工作报告指出：“保障性住房顺利实现三年 23% 的保障面，移民搬迁步入常态化轨道并在全国推广，年内又有 45. 1 万户城镇居民迁入新居，129 万人实现脱贫，其中搬迁 21. 9 万人。”“一系列重大改革走在全国前列，社保、医疗、商事和新型城镇化等领域的探索被国家推广，社会普遍关注的避灾扶贫生态移民搬迁开创了全国脱贫攻坚的新路径，有效激发了经济社会发展活力。”

2016 年 2 月 14 日下午，陕西省脱贫攻坚领导小组召开第一次全体会议。省委书记、省脱贫攻坚领导小组第一组长赵正永主持并讲话。省长、省脱贫攻坚领导小组组长娄勤俭，省脱贫攻坚领导小组副组长胡和平、姚引良、冯新柱，省政协副主席张社年等出席。赵正永要求要以严和实的态度和作风，以人民为中心的发展理念，以更高的水平持续推进陕南移民搬迁。省长娄勤俭明确指出，陕南移民搬迁和即将开展的全省易地扶贫搬迁，都要坚持集中安置，实现四化同步。移民搬迁要以“四个全面”“五大发展理论”为统领，以“两灾户”、贫困户搬迁为重点，核心是要以搬促变，不能就搬迁抓搬迁，更不能简单复制农村。

2016 年 3 月 7 日下午，全国“两会”陕西代表团第一组讨论会气氛融洽，讨论热烈。陕西省委书记、省人大常委会主任、陕西代表团团长赵正永在审查《国民经济和社会发展第十三个五年规划纲要（草案）》时指出，纲要草案以专篇形式对脱贫攻坚做出部署，充分体现了中央扶贫开发工作会议精神，贯彻了全面建成小康社会不落一户、不落一人的要求，对陕西推进脱贫攻坚来说，既是艰巨任务、也是重大机遇。赵正永要求，要抓住国家政策机遇、引导社会力量参与，加大实施移民搬迁力度，在关中推进镇村整合、建设社区、节约用地，在陕北、陕南引导集中居住、告别窑洞深山，加快城乡一体化，提升农村公共服务水平，让更多贫困户住房能够得到保障。❶ 曾在陕西工作过的国务院副秘书长江泽林说，“陕西这些年，虽然财政并不富裕，但扶贫工作起步早、投入资金大，移民搬迁、集中安置效果好，为全国提供了经验”。

2016 年 3 月 9 日，陕南移民搬迁工作领导小组在商洛市召开现场观摩会议。副省长庄长兴出席会议并讲话。省国土资源厅厅长王卫华、陕南移民搬迁工作办公室主任李永平等出席。会议审议了《“十三五”陕南地区移民搬迁专项规划》，审定了 2015 年度先进单位，部署了“十三五”期间及 2016 年工作任务，商洛市交流了工作经验。

今后，除自然条件确实不允许且经移民办审查外，原则上不再建新安置点，更不能再建低于 200 户的安置点，以后年份的搬迁原则上只能在已有的安置点上扩大规模，集中安置。抓好入住率，是反映移民搬迁成效最直接的体现。省上要求对上一年度建成的安置房，高层建筑安置移民户入住率要达到 30%；多层及低层建筑安置移民户入住率不能低于 80%；当年建成的安置房，入住率不低于 30%；前几年已经建成的安置房，入住率不得低于 80%。对于两灾户，省上要求必须即建、即搬、

❶ 赵正永说：“要积极引导社会力量参与，在陕南、陕北推进移民搬迁，引导集中居住，在关中推进镇村整合，建设社区、节约土地。同时，扶贫也不是把什么都包下来，要积极扶持贫困群众通过生产、就业、搭建帮扶平台、培训等方式实现脱贫。”

即拆，即在计划搬迁当年建成安置房，安置房建成后立即搬迁，搬迁入住后，老宅随即拆除，以防止搬迁群众“回流”，留下安全隐患，也可以尽量避免造成土地资源的浪费。

会议指出，“十二五”期间的陕南移民搬迁工作取得了显著成效，得到党中央、国务院的充分肯定。会议强调，“十三五”期间要按照陕西移民搬迁十年规划总体要求，结合中省精准扶贫搬迁、易地扶贫搬迁的新任务、新要求，全面总结梳理前五年积累的好经验、好做法，以更高水平、更严要求、更好成效持续深入开展陕南移民搬迁工作。今年是“十三五”规划的开局之年，要编制和实施好“十三五”移民搬迁规划，注重各项政策措施的承接性和连续性，坚持四化同步，做好“搬得出、稳得住、能致富”各环节的重点工作，发挥陕南移民搬迁更多的综合效益。会前，与会人员现场观摩了丹凤县竹林关镇江北移民搬迁社区、商州区沙河子镇移民搬迁集中安置点建设成果。

2016 年 3 月 18 日上午，省委召开常委会议，认真学习习近平总书记在全国两会上的重要讲话、在中央全面深化改革领导小组第 22 次会议上的重要讲话；传达学习全国两会精神、张高丽同志在陕西代表团的重要讲话和省部级领导干部打赢脱贫攻坚战研讨班精神，听取秦岭北麓和渭北采石整治情况汇报。省委书记赵正永主持会议。会议要求，要以时不我待的劲头推进精准脱贫工作，动员全社会方方面面的力量，强化各级责任特别是县一级的主体责任，以责任精准推进精准脱贫。会议要求，要发挥好扶贫公司等平台作用，统筹推进避灾扶贫生态移民搬迁，完善涵盖各种贫困类型的帮扶措施，确保打赢精准脱贫攻坚战。

2016 年 3 月 19 日，冯新柱副省长主持召开专题会议，传达省委常委会精神和赵正永书记、娄勤俭省长指示，研究易地扶贫搬迁补助政策，安排全省各县（区）精准脱贫任务对接工作。

2016 年 4 月 13 日，《陕西省人民政府关于表彰 2015 年度陕南地区移民搬迁工作先进单位的通报》（陕政函〔2016〕71 号）印发，陕南移民搬迁工程实施五年来，综合效益日益显现，在减灾扶贫、改善民生、促进发展、保护生态等方面取得明显成效，在解决“三农”问题、统筹城乡发展、促进农村社会变革、巩固党的执政基础等方面产生了广泛和深远的影响，在“三个陕西”建设中发挥了重要作用，得到了中央领导同志的高度评价和社会各界的普遍肯定，为全国其他同类地区提供了可复制的模式。按照年度考核结果，省政府决定对 2015 年度陕南地区移民搬迁工作先进市、县（区）、省直部门予以通报表彰，对荣获一等奖的商洛市奖励 600 万元，对获得二等奖的汉中市、安康市政府各奖励 500 万元。对获得陕南地区移民搬迁工作先进县（区）的汉中市镇巴县、西乡县、南郑县、汉台区、城固县，安康市汉滨区、旬阳县、白河县、镇坪县、汉阴县，商洛市镇安县、丹凤县、山阳县、柞水县14个县（区）政府各奖励200万元，奖励资金主要用于弥补移民搬迁集中安置点基础和公共服务设施建设资金不足。对省发展改革委、省财政厅、省国土资源厅、省住房城乡建设厅、省交通运输厅、省审计厅、陕西有色金属集团公司7个部门和单位予以通报表彰。

2016年4月22日至4月25日，中共中央政治局常委、中央书记处书记刘云山，中共中央政治局委员、中组部部长赵乐际后到西安、商洛、安康，深入农村、乡镇、企业、高校，就基层党建工作和“两学一做”学习教育进行调研。在石泉县明星村、汉阴县三同村和非公企业党群服务中心，刘云山看望慰问老党员和扶贫搬迁群众，了解扶贫开发和党员活动情况。刘云山强调，加强基层党建、开展“两学一做”学习教育，要同做好经济社会发展各项工作紧密结合起来。要坚持抓党建、促扶贫，发挥党组织在精准扶贫、精准脱贫中的政治优势、组织优势。要把优秀干部充实到扶贫一线，做好选派驻村工作队和“第一书记”工作，做好党员结对帮扶工作，保持脱贫攻坚期内贫困县党政正职稳定，为打赢脱贫攻坚战提供有力组织保证。

省委书记娄勤俭，代省长胡和平，中宣部常务副部长黄坤明，教育部部长袁贵仁，中央政策研究室副主任江金权，中组部部务委员吴玉良，省委常委毛万春、刘小燕、梁桂，省人大常委会副主任、西安交通大学党委书记张迈曾，副省长杜航伟，省政协副主席、西北农林科技大学校长孙其信，西安交通大学校长王树国等分别陪同调研或参加有关活动。

（十六）打造陕西移民搬迁的“升级版”

2016年5月6日上午，省委召开全省移民搬迁工作专题会议。省委书记娄勤俭主持并讲话。会议听取了省国土资源厅关于全省移民搬迁有关情况汇报，研究全省移民搬迁工作及体制、机制等有关问题。省委副书记、省长胡和平，省委常委、常务副省长姚引良，省委常委、省委秘书长刘小燕，副省长庄长兴、冯新柱，省政协副主席张社年等出席会议，省级有关部门负责同志参加会议。会议决定：①省国土资源厅牵头负责全省各类移民搬迁工作，承接省扶贫办的易地扶贫搬迁任务，承担扶贫、避灾、生态及其他类型搬迁的工作统筹、组织协调、政策拟定、整体推进以及建设项目、资金的安排和管理。为便于协调，各市应参照省上体制，将移民搬迁工作职能、机构划归同级国土资源部门；②将“陕南移民搬迁工作办公室”更名为“陕西省移民（脱贫）搬迁工作办公室”，规格和隶属关系不变，按承担全省移民搬迁任务和工作需要，相应增加必要的人员编制、内设处室和一名副厅级非领导职数；将“陕西陕南地区移民搬迁工程有限公司”，更名为“陕西移民（脱贫）搬迁工程有限公司”，承担相关融资工作和全省移民搬迁的具体实施；③省扶贫办是全省脱贫攻坚工作的责任主体和“五个一批”的抓总单位，负责提供精准搬迁对象、筹措易地扶贫移民搬迁资金、政策制定、做好产业扶贫及其他扶贫政策与移民搬迁工作的有机衔接，确保搬迁群众如期脱贫。加快组建陕西省扶贫开发投资集团有限公司，搭建融资平台，做好易地扶贫搬迁资金的筹措和监管，并及时拨付陕西移民（脱贫）搬迁工程有限公司，确保脱贫搬迁胡按期住上新房；④坚持和巩固陕西省陕南移民搬迁探索出的好经验、好做法，保持政策稳定性、连续性；国土资源厅要根据国家对易地扶贫移民的工作要求，拟定适应我省搬迁工作实际的相关政策和具体制度。要强化脱贫指标刚性约束，扶贫移民搬迁不出全省保持一致，统筹搞好移民搬迁、产业扶持、公共服务设施建设。基础设施建设资金安排，应根据陕南、陕北和关中三大板块成本差异，区别对待；⑤由省国土资源厅、发改委、扶贫办牵头，组织有关部门，联合编制《陕西省移民（脱贫）搬迁总体规划》；移民（脱贫）搬迁规划，要与经济社会发展规划以及扶贫、教育、交通、水利等专项规划充分有机衔接；⑥合并省“陕南地区移民搬迁领导小组”“陕北扶贫移民搬迁安置领导小组”，组建陕西省移民（脱贫）搬迁领导小组，由胡和平同志任组长，庄长兴同志、冯新柱等同志任副组长，庄长兴同志负责全省各类移民搬迁的统筹协调，分管省移民（脱贫）搬迁办公室及移民（脱贫）搬迁工程有限公司工作；冯新柱同志负责脱贫移民搬迁的资金保障及产业扶持等其他扶贫措施与移民搬迁的衔接协调，分管省扶贫开发投资集团有限公司。省级有关部门负责同志为省移民（脱贫）搬迁领导小组成员。省国土资源厅、发改委、财政厅、住建厅、扶贫办主要负责同志组成日常工作协调小组，省国土资源厅主要负责同志为召集人，及时研究解决工作推进中需要协调的具体问题。

娄勤俭强调，以扶贫为主的移民搬迁是打赢脱贫攻坚战，实现同步够格建成小康社会，推动陕西经济社会全面发展的重要举措，各级党委、政府，省级各部门要站在全省大局，按照坚持工业化、信息化、城镇化、农业现代化“四化同步”的要求，把移民搬迁作为一项重大民生工程、发展工程和生态工程，高度重视、统筹推进，实现移民搬迁、城乡治理、新型城镇化、美丽乡村和生态建设一举多赢，切实把这件造福当下、惠及子孙的大事办实办好。

2016 年 5 月 19 日，省政府召开全省移民（脱贫）搬迁工作电视电话会议。省长胡和平出席并作重要讲话，副省长庄长兴安排部署工作，副省长冯新柱传达省委移民搬迁专题会议精神。

胡和平指出，实施移民（脱贫）搬迁是陕西对中央脱贫攻坚战略举措的贯彻落实，是实现我省“追赶超越”的重大举措，是全省移民搬迁成功实践的巩固与深化，也是解决关乎群众切身利益突出问题的有力行动。我省实施搬迁工作五年来，累计搬迁了 49.6 万户、174.7 万群众。为深入推进这项重大民生工程，省委、省政府决定优化工作体制机制，在优先实施易地脱贫搬迁的同时，同步统筹实施避灾、生态和其他类型搬迁，各地各部门要聚焦全面建成小康社会目标，以强烈的责任心扎实抓好各项工作。

胡和平强调，移民（脱贫）搬迁是一项复杂的系统性工程，要牢固树立“系统观”和“全局观”，统筹谋划，突出重点。在搬迁时序上要处理好轻重缓急的关系，把脱贫移民搬迁放在第一位；在政策标准上要处理好不同搬迁类型的关系，把群众的积极性调动好；在安置上要处理好集中与分散的关系，把长远的生产生活安排好；在政策执行上要统筹协调好不同区域的关系，把原则性和灵活性把握好。推进移民（脱贫）搬迁，“搬得出”是手段，“稳得住、能致富”是目的。要把完善配套设施作为基础前提，坚持基础设施与集中安置点同步规划、一体建设。要把发展特色产业作为核心支撑，立足实际大力发展“一县一业”“一村一品”，多渠道增加搬迁群众收入。要把强化管理服务作为重要保障，切实维护好搬迁户的合法权益，增强群众的归属感。各地各部门要切实承担起移民（脱贫）搬迁工作的重大责任，坚持省负总责、部门配合、市级统筹、县抓实施的推进机制，严格督查考核，加强宣传引导，确保各项工作顺利开展。

省政府秘书长陈国强、省级有关部门主要负责同志在主会场，各市、县、区政府及其相关部门主要负责同志在各地分会场参加会议。

2016 年 5 月 20 日上午，陕西省国土资源厅党组书记、厅长王卫华主持召开厅移民（脱贫）搬迁工作安排部署会，再次学习省委专题会议纪要，传达全省移民（脱贫）搬迁安排部署电视电话会议精神，组织学习胡和平省长和庄长兴、冯新柱副省长重要讲话，并就认真贯彻会议精神、做好移民（脱贫）搬迁各项重点工作做了安排部署，厅党组成员、副厅长、移民办主任邹顺生就当前工作做了具体安排。

2016 年 5 月 25 日，牵头负责各类移民搬迁工作的陕西省国土资源厅在前期详细调研摸底的基础上，率先出台《关于做好移民（脱贫）搬迁用地保障的指导意见》，从 5 大方面 12 条举措，保障全省移民（脱贫）搬迁用地需要。

2016 年 6 月 13 日，《陕西省人民政府关于调整省移民（脱贫）搬迁工作领导小组的通知》（陕政字〔2016〕52 号）印发。该通知指出，为进一步做好全省移民（脱贫）搬迁工作，省政府决定将陕南地区移民搬迁工作领导小组和陕北扶贫搬迁安置领导小组合并调整为陕西省移民（脱贫）搬迁工作领导小组。具体如下：

陕西省人民政府关于调整省移民（脱贫）搬迁工作领导小组的通知

陕政字〔2016〕52号

各设区市人民政府，省人民政府各工作部门、各直属机构：

为进一步做好全省移民（脱贫）搬迁工作，省政府决定将陕南地区移民搬迁工作领导小组和陕北扶贫搬迁安置领导小组合并调整为陕西省移民（脱贫）搬迁工作领导小组。现将调整后的组成人员名单通知如下：

组　长： 胡和平　省长

副组长： 庄长兴　副省长

冯新柱　副省长

成　员： 张社年　省政协副主席、省财政厅厅长

陈国强　省政府秘书长

戴征社　省政府副秘书长、省卫生计生委主任

胡保存　省政府副秘书长

田晓东　省委组织部副部长

刘　斌　省委宣传部常务副部长

王卫华　省国土资源厅厅长

方玮峰　省发展改革委主任

王建利　省教育厅厅长

曾　岚　省公安厅副厅长

赵政才　省民政厅厅长

冯力军　省人力资源社会保障厅厅长

王成文　省环境保护厅厅长

杨冠军　省住房城乡建设厅厅长

冯西宁　省交通运输厅厅长

王拴虎　省水利厅厅长

白宜勤　省农业厅厅长

李三原　省林业厅厅长

刘宽忍　省文化厅厅长

李　健　省审计厅厅长

钱远刚　省新闻出版广电局局长

姚金荣　省体育局局长

杨三省　省政府研究室主任

张荣珠　省扶贫办主任

邹顺生　省国土资源厅副厅长、省移民（脱贫）搬迁工作办公室主任

李永平　省扶贫办副主任、省扶贫开发投资集团有限公司总经理

黄晓平　陕西有色金属控股集团董事长

卓洪树　国网陕西省电力公司总经理

刘　斌　省地方电力（集团）有限公司董事长

领导小组下设日常工作协调组，及时研究解决工作推进中需要协调的具体问题。省国土资源厅、省发展改革委、省财政厅、省住房城乡建设厅、省扶贫办主要负责同志为日常工作协调组成员，省国土资源厅主要负责同志为召集人。

陕西省人民政府

2016 年 6 月 13 日

2016 年 6 月 14 日，省长胡和平主持召开全省移民（脱贫）搬迁工作领导小组第一次会议，听取全省移民搬迁近期工作进展，安排部署下一阶段工作，审议并原则通过了《陕西移民（脱贫）搬迁工作实施细则》《关于下达陕西省 2016 年度移民（脱贫）搬迁计划任务的通知》，2016 年全省安排移民（脱贫）搬迁安置计划任务 22. 2072 万户。其中：扶贫类搬迁 18 万户、避灾类搬迁 3. 8715 万户、生态和其他类搬迁 0. 3357 万户。副省长庄长兴，省政府秘书长陈国强，省移民（脱贫）搬迁工作领导小组成员单位主要负责同志参加会议。

2016 年 6 月 23 日至 6 月 24 日，全省移民（脱贫）搬迁工作推进会在西安召开，副省长庄长兴出席会议并讲话。这是陕西对全省移民搬迁体制、机制和机构设置提出明确要求后召开的首次全省移民（脱贫）搬迁工作推进会。会议强调，要抓住重点，全面推进我省易地搬迁脱贫工作。坚持规划引领，精确搬迁对象，理顺工作机制，筹措搬迁资金，按照陕南加力推进、陕北加快推动、关中高点起步的要求，全面实施易地搬迁脱贫工作。要按照省负总责、市县统筹、县抓落实的工作机制，抓紧抓好实施工作。同时加强督导检查，严格奖惩措施，确保易地搬迁脱贫工作取得实效，共同努力把这项民生工程干实干好干响。

会议对全省新一轮移民搬迁进行了安排部署，提出“十三五”❶ 末，完成 35. 5 万户 125 万人建档立卡扶贫搬迁以及避灾、生态和其他类型搬迁安置任务共近 300 万人。其中，陕南地区 2016 年基本完成避灾搬迁任务，2018 年基本完成扶贫搬迁

❶ 与“十二五”陕南移民搬迁相比，“十三五”全省移民（脱贫）搬迁，更加突出系统思维，强化顶层设计，同步实施扶贫与避灾、生态和其他类型的搬迁安置，政策执行方面也交由国土部门牵头负责，确保执行有力有效。搬迁对象主要包括四类：扶贫搬迁，避灾搬迁，生态搬迁，其他搬迁。安置方式上，以集中安置为主，统筹考虑多种情形。其中，集中安置以市为单位，集中安置率原则上关中不低于 90%、陕北不低于 85%、陕南不低于 80%。

任务；其他地区 2018 年基本完成扶贫和避灾搬迁任务。

会议期间，省国土资源厅对全省 280 多名负责移民（脱贫）搬迁工作的领导干部进行了政策理论和专项工作培训。会议解读了《陕西移民（脱贫）搬迁工作实施细则》；对陕西移民搬迁资金管理使用的相关内容、《关于做好移民（脱贫）搬迁用地保障的指导意见》、移民搬迁安置项目规划和选址有关规定、移民搬迁专项资金跟踪审计有关情况进行了详细讲解；并对“十三五”移民搬迁规划编制和同步搬迁对象调查摸底工作进行了培训。

三、协同实施篇

发展不平衡、不充分是主要矛盾，减贫任务依然艰巨，是陕西全面建设小康社会的主要“短板”之一。深刻认识到只有顺应自然规律、远离灾害源头，才是应对自然灾害的治本之策，才能打破和走出“受灾—重建—再受灾—再重建”的恶性循环，中央部委和陕西众志成城形成了实施大规模移民搬迁的共识和决心，并在实践中协同配合，确保陕西易地扶贫搬迁有序、稳健推进，造福三秦百姓。

（一）以抗灾救灾为主的协同实施

2010 年 11 月 15 日，省住房和城乡建设厅在咸阳召开全省农村民居建设抗震设防示范现场会，要求各地建设主管部门整合内部资源，齐抓共管提高农村民居抗震设防质量，确保新农村建设远离地质灾害点。会上，省住房和城乡建设厅还向各市赠送了《村镇建筑抗震设防技术要点》及农村民居设计图集。会后与会代表参观了咸阳市渭城区周陵镇大石头村、旬邑县邓家镇王家社区等抗震设防民居工程。

2010 年 11 月 24 日，副省长姚引良带领省级有关部门负责同志赴安康检查灾后重建工作，调研农业特色产业和移民扶贫工作等。姚引良先后到紫阳县蒿坪镇双星村受灾群众安置点、蒿坪村茶叶产业化基地、向阳镇合垭村受灾群众安置点和向阳镇营梁村检查调研。在紫阳县向阳镇合垭村村民罗会权的新建房里，姚引良详细询问了建材供应、材料价格、补助款发放等情况。当得知目前建材价格较高、材料供应较为紧张时，他要求当地有关部门要抓紧下拨恢复重建补助资金，积极协调金融机构给予贷款支持，多渠道帮助受灾群众解决资金困难，减轻建房压力，确保灾后重建工作顺利开展。要以县为单位统一组织采购供应建筑材料，降低建材价格，保证材料供应。要本着城乡统筹发展的原则，把灾后恢复重建与小城镇建设、移民搬迁相结合，规划建设水、电、路等基础设施，从根本上改善群众的生产生活条件。姚引良强调，要千方百计帮助受灾群众解决实际困难，切实加快重建进度，确保受灾群众早日迁入新居，温暖过冬。

2010 年 11 月 27 日，由团省委、省青联主办，汉中团市委、市青联协办，洋县团县委承办的“与关爱同行”青联委员走进灾区活动在汉中洋县举行。来自陕西省人民医院等 4 家省市三甲医院的 30 多名医学博士和专家在当地县医院为群众开展了大型义诊活动。

2010 年 12 月 24 日至 12 月 25 日，全省发展和改革工作会议在西安召开。省委副书记、代省代赵正永 12 月 24 日出席会议并做重要讲话。省委常委、常务副省长娄勤俭主持会议。赵正永要求，着力抓好五项工作，其中第四项是，按照小城镇建设、现代农业发展和扶贫搬迁三位一体的思路，扎实推进秦巴山区、白于山区和采煤沉陷区的扶贫移民搬迁工作。各设区市政府、省直有关部门和相关金融机构、部分开发区、重点企业分管负责人以及各市和 15 个扩权县发改、物价部门负责人参加会议。

2011 年 1 月 4 日，省委宣传部、省文联、省美协、省书协、西安中国画院、各界书画院赴汉中捐赠赈灾款暨“送欢乐、下基层”书画创作活动仪式在汉中市政府广场隆重举行。省委宣传部副部长刘斌带领省文联 9 位画家、12 位书法家同汉中市 100 多位宣传文化工作者参加活动。省文联党组成员、专职副主席兼秘书长黄道峻向汉中市委宣传部赠送了全省文化艺术界捐赠赈灾款72万元的现金支票。

2011年1月24日至1月25日，全省农村工作会在西安召开。省委副书记、省农村工作领导小组组长王侠出席并讲话，副省长、省农村工作领导小组副组长姚引良做工作报告。王侠强调，2011年和“十二五”期间进一步加大扶贫开发工作力度，从整村推进转向连片开发，下大力气解决秦巴山区、白于山区、黄河沿岸土石山区和渭北“旱腰带”、秦岭北麓等区域的贫困问题；积极稳妥搞好移民搬迁，抓好贫困户能力建设，增强“造血”功能，加大社会扶贫力度。

2011年1月27日，新春佳节来临之际，省长赵正永带领省级相关部门负责人，到重灾区之一的安康市平利县进行慰问。❶ 赵正永一行深入太山庙村贾家沟集中安置重建区、城关镇药妇沟村受灾群众安置小区等地视察、慰问。赵正永说，省上已经决定实施避灾移民计划，准备用10年时间把陕南受地质灾害威胁的群众搬迁出来集中安置，你们是先搬出来的群众，生活条件有了较大改善，以后实施搬迁群众生活也都会好起来。

2011年2月18日，陕西省国土资源厅下发《关于开展陕南地区移民搬迁安置工作调研的通知》（陕国土资电发〔2011〕9号），省国土资源厅拟于2011年2月21日至2月27日开展陕南地区移民搬迁安置总体规划实施工作专题调研，充分听取基层意见。

2011年3月4日，陕西省扶贫办召开专门工作会议，安排部署了白于山区扶贫移民搬迁项目计划编制工作。

2011年3月7日至3月9日，陕西省人民政府先后与中国地震局、国家测绘局、中国气象局在京签署共同推进关中—天水经济区防震减灾体系建设合作协议、合作开展地理国（省）情监测试点协议、共同推进陕西气象防灾减灾体系建设合作协议。省长赵正永、中国地震局局长陈建民、国家测绘局局长徐德明、中国气象局局长郑国光分别出席。副省长郑小明、姚引良，中国地震局副局长赵和平，国家测绘局副局长宋超智，中国气象局副局长沈晓农等出席相关活动。

2011年3月上旬，省发改委、省国土资源厅、省扶贫办牵头召开陕南地区移民搬迁工作座谈会，听取对陕南地区移民搬迁十年规划的意见和建议。

2011年3月14日，陕南地区移民搬迁工作座谈会在西安宾馆召开。省发改委副主任李忙全，省国土资源厅党组成员、副厅长雷鸣雄，国土资源厅副巡视员李强，省财政厅副巡视员张洪斌、省有色集团副总经理曲大伟等相关机构负责人、相关处室以及陕南三市相关负责人参加。会议听取了安康市、汉中市、商洛市介绍移民搬

---

❶ 2010年“7·18”特大洪水和泥石流，对我省陕南地区造成严重损失，其中安康市倒房3万多户。省委、省政府始终十分关心受灾地区的群众生活和灾后重建。

迁工作情况，同时介绍《陕南地区移民搬迁工作实施意见（讨论稿》和《陕南地区移民搬迁工作2011年计划（讨论稿)》。

2011年3月21日，榆林市委常委会专题研究民生工作，突出强调启动包括白于山区移民搬迁三大行动计划。

2011年3月28日，全省扶贫办主任会议召开。2011年陕西省将安排扶贫移民搬迁、连片开发整村推进、产业扶贫、能力建设和其他项目等五类项目资金共15亿多元，全面加快贫困地区群众脱贫致富步伐。中央、省上在扶贫开发项目资金安排上力度加大，要求更高，其中安排扶贫移民搬迁项目资金8.17亿元，用于陕北白于山区4亿元，移民建房补助标准参照汶川地震灾后恢复重建相关政策和现行的扶贫移民搬迁补助政策执行，基础设施建设每搬迁一人补助2300元；陕南秦巴山区安排2亿元。同时还安排2.17亿元启动面上其他县167个村的整体移民搬迁推进项目。

2011年3月29日下午，陕西省人民政府与国务院南水北调办在西安召开丹江口库区及上游水源保护工作座谈会。省委常委、副省长江泽林，国务院南水北调办副主任于幼军出席会议并讲话。在听取了陕西省发展改革委关于陕西省丹江口库区及上游水源保护工作情况汇报后，于幼军说，国家南水北调中线工程是解决我国北方地区水资源短缺问题的一项重大战略性工程，工程三分之二的调水量来自陕南地区，陕西肩负着水污染防治和水土保持的重要任务。由于水源保护是一项长期任务，难度大，责任艰巨。为此，要继续抓好丹江口库区及上游的水污染治理和水土保持工作，把生态保护、水资源保护和帮助农民脱贫致富，促进当地经济社会发展结合起来，帮助当地农民调整种养结构，探索出一条环境保护和改善民生的新路子。国务院南水北调办将进一步加大对陕南地区经济社会发展和生态建设的支持力度，积极协调国家有关部门尽快修编《丹江口库区及上游水污染防治和水土保持规划》，出台《丹江口库区及上游经济社会发展规划》，建立长效补偿机制，促进区域经济社会实现可持续发展。省政府副秘书长李明远和国务院南水北调办有关司局、省级有关部门负责同志参加了会议。

2011年3月29日，全省山洪灾害防治县级非工程措施建设动员安排会议在西安召开，全面启动陕西省山洪灾害防治县级非工程措施建设工作。按照中省规划安排，陕西三年内将完成94个县（市、区）的山洪灾害防治县级非工程措施建设，2011年投资两亿多元完成34个县（市、区）建设任务，汛期即可发挥作用。陕西省是全国山洪灾害频发、高发的省区之一，严重威胁着人民群众生命财产安全。由于受特定地理位置及特殊自然环境影响，陕西省暴雨洪水灾害频繁发生，特别是陕南秦巴山区、关中秦岭北麓和渭北黄土塬区、陕北白于山河源区、黄土丘陵沟壑区、黄河沿岸土石山区六大区域，每年进入汛期就成为山洪灾害高发的重灾区，历年伤亡人数占到全省因灾伤亡人员总数的90%以上，成为困扰全省防汛安全的重大问题。2005 年以来，国家和陕西省先后在镇巴、宁陕、丹凤三县部分流域和宁强、岚皋、商州、吴起四县（区）开展山洪灾害防御试点建设，以监测预报预警系统、县乡村组户五级防御责任、县乡村三级防御预案和防灾避险知识宣传等非工程措施为主的防御体系，在有效预防、提前预警、及时撤离等方面起到了非常明显的效果。2011 年在山洪灾害易发的 34 个县（市、区）的 567 个乡镇、4992 个行政村、6259 个自然村，每个县投资 600 万元，开展山洪灾害普查、危险区划定、加密雨水情监测站网、通信预警系统以及宣传培训演练等监测预警和群测群防体系建设。

2011 年 4 月中旬，省扶贫办建立了白于山区扶贫移民搬迁工作处室抓示范点和派驻督导员制度，并于 4 月 17 日下派处室负责人和督导员进县驻点督查工作进度。省扶贫办移民处等 8 个业务处室分别包抓 8 个县的 8 个示范点，并按照“三化同步”“四位一体”和“六大功能区”的具体要求，与所在县扶贫办共同研究制定详细的包抓移民示范点建设规划和实施计划，确保高标准、高质量、按时完成移民示范点各项建设任务，为整个白于山区扶贫移民搬迁工作树立样板、积累经验。省扶贫办抽调业务骨干分别进驻示范点，驻县督导员的主要职责是：督导所在县《白于山区扶贫移民搬迁规划（2011—2015 年）》落实情况，督导县移民搬迁工作进展情况，督导县移民搬迁资金筹措情况等。

2011 年 4 月中旬，《陕西省贫困户产业发展项目资金管理办法（试行）》出台，此办法由省扶贫办和省财政厅联合制定。2011 年陕西省将安排贫困户发展生产补助资金 5000 万元，对 3 万名贫困户主导产业进行直接补助。补助标准为：发展传统种养业每户最高补助 5000 元，发展现代设施农业和小型农副产品加工业每户最高补助 1 万元。

2011 年 4 月 17 日，由民政部救灾司、国家减灾中心与亚洲基金会、美国国际发展署等合作举办的灾后农房恢复重建培训班在西安开班。培训班将分三期举行，计划培训 360 名全国各地从事灾后恢复重建工作的省市县民政干部，课程主要涉及灾后农房恢复重建的政策法规、工作流程、建房标准、资金管理和规划设计。

2011 年 4 月 20 日至 4 月 24 日，由全国政协副主席李金华任组长，全国政协人资环委副主任、国家南水北调办原主任张基尧，全国政协人资环委副主任、宁夏回族自治区政协原主席任启兴，全国政协人资环委副主任、浙江省政协原主席李金明任副组长的全国政协“南水北调中线工程水质保证”调研组来陕调研。调研组听取了省政府的情况汇报，深入到汉中、安康、商洛实地考察。在陕期间，省委书记赵乐际看望了李金华一行。省政协主席马中平主持了 4 月 20 日下午的情况汇报会，并陪同部分考察。副省长吴登昌汇报了陕西省经济社会发展情况、南水北调中线水污染防治和水土保持情况。陕西省建议，尽快完成《丹江口库区及上游水污染防治和水土保持规划》修编工作，抓紧启动远期建设项目；国家尽快出台《丹江口水库及上游经济社会发展规划》；国家设立南水北调中线生态文明建设示范区；国家进一步完善生态补偿财政转移支付政策等。在听取了陕西省的汇报后，李金华说，陕西汉中、安康、商洛三市为南水北调中线工程做了很多工作，取得了明显成效。要把南水北调工程建设与城乡统筹发展，社会主义新农村建设，发展现代农业、绿色农业结合起来，把握机遇，进一步做好规划，采取有效措施，促进当地经济又好又快发展。省政协副主席、民建陕西省委会主委李冬玉，省政协秘书长姚增战，省发改委、省国土资源厅、省环境保护厅、省住房和城乡建设厅、省水利厅、省财政厅、省农业厅、省移民办等部分负责同志出席座谈会。在陕期间，调研组在汉中、安康、商洛实地调研了垃圾处理厂、污水处理厂、小流域治理、生态移民、尾矿库治理等项目。

2011 年 4 月 26 日至 4 月 27 日，省委常委、副省长江泽林江泽林一行先后深入丹凤县、商州区，实地查看了红枫小区、惠安家园和惠民小区的保障性住房建设项目，检查了解了商洛市区和丹凤县城的城市建设及商州沙河子重点镇建设情况，并视察了商丹循环工业园区、商洛市垃圾处理厂和医废处置中心。江泽林要求，要以省级重点示范镇建设为载体，统筹安排，有机结合陕南搬迁移民、保障性住房、推进有条件的农民进城落户等工作，高标准建设重点示范镇。省政府副秘书长李明远及省级有关部门负责同志随同调研。

（二）以“搬得出”为主的协同实施

2011 年 5 月 10 日，陕西省发展和改革委员会印发了《关于成立陕南地区移民搬迁基础设施建设协调小组的通知》（陕发改办〔2011〕785 号），协调小组主要负责协调中央及省财政相关投资尽量向安置点倾斜，完善安置点的基础设施和公共服务设施建设，确保群众搬得出、稳得住、能致富。

2011 年 6 月 9 日，省委常委、副省长江泽林带领省国土资源厅、省住房和城乡建设厅、省交通运输厅、省扶贫办等有关部门负责同志，赴商洛市调研保障性住房建设、省政府领导扶贫联系点和重点示范镇建设工作。

2011 年 6 月 16 日，省委常委、副省长江泽林带领省住房和城乡建设厅、省国土资源厅、省交通运输厅等有关部门负责同志，赴汉中市调研保障性住房建设工作。

2011 年 6 月 24 日上午，为了使省人大常委会和人大代表进一步了解省政府在“十二五”开局中所做的重点工作，更好地发挥人大的职能，省长赵正永专程到省人大常委会机关，向在陕的部分全国人大代表、省人大常委会组成人员、部分省人大代表和省人大机关厅处级干部通报了省政府今年几项重点工作的进展情况，主动征求意见、接受监督。省人大常委会副主任罗振江主持政情通报会。陕南、陕北避灾和扶贫搬迁共涉及 279.2 万人，占全省人口的 7%。截至目前，陕南搬迁工作指挥部正式挂牌，人员、办公场所和设备已全部到位，开始正式运转。同时，陕北白于山区搬迁的项目计划也已下达，搬迁户的安置地点都已确定，市、县配套资金大部分已到位，部分项目已开工建设，整体态势良好。重点镇建设一直是省委、省政府推进城镇化进程的重要举措。2011 年，陕西省在原有重点镇建设的基础上，进一步收缩战线、突出重点，集中力量建设好 30 个重点示范镇，以带动全省城镇化加快发展，并相应地编制了重点示范镇标准化模块规划方案、配备了专业技术干部，以加快项目筹划和建设，截至 2011 年 5 月底，已开工建设项目 150 个，总投资 33.64 亿元。

2011 年 6 月 25 日至 6 月 26 日，国务院扶贫开发领导小组副组长、国务院扶贫办党组书记、主任范小建在陕西省调研扶贫开发工作。范小建一行冒着酷暑，先后深入到商洛市镇安、柞水、山阳和丹凤 4 个县部分行政村、农户、企业和扶贫院校进行调研。在镇安县丰收村和柞水县东甘沟村、罗庄村，范小建一边实地调研移民搬迁、连片开发和旅游扶贫工作，一边详细询问群众生产生活情况。随后，范小建还前往商洛新潮学院了解扶贫技能培训，并深入丹凤县涧子村和油房街村，就农村低保与扶贫开发“两项制度”衔接工作进行了调研。在 6 月 26 日下午的调研汇报会上，范小建听取和充分肯定陕西省扶贫开发工作。祝列克主持了汇报会，他要求全省扶贫系统认真传达落实范小建讲话精神，振奋精神，扎实工作，努力开创我省扶贫开发工作新局面。省扶贫办和商洛市委、市政府主要领导陪同调研。

2011 年 6 月 27 日至 6 月 30 日，省国土资源厅和陕南地区移民搬迁工作指挥部，分别对陕南三市 9 个县 22 个移民搬迁安置点建设情况进行了调研。在调研基础上，整理形成了《陕南地区移民搬迁工作调研报告》。截至 2011 年 6 月 30 日，陕南三市共启动移民建房 13792 户 54916 人，占今年年度计划的 23%。其中，安康市启动 5755 户 22626 人，占安康市年度计划的 26%；汉中市启动 2949 户 10390 人，占汉中市年度计划的 12%；商洛市启动 5691 户 23902 人，占年度计划的 36%。陕南地区移民搬迁工作进展顺利。

2011 年 6 月 30 日下午，省长赵正永专程到省政协机关，向部分驻陕全国政协委员、省政协常委通报省政府今年重点工作及进展情况，主动接受监督，听取各方意见。省政协主席马中平主持通报会。针对陕南、陕北实施的避灾、扶贫和生态移民搬迁工程，赵正永重点介绍了搬迁的规模、时限、资金筹措、群众负担等情况。赵正永说，有些媒体将其与三峡移民相提并论，实际上是一种误读，陕西省的搬迁要用 10 年时间分步实施，主要是在一个县的范围内就近安置，并且是在尊重群众意愿的基础上，谋求人与自然和谐相处的积极探索。总的要求是让群众少拿钱或者不拿钱，所需资金通过多种渠道筹措、多项政策捆绑使用来解决。去年陕南特大洪涝灾害恢复重建基本就是按照这个模式进行的，从实施情况看，不仅能从根本上解决贫困地区群众的生产生活问题，还可以有效保护生态环境。省政协副主席张生朝、周一波、刘新文、王晓安、李晓东、李冬玉、李进权、周卫健、梁凤民，秘书长姚增战，各专委会主任、副主任、机关处级以上干部和省政府有关部门负责同志200余人出席会议。

2011年7月4日，省委常委、副省长江泽林带领省住房和城乡建设厅、交通运输厅等有关部门负责同志在商洛调研省级重点示范镇建设工作。江泽林一行在商洛市委书记魏增军、市长杨冠军等陪同下来到商州区沙河子镇。要以产业作为支撑，以重点示范镇建设为载体，把陕南移民搬迁、保障性住房建设、农民进城落户与产业发展结合起来，合理布局产业结构，充分保障农民利益，为产业发展提供良好服务，进一步加大城乡统筹力度，创新区域发展战略，在城镇化建设和区域协调发展上取得重大突破，努力提高全省城镇化水平。

2011年7月12日，全省十市扶贫办主任会议在西安召开，副省长祝列克出席会议并讲话。祝列克强调，今年是新一轮扶贫开发的启动之年，按照陕西省新确定的1600元贫困标准，目前全省还有558万农村贫困人口，特别是还有200多万贫困人口需要移民搬迁。全省扶贫系统干部务必增强责任感、紧迫感和使命感，不断创新机制，加快推进农作物商品化、农村劳动力商品化和土地资源商品化进程，多渠道增加贫困群众收入，做好行业扶贫和专项扶贫相结合，提高扶贫开发整体效益，把板块开发连片开发与扶贫到村到户结合起来，努力提高扶贫成效。省政府副秘书长胡小平、省扶贫办主任郭汉文以及全省十市扶贫办主任等参加会议。

2011年7月18日下午，省委常委、副省长江泽林带领省住房和城乡建设厅、省国土资源厅、省交通运输厅负责同志在安康市主要领导陪同下调研安康张岭六区黄沟廉租房项目，并强调：保障性住房建设要加快工程进度，确保质量合格和分配公平。

2011年7月18日，陕西省国土资源厅印发了《陕南地区移民搬迁用地审批意见》（陕国土资发〔2011〕42号），文件从用地计划下达、规划衔接、移民搬迁用地审批程序、报批程序、耕地占补平衡和相关土地税费减免六个方面进行了相应规划。

2011年8月1日，省长赵正永主持召开会议，研究部署安全生产和地质灾害防治工作。赵正永强调，要全面贯彻落实国务院常务会议精神，把“生命高于一切”的理念落实到生产、经营、管理的全过程，坚决打赢安全生产攻坚战，全力做好地质灾害防治工作，最大限度保障人民群众的生命财产安全。2011年以来，陕西省较好地完成了国家安全生产的控制目标，未发生一起重特大事故，成功预报地质灾害5起，纳入地质灾害群策群防的隐患点也没有发生人员伤亡事故。陕西省地质灾害易发区面积占全省国土面积近一半，主要地质灾害隐患点近1万处，直接威胁50多万人。要按照与发展经济、改善民生同步推进的要求，切实加强地质灾害防治工作。既要立足当前，落实责任，强化预防、预警和处置等工作，特别要坚决禁止开山采石、削山建房等破坏山体行为，更要着眼长远，加快推进避灾搬迁工作，优先搬迁最危险地区的群众和学校、医院，使其尽早从根本上脱离险境。

2011 年 8 月 2 日，陕南地区移民搬迁工作指挥部向陕南地区移民搬迁工作领导小组各成员单位下发《关于印发〈陕南移民安置房项目专项工程预付款管理办法〉的通知》（陕南移指发〔2011〕9 号）。

2011 年 8 月 5 日，陕西省建设厅颁发《关于做好陕南地区移民搬迁安置规划工作的通知》（陕建发〔2011〕179 号）。该文件从八个方面就做好移民搬迁集中安置规划编制和审查工作做出规定。

2011 年 8 月 9 日至 8 月 12 日，全国人大常委会农业和农村委员会委员杨永茂在商洛市就“三农”问题调研时指出，要因地制宜，挖掘优势，坚持科学发展，狠抓农业经济结构调整，不断推进新农村建设，努力提高农民收入。省人大常委会副秘书长姚金川陪同考察。

2011 年 8 月 10 日，陕西省国土资源厅《关于陕北扶贫移民搬迁项目用地有关问题的通知》（陕国土资发〔2011〕55 号）印发。

2011 年 8 月 17 日上午，省长赵正永主持召开省政府第十五次常务会议，研究并原则通过《关于加快推进陕南循环发展的若干意见》及《关于支持宝鸡加快建设关中—天水经济区副中心城市的意见》。会议指出，陕南发展事关全省大局，对于统筹区域协调发展和加快科学发展、富民强省进程具有重要意义。近年来，陕南经济社会发展步子明显加快，交通状况、城乡面貌和群众生活等发生了显著变化，在此基础上，进一步加快陕南发展，使其与关中、陕北发展同步，十分重要。会议强调，要在统筹全省发展布局和依托陕南优势的基础上，进一步明确陕南的发展定位和目标要求，按照循环发展的理念和路径，推动经济快速发展，社会事业协调，人民更加富裕，努力建设生态陕南、秀美陕南、富裕陕南、安全陕南。会议要求，省级各部门要按照省委、省政府的要求，把分类指导和大力支持陕南发展作为工作重点，在政策、资金、项目等方面给予倾斜。陕南三市要进一步解放思想，抢抓机遇，开拓创新，不断增强发展的内生动力。

2011 年 8 月 17 日，副省长祝列克到商州区陈塬街道办事处上河村千亩核桃科管示范基地、商州现代农业科技园区调研。他强调要依靠科技强农，大力发展特色农业、观光农业，让农业由粗放型向科技型和精细化转变，努力实现农民收入的快速增长。

2011 年 8 月 17 日至 8 月 19 日，省政协副主席李晓东带领省政协调研组深入汉中市调研绿色产业发展情况。

2011 年 8 月 18 日上午，陕南地区移民搬迁工作领导小组办公室、陕南地区移民搬迁工作指挥部召开办公室会议，对办公室、指挥部各项工作制度进行了审议，并原则通过《工作制度（试行）》。

2011 年 8 月 22 日至 8 月 25 日，省政协副主席张生朝率领省政协医卫体委员会委员，联合省农工党，邀请省发改委、省食品药品监督管理局组成联合调研组，赴安康、商洛对陕南中药产业发展情况进行调研。委员们实地考察了平利绞股蓝、黄姜种植基地，山阳、柞水药材加工企业。针对陕南中药产业存在的产业规模小、发展资金投入严重不足等问题，委员们提出意见和建议。

2011 年 8 月 24 日，赵正永一行来到位于靖边县张家畔镇的海则畔移民社区实地察看。省政府秘书长秦正，省级相关部门领导参加了相关活动。

2011 年 8 月 30 日，全省保障性住房建设推进会在西安召开。会议传达了省委书记赵乐际在省委常委会上关于保障性住房建设的重要指示精神，省委副书记、省长赵正永出席会议并讲话，省委常委、副省长江泽林主持会议。赵正永要求，做好保障性住房工作，要统筹利用好陕南陕北移民搬迁，鼓励有条件的农民进城等一系列政策，发挥民生政策的整体效用，避免造成财政资金的浪费，产生新的社会不公。西安市人民政府、省住房和城乡建设厅、省财政厅等六家单位负责人在会上做了发言。省政府秘书长秦正，省保障性安居工程领导小组成员单位，各市、杨凌示范区，县（市、区）主要负责人参加了会议。

2011 年 9 月 1 日，陕南地区移民搬迁工作领导小组办公室、陕南地区移民搬迁工程指挥部印发《关于邓树杰等任职的通知》（陕南移指发〔2011〕12 号），决定任命邓树杰任陕南地区移民搬迁工程指挥部西安办事处主任，李树文任陕南地区移民搬迁工程指挥部汉中联络处主任，余成林任陕南地区移民搬迁工程指挥部安康联络处主任，苏春来任陕南地区移民搬迁工程指挥部商洛联络处主任。

2011 年 9 月 2 日上午，省政府、省政协举行第九次联席会议，省长赵正永出席并做重要讲话，省政协主席马中平主持，省委常委、副省长江泽林，副省长郑小明、吴登昌、李金柱、祝列克，省政协副主席张生朝、周一波、刘新文、王晓安、李晓东、李冬玉、李进权出席会议。赵正永在讲话中指出，今年是“十二五”开局之年，对陕西顺利实现未来五年“三个上台阶”的奋斗目标，阔步迈入中等发达省份行列至关重要。要着眼于未来发展，下大气力解决水利、生态、移民等根本性、长远性问题，为加快科学发展、富民强省进程创造条件。省政府秘书长秦正、省政协秘书长姚增战，省政府有关部门和省政协各专门委员会的负责人参加了会议。

2011 年 9 月 6 日至 9 月 8 日，省政协副主席、民建陕西省委会主委李冬玉率部分妇委会成员赴安康市汉滨区、紫阳县、岚皋县就“我省贫困地区农民转移问题”进行专题调研。李冬玉一行在汉滨区等地详细了解移民搬迁安置点的工程进展情况，并与当地的移民代表进行交谈。调研组还听取了安康市政府的移民搬迁安置工作情况汇报会。李冬玉对安康移民搬迁安置的整体工作给予了肯定并指出，要更加注重移民搬迁规划，要引导农民合理建房，集中安置点的规划选址一定要确保安全，要积极帮助搬迁户找寻产业发展，对搬迁户开展引导教育和培训工作，将主导产业建设和搬迁同步规划实施。同时表示，省政协将积极建议中央加大对陕南移民搬迁的专项投入力度，逐步建立移民搬迁安置补偿机制；积极促进省上相关部门出台移民搬迁安置区基础设施配套和公共服务项目建设等方面有关政策，努力解决当前实际困难，尽早让群众享受到实实在在的好处。

2011 年 9 月 17 日，陕西省人民政府印发了《关于加快推进陕南循环发展的若干意见》（陕政发〔2011〕54 号），明确从 2011 年开始在陕南实施“一县一产业”发展战略，推动陕南各县区加快形成能够支撑县域经济、带动农民增收的产业链。

2011 年 9 月 26 日，由中联西北工程设计研究院、陕西省建筑标准设计办公室会同有关单位共同编制的《陕南地区移民搬迁自建住房技术规范》，经省住房和城乡建设厅与省质量技术监督局组织有关部门和专家审定通过并正式发布。《技术规范》包括总则、选址、建筑、结构、给水排水、电气、施工与验收 7 个部分。

2011 年 9 月 30 日，第六次陕南循环发展工作座谈会在安康召开，省长赵正永出席会议并做重要讲话，省委常委、常务副省长娄勤俭主持。赵正永强调，陕南循环发展，要按照经济发展更快、社会事业同步、人民更加富裕的要求，努力实现生态陕南、秀美陕南、富裕陕南、安全陕南四大目标。要按照城乡政策一致、规划建设一体、公共服务均等、收入水平相当的要求推进城乡统筹发展，加快重点镇和保障性住房建设，全力以赴实施移民搬迁工程，使城乡群众的收入水平、生活质量与城镇化水平一同提高。会上，省发改委通报了过去五年的工作情况和“十二五”的安排意见，汉中、安康、商洛三市政府汇报了发展循环经济的基本思路和工作措施，省财政厅、国土厅、环保厅、住建厅和交通厅就支持陕南循环发展做了表态发言。大会还向商丹循环工业经济园区、西乡县循环经济示范园区和汉阴月河工业园区授予“陕南循环发展示范园区”称号，向城固县振华生物科技有限责任公司等 9 家企业授予了“陕南循环发展示范企业”称号。陕南循环发展领导小组各成员单位、陕南三市市长和各县区主要领导及有关负责同志参加了会议。

2011 年 10 月，《陕南地区移民搬迁工作领导小组陕南移民安置房项目专项工程预付款管理办法》颁布，该文件对陕南地区移民安置房项目专项工程预付款（以下简称预付款）管理原则、预付款支付程序、确保预付款使用管理的规范化、制度化以及预付款归还保障措施等做出详细规定。

2011 年 10 月 12 日上午，省长赵正永主持召开省政府第 19 次常务会议，研究分析前三季度经济形势，安排部署第四季度工作。会议要求四季度要重点做好 9 项工作，其中第 4 项是扎实抓好群众关注的保障房建设、渭河治理、移民搬迁、重点镇建设及有条件农民进城落户等几项重大民生工程，深入实施社会保障“扩面提标”工作，让广大群众充分享受改革发展成果。

2011 年 10 月 17 日至 10 月 18 日，省人大常委会副主任吴前进到安康调研移民搬迁安置工作。调研组先后深入石泉县饶峰镇光明村、城关镇杨柳新区移民搬迁建设安置点等地，实地查看了移民搬迁项目进展情况。吴前进指出，陕南地区移民搬迁安置工作是省政府今年为民办实事的六项重要工作之一，是解决贫困群众脱贫的有效途径。各级政府及部门要进一步提高对移民搬迁安置工作重要性、必要性的认识，把这项惠民工程抓紧抓好。要突出重点，从实际出发，因地制宜，合理规划，优先搬迁单庄独户、危险地带、生产生活条件差的群众，引导有条件的群众进城，加快城镇化步伐。同时，加大就业培训力度，让搬迁群众都能够学到一技之长，多渠道解决就业问题，确保搬迁移民不走回头路。要创新工作思路，把搬迁工作同旅游开发、小城镇建设、农业产业化结合起来，认真总结经验，及时解决工作中出现的各类矛盾和问题，确保移民搬迁安置工作平稳、顺利地向前推进。部分常委会委员、省人大代表和相关部门负责人参加。

2011 年 10 月 27 日，省人大常委会副主任吴前进在定边县调研白于山区移民搬迁工作时指出，要坚定信心抓住机遇，解决好移民搬迁过程中的重点难点问题，切实把移民搬迁这项民生工程做好。在听取了榆林市扶贫办和定边县关于移民搬迁工作的汇报后，吴前进说，定边的移民搬迁工作开局良好，目前来说走在了全省的前列。在开展移民搬迁工作中，一是要统一思想，坚定信心，抓住机遇，全力推进；二是要从实际出发，加大协调力度，解决搬迁过程中出现的实际问题；三是要科学规划，合理安排，尊重群众的意愿，保证工程质量，切实把这项民生工程做好。省扶贫办领导随同考察调研。

2011 年 11 月初，国家追加 3 万亩用地指标和 18 亿元专项补助资金支持陕西省保障房建设。省国土资源厅规划与科技处处长汤鹏超表示，这次国土资源厅为陕西省新增建设用地计划指标 3 万亩，调整后，国家下达给我省的新增建设用地指标达到了 16.40 万亩。增加的计划指标主要用于补偿已安排的保障性住房用地指标以及重点交通基础设施、陕南移民搬迁等建设。

2011 年 11 月初，经陕西省人民政府同意，省住房和城乡建设厅、省发改委联合印发《陕西省“十二五”城镇化发展规划》。该规划提出，要进一步加快我省未来 5 年城镇设施建设步伐，吸引有条件农民和移民搬迁户进城进镇落户，发挥城镇作为社会经济载体作用，全面推进城镇化进程。

2011 年 11 月 11 日，陕南地区移民搬迁工作座谈汇报会在西安召开。

2011 年 11 月 16 日上午，省长赵正永出席全省县（市、区）长培训班开班式并做专题辅导报告。省委常委、省委组织部部长李锦斌主持开班式，省委常委、延安市委书记姚引良等出席。省政府秘书长秦正和省级有关部门负责人参加了活动。赵正永强调，“十二五”末陕西省要实现“三个上台阶”、进入中等发达省份行列的目标，差距在县域经济，潜力也在县域经济。赵正永还通报了避灾扶贫、移民搬迁、渭河全线综合治理、保障性住房建设、重点镇建设、加强和创新社会管理等几项重点工作的进展情况。赵正永指出，这些工作都与民生息息相关，事关全局、影响深远，县（市、区）长处在农村工作第一线，是党的农村工作的实施者，是推进农村制度建设、发展现代农业和农村社会事业的组织者、践行者，一定要把思想和行动统一到中、省对干部的要求和工作部署上来，加快推进县域经济发展上台阶，为全省顺利完成“十二五”的目标任务做出更大贡献。

2011 年 11 月 17 日下午，省委副书记、省农村工作领导小组组长王侠主持召开省农村工作领导小组会议，研究讨论省委、省政府《关于加快现代农业发展的若干意见（讨论稿）》。王侠指出，同步推进工业化、城镇化和农业现代化，需要尽快补齐现代农业发展这一“短板”，加快我省农业现代化步伐。副省长、省农村工作领导小组副组长祝列克出席并讲话。

2011 年 11 月 19 日，陕西省环境保护厅发布了《关于开展陕南地区移民搬迁安置规划环评的函》（陕环函〔2011〕980 号）。

2011 年 11 月，《关于印发陕南地区移民搬迁用地审批意见》（陕国土资发〔2011〕42 号）印发。

2011 年 12 月 7 日，全省连片特困地区区域发展与扶贫攻坚规划编制工作会在西安召开。副省长祝列克主持会议并讲话。祝列克强调，中央共确定全国连片特困地区 11 个，涉及陕西省的有秦巴山区、吕梁山区、六盘山区 3 个国家片区，同时我省结合实际，又将白于山区和黄河沿岸土石山区确定为省级片区。

2011 年 12 月 9 日，省住房和城乡建设厅印发《关于做好陕北移民搬迁集中安置规划建设工作的通知》（陕建发〔2011〕283 号）。

2011 年 12 月中旬，省扶贫办派出 2 个工作组，对陕北扶贫移民搬迁工作进展情况进行了拉网式检查。从检查情况看，陕北扶贫移民搬迁工程开局良好，进展顺利，其中白于山区所有扶贫移民搬迁安置点的土（林）地的手续已全部按规定办理结束；黄河沿岸土石山区 59 个扶贫移民搬迁项目村已全面启动建设，圆满完成了年度目标建设任务。

2011 年 12 月 29 日上午，省政府在北京召开中央部委赴陕定点扶贫和陕西扶贫顾问座谈会。副省长祝列克出席会议并讲话。出席座谈会的在京陕西扶贫顾问有：中国社科院原纪委书记杨克，中央编办原副主任、中国行政管理学会会长王澜明，铁道部原副部长、中国工程院士孙永福，纺织总局原纪检书记祝新民，全国政协社会和法制委员会副主任、国务院法制办原主任曹康泰，全国人大财政经济委员会原委员、中国工商银行原行长张肖，中国有色矿业建设集团原总经理张健，全国政协经济委员会原副主任潘蓓蕾等。祝列克指出，陕西扶贫开发工作依然任重道远。希望中央部委一如既往地对陕西给予倾斜支持，同时也恳请各位顾问发挥联系广泛的优势，利用各种渠道进一步宣传陕西，推动国内外资本来陕投资兴业。中宣部、中联部、科技部、国防科工局、中国邮政集团公司等15个中央赴陕定点扶贫单位的负责同志以及扶贫办主任参加了会议。

（三）以“稳得住”为主的协同实施

2012年1月5日下午，省委常委、副省长江泽林带领省住房和城乡建设厅、财政厅、国土资源厅等省级有关部门负责同志在商洛调研省级重点示范镇和保障性住房建设工作时强调，要将农民工进城、移民搬迁等各项惠民工程相结合，推动城镇化的进程。

2012年1月13日，省人大代表、省长赵正永分别参加解放军代表团和汉中市代表团对政府工作报告、计划报告和财政报告的审议。赵正永指出，汉中要充分发挥现有基础和巨大潜力，在陕南循环发展中实现率先突破，带动“富裕陕南、生态陕南、秀美陕南、安全陕南”的建设。要借助灾后重建中已有部分群众搬迁的条件，在避灾移民搬迁方面走在前面。

2012年1月29日下午，省长赵正永主持召开省扶贫开发领导小组会议，研究贯彻落实中央扶贫开发工作会议精神和我省当前及今后十年扶贫开发工作有关问题。省委常委、常务副省长娄勤俭，副省长祝列克出席会议。赵正永强调，要摸清底数，针对致贫关键因素，采取发展产业、移民搬迁、教育支助、科技培训和帮助就业等不同措施，统筹分类解决贫困问题。

2012年1月30日上午，省长赵正永主持召开省政府第2次常务会议，审议并原则通过了《关于支持渭南加快建设陕西东大门的若干意见》，听取了关于汉江综合整治规划等汇报。会议指出，实施汉江综合整治，是陕南群众盼望已久的大事，也是“一江清水供北京”的有力保障。要按照“江堤标准化、水系生态化、景观优美化”的目标要求制定规划，明确标准，多方筹措资金，加快推进这项工作。整治中一定要切实加大环保监测力度，保护好生态环境，特别要防止有色金属污染。沿汉江两岸城市要调整优化布局，做到减量化、生态化。

2012年2月4日，全省扶贫办主任会议召开。会议要求，陕西省今后的扶贫开发工作将向缩小差距；综合扶贫开发；城乡统筹、区域协调发展；工作到村、扶贫到户、投资于人；“三位一体”大扶贫格局；依法推进6个方面转变。

2012年2月5日，副省长祝列克在汉中市考察汉江综合整治工程建设时指出，汉江综合整治是省委、省政府在新的历史条件下做出的重大部署和决策，各级政府必须站在“历史、人文、和谐、发展”的新高度，统筹规划，科学布局，合理开发，实现“安澜汉江、生态汉江、人文汉江、宜居汉江”的目标。

2012年2月7日，陕西省住房和城乡建设厅和陕西省质量技术监督局联合发布《关于发布陕西省工程建设标准〈陕南地区移民搬迁公共设施建设标准〉的通知》（陕建发〔2012〕30号），《关于发布陕西省工程建设标准〈陕北地区移民自建房技术规范〉的通知》（陕建发〔2012〕31号），标准号分别为DBJ/T61－66－2011，DBJ/T61－67－2011。它们均从2012年3月1日起实施。

2012年2月14日，陕西省防震减灾工作领导小组会议召开。副省长、省防震减灾工作领导小组组长郑小明出席会议并讲话。郑小明代表省政府与各设区市签订2012年防震减灾目标责任书。

2012年2月14日至2月16日，汉中市政府分别举行南郑县三门等16个安置点、勉县黄龙新村等33个安置点集中开工仪式，标志着全市2012年移民搬迁安置点全面开工建设。

2012年2月15日下午，全省住房保障工作座谈会在西安召开。省委常委、副省长江泽林出席会议并讲话。江泽林说，保障性住房工程不仅是一项民生工程，也是发展工程，是推动城镇化的重要手段。为此，在建设过程中要统筹考虑好学校、商业、医疗服务等配套设施，完善城市功能。同时，与农民工进城、移民搬迁等各项惠民工程相结合，推动城镇化的进程。

2012年2月21日晚，省长赵正永、副省长祝列克在西安会见了国务院南水北调工程建设委员会办公室主任鄂竟平一行。赵正永说，陕西省委、省政府始终把“一江清水供北京”作为一项重要的政治任务，从关停污染项目、增强汉江水质监测、保护秦岭大生态、建设循环产业园、实施陕南移民搬迁等各个方面加大水资源保护力度，特别是着力加强渭河和汉丹江流域综合治理，取得了很好的成效。成为南水北调工程建设委员会成员后，陕西一定会进一步搞好水源地保护，全力确保出陕水质达标。希望国务院南水北调办公室充分考虑陕西实际，加大对陕西的支持力度，帮助我们把这项造福百姓的工作做得更好。鄂竟平表示，陕西为南水北调工作付出了很多努力，也做出了很大牺牲，我们一定会积极协调国家有关部委，为陕西争取更多的资金和项目支持，在搞好水源地保护的同时，促进陕西经济社会又好又快发展。省政府办公厅、省发改委、省财政厅、省环保厅、省水利厅负责人参加会见。

2012年2月22日上午，全省国土资源工作会在西安召开，省委常委、副省长江泽林做重要讲话，国家土地督察西安局局长杨璐应邀参会并讲话，省政府副秘书长李明远主持会议，省国土资源厅厅长王登记做工作报告。

2012年2月28日，省人大常委会法工委、省扶贫办在西安召开《陕西省农村扶贫开发条例》宣传贯彻大会。省人大常委会副主任张迈曾、副省长祝列克出席会议并讲话。《陕西省农村扶贫开发条例》于2012年1月6日经陕西省十一届人大常委会第二十七次会议通过，于2012年3月1日起施行。这是陕西省关于扶贫开发的第一部地方性法规。省人大常委会法工委主任杨尊法主持会议，省扶贫办主任郭汉文对扶贫部门宣传贯彻工作做了安排。省委副秘书长杨志刚、省政府副秘书长胡小平等参加了会议。

2012年3月5日下午，陕西省代表团在住地召开全体会议，审议国务院总理温家宝在十一届全国人大五次会议上所做的政府工作报告。中共中央政治局委员、全国人大常委会副委员长、中华全国总工会主席王兆国参加审议并讲话。代表团团长赵乐际主持会议，代表团副团长赵正永、白阿莹、李金柱，陕西省代表、国家人口和计生委主任王侠参加。受国务院委派，中国人民银行行长周小川及有关部门负责人到会听取代表意见。全国人大常委会副秘书长韩晓武也参加会议。在对报告给予高度赞同后，杨冠军代表重点就国家启动实施新十年扶贫开发纲要提出，要切实让扶贫对象享受到更多改革发展的成果。建议国家应加大对陕西扶贫开发的支持力度，加强对陕西避灾移民扶贫搬迁的重点支持以及将位于秦巴山区的商洛市作为扶贫开发实验区。

2012年3月6日，陕西代表团副团长、省长赵正永在当天上午审议政府工作报告时强调，要坚决按照稳中求进的总基调，奋力开创富民强省新局面。近年来我省在民生方面出台了一系列政策措施，不少走在全国前列，要进一步扩面提标，特别要抓好避灾扶贫和生态移民搬迁、保障性住房建设等重点工程，努力解决好群众最为关心的教育、医疗卫生、社会保障等问题。

2012年3月16日上午，省委召开常委会议，传达学习全国两会精神和中共中央政治局常委、国务院总理温家宝参加陕西省代表团审议时的重要讲话，部署全省贯彻落实工作，研究省级领导干部包抓影响社会稳定突出问题等事项。省委书记赵乐际主持会议。会议指出，要着力保障和改善民生，继续搞好保障房建设、避灾扶贫生态搬迁等工作，让群众得到新的更多实惠。

2012年3月19日，陕西省住房和城乡建设厅、陕西省扶贫开发办公室和陕西省国土资源厅联合发出《关于进一步做好陕南陕北移民搬迁安置规划工作的通知》（陕建发〔2012〕79号）。该文件要求“各地以县（区）为单位，在2012年5月10日前完成辖区内《县（区）移民搬迁集中安置点布局规划》的编制及审查工作”。

2012年3月19日，陕南地区移民搬迁工作指挥部印发《关于陕南移民搬迁安置项目审查工作程序的通知》（陕南移指发〔2012〕11号），就陕南地区移民搬迁集中安置工程项目的审查机构及职能分工、安置项目审查内容和审查程序等做出安排。

2012 年 3 月 19 日，国务院扶贫办在官方网站公布了最新调整的国家扶贫开发工作重点县名单，其中调出 38 个，调入 38 个，总数仍为 592 个。陕西省调出彬县、子长县、安塞县、吴起县、府谷县、靖边县，调入澄城县、富平县、勉县、留坝县、佛坪县、石泉县。本次名单调整由各省（区、市）根据自身实际情况内部微调，各省（区、市）调入和调出县区数量相同，总数保持不变。调整后的国家扶贫开发工作重点县位于中部地区的有 217 个，西部地区有 375 个，其中属于集中连片特殊困难地区范围内的国家扶贫开发工作重点县有 440 个。

2012 年 3 月 30 日至 3 月 31 日，省直机关工委组织各省直机关、单位负责人及优秀青年干部 30 人，组成陕南移民搬迁工程考察分团，先后深入洋县洋州镇草坝移民安置点、西乡县杨河镇高土坝移民安置点、石泉县城关镇杨柳集中安置小区、紫阳县蒿坪镇双星村移民安置点、汉滨区七堰镇集中安置小区等汉中、安康两市五个区县的移民安置工程，对陕南移民搬迁工程补贴政策落实情况，各移民搬迁安置点（小区）入住群众生产、生活情况以及当地有关部门如何落实移民安置后“稳得住、能致富”等具体情况，逐一进行了细致的走访与调研。

2012 年 3 月 31 日至 4 月 1 日，国务院扶贫开发领导小组副组长、国务院扶贫办党组书记、主任范小建在汉中市调研扶贫开发工作。副省长祝列克陪同调研。每到一地，范小建一边实地了解移民搬迁、产业发展和扶贫互助资金工作，一边详细询问群众生产生活情况和存在的困难与问题，共同研究脱贫致富的对策。宁强县舒家坝镇宝珠观村移民搬迁安置点是 2010 年陕西省实施的千村扶贫移民搬迁项目之一，共安置搬迁户 44 户 167 人。在该村移民搬迁户刘享红家，范小建仔细察看了他家新建房屋情况，并与他算建房资金账，当得知他家建房还欠有部分贷款时，鼓励他通过劳务输出和发展当地特色产业等途径，早日实现脱贫致富。省政府副秘书长胡小平、省扶贫办主任郭汉文以及汉中市委、市政府主要领导等参加调研。

2012 年 4 月 1 日下午，省长赵正永会见了在陕西省调研的国务院扶贫开发领导小组副组长、国务院扶贫办党组书记、主任范小建一行。副省长祝列克一同会见。赵正永对范小建来陕调研表示欢迎，并简要介绍了陕西省扶贫开发工作的有关情况。赵正永说，在贯彻落实中央扶贫开发工作会议精神过程中，陕西确定了工作到村、扶贫到户、一村一策、一户一法的扶贫工作思路，针对致贫关键因素，采取发展产业、移民搬迁、教育支助、科技培训和帮助就业等不同措施，统筹分类解决贫困问题，特别是按照“建设小城镇、发展现代农业和避灾扶贫搬迁”三位一体的思路，在陕南秦巴山区、陕北白于山区和黄河沿岸土石山区实施避灾和扶贫移民搬迁，目前已取得明显成效，希望得到国务院扶贫办进一步的指导和支持，陕西有决心、有信心打好新一轮扶贫开发攻坚战。范小建表示，陕西省委、省政府高度重视扶贫开发工作，认识统一、思路清晰、方向明确、措施得力，特别是在推进农村低保和开发扶贫制度衔接、实施避灾扶贫移民搬迁、动员社会力量扶贫、高于国家标准推进扶贫开发等方面，进行了许多成功的探索，为全国扶贫开发工作做出了积极贡献。下一步，要以秦巴山区连片特困地区为重点，统筹推进搬迁安置、劳动力转移就业、基础设施建设、社会事业发展和生态环境保护，不断激发贫困地区内在活力。国务院扶贫办将一如既往支持陕西搞好扶贫开发工作，努力推动当地经济社会更好更快发展。省政府办公厅和省级相关部门负责人参加会见。

2012 年 4 月 6 日上午，省委常委、副省长江泽林召集的分管部门召开重点工作推进分析研究会议。省国土资源厅、省环境保护厅、省住房和城乡建设厅、省交通运输厅、西咸新区管委会的主要领导对 2012 年初确定的各自重点工作在一季度的进展情况进行了总结，分析了工作中存在的问题，提出了解决问题的具体措施，并按照优、良、及格、不及格四个等级对各自的重点工作完成情况进行了评价。省国土资源厅厅长王登记在分析陕南移民搬迁工作存在的问题时说，通过核查，2011 年部分县（区）工作落实不到位，集中安置项目进展缓慢，如不加大措施，实现 6 月底全面完成工作任务目标的难度较大。同时，王登记又提出解决方案，在加强宣传的同时，加大检查督促力度，每月核查 8 个县（区）的工作，争取 5 月底对 2011 年陕南移民搬迁工作全部摸清底子，及时解决工作中存在的问题。采取定期检查集中验收考核相结合的办法，加大检查、验收力度，确保搬迁进度和质量。对于国土资源厅牵头的陕南移民搬迁工作完成情况，王登记自评为良。据悉，所谓月考季评，就是按照年初确定的阶段性目标要求，每月对照考核，检查重点工作的进度情况，分析存在问题，提出解决方案；每季度江泽林召集会议，相关部门汇集一堂，讲进度、谈问题，并对自己部门情况予以自我评价。这五个部门列入月考季评的共 11 项重点工作，全是省党代会、省人代会上确定的重大部署和重点工作。

2012 年 4 月 12 日，省人大常委会副主任张迈曾深入帮扶点丹凤县上坪村，开展“三问三解”活动。张迈曾强调，一定要努力把问题解决在群众心坎上。省人大常委会副秘书长王占峰等陪同调研。

2012 年 4 月 19 日至 4 月 20 日，副省长祝列克带领省级有关部门负责同志在汉中市检查扶贫开发和汉江治理工作。在宁强县舒家坝镇宝珠观村移民安置点考察时，祝列克向搬迁群众详细了解建房费用、政府补助、产业配套等情况后说，移民搬迁既要注重解决贫困群众当前生活困难，更要积极探索长效发展机制。汉台区河东店镇移民搬迁安置点计划安置群众 618 户 2117 人，住房建设正在紧张进行，祝列克要求，在加快住房建设的同时，还要规划建设好基础设施和公共服务设施。在实地考察了勉县城区段、城固县江湾滩段堤防工程建设后，祝列克强调要精心组织、抓紧施工、注重质量，统筹搞好防洪、绿化、景观工程建设，实现江堤标准化、水系生态化、景观优美化的目标。

2012 年 4 月 20 日上午，陕西省委召开常委会议，分析一季度全省经济运行情况，部署二季度经济工作，安排全省有突出贡献专家等事项。省委书记赵乐际主持会议。会议要求，启动“社保全覆盖行动”计划和“扩面提标”工程，加快保障房建设和避灾移民生态搬迁。

（四）区域发展与移民搬迁

2012 年 5 月，国务院批复《秦巴山片区区域发展与扶贫攻坚规划（2011—2020 年）》。秦巴山片区涉及河南、湖北、重庆、四川、陕西、甘肃六省（市）的 17 个市、80 个县（市、区），在全国 11 个片区中涉及的省份最多、国土面积最大、内部差异最大。

2012 年 5 月 10 日，秦巴山片区区域发展与扶贫攻坚启动会在秦巴山区腹地四川省广元市召开。中共中央政治局委员、国务院副总理、国务院扶贫开发领导小组组长回良玉出席并讲话。回良玉指出，秦巴山片区集革命老区、大型水库库区、汶川地震灾区、自然灾害易发多发区于一体，内部差异显著、致贫因素复杂、贫困人口众多，必须按照“区域发展带动扶贫开发、扶贫开发促进区域发展”的思路，集中力量推进这一片区的区域发展与扶贫攻坚。一要注重生态环境保护，巩固和扩大退耕还林成果，确保南水北调中线工程水源安全；二要有序推进移民搬迁，坚持群众自愿、因地制宜、科学规划，确保群众搬得出、搬得起，稳得住、能致富；三要加大劳动力培训力度，提高劳务品牌知名度，促进劳务输出由数量型向质量型、由自发性向组织化转变；四要做大特色优势产业，立足区域优势和资源条件，坚持以市场为导向，带动和帮助贫困农户增收脱贫；五要调动各方积极性，发扬“宁愿苦干、不愿苦熬”的扶贫开发精神，激发广大群众参与扶贫开发的热情。四川省委书记刘奇葆在会上致辞。铁道部部长盛光祖主持启动会。国务院扶贫办、国家发展改革委、科技部和河南、湖北、重庆、四川、陕西、甘肃省（市）人民政府负责同志在会上发言。

2012 年 5 月 14 日下午，省住房和城乡建设厅召开党员干部大会，传达贯彻省十二次党代会精神。省委委员、厅党组书记、厅长李子青传达了相关精神，并对如何抓好贯彻落实做出了具体部署。会议指出，要以规划为引领，以保障性住房建设、有条件农民进城落户、陕南移民搬迁、陕北扶贫搬迁、园林城市创建、重点县城和重点示范镇建设为抓手，按照“做美城市、做强县城、做大集镇、做好社区”的总体思路，加快推进全省城镇化进程，科学规划、加快建设、强化管理，努力在提升城镇化发展质量上下功夫，科学、超前设定城镇化各项指标，深入抓好各项工作落实，到 2015 年全省城镇化水平达到 57%。

2012年5月中旬，汉中市国土资源局正式建成并启动了新研发的地质灾害监测预警系统，该监测预警系统在全省尚属首个，各项监测、预警、预报功能和性能走在了全国前列。

2012年6月初，国家发改委下达陕西省易地扶贫搬迁工程2012年中央预算内投资25500万元，比2011年增加了2000万元。省发改委将从国家发改委下达的易地扶贫搬迁资金中安排1.26亿元，支持陕南地区移民搬迁安置工作。

2012年6月4日，省委书记赵乐际、省长赵正永在西安分别会见了交通银行党委书记、董事长胡怀邦。赵正永说，目前陕西按照稳中求进总要求，发挥优势、立足赶超，启动实施了避灾扶贫生态移民搬迁、渭河治理、引汉济渭等一批事关全局的重大项目，特别是按照现代田园都市理念推进西咸新区建设，这些为金融业在陕发展提供了良好机遇。省委常委、常务副省长娄勤俭，省委常委、省财政厅厅长刘小燕等参加会见。

2012年6月4日，国务院以国函〔2012〕50号文件批复了国家发改委、国务院南水北调办、水利部、环境保护部、住房和城乡建设部及河南、湖北、陕西三省共同编制的《丹江口库区及上游水污染防治和水土保持“十二五”规划》（以下简称《规划》），原则上同意《规划》内容，并要求认真组织实施。批复文件指出，水污染治理和水土保持是南水北调工程成败的关键，保护好丹江口水库水质，持续改善库区及上游地区的生态环境，对南水北调中线工程的顺利建设和区域经济社会的可持续发展，具有十分重要的意义。批复文件强调，河南、湖北、陕西三省政府为《规划》的实施责任主体，要将《规划》纳入地方“十二五”国民经济和社会发展规划，并结合本地区实际情况制定年度实施计划。

2012年6月上旬，省政府下发《2012年地质灾害防治方案》，要求各地市做好地质灾害防治的组织、协调、指导、监督工作，切实提高防灾减灾水平。2012年陕西省地质灾害将以崩塌、滑坡、泥石流等突发性地质灾害为主，地质灾害防治形势依然严峻。商洛市、安康市、汉中市仍然是2012年地质灾害防范的主要区域。

2012年6月8日，省扶贫开发领导小组在西安召开新阶段省级“两联一包”扶贫工作电视电话动员会议，省委常委、常务副省长、省扶贫开发领导小组副组长娄勤俭作动员讲话，副省长、省扶贫开发领导小组副组长祝列克主持会议。

2012年6月中旬，省民政厅依据陕西省“十二五”国民经济和社会发展总体规划，制定出台了陕西省“十二五”（2011—2015年）防灾减灾专项规划。规划按照“兴利除害结合、防灾减灾并重、治标治本兼顾、政府社会协同”的要求，重在建立健全综合减灾管理体制和运行机制，全面提升灾害监测预警、防灾备灾、应急处置、灾害救助的能力。提出陕西省今后一个时期防灾减灾的基本原则，即以人为本，科学减灾；统筹兼顾，突出重点；预防为主，协同统一；政府主导，部门协作。

2012年6月27日，全省水库移民工作会议在西安召开。副省长祝列克出席会议并讲话。祝列克指出，要正确处理好避灾移民、扶贫移民与水库移民之间的关系，工程建设与移民搬迁安置之间的关系，后期扶持与引导移民自我发展之间的关系，切实克服“重工程、轻移民、重搬迁、轻安置”思想，把移民工作放在工程建设的首要位置，坚持“先移民、后建设”的方针，切实尊重移民意愿，保障移民合法权益，使移民群众共享水利水电工程建设的成果。列席会议的还有水利部水库移民开发局副局长杨嘉隆、省水利厅厅长王锋。

2012年7月20日，延安市人民政府《关于印发延安市扶贫移民搬迁工作实施细则的通知》（延政发〔2012〕50号）发布。该《细则》共五章三十条，自颁布之日起施行，2020年12月31日废止。

2012年7月25日，佛坪县召开县政府2012年第7次常务会议审议并原则同意《佛坪县陕南移民搬迁安置（含库区移民搬迁）工作“一票否决”实施办法》，会议要求按程序送审后，以县委办、政府办文件印发。

2012年7月27日下午，省委宣传部、省地震局在西安联合召开全省防震减灾宣传工作电视电话会议。省防震减灾工作领导小组成员单位、省文化厅、省新闻出版局、省行政学院、省科学技术协会、省红十字会及省上主要媒体单位负责人参加会议。省委宣传部副部长刘伟、省地震局副局长姬丁义出席会议并讲话。

2012年7月28日，丹江口库区及上游水土保持二期工程启动会在河南省西峡县召开，这标志着丹江口水库水源区新一轮水土保持建设工程全面启动。水利部副部长刘宁、国务院南水北调建设委员会办公室副主任于幼军出席会议并讲话。该工程涉及陕西、湖北、河南三省43个县市区，总投资近26亿元。其中，我省陕南占到28个县（区），总投资19.76亿元，5年安排治理水土流失面积4893.1平方公里。单位治理面积投资达每平方公里40万元，比一期工程提高了60%。

2012年8月2日上午，全省扶贫办主任会议在安康市召开。会议宣读了副省长祝列克书面讲话，并对全省上半年扶贫开发工作进行了总结，对下半年工作进行了安排部署，来自10市和97个有扶贫开发任务的县（区）扶贫办主任参加了会议。

2012年8月7日，省委常委、省委秘书长刘小燕到石泉县后柳镇中坝村移民安置点调研扶贫工作，走访慰问困难群众。安康市委书记方玮峰、省委副秘书长薛耀瑄、省扶贫办主任郭汉文、省药监局局长胡小平陪同调研。

2012年8月8日，进入汛期以来，陕西省部分地区受强降雨影响，地质灾害频发，全省各级国土资源部门把灾害预警、群测群防作为工作的重心，7月成功预报地质灾害6起，避免了361人伤亡。

2012年8月9日至8月10日，全省加快推进城镇化和城镇建设管理工作会议在汉中召开，省长赵正永出席会议并讲话。省委常委、副省长江泽林主持会议。会上，汉中、延安、铜川三市和省住建厅做了发言，播放了西乡县、商南县城镇建设情况专题片，表彰了2011年先进县城和重点示范镇建设先进镇。与会人员还现场观摩了汉中市推进城镇化和加强城镇建设与管理的成果。西安市市长董军，省政府秘书长秦正，省级有关部门，各市县政府及31个重点示范镇负责人等500多人参加会议。

（五）人大代表、政协关心和支持移民搬迁

2012年8月13日至8月15日，在陕十一届全国人大代表陕南陕北移民搬迁专题调研深入商洛市开展，重点了解移民搬迁工作进展、安置规划落实、配套产业建设等情况。省人大常委会副主任黄玮带队参加调研并出席汇报会。调研组一行在商洛市主要领导的陪同下，先后深入到商州区沙河子镇、山阳县高坝店镇、丹凤县竹林关镇、商南县清油河镇4县区6个陕南移民搬迁安置点，就移民搬迁的政策落实、资金筹措、配套服务、产业发展等问题开展现场调研，入户走访，与当地干部群众共同研讨移民搬迁存在的问题。8月15日上午，调研组在商南县召开了调研座谈会，在陕全国人大代表在发言中对陕南移民搬迁工作取得的成绩给予了充分肯定，并对进一步推进移民搬迁工作提出了许多合理化的建议和意见。黄玮指出，陕南移民搬迁是省委、省政府的重大决策，是陕南最大的民生工程，意义非常重大，如何把这件功在当代、利在千秋的好事办好，是各级党委、政府的重要职责，也是对各级干部执行能力的考验。黄玮强调，在今后的陕南移民搬迁工作中，一要结合山区实际，走出一条因地制宜、符合规律、群众满意的移民搬迁工作新路子；二要积极探索移民搬迁工作中各种有效的移民培训、产业发展等生存模式；三要抓住机遇，长远规划，循序渐进，脚踏实地，扎扎实实推进陕南移民搬迁工作再上新台阶。

2012年8月13日至8月17日，全省市县领导干部城镇化培训班在省委党校大礼堂举行。省委常委、副省长江泽林出席开班仪式并做专题辅导报告，出席结业仪式并讲话。江泽林说，要结合保障性住房建设、有条件农民进城落户、陕南移民搬迁、陕北扶贫搬迁和现代农业产业化的发展等重点工作，扎实促进城镇化发展。

2012年8月22日，北京大学政治发展与政府管理研究所向陕西省赵正永省长并陕南地区移民搬迁工作领导小组呈送“关于《陕南移民研究与探索》课题项目组开展实践总结与研究的请示”（陕移研发〔2012〕1号）。

2012年8月24日，省委常委、副省长江泽林到商洛市调研。商州区沙河子镇王山底村是江泽林的扶贫联系点。江泽林一行到陕南移民搬迁集中安置点，了解搬迁户居住情况，叮嘱一定要将这件好事办实办好。商洛市是江泽林的防汛工作分片联系地区。在实地检查了二龙山水库和南秦河重点段防洪工程后，江泽林要求，一定要加强水利基础设施建设，要做到未雨绸缪，常抓不懈，确保各项防汛责任和工作措施落到实处，确保人民群众生命财产安全。省住房和城乡建设厅、省交通运输

厅、省水利厅、省扶贫办、省气象局和商洛市负责同志参加调研。

2012 年 8 月 31 日下午，省政府、省政协第十次联席会议在西安举行，省长赵正永通报省政府重点工作，省政协主席马中平主持会议，省委常委、常务副省长娄勤俭，省委常委、副省长江泽林，副省长郑小明、李金柱，省政协副主席张生朝、周一波、刘新文、王晓安、李晓东、李冬玉、李进权出席。赵正永说，陕南移民搬迁共建成安置房 6.01 万户，新开工 6.07 万户，去年任务全面完成；陕北扶贫搬迁按计划推进，2460 户群众已搬入新居。重点示范镇建设累计投资 112 万元，开工和建成了 892 个项目。

2012 年 9 月初，陕南地区移民搬迁工程指挥部印发了《关于切实做好当前移民搬迁信访工作的通知》（陕南移指发〔2012〕33 号）。

2012 年 9 月初，安康市人大常委会提出要将制定《陕南移民搬迁条例》等 5 条立法建议作为陕西省 2013—2017 年立法规划项目。

2012 年 9 月 7 日，全省连片特困地区区域发展与扶贫攻坚实施规划编制工作会在西安召开，副省长祝列克出席并讲话。会议确定了秦巴山片区、六盘山片区和吕梁山片区这 3 个国家连片特困地区发展的战略定位和目标。其中，秦巴山片区的战略定位是，打造区域交通重要通道、循环经济创新发展区、科技扶贫示范区、知名生态文化旅游区和国家重要生态安全屏障。

2012 年 9 月 13 日陕西省举行陕南陕北移民搬迁工作实施情况新闻发布会。陕西省国土资源厅雷鸣雄副厅长在发布会上介绍了陕南移民搬迁工程的有关情况。

2012 年 9 月 21 日，陕西省丹江口库区及上游水土保持二期工程在商洛市启动。省水利厅厅长王锋、省水土保持局局长张秦岭出席会议并讲话。

2012 年 9 月 30 日，国务院印发《关于丹江口库区及上游地区经济社会发展规划的批复》，原则同意《丹江口库区及上游地区经济社会发展规划》。

2012 年 10 月 2 日至 10 月 4 日，省委书记赵乐际利用国庆假期深入丹江口水库和安康市白河县、平利县等地调研。赵乐际强调，要抓住国家新一轮扶贫开发和省上推进陕南循环发展等机遇，进一步加强汉丹江流域保护，积极发展优势特色产业，在青山绿水中让群众日子越过越好。

2012 年 10 月 17 日，第七次陕南循环发展工作座谈会在商洛召开，省长赵正永出席会议并做重要讲话，省委常委、常务副省长娄勤俭主持会议。赵正永指出，要围绕全省改善民生的总体目标，下力气抓好避灾移民搬迁、保障性住房、重点镇建设和秦巴山连片扶贫规划实施等重大民生工程，不断改善群众的生产生活条件。会上，陕南循环发展工作领导小组办公室，汉中、安康、商洛市政府和省财政厅、建设厅、交通厅作了发言；会议还表彰了陕南循环发展和“一县一产业”的先进县（区）、园区和企业。省政府秘书长秦正，陕南循环发展领导小组各成员单位，陕南三市和各县区负责同志参加会议。

2012 年 10 月中旬，商洛市镇安县被确定为陕南移民信息化系统试点县。信息化系统可实现安置审定信息、入住验收信息、安置点信息、移民计划、移民影像、项目和资金的全面管理，及时掌握各个搬迁点的动态，建设规模、户数和人数、基础设施和资金运行投资情况，建成后管理将会更科学。同时，实现上下级部门间的便捷沟通，及时掌握各县安置点情况，实现各部门之间的数据查阅、共享与协调，有效地提高办事效率，方便对搬迁户的管理。

2012 年 10 月中旬，《关于开展 2011 年度移民搬迁安置项目建设成本调查工作的通知》（陕南移指发〔2012〕37 号）发布。通知要求：按照一市一县，并充分考虑深山县、半山县、平原县等因素，确定商洛市商南县、汉中市城固县、安康市紫阳县为本次调查的对象。调查内容涉及：一是对被调查县 2011 年度集中安置建设项目逐点进行工程项目建设成本调查，对分散安置建房成本抽取 10% 的搬迁户样本进行调查；二是对被调查县 2011 年度财政收入情况及移民搬迁工程资金投入情况进行调查，了解移民搬迁工作对地方政府财政的影响程度；三是对被调查县 2011 年移民搬迁税费优惠政策执行及搬迁户自筹资金和社会资金投入情况进行调查。

2012 年 10 月 25 日，陕西省国土资源厅向陕西省统计局报送了《关于协助对陕南三市人民政府实施移民搬迁民意调查的函》（陕财办建〔2012〕20 号）并附有《2012 年陕南地区移民搬迁民意调查实施方案》。

2012 年 10 月 30 日上午，省长赵正永、副省长祝列克在西安会见了国务院南水北调办公室主任鄂竟平一行。赵正永说：作为国家南水北调中线工程的水源地，陕西始终把“一江清水供北京”作为一项重要政治任务，通过推动陕南循环发展、全力搞好生态建设和实施移民搬迁、进行汉江综合治理、加强污水垃圾处理设施建设等措施，保证了境域内的汉丹江一直具有良好水质。随着通水日期的临近，我们将进一步做好工作，确保出境水质达标输送。陕西承担着南水北调中线 70% 的供水量，生态保护任务十分繁重，希望国家加大支持力度，帮助陕南实现生态建设与经济社会的协调发展。鄂竟平表示，良好的水质是南水北调工程的关键，陕西为水源地保护作出了重要贡献，南水北调办公室将积极协调有关方面对陕南的生态建设给予更多支持，促进陕西经济社会又好又快发展。省政府秘书长秦正和发改、财政、环保、住建、水利、农业、林业等省级部门负责人参加会见。

2012 年 10 月 30 日至 10 月 31 日，国务院南水北调办主任鄂竟平一行在陕西省调研南水北调工作进展情况，并与省级部门以及相关地市负责人进行了座谈。副省长祝列克陪同调研并出席座谈会。鄂竟平指出，通过实施陕南循环发展、生态移民搬迁、加强水污染防治和水土保持等措施，陕西境内的汉、丹江水质保护成效明显。他强调，随着通水日期临近，要深入推进南水北调工作，确保水源地水质达标。发改、财政、环保、住建、水利、农业、林业等省级部门以及汉中、安康、商洛三市负责人参加座谈会。

（六）移民搬迁安置工作日益严格

2012 年 10 月 31 日，汉中市洋县颁布了《移民搬迁安置工作一票否决和责任追究办法》，实行一月一检查，并将结果在电视台通报，对连续三个月考核排名在全县后两位以及年终综合考核排名在全县后两位且没有完成年度目标任务的镇和部门实行一票否决；对连续两个月考核排名居全县后两位的镇和部门，对其党政主要领导进行诫勉谈话；对年终考核居全县后两位且未完成年度目标任务的镇党委书记进行岗位调整，镇长和分管领导就地免职。

2012 年 11 月 1 日至 11 月 2 日，省委副书记孙清云在安康市调研。孙清云到汉阴县月河工业园区、五一现代农业示范园和石泉县工业园区，了解产业发展情况和企业吸纳农民就业的措施。他说，加快陕南发展，要把扶贫开发与推进城镇化、工业化和发展现代农业、保护生态环境有机结合起来，着眼于提高扶贫对象的自我发展能力，立足当地资源禀赋，选准特色主导产业，推广运用先进适用技术，提升产业化扶贫的效果和水平，筑牢脱贫致富的产业基础。孙清云十分关注通过移民搬迁进城落户农民的生产生活情况。在汉阴县双乳镇三同村和石泉县杨柳移民搬迁小区，他查看了安置点建设情况，并与入住的搬迁户亲切交谈，听到大家对搬迁落户后的就业、生活、教育、医疗条件表示满意时，孙清云高兴地说，推进城乡一体化发展，最终目的就是要让群众过上好日子。要着眼长远，尊重群众意愿，在富民上做文章，在服务上下功夫，让农民搬得出、稳得住、能发展。

2012 年 11 月 20 日，《商洛市人民政府办公室转发市财政局关于商洛市移民搬迁安置补助资金筹集与管理办法的通知》（商政办发〔2012〕116 号）印发，共有五章十七条内容的《商洛市移民搬迁安置补助资金筹集与管理办法》自 2012 年 12 月 20 日起实施，至 2016 年 12 月 19 日废止。

2012 年 12 月 17 日，陕南地区移民搬迁工作指挥部下发“关于印发陕南地区移民搬迁工作领导小组办公室陕西陕南移民搬迁工程有限公司《下乡人员工作纪律》的通知”（陕南移指发〔2012〕44 号）。

2012 年 12 月 17 日，陕南地区移民搬迁工作指挥部下发“关于印发《2012 年陕南地区移民搬迁工作年度目标责任考核办法》和《2012 年陕南地区移民搬迁工作年终目标责任考核办法》的通知”（陕南移指发〔2012〕43 号）。

2012 年 12 月中旬，省防总、省水利厅、省财政厅、省气象局联合召开 2012 年度山洪灾害防治非工程措施项目建设动员大会，安排部署 2012 年 36 个县区山洪灾害防治县级非工程措施建设计划，至此陕西省 98 个山洪灾害易发县区将实现县级非工程措施防御全覆盖。

2012 年 12 月 21 日，经陕西省人民政府同意，陕西省财政厅向陕南地区移民搬迁工作领导小组办公室、陕南地区移民搬迁工作指挥部下发了《关于陕南移民搬迁有关问题的复函》（陕财办建〔2012〕565 号），文件对“关于 2012 年省级建房补助资金拨付问题以及关于2011 年度陕南移民搬迁目标责任考核奖励资金问题”进行了答复。

2013 年 1 月 11 日，副省长祝列克到安康岚皋县调研扶贫开发及林下经济发展工作。祝列克一行考察了岚皋县花里镇旅游新村、茶叶产业生态园区和城关镇联春村扶贫搬迁安置小区、六口工业园区神源生物大鲵养殖公司、明富魔芋生物有限公司。祝列克指出，要紧紧围绕新时期扶贫开发方针，统筹规划连片特困地区经济社会发展，通过移民搬迁彻底改善贫困群众的生产生活条件，通过教育技能培训提高贫困人口就业能力，同时大力发展特色旅游、林下种植、林下养殖等优势产业，推进林权改革，使山区群众搬得出、稳得住、能致富。

2013 年 1 月 12 日，陕西省统计局社情民意调查中心 20 多位访问员随机对 2011 年已入住的陕南移民搬迁群众进行电话访问。这是陕西省首次将电话调查访问结果纳入陕南移民搬迁工作考核。

2013 年 1 月 18 日下午，全国扶贫开发工作电视电话会议召开。代省长娄勤俭、省委副书记孙清云、副省长祝列克在省级分会场出席了会议。全国 11 个集中连片特困地区规划已全面启动。规划涉及陕西省 7 市 45 县（区）的区域发展与扶贫攻坚已同步进入国家战略层面，将会受到国家特殊政策的支持。

2013 年 1 月 31 日上午，北京大学《陕南移民研究与探索》课题组专家一行在陕南移民搬迁办与陕西省陕南移民搬迁指挥部执行指挥长李永平等相关人员进行相关课题介绍及成果共享对接。北京大学政府管理研究中心执行主任阎雨、清华大学马克思主义学院教授张瑜，国家发改委宏观经济管理编辑部副主任、正司级研究员宋承敏，北京大学政府管理与产业发展研究院研究员、博士杨智中等参加。课题组通过陕南移民研究与探索平台，必要时以“专家直通车”的形式将陕西省陕南移民搬迁中研究与探索的成果或创新思路反馈中央相关部门，以此发挥上情下达的桥梁和纽带作用。

2013 年 2 月 19 日上午，省政府召开 2013 年第 3 次常务会议，传达学习习近平总书记在河北省阜平县考察扶贫开发工作时的重要讲话，安排部署有关工作。省长娄勤俭主持会议。会议指出，要抓住国家实施连片扶贫开发的重大机遇，结合省情精心策划一批重大项目，推动贫困地区基础设施加快改善。要以“大扶贫”的理念统筹社保、民政、教育等扶贫资源，尤其要把扶贫工作与加快城镇化进程有机结合起来，加快实施移民搬迁等重大工程，全面加快贫困群众脱贫致富的步伐。

2013 年 2 月 25 日，民进陕西省委会召开十一届二次常委会议。会议研究决定，从 2013 年开始，民进陕西省委会将对陕南、陕北移民群众进行“教育支边”和“文化下乡”。民进陕西省委会主委刘宽忍说，目前，陕西省陕南、陕北避灾扶贫搬迁群众虽然脱离了环境恶劣地区，但却缺乏教育和文化。按照五年工作计划，民进要充分发挥自身的教育和文化优势，为民办教育、文化、科技会员企业排忧解难，同时深入到陕北扶贫搬迁和陕南避灾搬迁群众中去进行多方面的教育扶贫，并带去丰富多彩的文化生活。

2013 年 2 月 27 日，全省农村工作会议在西安召开。省委副书记、省农村工作领导小组组长孙清云出席并讲话，副省长、省农村工作领导小组副组长祝列克做总结讲话，省人大常委会副主任吴前进、省政协副主席祝作利出席会议。孙清云说，陕西省统筹城乡发展开局良好，重点示范镇建设、农民进城和移民搬迁取得突破性进展，在全国率先实施大规模避灾移民搬迁，取得了城镇化、产业发展、保护生态和脱贫致富的多赢效果。

2013 年 3 月 5 日，国务院印发了《关于丹江口库区及上游地区对口协作工作方案的批复》，正式批准实施该方案。

2013 年 3 月 6 日，在陕西陕南移民搬迁工程有限公司会议室举行的陕南移民搬迁三市座谈会上，陕西省国土资源厅副厅长雷鸣雄表示，今年起，陕西省将把 70% 的搬迁入住率纳入考核。各地除了要考虑建房，更要考虑公共服务设施及相关配套产业，把陕南移民搬迁做实、做好，最终实现搬得出、稳得住、能致富的目标。会上，陕南三市代表分别结合当地实际情况提出了一些移民搬迁工作中存在的问题，例如，基础设施配套不健全、缺乏创新试点工程、人力物力不足、搬富不搬贫、搬迁房入住率低、各地市工作机构和补贴标准不统一等。

2013 年 3 月 9 日，在陕南移民搬迁指挥部相关人员陪同下，北京大学政府管理与产业发展研究院院长、《陕南移民研究与探索》课题组组长闫雨、杨智中博士等一行 9 人深入安康市白河县西营集镇、仓上镇裴家社区、天宝现代农业示范园调研避灾扶贫搬迁工作。

2013 年 3 月 21 日上午，省政府召开防震减灾工作领导小组会议，副省长、省防震减灾工作领导小组组长白阿莹讲话并与各设区市、杨凌示范区和韩城市政府签定 2013 年防震减灾目标责任书。省政府副秘书长杨长亚主持会议。

2013 年 4 月 12 日上午，省委召开常委会议，讨论陕西省加快推进城乡发展一体化、促进城乡共同繁荣的《若干意见》，研究全省“扫黄打非”工作。省委书记赵正永主持会议。会议强调，城乡发展一体化是解决“三农”问题的根本途径，是全面建设西部强省、全面建成小康社会的本质要求。要加快重点示范镇、新农村建设，推进移民搬迁和农业转移人口市民化，提高农村公共服务和社会事业发展水平，建设富裕美丽的新乡村。

2013 年 4 月 19 日上午，省委中心组就推进新型城镇化建设进行集体学习。省委书记赵正永主持并讲话。赵正永在学习结束时指出，城镇化是人口向城镇迁移、农业经济向非农经济转移、农村社会形态向城镇形态转型的过程，必须正确认识、深刻认识。要把握省情实际，针对陕西省农民比例偏高、收入偏低的现状，在城镇化进程中实现增收富民。要紧盯我省城镇化率低这个短板，继续保持追赶势头，尽快达到全国平均水平。要顺应群众追求平等、有尊严生活的期盼愿望，依托城镇化推进基本公共服务均等化。赵正永强调，从近年来的实践看，我省推进城镇化的思路是正确的，采取的措施也是有效的，必须继续坚持、不断完善。

2013 年 4 月 20 日，省国土资源厅召开紧急会议，迅速成立地质灾害排查和防治指挥部，研判地震次生地质灾害情况，先行安排地质灾害排查经费 50 万元，并组织中省 6 大地质勘查单位开展全省对口排查工作。陕南移民搬迁办公室迅速组织人员赴陕南三市，指导陕南三市逐点查看移民搬迁安置点的地质环境变化情况。

2013 年 5 月 26 日，《安康市避灾扶贫搬迁跨区域集中安置实施（试行）方案》正式出台。

2013 年 5 月 27 日，省委常委、省委组织部部长毛万春主持陕南地区乡镇（街道办）党（工）委书记轮训班开班式。根据省委赵正永书记的指示精神，省委决定，对陕南三市 2426 名乡镇（街道办）和县（区）直属部门主要负责同志，分批在省委党校和三市市委党校进行轮训，共举办 25 期。省委办公厅、省委组织部负责同志，省委党校校委，第一期培训班全体学员等 180 余人参加开班式。党校视频系统向陕南三市市委党校同步转播。

2013 年 6 月 16 日至 6 月 21 日，国务院扶贫办副主任王国良带领江西省、甘肃省、青海省等省扶贫办相关人员组成的调研组，在安康市人民政府市长徐启方、市委副书记陈勇、市人民政府副市长邹顺生以及市扶贫开发局局长冉立新、副局长薛玉发等人的陪同下，对陕南避灾扶贫移民搬迁工作进行专题调研。调研组一行冒着酷暑，先后深入紫阳、平利、西乡、洋县、城固等县部分镇村，实地察看了移民搬迁安置点及迁出地，走访多户搬迁户和贫困户。

2013 年 6 月 18 日至 6 月 19 日，省委书记赵正永深入商洛市镇安县、山阳县和洛南县调研。赵正永强调，要充分发挥自身优势，推动经济社会持续健康发展，加快建设美丽商洛，努力让群众生活得更加幸福。在镇安县高峰镇、西口回族镇和洛南县栖凤湾移民小区，他察看建设进度和户型设计，询问搬迁户数、建房成本和入住情况。赵正永说，要按照社区标准集中建设，搞好教育、医疗等公共服务设施，帮助移民解决今后的生计问题，使住房真正成为群众的财产。赵正永还冒雨察看了洛南县阳光庭园保障房小区，对他们把保障房建设和移民搬迁、城镇化结合起来的做法给予了肯定。

2013 年 6 月，李永平开始担任陕南移民搬迁工作办公室主任（副厅级）❶。

2013 年 6 月 24 日至 6 月 25 日，省委常委、常务副省长江泽林在安康调研经济运行情况。江泽林一行先后深入岚皋、镇坪等县，实地考察保障性安居工程建设、产业发展、城镇化建设、移民搬迁等情况。6 月 25 日下午，江泽林主持召开座谈会，听取安康市上半年经济运行情况汇报。江泽林指出，要将保障性住房建设、重点镇建设、移民搬迁、产业发展等统筹考虑、有机结合，使经济发展与民生改善相互促进、协调推进。省政府副秘书长张光进，省发改委、省统计局负责同志陪同调研。

2013 年 7 月 6 日，省委常委、省委组织部部长毛万春在安康调研党的群众路线教育实践活动开展情况。汉滨区大竹园镇七堰社区是灾后重建、移民搬迁的典型。毛万春要求安康市在推广七堰社区建设经验时，制定出适合各地发展的政策和措施，让搬迁群众更好地享受改革发展成果。

2013 年 7 月 9 日至 7 月 10 日，陕西省文化厅厅长、民进陕西省委会主委刘宽忍，省政协常委、民进陕西省委会副主委董家蕙带领民进陕西省委调研组，深入汉中市三个县 8 个移民搬迁安置点❷开展调研，询问基层干部群众意见和建议。汉中市政协副主席、中共市委统战部部长车国珍，汉中市政协副主席、民进汉中市委会主委邓方安等陪同参加部分调研。

2013 年 7 月 17 日下午，全省小城镇建设工作会议在西安召开。省委书记赵正永、省长娄勤俭做重要讲话，副省长庄长兴主持会议。赵正永指出，近年来，陕西省以保障性住房建设、避灾扶贫生态移民搬迁为抓手推动城镇化，全省超过一半人口进入城镇生活，实现了三秦大地上的历史性突破。

2013 年 7 月 22 日上午，全省扶贫办主任培训班在西安正式开班，来自 10 市 98 个县（区）的扶贫办主任、外资扶贫有关负责人等参加了培训。为确保全省 2013 年 90 万人脱贫任务如期实现，陕西省对下半年扶贫开发工作进行了再安排、再部署。会议指出，要加快陕南陕北扶贫移民搬迁工作进度，统筹推进秦岭北麓及渭北旱塬地区扶贫移民搬迁以及特困人口的搬迁安置工作。

2013 年 7 月 22 日上午，省长娄勤俭主持召开省政府第 14 次常务会议，研究并原则通过 2013 年省对市县均衡性转移支付补助资金分配方案等。会议决定，2013 年省对市县的均衡性转移支付按照保既得利益、存量不变、增量分配的原则，在原有基础上增长 19.3%，韩城市首次纳入市级测算范围。会议要求，转移支付资金必

---

❶ 2015 年 7 月 4 日正式任命（任职时间从试用期时间算起）。

❷ 先后到佛坪县大河坝集镇、五四村和西岔河镇三教殿移民安置点，城固县博望镇胜利新村、三合镇胡家湾村移民安置点，洋县马畅镇、谢村镇和磨子桥移民安置点。

须严格按规范用于保工资、保运转、保民生等基本支出，还有陕南移民搬迁安置房建设市县配套和特殊群众补贴等，不得用于购置车辆和修建楼堂馆所。

2013 年 7 月 23 日，陕西省十二届人大常委会第四次会议在西安开幕。省财政厅厅长张社年在《陕西省 2013 年地方政府债券收支安排及预算调整方案（草案）》报告中建议，分配省级 60 亿元，主要用于保障性安居工程建设、偿还到期地方政府债券、陕南移民搬迁、普通公路建设等方面。其中，2013 年陕南移民搬迁涉及 8 万户，建议安排 10 亿元予以补助。

2013 年 7 月 30 日至 7 月 31 日，省委常委、省委统战部部长陈强在商洛市洛南县和商州区调研时强调，要坚持以群众为本，积极改善贫困群众生产生活条件，发挥统一战线独特优势，实现经济社会又好又快发展。7 月 30 日下午，陈强到自己的扶贫联系点洛南县柏峪寺镇茶坊村。

2013 年 8 月 6 日上午，陕西省工信厅和财政厅在陕南移民搬迁公司信息化演示大厅组织相关专家，对搬迁公司承担的《陕南移民搬迁信息化管理系统（一期）》项目进行验收。通过这一系统，不仅能远程查阅所有移民搬迁户的基本资料，还利于对移民户搬迁安置、安置点工程管理、资金筹措划拨等信息进行管理，极大地提高了移民搬迁管理效率。截至 2013 年 7 月 30 日，该系统数据资源已初步完成了 12.3 万户 40.1 万人移民搬迁对象资料和 1554 个集中安置项目基本信息的录入工作。集中安置项目的每个环节和各类批复文件均记录在信息化系统中，可供随时查询。

2013 年 8 月 20 日，安康市政协召开全市避灾扶贫移民搬迁安置工作座谈会，安康市政协副主席徐铁军出席会议并讲话。会议听取了市政协常委会分组视察情况介绍，市扶贫局就全市避灾扶贫移民搬迁安置工作情况进行了介绍，参会人员对社法人资环委、民宗委开展的《陕南扶贫移民搬迁调查报告（讨论稿）》进行了热烈讨论。

2013 年 9 月 4 日，省国土资源厅主办的 2013 年陕西省汛期地质灾害应急业务骨干培训会召开。会议指出，作为全国地质灾害较严重的省份之一，陕西省现有地质灾害隐患点 12000 处，直接威胁 60 多万人的生命财产安全。2013 年以来，全省共发生各类地质灾害 332 起，有 27 人死亡、39 人受伤，直接经济损失达 8764 万元。与 2012 年相比，地质灾害呈明显加重趋势。为进一步做好突发地质灾害应急调查工作，加强地质灾害灾情速报及应急调查处置，陕西省在加大对市县业务骨干技能培训基础上，明确具体细则，对各地地质灾害灾险情速报和应急调查报告的书写内容、上报时间等做出规范。明确了速报方式分为电话速报、传真及电子邮件速报。

2013 年 9 月 12 日，副省长祝列克带领省级有关部门负责同志在汉中调研现代粮食基地建设和汉江综合整治工作。祝列克一行后查看了汉江城固县江湾段、南郑县圣水镇段、汉台区曹营段等堤防工程建设情况。祝列克强调，沿江各市县要加快推进汉江综合整治工程进度，确保工程质量，高标准实现整治区的河堤标准化、水系生态化、景观园林化的目标。

2013 年 9 月 5 日，汉中市召开移民搬迁调研座谈会。汉中市委书记胡润泽与陕西省人民政府研究室副主任刘西建带领的省陕南移民搬迁调研组，就移民搬迁工作听取县区、部门、镇村及搬迁群众的意见建议。副市长王山稳出席座谈。

（七）移民搬迁安置社区管理

2013 年 9 月 16 日，陕南移民搬迁工作办公室在《陕西日报》第 1 版刊登《关于征集陕南移民搬迁安置社区标识设计方案的公告》。

2013 年 10 月 15 日，首批来自陕南三市的 5 位移民搬迁群众代表在陕南移民搬迁工作办公室与陕南移民搬迁办主任李永平以及各处室负责人齐聚一堂，共话陕南移民搬迁工作。

2013 年 10 月 22 日上午，全省县（市、区）政府领导干部扶贫政策培训班在西安开班。副省长祝列克出席并讲话。国务院扶贫办政策法规司副司长苏国霞做了主题为“创新扶贫开发机制体制，扎实推进重点工作”的首场授课。此次培训由省委组织部和省扶贫办联合举办，为期两天。来自全省 98 个有扶贫开发任务的县（区、市）长、分管副县（市、区）长参加了培训。

2013 年 10 月 30 日，商州区人大常委会第十三次会议听取审议了区政府关于陕南移民搬迁工作情况的报告。2013 年 9 月下旬，区人大常委会组织全体组成人员，深入 12 个镇办、19 个移民搬迁集中安置点，通过实地查看、听取介绍、现场询问、走访群众、座谈讨论等形式，对全区移民搬迁工作进行了一次集中视察。

2013 年 10 月 31 日，第八次陕南循环发展工作座谈会在汉中召开，省长娄勤俭出席并做重要讲话，常务副省长江泽林主持会议，副省长张道宏宣读表彰决定。会上，省发改委和汉中、安康、商洛三市发言，表彰了循环发展、推进一县一产业和园区建设先进单位。会议期间，省政府领导检查了汉中新机场和城市建设情况，汉中市一批重点项目集中开工。省政府秘书长陈国强，陕南循环发展领导小组成员单位，陕南三市和各县区政府负责人等参加会议。

2013 年 11 月 12 日，全省扶贫移民搬迁工作现场会召开，陕北扶贫移民搬迁安置领导小组通报了 2012 年度扶贫移民搬迁工作考核情况。其中，市级考核等次中，延安市被评定为优秀，榆林市被评定为良好。在县（区）考核等次中，吴起、志丹、延川、宝塔、神木等 16 个县（区）被评定为优秀；清涧、子洲、吴堡、靖边、定边 5 县被评定为良好；佳县、横山、米脂、府谷 4 县被评定为合格。2012 年，延安、榆林 2 市计划搬迁 2.2 万户 8.8 万人，建设集中安置点 80 个。至考核时，80 个安置点全部开工，其中延安市 31 个集中安置点，房屋主体完工 7742 户，占计划的

99.2%，入住998户。榆林市49个集中安置点，房屋主体完工8965户，占计划的61.2%，入住719户。

2013年11月12日，陕西省决策咨询委员会副主任邓理主持召开“进一步推进我省移民搬迁工程”课题开题会。该课题组成员以及省发改委、省财政厅、省民政厅、省国土资源厅、省农业厅、省住建厅、省扶贫办等单位的相关负责同志参加会议。

2013年11月20日至11月21日，省委书记赵正永到汉中市佛坪、洋县、城固和汉台区调研。移民搬迁和保障房建设是陕西省重大民生工程，赵正永十分关心，每到一地都要仔细察看。在佛坪县大河坝镇移民集中安置点、洋县华阳镇移民新村，赵正永检查水路电讯等基础设施，走进搬迁户新居询问建房成本和补贴政策落实，到附近超市了解生活用品销售，去卫生院察看患者就医情况，听到大家对搬迁后的生活比较满意时，他十分欣慰，叮嘱市县负责同志要完善配套、搞好就业，加强服务和管理，努力让群众生活得更好。赵正永强调，要认真学习贯彻十八届三中全会精神，推动循环发展、提质增效，持续抓好民生工程，精心准备群众路线教育实践活动，促进汉中经济社会持续健康发展。在汉台区和谐春天小区，赵正永听取了保障房建设情况，要求注重设计细节、强化运营管理，切实把好事办好。赵正永听取了汉中市工作汇报。副省长庄长兴在汇报会上点评汉中移民搬迁工作。

2013年11月，国家财政部给予陕南地区避灾扶贫生态移民搬迁财政支持，其中，2013—2015年支持资金40亿元，2016—2018年支持36亿元。

2013年12月4日至12月5日，省扶贫办党组书记、主任郭汉文深入商洛市洛南县、山阳县的贫困村、移民搬迁安置点和产业化扶贫项目点开展扶贫开发调研。郭汉文特别关注移民搬迁政策的落实，先后到洛南县麻坪镇云蒙山村移民点和山阳县十里铺镇花古墓村移民小区，仔细询问建房成本、户型设置、资金补助、搬迁户后续发展等情况。郭汉文指出，大多数贫困户生存条件差，都有搬迁意愿，但承受能力有限，在实施移民搬迁中我们一定要多关注贫困群众，防止漏掉穷人，防止“搬富不搬穷”。

2014年1月中旬，陕西省人民政府召开南水北调工作会议，省长娄勤俭出席并讲话，副省长祝列克主持。

2014年1月22日，国务院总理李克强主持召开国务院常务会议，决定改革中央财政科研项目和资金管理办法，部署推进文化创意和设计服务与相关产业融合发展，审议通过《南水北调工程供用水管理条例（草案）》。会议强调，一切重大工程不仅要依法建，还要依法管。为确保工程有效运行、发挥效益，相关法规制度建设必须及时跟进。草案重点明确了南水北调工程水量调度、水质保障、用水管理和工程保护的要求，用法律手段保障调度合理、水质合格、用水节约、设施安全，确保清水北上、造福沿线亿万群众。

2014 年 1 月 26 日，国务院扶贫办主任刘永富到安康调研扶贫开发工作，并于当晚 8 点在住地亲切接见了安康市扶贫开发局局长冉立新和副局长刘子龙。刘永富听取了安康市扶贫开发工作汇报，传达了国务院总理李克强在来安列车上召开扶贫开发工作座谈会的主要精神，并就进一步做好扶贫开发工作做了重要指示。

2014 年 2 月 10 日至 2 月 11 日，全省农村工作会议在西安召开，省委书记赵正永、省长娄勤俭出席会议并讲话。省委常委姚引良，杨凌示范区陕西省建设领导小组专职副组长张光强，省人大常委会副主任吴前进，副省长祝列克出席会议。娄勤俭指出，新形势下农村工作的根本任务是要做到农民增收、农业提效、农村美丽。要把移民搬迁与精准到户结合起来，进一步提高扶贫开发水平，努力实现今年 100 万贫困人口脱贫目标。各级政府要履行好财政投入、市场监管和社会管理责任，确保广大农民安居乐业、农村社会安定有序。

2014 年 2 月 11 日下午，全省扶贫开发工作座谈会在西安召开。会议深入学习贯彻全国扶贫开发工作座谈会、全国扶贫开发工作会议和李克强总理在陕西召开扶贫开发会议时的重要讲话精神，对今年及今后一个时期扶贫开发工作进行部署。副省长祝列克出席并讲话。祝列克指出，要锁定对象，实施精准扶贫，促进帮扶措施到村到户，提高扶贫开发的针对性和实效性。要重心向下，实行干部驻村帮扶，通过输送项目、资金、技术、信息、人才等，为贫困村发展注入新的动力和活力。要注重实效，扎实推进十项重点工作，完成好年度各项任务，加快集中连片特困地区扶贫攻坚步伐。要创新机制，管好用好扶贫项目资金，确保投向上符合政策，分配上简政放权，使用上科学高效，监管上绝对安全。要改进考核，全面落实工作责任，确保各项扶贫开发政策措施落实到贫困村、贫困户。

会议要求，从今年开始，中省财政扶贫资金将切块下达到县，项目审批权限原则上也下放到县，由县级政府按照扶贫规划和资金管理办法，自主确定扶持项目。同时项目资金监管的主体责任也要落实到地方，省、市两级重点做好资金和项目运行的监管。2014 年陕西省将从省、市、县三级抽调万名干部，对 2000 个低收入村开展帮扶。按照村庄大小和贫困人口多少，每村派驻 3～5 人，确定 1 名处、科级干部担任队长，驻村帮扶，落实到户。3 月底前工作队进驻开展工作。驻村工作队将通过 3 年驻村帮扶，实现贫困村、贫困户收入翻番，使贫困户全部稳定脱贫，贫困村达到“五有”：有科学的发展规划；有特色的主导产业；有完善的公共服务；有整洁的居住环境；有健康的文明村风，走上可持续发展的路子。

2014 年 2 月 18 日，省政府研究室主任钱远刚带领省政府调研组到商洛市柞水县乾佑镇、下梁镇等地调研陕南移民搬迁工作，商洛市人民政府副市长李云飞参加调研活动。

（八）更加注重抓“开工率、完工率、入住率”

2014 年 2 月中旬，陕西省决定，陕南陕北移民搬迁工程从 2014 年起将在“抓进度、抓质量、上水平”上狠下功夫的同时，搬迁项目建设更加注重抓“开工率、完工率、入住率”，以确保移民搬迁这项民生工程真正成为惠及贫困地区群众的“民心工程”。各地各级有关部门要统筹安排、突出重点。第一年要抓好项目开工率，力争当年全部开工；第二年要抓好搬迁户房屋主体完工率，确保项目全部完工；第三年要抓好搬迁户入住率，争取绝大多数搬迁户入住。同时，要完善集中安置点基础设施和公共服务配套建设，特别是在选择搬迁对象时，对需要搬迁的特困户要进一步筛查摸底，制定专门方案，明确安置方式方法，优先列入年度搬迁计划，确保特困户享受到国家特困政策。

在解决好搬迁工程项目建设的同时，各级还要妥善解决好搬迁群众的后续生计问题，加强就业培训、创业指导、政策扶持等，帮助搬迁户建立稳定、可持续的增收渠道，并做好搬迁户安置房确权发证、户籍落实和教育、社保等工作。

2014 年 2 月 20 日至 2 月 21 日，省政府政策研究室主任钱远刚到安康调研陕南移民搬迁工作。钱远刚先后到紫阳县蒿坪镇、双安镇，白河县仓上镇、西营镇等地，查看移民搬迁安置工程建设情况，了解安康市各县区在移民搬迁安置工作中好的做法，听取干部群众的意见和建议。钱远刚还走进农户家里，与搬迁户亲切交谈，详细了解群众搬迁资金、家庭收入等情况。钱远刚指出，陕南移民搬迁安置工程是省委、省政府确定的一项惠及民生的民心工程，希望各级各相关部门要严格按照政策规定确定搬迁对象，优先搬迁单庄独户、危险地带、生产生活条件差等急需搬迁的群众，引导有条件的群众进城。科学合理规划建设，把搬迁工作同小城镇建设、农业产业发展结合起来，多渠道解决就业问题，确保搬迁群众“搬得出、稳得住、能致富”。

2014 年 3 月 5 日下午，十二届全国人大第二次会议陕西省代表团在住地召开全体会议，审议国务院总理李克强在十二届全国人大二次会议上所做的政府工作报告。代表团团长赵正永主持会议，代表团副团长娄勤俭、孙清云、江泽林、宋洪武和全体代表出席。胡润泽代表说，报告中提出了扶贫攻坚，陕南贫困地区基础设施薄弱、基本公共服务不足，应该进一步推进这方面的工作，加大教育、卫生等事业的投入力度，完善人才队伍建设，支持陕南山区移民搬迁工作。郭青代表建议尽快展开国家主体功能区建设试点示范工作，构建跨区域的生态补偿长效机制，制定生态友好型产业扶持政策。省委常委、常务副省长江泽林在参加代表团审议政府工作报告时说，近年来，陕西经济持续快速增长，已经进入全国中等发展省份行列，逐步迈入工业化、城镇化的新阶段，城镇化建设中也出现了一些问题。我们一方面要积极实现人口布局规划、城乡体系规划和土地利用规划的有机结合；另一方面希望相关部委大力支持陕西基础设施建设、陕南移民工程，使陕西稳步提升城镇化水平。

2014 年 3 月 19 日，省委副书记、省长娄勤俭在安康市石泉县后柳镇中坝移民社区与村民促膝畅谈，了解干部作风建设情况。省委第四督导组组长、省政协副主席郑小明、省政府秘书长陈国强参加活动。在后柳镇，娄勤俭深入田间地头与群众亲切交流，走进移民社区与村民促膝畅谈，检查民生政策是否到位，了解干部作风建设情况。娄勤俭说，全心全意为人民服务是党的宗旨，群众期盼是我们的奋斗目标，大家反映搬迁之后生活明显改善，说明这项工作顺应了群众愿望，今后我们还会不断出台新的政策，让大家生活越来越好。

2014 年 4 月 17 日，陕西省国土资源厅在西安召开陕南移民搬迁土地综合利用工作部署暨培训会。会议传达学习了国家支持政策，解读了省国土资源厅研究制定的《陕南移民搬迁土地利用实际管理办法（试行）》以及《陕南移民搬迁建设用地管理实施细则（试行）》《陕南移民搬迁土地综合整治实施细则（试行）》《陕南移民搬迁土地权属管理实施细则（试行）》《陕南移民搬迁土地增值收益使用管理实施细则（试行）》（以下简称“一个办法四个细则”），安排部署陕南移民搬迁土地综合利用专项规划编制和实施方案编制工作，李国栋副厅长出席会议并讲话，陕南移民搬迁工作办公室李永平主任主持会议，陕南三市国土、扶贫（移民）部门的负责同志共 147 人参加了会议。

会议指出，国家在陕南移民搬迁实施的关键时刻为陕西出台支持政策措施。国家支持政策允许陕南移民搬迁地区合理调整土地规划；保障陕南移民搬迁建设用地计划，合理安排新增建设用地年度计划和建设用地整治调整使用指标；允许腾退节约建设用地指标在市域内使用，为移民搬迁提供资金支持。较好地解决了移民搬迁安置与土地利用总体规划不衔接的问题，解决了移民搬迁安置建设用地指标问题，解决了土地综合整治和占补平衡问题，解决了土地权属管理和“两证”发放难题。

会议要求，陕南三市要认真消化理解会议内容，深刻理解国家支持政策内涵，建立市、县政府牵头负责的工作责任制，抓紧完成专项规划编制和实施方案编制，尽快报省政府审批，为移民安置用地报批和“两证”发放扫清障碍，促进国家支持政策顺利落地。

2014 年 4 月 17 日，陕南移民搬迁工作办公室下发《关于规范陕南移民搬迁安置社区标识的通知》（陕南移办发 2014〔17〕号），即日起，该标识将在陕南 3 市 28 个县区已建成入住的移民搬迁安置社区（点）率先使用。今后随着在建和规划的建设的安置社区（点）逐步增加，凡是建成投用的都要在显著位置悬挂此标识，使广大群众可以清晰辨认，也便于接受社会的监督。

2014 年 2 月 20 日，住陕全国政协委员召集人、省政协主席马中平带领住陕全国政协委员来到延安视察工作，实地了解当地灾后重建工作进展情况和当前存在的主要困难和问题。中共陕西省委常委、延安市委书记姚引良陪同视察。全国政协委员、省政协副主席李晓东、李冬玉，省政协秘书长姚增战等参加。

2014 年 4 月下旬，陕西陕南移民搬迁工程有限公司印发了《关于进一步加强陕南移民搬迁统规统建集中安置项目启动和周转资金使用的通知》（陕南移民司发〔2014〕7 号），该通知就陕南移民搬迁工程有限公司进一步加强陕南三市所辖县（区）移民搬迁统规统建集中安置项目启动和周转资金使用有关事宜进行详细规定。从通知自下发之日开始执行，原《关于进一步提供陕南移民搬迁安置项目启动和周转资金有关问题的通知》（陕南移民司发〔2012〕24 号）停止执行。

截止 2014 年 4 月下旬，安康全市 2014 年已累计争取到位避灾扶贫搬迁资金 22.2 亿元。2014 年以来，中央加大了对陕南避灾扶贫搬迁工作的支持力度，财政部给予 40 亿元的专项资金扶持。为强力推进陕南避灾扶贫搬迁，省政府明确中央财政专项补助资金和原定的省财政预算资金、省级财政整合资金，全部用于陕南地区移民搬迁工作，并及时调整了资金补助政策，提高了补助标准。重点增加了建房补助，提高了特困户、危困户的安置比例和补助标准，并加大了市县配套资金的落实力度，市县配套由省财政通过一般性转移支付，直接拨付到县区陕南移民搬迁共管账户。

2014 年 5 月 5 日至 5 月 6 日，省委书记赵正永到汉中市宁强县和略阳县调研。在宁强县燕子砭镇东丽村和略阳县徐家坪镇上坪村灾后重建集中安置点，赵正永察看周边山体加固和群众居住等情况，要求进一步强化公共服务，让群众生活得更加便捷舒适。在宁强县汉源镇和略阳县徐家坪镇移民搬迁安置点，赵正永询问便民服务的项目和流程，走进搬迁户家中交谈生产生活方式的新变化。赵正永强调，要持续改善地震灾区群众生产生活条件，扎实推进移民搬迁和循环经济发展，全面深化各领域改革，深入开展党的群众路线教育实践活动，推动汉中经济社会发展和党的建设取得新进展。要适当扩大集中安置规模，按照社区模式搞好配套服务，实施群众办事干部代办制度，让群众生活得更加体面尊严。

（九）规范和加强移民搬迁资金管理

2014 年 5 月 14 日至 7 月 3 日，汉中市为切实做好陕南移民搬迁安置工程跟踪审计调查工作，历时 48 天，市县区共投入审计人员 59 人，实行县区交叉审计方法，180 个审计单位 544 个集中安置点，调查 158 个乡镇，抽查 294 个村 2442 户，有力地促使移民搬迁顺利实施。审计调查显示：审计资金总额 521380.06 万元，要求退还搬迁户资金 608.3 万元，补缴税金 3082.29 万元，查出各类违纪违规资金 154834.22 万元。建议相关县区政府责成县监察局调查事项 13 件。同时，本次审计安排对 2013 年底已完工项目进行决算审计，各县区项目实施单位上报竣工决算项目

207 个，上报工程投资 118189.69 万元，已审结 124 个，审计核减工程造价 14774.56 万元，平均审减率 12.5%；初审项目 15 个，初审待定核减造价 1326.72 万元，在审项目 68 个。针对地方移民搬迁工作还存在对政策还理解不到位，工作还不够细致，管理监督还不够有力等问题，审计提出了细化政策、规范管理、加强监管、责任追究等建议。

2014 年 5 月 19 日至 5 月 22 日，国务院南水北调办副主任于幼军带领国家五部委组成的考核工作组，在陕西省检查丹江口库区及上游水污染防治和水土保持“十二五”规划实施情况，副省长祝列克陪同检查并出席座谈会。

2014 年 5 月 19 日至 5 月 22 日，为进一步规范陕南移民搬迁专项资金管理工作，省移民搬迁办副主任黄晋安一行 8 人到安康市开展陕南移民搬迁专项资金审计及整改落实工作。

2014 年 5 月 20 日至 5 月 21 日，省人大常委会副主任吴前进带领调研组，赴商洛镇安调研扶贫开发工作。吴前进一行先后在镇安镇云新区、云盖寺镇岩湾村、云盖寺镇千户移民搬迁安置点、古镇等地，深入施工现场和农户家庭，对当地移民搬迁、果园生态产业、中小企业孵化园、古镇建设项目和扶贫开发工作进行调研，并召开扶贫开发座谈会。吴前进就下一步搞好扶贫开发提出意见。要坚持精准扶贫，高度重视特困户搬迁问题，加快产业发展，提高群众收入水平，强化移民社会管理，创新扶贫长效机制。要把移民搬迁和城镇化结合起来，统筹城乡发展。要动员社会各方面力量，深入开展社会扶贫。要认真实施扶贫条例，坚持用法律来推进扶贫工作。

2014 年 5 月 27 日上午，陕西省十二届人大常委会第 9 次会议开幕。受省政府委托，省财政厅向大会提请审议关于陕西省 2014 年地方政府债券收支安排及预算调整方案的报告。调整后，全省财政收入预算、财政总支出预算和省级财政收入预算、总支出预算，将分别增加 137 亿元。2014 年，国家财政部代理发行的地方政府债券分配陕西 137 亿元，建议主要用于棚户区改造等保障性安居工程建设地方配套、偿还到期地方政府债券本息、陕南陕北移民搬迁、普通公路和水利建设的方面。我省 2014 年地方政府债券资金，建议分配省级 66 亿元，安排用于保障性安居工程建设、陕南移民搬迁、陕北白于山区搬迁、交通建设、水利建设和偿还省级地方政府债券本息。其中，保障房建设补助资金 27.5 亿元。

2014 年 5 月 27 日，汉中市人民政府 2014 年第六次常务会议研究了全市移民搬迁户适龄人群免费职业学历教育有关问题。在全省率先实行移民搬迁户子女免费大专职业教育，毕业后全部安置就业。该工作从 2014 年 6 月份启动，具体由汉中职业技术学院负责组织实施，市教育局、市财政局、市移民局、市扶贫办统筹资金和政策大力支持，积极配合。2014 年，汉中职业技术学院实施免费大专学历教育招生专业两个：一是五年制护理专业，计划招生 50 名，招收全市移民搬迁户参加 2014 年中考的应届初中毕业生；二是三年制畜牧兽医专业，计划招生 50 名，招收全市移民搬迁户参加 2014 年高考的应届高中毕业生。录取考生在校学习期间的学费、住宿费全免，在校期间学习成绩优异者可享受国家助学金和奖学金。

2014 年 6 月，由陕西省国土资源厅主管、陕南移民搬迁工作办公室主办的《陕南移民搬迁》（内刊）第一期正式印发。

2014 年 6 月上旬，西安中策资讯科技有限责任公司首次将无人机航测技术应用于陕南扶贫避灾移民搬迁土地综合利用工作，取得圆满成功。

2014 年 6 月中旬，省发改委与省财政厅按照年度财政预算和项目实施情况，研究制定了《陕西省 2014 年民生工程实施方案》。2014 年民生工程计划总投资 1113.54 亿元，共实施项目 6347 个；在全面实施十大领域民生项目的基础上，今年将着力抓好保障性住房建设、陕南陕北移民搬迁和连片特困地区扶贫攻坚、妇女儿童合法权益保护等重点民生工程。

2014 年 6 月中旬，陕西省洋县国土资源局首次采用无人机遥感技术完成了金水镇张庄村陕南移民搬迁点勘测工作，获取了 0.2 米级高分辨率航拍影像。无人机技术的应用，既缩短了基础资料的调查周期，又提高了数据的可靠性，同时为后期规划提供了宏观、准确的基础资料。

2014 年 7 月中旬，陕南移民搬迁工作办公室发布《关于悬挂和使用“陕南移民搬迁安置社区”标识的通知》（陕南移办发〔2014〕23 号），文件从“标识悬挂遵循的基本原则、标识悬挂的基本要求、严格规范标识的使用”等方面进行了规定。

2014 年 7 月 17 日，陕南移民搬迁专项资金和项目管理培训班在西安举行。陕西省国土资源厅王卫华厅长出席并做重要讲话。陕南移民搬迁工作办公室主任李永平在培训会上做了题为《坚持目标　完善政策　规范管理　提高水平》的讲话。

2014 年 8 月 12 日，安康市人民政府召开移民搬迁安置工作领导小组会议，对近期全市避灾扶贫搬迁安置工作进行安排部署。副市长、市移民搬迁安置工作领导小组责任副组长邹顺生出席会议并讲话。会议通报了全市避灾扶贫搬迁安置工作进展情况。截至目前，安康市直接投资百亿元以上建成避灾扶贫搬迁集中安置社区 767 个，搬迁安置 7.5 万户 28.56 万人，搬迁的避灾、扶贫、生态等功能充分显现，为推进全市新型城镇化进程和经济社会发展做出了积极贡献。其中，2014 年全市新建续建集中安置社区 228 个，已开工建房 20451 套，可安置 76830 人，预计集中安置率、上楼安置率和城镇安置率将分别达到 93%、78% 和 75%。“挪穷窝、改穷业、断穷根”，要加快推进 2014 年度安置社区建设进度，尽快启动 2015 年度安置社区建设前期工作，按照“年初抓开工、年底主体要竣工”的要求，强化质量安全管理，抓紧督促工程进度，一要确保安置社区和搬迁对象安全度汛，开展专项检查，制定度汛方案；二要积极推进创新试点工作。抓紧推进“一区一策、一户一法”增收致富试点工作，针对搬迁对象制定技能培训方案，完善方案启动安置社区环境综合治理工作，加快推进精准搬迁信息系统建设，推动陕南移民搬迁土地综合利用试点工作，围绕安置社区各类管理问题深入开展调研；三要齐心协力推动搬迁工作健康发展。

2014 年 8 月 13 日，安康市组织召开全市避灾扶贫搬迁工作业务培训会。各县区搬迁办主管领导、分管领导和具体工作人员共 40 余人参加了培训会。

2014 年 8 月 29 日，由陕西省委组织部和省扶贫办牵头的省委检查组，由省政府办公厅副处长王道锋、省扶贫办副处长韦小强带队一行 5 人到安康市白河县检查干部驻村结对帮扶工作。检查组一行分别深入到双丰镇民主村、小双镇小双村查看了结对帮扶资料和贫困识别资料，并在小双村召开了座谈会。座谈会上，省医药控股、安康市委党校、县双创办、省农行等单位分别汇报今年以来帮扶计划和干部驻村帮扶情况，安康市委党校提出了几个思考的问题请求检查组带回去调研给予帮扶解决，一是移民搬迁后农民后续的生存发展问题；二是因病致贫的贫困户怎么解决怎么脱贫的问题；三是怎么样提高贫困户脱贫积极性的问题。

2014 年 9 月 4 日，陕南移民搬迁工作办公室发布《关于签订〈陕南移民搬迁安置协议书〉有关事宜的通知》（以下简称《通知》）。《通知》要求：对 2013 年度及其以前的搬迁户，按陕政办发〔2011〕67 号文件及各市制定的具体政策规定补签，对 2014 年度及其以后的搬迁户严格按陕政发〔2011〕67 号和陕政办发〔2014〕47 号文件的精神签订。

2014 年 9 月 9 日，陕西省国土资源厅办公室“关于印发《关于做好移民搬迁和新型农村社区土地利用工作的意见》的通知（陕国土资发〔2014〕44 号）”发布，文件分三个大部分：一是移民搬迁和新型农村社区土地利用工作总体要求；二是移民搬迁和新型农村社区土地利用政策规定；三是统筹协调，共同做好移民搬迁和新型农村社区土地利用管理工作。共有 15 条规定。

2014 年 9 月 9 日至 9 月 11 日，由在陕全国人大代表王春新、王西林、王曼利、叶瑜、杨丰岐、陈芬新、胡春霞、徐群贤、黄晓平、雷温芳、孟莉组成的调研组，在省人大常委会副主任黄玮陪同下，对商洛、安康两市移民搬迁工作专题调研。调研组到商洛市镇安县云盖寺镇花园移民安置社区的搬迁户家中和为搬迁户设置的企业现场查看；视察了安康市白河县仓上镇移民安置点山上建园区、山下建社区新型移民模式；实地考察了石泉县池河镇移民搬迁示范小区和太阳村扶贫避灾集中安置点。代表们表示，将就陕南移民搬迁列入国家综合示范区并纳入“十三五”计划，向全国代表大会提出专题建议。黄玮在总结讲话中指出，在陕全国人大代表把陕南移民搬迁作为调研专题，显示了这项工作在人民心目中的地位。陕南三市要以移民开发为抓手，实施好民心工程、生态工程、发展工程，使搬迁群众的生产生活条件大幅改善，真正实现“搬得出、稳得住、能致富”。

2014 年 9 月 11 日至 9 月 12 日，商洛市移民办主任李旭光、汉中市移民办主任张生齐携两市搬迁办干部一行 6 人到安康考察避灾扶贫搬迁工作，安康市搬迁办副主任王纯凯及相关科室负责人陪同考察。

2014 年 9 月 25 日，作为汉中市推进陕南移民搬迁的探索创新之举，首届移民搬迁户子女免费大专班开班礼在汉中职业技术学院举行。汉中市委副书记、市长王建军出席开班礼并讲话。

2014 年 10 月 9 日，商洛市委、市政府在柞水县召开陕南移民搬迁安置工作点评会，总结经验、分析问题，研究部署当前和今后一个时期全市移民搬迁工作。商洛市委书记胡润泽主持会议，市长陈俊、省移民办主任李永平讲话。会议通报了全市前三季度经济运行情况、2013 年度省考结果和 2014 年全市陕南移民搬迁安置工作进展情况。各县区汇报了移民搬迁工作进展情况，市移民搬迁督导组各组长分别做了点评。会议指出，陕南移民搬迁是从根本上实现危地危房群众长治久安的重大举措，是统筹城乡发展、加快推进“四化”进程的重要抓手，既是民生工程，更是发展工程。三年多来，全市各级各部门攻坚克难、奋力推进，各项工作有力有序开展，但还存在认识上、领导上、工作上的差距，仍有搬迁对象不清楚、项目管理不规范、信息录入不到位、规划落实不到位、移民入住不到位等问题。会议要求，针对商洛市移民搬迁中存在的问题和薄弱环节，要严格按照硬件硬抓、软件狠抓、均衡推进、争先进位的“十六字”要求，奋力扭转全市移民搬迁工作的被动局面。一要抓好硬件赶进度；二要重视软件不失分；三要打造亮点多加分；四要整合要素强保障。李永平指出，商洛陕南移民搬迁安置工作点评会分析问题客观，推进措施得力，对于做好今后全市陕南移民搬迁安置工作具有重要意义。希望全市上下将陕南移民搬迁工作作为科学发展、循环发展的重要抓手，切实做好搬迁安置规划，精确落实搬迁对象，严格招投标程序、控制工程成本、确保工程质量，真正把移民搬迁工作抓实、抓好，抓出成效。

2014 年 10 月 11 日，陕西省教育厅办公室发布《关于对学前教育推进工程、教师周转宿舍试点项目》和《陕南移民搬迁配建幼儿园项目实施情况进行检查的通知》（陕教发办〔2014〕13 号）。

2014 年 10 月中旬，为切实提升避灾扶贫搬迁安置社区建设水平，改善人居环境，实现房屋建设与环境治理同步推进，安康市扶贫部门在认真调研、制定规划、编制环保项目的基础上，积极与省上对接，2014 年全市已有 184 个搬迁安置社区开展了环境治理，累计投入资金 1.12 亿元。据悉，为扎实做好搬迁安置社区环境治理工作，市扶贫部门先后多次深入搬迁安置点进行调查研究，多方征求意见，撰写了

《安康市避灾扶贫搬迁安置社区垃圾和污水治理调研报告》，得到省政府主要领导批示“安康的这一做法值得在全省推广”。在调研报告的基础上，市政府印发了《安康市避灾扶贫搬迁安置社区垃圾和污水治理方案》，成为全省移民搬迁社区首个推进环境治理方面的文件，进一步提升了搬迁工作水平和美丽安康建设。

2014 年 11 月 4 日，商洛市委书记胡润泽主持召开书记办公会，专题研究商洛市陕南移民搬迁安置工作。市委常委、市委政法委书记、市委秘书长朱崇和，副市长李云飞出席会议。在听取了近期全市陕南移民搬迁安置工作进展情况的汇报和相关部门的发言后，胡润泽指出，当前商洛市陕南移民搬迁安置工作滞后的主要原因是各级思想认识不到位、领导亲力亲为不够、工作落实不力。全市各级各相关部门要结合学习贯彻党的十八届四中全会精神，站在严肃党内政治纪律和严格党内规矩的高度，认真贯彻落实好中省各项工作部署和要求，全力抓好我市陕南移民搬迁安置各项工作。要进一步强化领导责任，突出重点环节，狠抓工作落实，全力扭转商洛市陕南移民搬迁安置工作落后被动局面。关于下一步全市陕南移民搬迁安置工作，胡润泽要求，一要强化领导；二要强化规划；三要强化政策；四要强化督查；五要强化产业配套；六要强化项目管理。

2014 年 11 月 4 日，安康市扶贫开发局召开年度目标工作推进会，各县区扶贫局主要负责人、扶贫业务股股长，局各科室负责人等 30 余人参加了会议。局长冉立新、副局长刘子龙、搬迁办副主任王纯凯参加会议并讲话。会议对 2014 年移民搬迁工作进行了通报，对 2015 年移民搬迁工作提出要求：一是布点合理，考虑并村撤镇的因素；二是搞好项目对接，认真审核；三是加强项目管理；四是要积极破解工作中的难题。要求 2016 年的移民搬迁工作，要提前介入，提前谋划。

2014 年 11 月 10 日，安康市人民政府召开全市避灾扶贫搬迁工作通报会，传达省陕南移民搬迁领导小组会议精神，解读有关搬迁政策，并对全市避灾扶贫搬迁工作进行再安排再部署。副市长邹顺生出席会议并讲话。安康市避灾扶贫搬迁工作自 2011 年启动以来，共建成集中安置社区 767 个，安置搬迁群众 7. 5 万户 28. 56 万人，完成直接投资 150 亿元以上，搬迁的避灾、扶贫、生态等功能充分显现，就此一项，全市城镇化率提升 7 个百分点。邹顺生强调，明年的搬迁工作要以“精准搬迁、精细管理、精确施策”为主题，按照“干在实处、走在前列”的要求，聚力推进各项工作。要精准定位搬迁对象，优先搬迁避灾户、危居户、贫困户，科学编制安置规划，不打折扣地落实好各项搬迁政策；要进一步对搬迁对象进行摸底、分类，建立搬迁系统全程管理，实行以户定房、以户定业、以户定扶，坚持一次规划、分期建设、规划超前、设施配套，强化成本监管，做好后期衔接工作，最大限度的保障搬迁群众利益；要坚持分类指导、因区制宜、因户施策、到户到人，扎实开展搬迁工作，确保全面完成今年的目标任务，同时为明年工作打下坚实基础。

2014 年 11 月 17 日，商洛市柞水县陕南移民搬迁“知情问政协商议政”第三次活动举行。“陕南移民搬迁任务大，集中安置难落实，群众不愿住高层，上级的要求越来越高，也在不断变化。我们基层干部很想知道，我们县上的陕南移民搬迁是如何规划的？县上在完成上级任务，执行上级政策时，是怎样与柞水实际和群众的意愿相结合的？”“我们县上的陕南移民搬迁有相当一部分是跨镇村集中安置的。我想了解一下，我们县上共跨镇村搬迁了多少户？建设用地是怎样规划和审批的？新建的集中安置点占用了多少农户的多少亩土地，这些失地农民生活又是怎么协调和保障的？”“陕南移民搬迁集中安置，要全面落实‘大配套’项目，同步建设‘小配套’设施。我想了解一下，县上在这些方面是如何规划和实施的？全县不少集中安置点，水源严重不足，搬迁户吃不上自来水，用不上照明电，县上相关部门将如何配套这些设施，解决这些问题？”王华红等 8 名政协委员就陕南移民搬迁工作中群众比较关注的问题进行了咨询和提问，县移民办部门负责人进行了现场解答；孟雄等 6 名委员和镇政协联络组组长进行了协商议政发言。

2014 年 11 月 19 日至 11 月 25 日，省移民搬迁办的 5 个调研组到安康市开展陕南移民搬迁专项调研及检查工作，并就下一步工作开展进行深入座谈。省移民搬迁办主任李永平、安康人民政府副市长邹顺生出席座谈会并做重要讲话。调研组先后深入安康市各县区就陕南移民搬迁政策的完善和落实、年度目标责任考核对接、旧宅基地腾退相、安置社区环卫设施建设、移民搬迁安置房建设购置、搬迁对象摸底调查、试点工作推进落实等多项工作进行了专项调研和检查。李永平在座谈会上强调，要加大工作创新力度，切实解决搬迁群众产业配套、旧宅腾退、“两证”办理等相关问题。要及时总结经验，对白河县安置社区与产业园区结合、紫阳县大力发展转移就业等好的做法要树立典型，大力推广。

2014 年 12 月 10 日，延安市人民政府《关于印发〈延安市扶贫避灾移民搬迁工作实施办法（暂行）〉的通知》（延政发〔2014〕52 号）发布（以下简称《实施办法》）。该《实施办法》共六章三十条，自 2014 年 12 月 25 日起施行，2016 年 12 月 25 日废止。《延安市扶贫移民搬迁工作实施细则》（延政发〔2012〕50 号）自本办法颁布之日起废止。

2014 年 12 月 27 日，为了进一步宣传移民搬迁惠民政策，迎接首批住户在新家欢度首个元旦节，勉县在该县陕南移民搬迁集中安置千户大点暨九龙新城举办首届冬季运动会。共有 10 支代表队 200 余人参赛。这次运动会丰富了搬迁户的业余文化生活，增进了搬迁户之间的交流，也使搬迁户很快融入到新家园的生活中。九龙新城移民搬迁安置社区位于勉县城东新区，占地 213. 19 亩，规划总建筑面积 19. 49 万平米，计划安置搬迁户 1289 户。

2015 年 1 月 13 日，长安银行在安康召开陕南移民搬迁金融服务专题座谈会。

黎惠民副行长，总行公司业务、授信管理、投资银行等部门负责人，汉中、安康、商洛三家分行负责人、营销服务团队成员和西安丝绸之路支行负责人共40余人参加了会议。陕南移民搬迁工程有限工作财务总监石养民、财务部长宋承锋和安康市移民搬迁办副主任王纯凯应邀参加会议。

2015年1月15日，经陕南地区移民搬迁工作领导小组审定通过，陕南移民搬迁工作办公室发布了“关于印发《2015年度陕南地区移民搬迁工作要点》的通知”，2015年的目标任务是：完成移民搬迁6万户、22.8万人；开工建设移民安置房6万户（套），集中安置率达到90%，城镇安置率达到60%，统规统建率达到80%；全面完成上年度未竣工多层、高层住房建设和基础设施、公共服务设施建设任务，使上年度移民搬迁入住率达到60%以上，群众满意率达到80%以上。这个文件具体从完善移民搬迁安置布局规划，制定“十三五”移民搬迁专项规划；签订搬迁协议，实现精准搬迁；落实政策规定，完善补助方式；规范项目管理，强化工程监管；加强资金管理，规范资金使用；加强信息化建设，强化信息监管服务；抓点示范，创新工作；加强队伍建设，提高工作水平八个方面做了相关安排。

2015年1月25日，省人大代表、省委常委、常务副省长江泽林在参加安康代表团审议政府工作报告时说，要继续把民生作为头等大事，在财政投入上优先安排；保持应有的境界和责任感，按照循环发展的思路，做好南水北调水源地环境保护工作；要把城镇化工作放在更加突出的位置，按照新型工业化、信息化、城镇化和农业现代化“四化”同步的思路，将城镇化和避灾扶贫搬迁结合起来，着力推进城乡一体、产城一体、城乡共赢，在新常态下创造更为显著的成绩。

2015年1月30日下午，副省长祝列克主持召开南水北调中线工程专题会议。祝列克强调，要形成协同推进的工作合力，加强陕西作为核心水源区的宣传，充分展示我省在生态保护、移民搬迁、旅游产业及循环发展方面取得的巨大成就。

2015年2月6日，陕南三市避灾移民工作会议在西安召开，省移民搬迁工作办公室主任李永平、副主任黄晋安及各处室主要负责人，汉中、商洛、安康三市以及11个综合示范县（区）移民办主任参加了会议。会议分别对《“十三·五”陕南地区移民搬迁专项规划》编制工作、2014年考核结果以及2015年移民搬迁重点工作进行了部署、通报和讨论。会议要求，2015年移民搬迁重点工作要严格贯彻既定筹资标准，以市为单位完善资金补助方式；坚持示范引路，组织开展好移民搬迁试点示范工作；严格项目管理和资金监管，全面实现规范化管理；积极适应新常态，加强移民搬迁机构队伍建设。

2015年2月下旬，陕西有色集团发布的首份社会责任报告显示，近三年来，陕西有色集团按照省政府陕南移民搬迁工作部署，累计向陕南三市各县区提供工程启动周转资金59亿多元。陕南移民搬迁是陕西省重大民生工程，作为陕西省骨干龙头企业之一的陕西有色集团积极支持。2011 年出资 20 亿元参与组建了陕南移民搬迁公司，在省陕南移民搬迁工作领导小组的指导协调下，发挥平台作用，保证资金投放，有效解决了工程建设过程中存在的资金周转问题。

2015 年 3 月 2 日至 3 月 6 日，省委常委、省委组织部部长毛万春在汉中市各县区考察调研村级组织规范化建设、农村民情报告制度、乡村便民服务大厅和群众工作室、乡村旅游发展、农村院坝说事会、社区网格化管理和非公党建工作；同时考察了汉中航空智慧新城规划建设、一江两岸工程及部分县区城市旅游开发及老街改造项目情况。毛万春还深入陕南移民集中安置点看望农户，慰问了回乡创业带头人及党员致富示范户。

（十）精准搬迁、精细管理、精确施策

2015 年 3 月 10 日至 3 月 13 日，陕南移民搬迁办主任李永平一行到安康市宁陕、石泉、汉阴县调研避灾扶贫搬迁工作。李永平一行先后在宁陕县筒车湾镇、梅子镇，石泉县池河镇，汉阴县平梁镇、涧池镇等避灾扶贫搬迁社区调研，深入搬迁户家中了解生产生活情况，并分别在上述县区召开座谈会，广泛听取县、镇政府及相关部门的意见建议。李永平对安康市搬迁工作取得的成效，特别是 2015 年提出的“提速度、上水平”的新要求和“精准搬迁、精细管理、精确施策”的三精工作举措给予了充分肯定，认为安康搬迁工作思路明晰、方法精准、持续创新、水平提升，走在了前列。针对工作中存在的困难和问题以及今后的搬迁工作，李永平提出三点要求：一要坚持系统谋划；二要坚持统筹推进；三要坚持全面规范，从而着力提升避灾扶贫搬迁工作水平。

2015 年 3 月 19 日，《商洛市人民政府办公室关于印发商洛市家庭经济困难户及移民搬迁户子女免费就读商洛职院实施方案的通知》（商政办发〔2015〕18 号）发布，2015 年商洛市内家庭经济困难及移民搬迁户子女，可通过参加 3 ~ 4 月商洛职业技术学院自行组织的综合素质评价测试或者普通高校招生统一考试两种途径，录取后免费入学就读商洛职院。

经省教育厅审定同意，2015 年该院计划招收商洛移民搬迁户及贫困户子女免费三年制高职学生 400 名，家庭经济困难户子女招生计划 300 名。凡被录取的家庭经济困难及移民搬迁户子女，分别由市县扶贫和移民机构对其身份进行确认后，在校学习期间学费、住宿费全免，并可一次领取 3000 元生活费补助。方案规定，移民搬迁户子女在校期间学费、住宿费由市财政统筹，市移民办承担；家庭经济困难户子女在校期间学费、住宿费由市财政统筹，按照市财政承担三分之一、县财政承担三分之二的比例解决。免除的学费和住宿费，由市财政统筹后直接拨付给商洛职业技术学院。一次性生活补助费用，由市扶贫局从“雨露计划”专项资金中列支后，财

政部门通过“一卡通”直接支付给相关家庭账户。

2015 年 3 月下旬，陕南地区移民搬迁工作领导小组办公室向汉中、安康、商洛市移民搬迁工作领导小组办公室印发了《关于做好陕南移民搬迁安置建设项目备案工作的通知》（陕南移办发〔2015〕11 号）。

2015 年 3 月下旬，邮储银行陕西省商洛市分行获得总行批准，在全国试点开办陕南移民搬迁项目住房贷款，探索邮政金融支持移民搬迁模式。本次商洛市分行试点办理的“雅琪小区”项目，预计受理客户 170 户，拟投放住房按揭贷款 1500 万元。

2015 年 4 月 10 日，全省地质环境工作视频会指出，陕西省现有地质灾害隐患点 12630 处，直接威胁人口 57.94 万人。2015 年降水量将主要集中在陕北、陕南，加上人为不合理工程活动时有发生，全省地质灾害发生频度、密度和造成的损失接近常年，并以突发性为主。区域上，陕南、陕北是重点，特别是陕南南部和陕北南部地区；时段上，春末夏初、盛夏、晚秋要重点防范。会议要求，凡是处于地质灾害易发区的建设项目，都必须开展建设工程地质灾害危险性评估，特别是陕南、陕北移民搬迁安置点的地质灾害危险性评估，坚决防止把避灾安置点选在滑坡体上、崩塌底下、泥石流沟中。

2015 年 4 月，陕西省审计厅下发《陕南陕北移民搬迁专项审计和审计调查工作方案》，对 2015 年度审计工作做出具体安排部署。

2015 年 5 月 11 日，陕南移民搬迁工作办公室向汉中、安康、商洛市移民搬迁工作领导小组印发了《陕南移民搬迁专项资金动态监控管理暂行办法》。移民专项资金动态监控业务的监控主体是：陕南地区移民搬迁工作办公室，陕西陕南移民搬迁工程有限公司、长安银行协助开展相关工作。该办法从 2015 年 1 月开始施行。

2015 年 5 月 20 日，《汉中市人民政府关于进一步加强移民搬迁安置工作的意见》（以下简称《意见》）（汉政发〔2015〕23 号）发布，《意见》从提高规划水平、提高精准搬迁质量、规范安置模式、规范资金管理、规范大小配套设施、规范项目化运作、完善用地机制、强化产业扶持、完善后续管理服务、完善保障措施十个方面做出了明确部署和规定。

2015 年 5 月 22 日，陕南移民搬迁工作办公室主任李永平对西北农林科技大学副教授何得桂博士撰写的《关于进一步提升陕南移民搬迁安置政策效应的建议》做出批示：“近期我办正在准备给领导小组[1]及省政府领导的汇报，其中涉及要深入研究解决的问题、对策及建议方面，本文值得参考。印发办公室、公司处（部）以上干部及树德、小曹等同志阅研。”

---

[1] 指的是陕西省陕南移民搬迁工作领导小组。

2015 年 5 月 22 日，汉中市移民搬迁安置项目绩效评价、审计问题整改暨信息化建设工作推进会顺利召开。市移民办全体领导、各县区移民办分管领导和负责信息化工作的人员参加会议。会议邀请市审计局副局长刘义成、陕西陕南移民搬迁工程有限公司信息化小组李武龙同志指导会议。

2015 年 5 月，汉中市制定出台《关于加强全市移民搬迁集中安置点社区建设的实施意见》（以下简称《意见》）。《意见》从重要意义、指导思想、目标任务、设置规模及形式、主要功能设置、建立移民搬迁群众新型社会管理体系、拓展移民搬迁集中安置点社区服务体系、落实移民搬迁集中安置点社区工作人员、落实社区工作人员报酬待遇、加强组织领导、明确部门职责、完善投入机制 12 个方面对全市移民搬迁集中安置点社区建设进行了全面规范。

2015 年 6 月 4 日，商洛市陕南移民搬迁精细化管理现场观摩会议在洛南县召开。省市相关领导和各县区分管领导，移民办及相关镇负责人等 100 余人参加会议。上午与会领导和参会人员先后观摩了洛南县石门、景村两镇集中安置点规范化建设和洛南县移民办的精细化管理工作；下午在洛南县政府召开了会议，会上观看了洛南县移民搬迁精细化管理专题片，商洛市移民办副主任李强同志对全市 5 月份督查情况进行了通报点评，洛南县移民办主任周建国进行了交流发言，市移民办主任李旭光安排部署了下一阶段全市移民搬迁工作，省移民办业务处处长贾新跃、财务总监石养民和市政府副秘书长刘永康做了重要讲话。2011 年以来，商洛市始终坚持“三个不动摇”、做到“三个力度不减”。坚持靠城靠镇靠园区“三靠”思路不动摇，集中搬迁、大点搬迁、上楼搬迁“三搬”原则不动摇，“十年搬迁 18 万户 72 万人”的目标不动摇；确保“两灾两困户”在 2016 年底前全部搬完的力度不减，“上年项目抓入住、当年项目抓完工、次年项目抓开工”压茬推进的力度不减，“月检查、季点评、年底交账”的工作措施力度不减，坚定不移地抓好陕南移民搬迁工作。

2015 年 6 月 9 日，国务院扶贫办开发指导司副司长吴华、中国农业发展银行总行营业部总经理徐一丁、省扶贫办副主任丁纪民等一行到安康市石泉池河镇调研政策性金融支持移民搬迁扶贫工作。安康市副市长邹顺生，石泉县县长周耀宜、县政协主席李平等人陪同。座谈会上，调研组听取了石泉避灾扶贫移民搬迁工作的基本情况，指出石泉金融支持移民搬迁与扶贫工作还处于探索阶段，目前工作结合还不够紧密，业务发展单一，合作层次较低。建议中省扶贫部门和金融部门，一是出台明晰的金融扶贫政策加大对陕南移民搬迁工程的资金支持；二是加大金融机构与政府的合作力度，出台相关政策，妥善解决贫困人口担保难、贷款难的现实问题；三是深化金融部门在陕南移民搬迁基础设施及公共服务项目上与地方政府的业务合作，积极参与政府 BT、PPP 等项目融资，缓解财政资金不足。

2015年6月初，安康市审计局在市县审计局抽调56名审计人员组成9个审计组，对全市9县陕南移民搬迁安置项目及资金审计进行全覆盖审计。实行“市局统一组织，非对称县域交叉”的审计模式，采取“统一审计方案、统一安排部署、统一进点撤点、统一处理口径、统一汇总上报审计结果”的“五统一”方式，从2015年6月15日起开始进点现场审计，持续40天。

2015年6月8日，《汉中市人民政府关于表彰奖励2013年度陕南移民搬迁安置工作先进县区先进单位和先进个人的决定》（汉政字〔2015〕32号）印发，通知指出，根据《汉中市移民搬迁安置工作考核奖惩办法》（汉办发〔2011〕24号），市政府决定，对受省政府表彰的南郑县、西乡县、宁强县、镇巴县、留坝县、城固县进行通报表彰；授予汉台区、洋县、佛坪县2013年度陕南移民搬迁安置工作一等奖荣誉称号；授予略阳县、勉县2013年度陕南移民搬迁安置工作二等奖荣誉称号；授予市政府办公室等15个单位“2013年度陕南移民搬迁安置工作先进单位”荣誉称号；授予王翰均等35名同志“2013年度陕南移民搬迁安置工作先进个人”荣誉称号，对先进个人每人奖励人民币1000元。

2015年6月13日，娄勤俭省长对陕西省人民政府研究室和西北农林科技大学提交的《370万农民就近城镇化的意愿和需求——38县区2250农户就近城镇化入户调查报告之一》《解决好370万农民就近城镇化问题——38县区2250农户就近城镇化入户调查报告之二》做出的批示指出，“重点镇建设、镇村改革、避灾移民搬迁等还得加大力度推进”。

2015年6月14日，安康市人民政府办公室转发了由安康市扶贫开发局、市民政局、市人社局、市公安局联合制定的《关于加强和规范避灾扶贫搬迁安置社区管理工作的指导意见》（安政办发〔2015〕79号）。

2015年6月29日，安康市委书记郭青到宁陕县皇冠镇八宝移民安置小区，就避灾扶贫整村移民搬迁工作进行调研。

2015年7月6日至7月7日，副省长庄长兴在商州区沙河子镇、柞水县凤凰镇和丹凤县棣花镇调研小城镇建设情况，考察山（阳）柞（水）高速公路建设项目。

2015年7月8日，陕南片区推进新型城镇化工作座谈会在商洛召开，副省长庄长兴主持会议并讲话。会议强调，要坚持省委、省政府“建好西安、做美城市、做强县城、做大集镇、做好社区”的城镇化发展总体思路，以生态、宜居、循环发展为主线，统筹安排陕南移民搬迁、保障性安居工程、棚户区和城中村改造、产业园区建设项目，持续推进陕南地区新型城镇化。会议要求，进一步优化城镇布局和形态，不断完善城镇体系；彰显青山绿水，突出特色风貌；加快推进农业转移人口市民化，促进人口向城镇聚集；加强城镇基础设施建设，不断增强城镇综合承载能力；节约集约用地，整合各类资金，持续保障城镇建设发展；抓好各类改革试点，健全工作机制，形成推进新型城镇化整体合力。

2015 年 7 月 9 日至 7 月 10 日，副省长冯新柱带领省级有关部门负责同志在安康调研产业扶贫工作。冯新柱指出，要立足当地资源优势和产业基础，扶持培育专业合作社、龙头企业等新型农业经营主体，采取“企业 + 合作社 + 农户”等发展模式，推进产业规模化、标准化、产业化发展。要立足可持续发展，强化科技支撑，大力发展有机循环无公害农业，加强农业面源污染防治，建立可追溯制度，确保农产品优质、安全，打造南水北调水源地农产品品牌，增强市场竞争力。要立足市场需求，狠抓农产品精深加工和产品开发，建立和完善销售网络，促进一、二、三产业有机融合，提升产业综合效益。冯新柱还到安康水库检查了防汛工作。

2015 年 7 月 14 日，商洛市移民办和长安银行股份有限公司商洛分行，联合举办了移民搬迁“长安银行杯”“三严三实”专题教育知识竞赛活动。

2015 年 7 月 24 日上午，陕西省委召开常委会议，深入学习习近平总书记在部分省区市扶贫攻坚与“十三五”时期经济社会发展座谈会上的重要讲话，研究我省贯彻落实措施，讨论加强和改进领导班子建设有关工作。省委书记赵正永主持会议。会议强调，要认真总结陕西省扶贫工作的成绩和不足，坚定信心、振奋精神，强化各级党委、政府和主要负责同志第一责任，谋划好“十三五”扶贫攻坚工作，因地制宜提出具体措施。要认真落实精准扶贫、精准脱贫要求，进一步摸清底数、找准问题、倒排时间，按照“四个一批”思路推进兜底、教育、搬迁、造血、责任等扶贫措施，完善因残贫困、因病致贫等帮扶政策，探索和搞好城市扶贫工作，确保到 2020 年全省绝对贫困人口如期全部脱贫。

2015 年 7 月 26 日至 7 月 27 日，中国共产党陕西省第十二届委员会第七次全体会议在西安举行。省委书记赵正永强调，“十三五”是全面建成小康社会的决战期，也是“三个陕西”建设迈向更高水平的关键期。要把握时间节点，搞好统筹安排，编制好“十三五”规划《建议》和《纲要》。要找准定位、突出重点，深入研判经济增速预期、搞好精准扶贫、推进创新驱动等关键性问题，制定好各地各行业规划。娄勤俭在讲话中强调，下半年要做好四项工作，其中一项是要坚持补短兜底的原则保障和改善民生，结合避灾扶贫搬迁全力实施精准扶贫，统筹推进就业和社会保障，扎实做好教育卫生文化事业发展各项工作，让广大群众在发展中不断受益。

2015 年 8 月 26 日，榆林市人民政府《关于印发榆林市移民搬迁工作实施意见的通知》（榆政发〔2015〕11 号）发布。《榆林市移民搬迁工作实施意见》（以下简称《实施意见》）从调整完善移民搬迁规划、搬迁对象和范围、搬迁选址规划与安置方式、补助标准及方式、移民搬迁资金筹措、移民搬迁项目资金管理、严格落实移民搬迁优惠政策和加强移民搬迁组织领导八个方面做出了明确规定。此外，该《实施意见》还规定，2015 年之前下达的扶贫移民搬迁项目按原榆政发〔2012〕84

号文件规定执行，项目实施结束后废止；2015 年之后（含）列入移民搬迁计划项目遵照本实施意见执行。本实施意见随中省政策调整适时修订。

2015 年 9 月 2 日，安康市人民政府办公室发布了“关于印发《安康市避灾扶贫搬迁工作人大专项评议实施方案》的通知（安政办发〔2015〕117 号）”，评议内容涉及：避灾扶贫搬迁安置专项规划（含社区）执行情况；避灾扶贫搬迁安置项目建设管理情况；避灾扶贫搬迁安置社区配套公共服务设施建设情况；避灾扶贫搬迁资金管理及设施建设资金配套情况；避灾扶贫搬迁安置社区管理服务情况；避灾扶贫搬迁群众“一区一策、一户一法”增收致富情况；特困户安置情况；避灾扶贫搬迁推进城镇化建设情况以及集中搬迁安置社区（规模在 30 户以上）入住情况等九个方面。

2015 年 9 月 15 日至 9 月 22 日，安康市人大常委会党组书记、常务副主任崔光华，副主任马涛、马孝芳、胡凯庆、廖贤平分别带领视察评议组分赴十县区，采取听取汇报、实地走访、查阅资料、调查测评等方式对全市避灾扶贫搬迁工作进行视察评议。9 月 23 日召开了视察评议工作座谈会，市人大常委会副主任马涛、市政府副市长邹顺生出席会议。会议在听取了市政府避灾扶贫搬迁工作自查报告后，各视察评议组反馈了视察评议情况，指出了存在的问题，提出意见建议，对全市避灾扶贫搬迁工作给予了充分肯定。

2015 年 9 月 16 日至 9 月 19 日，经陕西省人民政府邀请，北京市环卫集团公司何亮副总经理一行 4 人到陕西省就参与陕南移民搬迁集中安置点生活垃圾和生活污水设施项目和运营等方面开展合作的有关问题进行调研考察。何亮一行同省住建厅、环保厅和省移民办相关同志进行了深入座谈，到安康市汉滨区谭坝镇集中安置点，安康市生活垃圾填埋场、生活污水处理厂，商洛市丹凤县竹林关移民搬迁安置小区、商州区沙河子镇移民搬迁集中安置点的生活垃圾填埋和污水处理站等地进行调查调研，同安康市人民政府副市长邹顺生就生活垃圾和生活污水处理现状以及建设合作具体事宜进行了沟通洽谈，达成了初步合作意向；同商洛市高健副市长进行座谈，了解实际需求，商谈有关问题。北京市环卫集团公司认为，移民搬迁地区生活垃圾和污水处理设施应纳入市、县区域生活垃圾和污水治理范围综合治理；合作方式可采取社会资本参与、政府购买服务的 PPP 模式。拟在安康市开展移民搬迁地区生活垃圾和生活污水建设运营合作试点，然后根据治理效果再推广到陕南三市。

2015 年 9 月 22 日至 9 月 23 日，省人大代表一行 50 多人赴汉中市，就农村环境连片整治情况、移民安置和现代化农业园区建设等进行调研。调研期间，省人大代表们与汉中市人大、政府领导及相关人员召开座谈会。9 月 22 日，省人大代表在西乡县樱桃沟、杨河镇高土坝移民安置点、西乡县五丰村和军鑫现代化农业园区、西乡县江塝茗园、骆家坝古镇进行调研。

2015 年 9 月 28 日至 9 月 30 日，商洛市委、市人民政府召开第三季度全市移民搬迁安置工作观摩点评会议。市委书记胡润泽出席会议并做重要讲话，市长陈俊逐县区进行点评并安排部署下一阶段工作，市委副书记黄思光、市委常委刘淑慧、武文罡、朱崇和、李波、刘荣贤等出席会议，市委常委、常务副市长高健主持会议。

2015 年 10 月 19 日，财政部部长助理、党组成员戴柏华率调研组到商洛市就经济发展情况和移民搬迁安置工作进行调研。省财政厅副厅长苏新泉，市委常委、常务副市长高健陪同调研并参加座谈会。

（十一）以“能致富”为主的协同实施

2016 年 1 月 14 日，商洛市委书记胡润泽主持召开全市陕南移民搬迁安置工作专题会，对进一步推动移民搬迁安置工作进行安排部署。商洛市领导陈俊、黄思光、高健、李豫琦、李波等出席会议。

2016 年 1 月 15 日，商洛市人民政府办公室发布《关于印发商洛市易地扶贫搬迁农发行贷款资金管理办法的通知》（商政办发〔2016〕5 号），《商洛市易地扶贫搬迁农发行贷款资金管理办法》共有九章二十条，自 2016 年 2 月 15 日起实施，至 2021 年 2 月 14 日废止。

2016 年 2 月 19 日，全省城市工作会议在西安举行。省委书记赵正永、省长娄勤俭讲话。省政协主席韩勇出席。省委副书记胡和平主持会议。赵正永在讲话中强调，“十三五”时期要突出抓好全省城镇管理整治、关中镇村整合和生态小城建设、陕北陕南移民搬迁等工作，努力推进以人为核心的新型城镇化。

2016 年 3 月 1 日，《“十三五”陕南地区移民搬迁专项规划》评审会在西安召开。由省城乡规划设计院、西北农林科技大学、西北大学、省住建厅工程造价中心、陕西陕南移民搬迁工程有限公司组成的专家小组，陕西省国土资源厅副厅长雷鸣雄、陕南移民搬迁工作办公室主任李永平以及及省发改委、财政厅、住建厅、扶贫办、陕南三市移民办负责人参加了会议。会议通过听取汇报，观看文本演示的方式，形成了一致意见。专家小组认为：《“十三五”陕南地区移民搬迁专项规划》（以下简称《规划》）理念超前、基础数据翔实，具有较强的工作指导性，通过评审。同时强调，对《规划》文本中涉及建档立卡易地扶贫搬迁对象的，应与我省即将出台的《陕西省“十三五”时期易地扶贫搬迁实施方案》相结合，并对《规划》中涉及的基础数据横向、纵向进一步衔接，做到省级各部门上下口径一致。

2016 年 3 月 7 日至 3 月 10 日，省委农工办、省民政厅、省国土资源厅组成联合调研组，分别对汉中市、商洛市、安康市的陕南移民搬迁社区建设工作进行调研。

2016 年 3 月 23 日至 3 月 25 日，省政协主席韩勇到汉中调研扶贫工作，省政协秘书长闫超英等陪同调研。在考察了西岔河镇陕南移民三教殿集中安置点，详细了解了移民搬迁任务完成及搬迁户生活等情况后，韩勇到省政协对口包扶村袁家庄街道办塘湾村，仔细询问贫困户靳春生的家庭收入、致贫原因等具体情况。

2016 年 4 月 4 日至 4 月 6 日，省委书记娄勤俭，省委副书记、代省长胡和平深入延安市考察调研，强调要自觉从延安精神中汲取力量，扎实搞好“两学一做”学习教育，努力谱写陕西追赶超越新篇章。娄勤俭、胡和平到宝塔区李渠镇崖里坪东惠苑社区和冯庄乡康坪村，考察了移民搬迁和精准扶贫等工作。省委常委刘小燕、徐新荣等一同调研。

2016 年 4 月 6 日，现代农业产业精准扶贫陕南片区座谈会在安康市汉滨区召开。副省长冯新柱出席并讲话。

2016 年 4 月，国务院扶贫开发办公室把陕西省国土资源厅厅长王卫华撰写的《易地扶贫搬迁需要关注的几个问题》作为专报信息呈中央领导参阅。

2016 年 4 月 13 日，陕西省国土资源厅、陕西省扶贫开发办公室“关于印发《陕西省国土资源厅支持脱贫攻坚政策意见》的通知”（陕国土资发〔2016〕20 号）发布，该意见从土地保障、扶持产业发展、土地制度改革以及矿产开发利用和地质灾害防治四个方面做出了明确安排和有力支持。

2016 年 4 月 11 日至 4 月 22 日，汉中市率先引入第三方机构参与陕南移民搬迁及易地扶贫移民搬迁安置工作日常监督检查。汉中市成立由市脱贫攻坚指挥部办公室、市移民搬迁安置领导小组办公室并聘请第三方机构（建设工程咨询公司）组成联合检查组，历时两周对全市陕南移民搬迁及易地扶贫移民搬迁安置工作进行了逐点督察检查。这次检查主要围绕 2015 年度任务完成情况和 2016 年任务落实、开工及进展情况两个重点开展。

2016 年 4 月 15 日，陕西省扶贫开发办公室、陕西省发展和改革委员会《陕西省“十三五”易地扶贫搬迁工作实施方案》（陕扶办发〔2016〕17 号）发布。

2016 年 4 月 20 日至 28 日，由全国政协副主席马飚带队，全国政协人口资源环境委员会主任贾治邦任组长的全国政协“支持革命老区扶贫攻坚”专题调研组来陕调研。在陕期间，省委书记娄勤俭、省长胡和平、省政协主席韩勇到住地看望，全国政协外事委员会副主任马中平参加调研。调研组分别听取了省委常委、延安市委书记徐新荣，省政府副省长冯新柱对延安市和全省扶贫攻坚工作情况汇报。“十二五”以来，陕西省贫困地区经济快速发展，五年累计实施移民搬迁 174.7 万人，其中搬迁贫困人口 106.9 万人，贫困地区群众收入增速始终高于全省 5 个百分点以上。调研组一行先后深入延安市洛川县、吴起县、宜川县、志丹县、延川县、安塞县和宝塔区，实地走访移民搬迁社区、苹果产业园区、大棚蔬菜产业扶贫基地、精准扶贫产业示范点等，并与企业、农户和政府负责人座谈交流。省政协副主席李冬玉等参加调研。

2016 年 5 月 16 日至 5 月 20 日，陕西省政协常委视察团就陕南地区移民搬迁工作推进情况到汉中、安康等地展开视察活动，视察团团长由省政协副主席千军昌担任，视察团成员由陕西省政协常委、委员以及西北农林科技大学副教授何得桂等人组成。视察团分别听取了陕西省国土资源厅、汉中市人民政府和安康市人民政府关于陕南移民搬迁的的工作汇报，商洛市人民政府作关于陕南移民搬迁工作的书面汇报。

2016 年 5 月 26 日至 5 月 27 日，汉中市脱贫攻坚暨易地移民搬迁现场推进会在西乡县召开。汉中市委书记魏增军出席并讲话。市委副书记、市长王建军点评县区工作并安排部署。市委副书记权俭主持会议。市委常委、市委秘书长牟晓非，副市长党振清出席。5 月 26 日下午，参会人员先后到陕西东升生物科技公司、堰口集镇安置点、西乡精诚农贸食用菌产业园区、沙河镇马踪滩村委会、沙河镇桐车坝村移民搬迁安置点、陕西东裕生物科技股份公司，现场观看展板、查阅资料，听取推进脱贫攻坚、易地移民搬迁工作情况介绍。5 月 27 日召开的推进会上，西乡县、南郑县、城固县和汉台区铺镇狮子营村、洋县朱鸟湖专业合作社负责同志做了交流发言。

魏增军指出，全面建成小康社会，最艰巨的任务、最突出的短板是脱贫攻坚。各级各部门要切实把思想行动统一到中央、省委的决策部署上来，把责任牢牢扛在肩上、任务紧紧抓在手上，用真心、动真情、出真力，扑下身子实打实地为群众解难题、办实事，帮助困难群众早日脱贫致富，做到全面小康路上一个都不少。

魏增军强调，打好脱贫攻坚仗，关键在战术，核心要讲方法，切实发挥好聚合效应。要坚持科学扶贫、精准脱贫，抓好易地脱贫搬迁“当头炮”，唱好产业扶贫“重头戏”，打好基础设施建设“组合拳”，织好政策兜底“保障网”，不断提高脱贫工作的针对性和实效性。要在政策项目资金上聚焦聚合，在“双联双包”帮扶上精准对路，在组织保障措施上持续加力，充分发扬领导苦抓、干部苦帮、群众苦干的“三苦”精神，向贫困宣战、向小康进军，合力打好脱贫攻坚战。

王建军对各县区脱贫攻坚、移民搬迁工作点评后要求，要全面总结前一阶段的工作推进情况，准确把握中省的新要求，及早谋划、主动应对，牢牢掌握工作主动权。要横向对比、明确差距，全面梳理各项工作进展情况，学习借鉴先进经验，紧逼加压补短板，力促各项工作迎头赶上、快速推进。要紧扣重点、强化措施，持续打好总体战，全力推动脱贫攻坚任务全面完成。

为了充实省移民办工作力量，加快推进全省移民（脱贫）搬迁工作，2016 年 5 月下旬，省国土资源厅经请示有关部门同意，按照公平公正公开的原则，广开门路，招贤纳士，在编制范围内，通过系统内外推荐、笔试、面试、考察等程序，为省移民办优选了一批优秀公务员。此次干部选调工作坚持和完善了国土厅近年来在进人方面积累的好做法和好经验，程序严格，进展顺利，反响良好，成效明显，克服了传统选调方式的弊端，匡正了选人用人的风气，改善了干部队伍整体结构，提升了干部队伍整体素质。

2016年6月1日，陕西省人民政府办公厅印发《关于转发省国土资源厅2016年地质灾害防治方案的通知》（陕政办发〔2016〕44号），各地要抓住党中央实施扶贫攻坚重大决定的契机，将受地质灾害威胁的群众优先纳入精准扶贫、易地搬迁范围，加强组织领导，抓紧实施地质灾害移民搬迁。凡已经搬迁的受地质灾害威胁住户，要严格落实即搬即拆制度，绝不能出现新房已建、旧房不拆导致群众居住老房发生伤亡的问题。

2016年6月20日，西北农林科技大学公共政策与地方治理研究中心研究员何得桂撰写的研究报告《采煤沉陷区搬迁安置：农民的盼与忧——基于陕北地区采煤沉陷村的调查与研究》获得陕西省人民政府副省长庄长兴同志的重要批示（省政府批文930号，长兴批文645号）。6月30日，陕西省国土资源厅党组成员、副厅长、省移民（脱贫）搬迁工作办公室主任邹顺生也做出批示。

2016年6月21日至6月22日，省长胡和平赴汉中调研稳经济增长、促有效投资工作。副省长庄长兴陪同调研。胡和平先后调研了镇巴县杨家河镇移民搬迁安置点、镇巴工业园区和西乡县堰口镇西乡至镇巴高速公路规划、骆家坝古镇文化旅游镇、县城东关棚户区改造等项目建设情况，详细了解企业产品研发、市场开拓和经营效益，仔细询问搬迁户、贫困户的生活保障、经济收入、养老就医等情况。省政府秘书长陈国强，省级有关部门主要负责同志参加调研。

2016年6月28日下午，副省长庄长兴到省移民（脱贫）搬迁工作办公室和省移民（脱贫）搬迁工程公司，看望慰问干部职工，调研全省移民（脱贫）搬迁工作。省国土资源厅厅长王卫华、陕西有色金属控股集团负责人等参加。在座谈会上，庄长兴听取了省国土资源厅副厅长、党组成员、省移民（脱贫）搬迁办主任邹顺生关于全省移民（脱贫）搬迁工作汇报，充分肯定了前期工作成果和今后工作计划。庄长兴强调，要认真总结和推广陕南地区移民搬迁的成功经验，发挥好移民搬迁改善民生、保护环境、促进发展的综合效应，严格按照省委、省政府部署要求，抓好全省易地搬迁脱贫工作，真正让广大农民群众从中受益。

2016年6月28日至6月29日，西北农林科技大学公共政策与地方治理研究中心研究员何得桂撰写的咨询报告《持续推进陕南移民搬迁面临的新情况与对策建议》[1] 被政协第十一届陕西省委员会常务委员会第二十一次会议采纳，并被编入“实施精准扶贫，提高扶贫实效”专题议政协商的发言材料中，也是唯一一位专家的建议材料被此次会议采用。

---

[1] 2016年7月20日，陕西省政协办公厅在该咨询报告修改基础上向陕西省委、省政府呈送的视察报告《关于陕南地区移民搬迁工作推进情况的视察报告》（陕政协办字〔2016〕33号）获得庄长兴副省长的重要批示。2016年9月1日，庄长兴副省长批示：“这份视察报告情况摸的准，分析透彻，简明扼要，尤其所提出的五条建议很好，请省国土资源厅和移民办的同志认真研究借鉴。”

四、社会反响篇

以人民利益为根本出发点是陕西移民（脱贫）搬迁工作的根本宗旨。下川道进城镇，通过搬迁脱困脱贫是山区广大群众的世代梦想，但直到经济发展进入新阶段和社会发展迈入新时代才具有实现的可能性。陕西移民搬迁取得显著的经济社会效应、生态效益，获得山区广大群众的热烈欢迎以及社会的充分肯定，为贫困地区实施扶贫搬迁提供了有益借鉴，被誉为易地扶贫搬迁的“陕西样本”！

（一）省委省政府主要领导“发声”

2010年11月29日，《陕西日报》第2版刊发了陕西省委书记赵乐际同志《关于我省“十二五”发展需要重视的几个问题》的文章。在文中赵乐际结合自己的学习思考，就陕西省“十二五”发展中需要重视的几个问题做了深入研究。文章指出，局部改善、整体脆弱是我省生态环境的基本现状，从根本上改善生态环境还有很长的路要走。必须尊重自然、顺天而行，自觉按客观规律办事，促进人与自然和谐相处。

2011年1月26日下午，省长赵正永在西安接受中央新闻媒体“省部长访谈录”联合采访，就陕西省“十一五”发展成就和“十二五”发展思路、重点工作，接受了人民日报、新华社、光明日报、经济日报、中央人民广播电台、中央电视台、中国国际广播电台、中国日报、中新社9家新闻媒体记者的提问。省委常委、省委宣传部部长胡悦参加了采访活动。赵正永还就避灾扶贫搬迁、渭河全线治理和等问题，回答了记者的提问。

2011年3月8日上午，十一届全国人大四次会议陕西代表团举行全体会议，审查国家发改委提交的计划报告和财政部提交的预算报告。国家工商行政管理总局局长周伯华受国务院委托到会听取代表意见。发言时，商洛市人民政府市长杨冠军代表就上述两个报告发表了自己的意见和建议。围绕主题发完言之后，杨冠军谈起了陕南移民搬迁。他说，陕西省委、省政府决定在未来十年内，实施避灾扶贫移民搬迁工程，涉及陕南200多万群众，这是贯彻落实科学发展观的一项重大决策，受益地区的干部群众无不欢欣鼓舞。但这一宏大工程在实施过程中会遇到一些困难，如土地和资金问题，需要中央支持解决。陕南山大沟深，土地少，用地矛盾突出，我们希望中央支持，使陕西的这一目标任务尽早实现。刘建明代表说，陕南山区是一个多灾的地区，特别是洪涝灾害比较严重，经常给人民群众生命财产带来巨大损失，始终没有走出受灾、重建，再受灾、再重建的怪圈。现在陕西省委、省政府决心通过实施移民搬迁工程解决这一“难题”，我们有决心实现这一目标，也希望中央给予支持。安康市旬阳县棕溪镇王院村党支部书记陈分新代表完全赞同刘建明代表的发言。并认为，他和村里乡亲们打心眼里盼望这一工程早日实施。台盟陕西省委主委马克宁代表从南水北调、三峡移民等多个方面谈了自己的意见。马克宁说，总理在政府工作报告中指出，要加强重点生态功能区的保护和管理。陕南人民为了确保“一江清水送北京”，为了保护生态环境，做出了巨大的牺牲和贡献。希望中央关切陕南人民的期盼，考虑陕南土地承载能力有限的实际，借鉴三峡移民的经验，在政策、资金和土地等方面给予大力支持，让陕南人民早日过上新生活。

2011年3月上旬，陕西省民政厅下发通知，追授在安康“7·18”特大泥石流灾害中英勇牺牲的汉滨区谭坝乡鸭蛋河村党支部书记杨宗兴同志“革命烈士”称号。2011 年 3 月 4 日，汉滨区民政局把省民政厅拨付的一次性抚恤金 6.6 万元转交给杨宗兴烈士的子女。

2011 年 3 月 14 日下午，全国人大代表、陕西省人民政府省长赵正永应中央广播电视台中国之声的邀请，参加了全国“两会”特别节目《做客中央台》，主持人郭静以及中国之声特约观察员、《财经》杂志执行主编何刚先生作为嘉宾观察员一同参与。赵正永介绍了陕西省经济社会发展，特别是民生工程的有关情况。以下为文字实录：

主持人：陕西省已经决定从今年开始启动一项涉及 279 万人的移民搬迁工程。他们当中有 240 万人生活在陕南的安康、汉中、商洛等地区，那里地质灾害频发；另外还有 39 万人居住在陕北的白于山区，那里常年饱受缺水之苦。你们计划用 10 年的时间把这 279 万人搬迁出来，这也是迄今为止咱们国家规模最大的一次移民搬迁，比 150 万的三峡移民还要多出 120 多万人。大家很想知道为什么今年能够痛下决心，启动如此庞大的移民安置计划？这些移民原住地的地质灾害威胁程度有很多大？279 万人是必须要搬迁的吗？

赵正永：首先，我想说，我们的移民搬迁不能和三峡搬迁相比，因为是省内就近解决好群众的生命安全，生产生活方便的问题。今年开始启动了 279 万人的搬迁，其中有 240 万人是在陕南的深山区里头。陕南的地形大家都知道，在秦岭和巴山之间，就是秦巴山区。这一次要搬的 240 万人，基本上处于公路 5 公里以外的生产区里。这些生产区是贫困的山区。由于历史原因，他们在山区里面居住，而且有的是祖祖辈辈、世世代代。我们也分析了有的是过去战乱期间躲到深山区里的，有的是农耕经济时期有几亩地就在里面生存下去了，也有的是家族宗亲一起住在这些地方。现在的情况跟过去大不一样，现在公共服务设施、交通便利，都大大改善了，而且现在群众已经自发的、自动地往平原地带、安全地带靠了，尤其是到公共服务水平比较高的城镇来聚集。比如，我在基层调研的时候，碰到了很多这样的情况。孩子们送到镇上的中小学来读书，他的妈妈就到镇上租间房子，陪着他，他的爸爸还在农村里面种地。所以人们也有搬出来的愿望和要求。

更重要的是，2011 年 7 月的时候，7 月 18 日至 25 日，陕南不同地方遭受了强暴雨的袭击。这强暴雨加上汶川地震以后地质的影响，造成了很多地方出现严重的泥石流。这些泥石流严重残害着群众的生命，我们安康的汉滨区有一个村，这个村里面陈姓人家有二十几户，分散在几个山头，据说是皖东过来的一个陈姓人家。他们在这里居住了两百年，认为很安全。但是那天晚上的强暴雨把整个一片山头全部冲下来。我去看的时候，站在那个掩埋了我们十几位遇难同胞的泥石流废墟上，心情是非常沉重的。陕南的自然灾害是频发的。我让他们给我找了一份资料，从 1952

年开始算起，基本上小灾年年有，每隔三年到四年就有一次大的灾害。陕南曾经发生过最大的一次灾害有1800多人遇难。每一次遇到这样的灾害时候，大家在总结教训时都有一条：是不是应该要从根本上解决这个问题。但是，由于过去的财力、由于过去的视野原因，在解决这个问题上遇到了一些困难，所以一直没有推进这个事。这一次省委研究后，我们下决心来推进这件事情。所以我汇报时用了一句话，用愚公移山的精神，来解决好279万人的搬迁。我们做了十年规划，从现在开始，每年搬一批，下决心，十年之间把这个问题解决掉。当然，我们实施起来可能用不了十年，因为现在群众的愿望很强烈。春节的时候，在中央电视台走基层报道当中，就曾经报道了我们一些农民在山上举行全村最后一次春节团聚会，希望能够尽快搬下去。所以可能我们实施起来不需要十年，但是我们觉得从现在开始这项工作必须要做。

主持人：现在新的搬迁地址找到了吗？

赵正永：做这些工作，应该有很多的难处，但是我们也有一些周密的考虑。比如，搬迁的地址。我们这次搬迁不仅仅是一次住房的搬迁，把他们从山上搬下来，我们基本上是想：一是和城镇化结合起来，有条件进城的，这次都进城；二是目前没有条件进城的，我们一定要按照小区镇建设、现代农业产业和扶贫搬迁，这三者三位一体，把他们搬下来。搬下来一定要有一些生产条件，这个是我们的基本思路。另外，我们筹集资金，整合各方面的资金。这几年国家和我们省里扶贫资金也都不少，我们各个方面的综合生态保护的资金也不少，因此要整合各个方面的资金来推进这项工作。比如，农民搬迁以后，原来的地方可以作为生态保护、退耕还林。我们已经和国家林业局提出了申请，要求在扩大退耕还林的时候，能够进一步向我们倾斜，我们向国家发改委和林业总局都报告了。我们把有的地区人民搬出来了以后，地质进行治理，我们又跟国土资源部要求在地质治理的经费当中，拿一部分出来，支持我们把他们搬下来。搬下来后那个地方没有人生活了，也是一种治理，因为没有人在上面生活，就没有人破坏它。所以通过各种渠道，各种途径来帮助解决这件事。当然，秦巴之间很难找到一块比较平坦的地方，这就要靠我们的智慧了，当然我们最近还在动脑筋，一是能不能把一些国有的农场土地进行调节；二是在我们的省内在农民自愿的情况下，在省内异地安置搬迁，我们都在推动。我相信通过不断的工作以后，农民看到现实情况了，他会支持这件事情。

主持人：这次整个搬迁工程，一共需要多少资金？这个资金现在有没有落实？

赵正永：这个资金有一个测算，有住房、基础设施加生产方面的资金。现在经常讲的是1000多亿元，包括基政建设、基础设施、生产。光住房这一块，我们想大体上有六七百亿元就可以解决。六七百亿元里，我们整合中央的一些资金，地方的一些财政资金，有的个人在住房贷款上解决一部分资金。另外，把我们对农民优惠的政策叠加在一起，尽可能减少农民的支出，不增加农民的负担，改善农民的居住条件。我们土地产生的土地增值资金都用来解决问题。综合各方面的资金，我们有信心也有能力把这项工作做好。

2011年4月4日下午，陕西人民政府省长赵正永、副省长景俊海面对中外媒体记者的提问，围绕移民搬迁、改善民生等热点问题一一做出解答。陕西将启动新中国成立以来规模最大的扶贫避灾移民工程，尤其是陕南地区。在谈及这一问题时，赵正永明确表示，陕西将在尊重个人意愿的前提下，用10年时间把秦巴山区的240万人搬出深山。在具体实施时，将采取向城镇靠拢、就近搬迁到安全平坦的大村、整村搬迁、自由分散投亲等方式。资金投入方面，尽量让群众少出钱或不出钱。省市县各级财政为陕南搬迁安排了10亿元，国家扶贫搬迁资金也将捆绑使用。为筹集启动资金，以省财政和大企业为主组建的陕南搬迁公司管理公司可贷款60亿元。赵正永说，追求幸福生活是大家共同的目标，现在的搬迁不仅是解决住房，而是要追求公共服务的均等化，在迁入之地建设更好的公共服务设施，让农民生活更加幸福，财产性收入大幅度提高。

（二）搬迁户和基层政府的反应

2011年5月1日早上，安康市汉滨区大竹园镇七堰社区第一期受灾群众安置住房A区，鞭炮齐鸣、锣鼓喧天、祥狮起舞。灾后异地安置的村民用传统的方式，庆贺喜迁新居，开启新的生活。经过210多天的奋战，在克服交通不便、建材涨价等不利因素的影响后，七堰社区一期A、B区88户房屋在2011年4月底基本完工，具备了入住条件。5月1日当天早上，在汉滨区公证处公证人员的现场监督下，社区管委会对已竣工的房屋进行了编号，对缴清房款的64户进行了入场编号，随后现场抽签确认各家各户房号。抽签分房结束后，前往现场对受灾户入住新居表示祝贺的汉滨区委副书记、代区长王孝成等人为户主分发了房屋钥匙，同时送上真诚的祝福。按照设计规模，七堰社区规划面积约1平方公里，社区建设实行政府主导、群众主体、一次规划、分期建设。一期占地271.5亩，可安排建房576户，主要解决七堰村整村搬迁和新铺、小沟、金鸡村“7·18”洪灾中的三无户、倒房户、受地质灾害威胁户的住房问题，并优先安排75户三无户和倒房户在2011年4月底前搬入新居；二期依靠发挥社区设施齐全，功能完备的辐射带动作用，吸纳周边群众搬入社区居住。

2011年6月中旬，国家发改委下达陕西省2011年中央预算内以工代赈示范项目及易地扶贫搬迁试点工程资金共计2.73亿元，其中以工代赈示范工程3840万元，易地扶贫搬迁试点工程2.35亿元。

2011年6月29日《陕西日报》第9版刊发记者卓九成撰写的报道《怎样破解

移民搬迁中的六大障碍？——访西乡县人民政府县长刘颙》。移民搬迁工作涉及各方利益调整，有许多细致而具体的工作要做。结合西乡的实际看，目前有六大障碍需要破解：一是破解“舍不得也不敢拿出集中连片好田好地搞移民搬迁，规划建设农村新型社区”的思想障碍；二是破解组域、村域和乡镇区域的行政区划障碍；三是破解资金短缺的瓶颈障碍；四是破解土地指标的制约障碍；五是破除“农民不愿搬”的观念障碍；六是破解孤立地、单一地推进农村工作的方法障碍。

2011 年 7 月 11 日，在全省抗洪救灾创先争优优秀共产党员杨宗兴不幸逝世即将一周年之际，以烈士名字命名的 18 公里通村路——“宗兴路”建成通车，完成了杨宗兴未了的心愿，也使安康市谭坝乡鸭蛋河村等 4 个村的 4000 多群众出行问题得到根本解决。

2011 年 7 月 13 日《陕西日报》第 3 版报道，安康市高度重视移民搬迁安置工作，制定出台了 2011 年移民搬迁实施意见，从建立健全制度出发，采取建立分级负责机制、建立科学规划机制、建立示范带动机制、建立资源整合机制、建立督查考评机制、建立公开运行机制六大措施，确保移民搬迁安置平稳健康运行。据统计，截至 2011 年 6 月底，安康市已落实市级示范小区安置点 11 个，县区示范小区 42 个，乡镇示范小区 150 个，启动建房 6012 户，可安置 23444 人。其中集中安置 4995 户 19444 人，分散安置 1017 户 4000 人。

2011 年 7 月 14 日，陕西汉中市目前最大的陕南移民搬迁安置点——宁强县二道河移民集中安置点，在该县汉源镇二道河村开建。该安置点可安置移民 2307 户共 8075 人，预计 2011 年 10 月底前竣工，主要安置地质灾害、洪涝灾害、扶贫移民和生态移民四大类搬迁户。

2011 年 7 月 14 日上午，汉中市宁强县陕南移民搬迁重点工程项目——汉源镇二道河安置小区建设正式启动。该小区是宁强县移民搬迁项目最大的移民安置点，其总规划占地 180 亩，设计住宅面积 19.38 万平方米，可安置群众 1843 户 8361 人。

2011 年 8 月 2 日上午，汉中市南郑县梁山镇梁西村、青树镇青树村、青树镇土门村 3 个移民安置区正式开工建设。按照《陕南移民搬迁安置总体规划》，该县 2011—2020 年共搬迁移民 27892 户、78687 人；2011 年计划搬迁地质灾害避险、洪涝灾害避险、扶贫移民三大类移民搬迁安置对象 2190 户、8322 人。首批确定了梁山、新集、青树、大河坎镇等 9 个安置点作为陕南移民安置示范点，并给每个点安排 30 万元启动资金。梁山镇梁西村 9 组唐家坡因暴雨发生山体滑坡，直接威胁 30 户、108 名群众的生命财产安全，为彻底解决受威胁群众的居住问题，该县在梁西村确定了首个移民安置区，占地 40 亩，计划安置地质灾害避险移民 120 户。

2011 年 8 月 8 日上午，汉中市汉台区移民搬迁工程河东店镇集中安置区开工建设，这是该区实施的首个移民搬迁工程，涉及 588 户 2200 人，总投资达到 8500

万元。

2011 年 10 月 14 日，汶川地震灾后恢复重建总结表彰大会在人民大会堂举行，隆重表彰在灾后恢复重建中做出突出贡献的先进集体和先进个人。省长赵正永率陕西省代表参会并在主席台就座。会上，宁强县燕子砭镇东丽村村委会、宁强县发展和改革局、略阳县纪律检查委员会、略阳县徐家坪镇政府、勉县发展和改革局、勉县阜川镇政府、陈仓区教育体育局、省地震灾后恢复重建领导小组办公室 8 家单位被表彰为先进集体，宁强县汉源镇七里坝村党支部书记刘光祥、宁强县民政局局长冯素梅（时任燕子砭镇党委书记）、宁强县广坪镇党委书记李阳（时任广坪镇镇长）、略阳县林业局局长王建国、略阳县卫生局党总支书记朱立勇（时任接官亭镇党委书记）、略阳县马蹄湾乡马蹄湾村党支部书记张善杰、勉县温泉镇中心小学副校长李义生、勉县勉阳镇党委书记张保平、勉县森林资源勉阳中心管护站站长周华、陈仓区灾后重建领导小组办公室副主任王西全、陈仓区周原镇坡子村党支部书记韩小兵、陈仓区现代农业科技示范园建设工作领导小组办公室主任张小民 12 人被表彰为先进个人。陕西省是“5·12”汶川特大地震三个重灾省之一，有 10 个市、92 个县区、1022 个乡镇、9357 个行政村不同程度受灾，受灾人口 326.56 万人，经国家评估的直接经济损失达到 245 亿元。省级相关部门和受灾市、县（区）政府负责人赴京参加会议。

（三）中央电视台等媒体的关注

2011 年 11 月 12 日，中央电视台《焦点访谈》栏目专门播出了陕南移民搬迁工作。

2011 年 11 月 29 日中央扶贫开发工作会议召开后，中央电视台栏目组连续对陕南移民搬迁工作相关内容进行报道。2011 年 11 月 30 日，中央电视台《朝闻天下》栏目播出《生态移民 陕南农民离土不离乡》；当天，中央电视台《新闻 1+1》节目播出《扶贫，不要面子要里子!》，报道了陕南移民搬迁工作相关内容。12 月 3 日，中央电视台《新闻联播》又播出了陕南移民搬迁工作节目。

2012 年 1 月 25 日至 26 日（农历大年初三至初四）省长赵正永轻车简从，先后到安康汉滨区大竹园镇七堰村、汉中西乡县茶镇移民搬迁社区，给搬迁群众拜年，与搬迁户一起包饺子吃年饭共度新春。

2012 年 2 月 21 日至 22 日，全国政协委员、省政协主席马中平带领部分驻陕全国政协委员就引汉济渭工程、避灾扶贫和生态移民搬迁情况进行视察，为赴京参会积极准备。驻陕全国政协委员、省政协副主席张生朝、李晓东、李冬玉、李进权，省政协秘书长姚增战等参加视察。委员们视察了洋县草坝移民搬迁安置点。该安置点是洋县 2011 年县级陕南移民搬迁安置点，计划安置移民搬迁 1039 户 4156 人。

2011 年6 月开工建设以来，已建成安置住房74 套，正在施工的126 套已经封顶，即将全部竣工。马中平一行走进搬迁户张东梅、叶长安家，详细了解他们的家庭和收入情况，当听到他们对搬迁点的生活十分满意时，委员们非常高兴。马中平叮嘱当地干部，一定要把保证移民安居作为工作重点，积极完善学校、卫生院、文体活动场所等配套设施建设，加强社区化、规范化管理，真正让移民“搬得出、稳得住、能致富”。在听取了省水利厅关于引汉济渭工程建设情况、省国土资源厅关于避灾扶贫和生态移民搬迁情况及汉中市的汇报后，委员们对引汉济渭工程、避灾扶贫和生态移民搬迁进展情况给予高度评价。委员们一致认为，引汉济渭作为一项重大水利工程，对于全省经济社会发展具有重大的现实意义和长远的战略意义。陕南地区移民搬迁是陕西重大的民生工程和民心工程，将逐步从根本上解除山区群众安全隐患、改善他们的生产生活条件，提高自我发展能力。委员们表示，在全国政协十一届五次会议上，将就加大避灾扶贫、生态移民搬迁扶持等问题提出提案和意见建议，积极建言献策。

2012 年 3 月 6 日下午，省长赵正永应邀接受中央电视台“两会”特别节目《小崔会客》的采访，就陕南避灾移民搬迁、解决特殊群体生活困难和渭河污染治理等问题，与著名节目主持人崔永元进行互动交流。这次采访于 3 月 8 日 22：40 在央视一套播出。

2012 年 3 月 7 日下午，全国人大代表、陕西省省长赵正永应邀再次做客中央人民广播电台 2012 年两会特别节目《做客中央台》，与主持人黎春和国务院发展研究中心金融研究所副所长、中国银行业首席经济学家、中国之声特约观察员巴曙松先生以及听众朋友们畅谈陕西的经济、教育、文化等方面的发展情况。赵正永讲到，我们陕西正在经历几件大的事情，比如，说我们的陕南搬迁、陕北搬迁，过去的自然灾害使得我们的群众生活非常困难，基本上一些地区是一年一小灾四年一大灾，特别是 2010 年 7 月 18 日发生了特大的暴雨和地质灾害之后，我们下决心用 4 年时间把陕南的 240 万人从深山区里面迁出来，把陕北没有水、不适合人基本生存地方的人也都迁出来。这个投入也是比较大的，从去年开始每年财政要拿出一部分资金出来专门做这项工作。

2012 年 4 月 26 日，《陕西日报》记者安莉报道：2011 年我省地质灾害防治取得显著成效。全省地质灾害灾情数量较 2010 年下降 43. 8%，因灾造成的人员死亡（失踪）较 2010 年下降 74. 1%，成功预报地质灾害 52 起，避免 3000 多人伤亡，数量位居全国第二。

2012 年 7 月 4 日，省委书记赵乐际对蒋安成冒险查汛以身殉职事迹做出如下重要批示：“今天，我看了《陕西日报》头版头条关于蒋安成同志带队查洪防汛献身的报道后，心情久久不能平静。蒋安成同志冒着大雨，在出险河堤查看汛情中以身殉职，我们失去了一名好党员、一位好干部，深感悲痛。蒋安成同志把个人安危置之度外，把群众安危放在心中最高位置，关键时刻冲得出、顶得上，值得我们学习。蒋安成同志无论在什么岗位上，从不计较个人得失，一心扑在工作上，认真负责、以身作则、尽职尽责的崇高品质和精神，应予总结、学习、宣传和弘扬。”省长赵正永，省委常委、常务副省长娄勤俭，省防总总指挥长、副省长祝列克等陕西省多位领导也做出重要批示，号召大家学习蒋安成同志的先进事迹。此外，7 月 5 日，国家水利部部长陈雷派专人前来看望慰问蒋安成同志的家属；国家公务员局副局长杨春光也专程前来看望慰问蒋安成同志家属。

2012 年 7 月 4 日，省委书记赵乐际对汉中市南郑县水利局局长蒋安成冒雨查汛以身殉职事迹做出重要批示后，省委常委、省委组织部部长李锦斌立即就贯彻落实赵乐际同志重要批示精神做出部署，委托省委组织部、省委创先争优活动办公室负责同志带队，专程赴南郑县看望慰问蒋安成同志家属及有关落水受伤干部，吊唁蒋安成同志英灵，深入总结蒋安成同志先进事迹。

2012 年 7 月 4 日，南郑县委做出《向因公殉职的县水利局党组书记、局长蒋安成同志学习的决定》，并追授蒋安成同志“优秀共产党员”称号。

2012 年 7 月 4 日，省水利厅发出《关于开展向蒋安成同志学习活动的决定》。

2012 年 7 月 5 日，汉中市委、市政府发出《关于开展向蒋安成同志学习活动的决定》，追授蒋安成同志“优秀共产党员”称号，并在全市广大党员干部中开展向蒋安成同志学习的活动。

2012 年 7 月 11 日，省政府做出决定，追授蒋安成同志为陕西省模范公务员荣誉称号。

2012 年 7 月 19 日，省委组织部、省委创先争优活动领导小组在南郑县组织召开学习宣传蒋安成同志先进事迹座谈会，省委常委、省委组织部部长、省委创先争优活动领导小组组长李锦斌出席会议并讲话，要求进一步贯彻落实省委书记赵乐际重要批示精神，以学习宣传蒋安成先进事迹为动力，持续推进全省创先争优活动，保持和发展党的先进性和纯洁性。

2012 年 8 月 4 日《陕西日报》第 3 版刊发了安康市人民政府副市长邹顺生的署名文章《牢记历史 积极备战 坚决打赢防汛硬仗》。

2012 年 8 月 13 日，在陕十一届全国人大代表陕南陕北移民搬迁专题调研汇报会召开。省国土资源厅厅长王登记介绍，2012 年主汛期以来，经过四轮强降雨，陕南个别区域最大降雨量超过 200mm，发生滑坡、泥石流等地质灾害 180 多起。但是统计显示，与去年相比，陕南地区地质灾害造成的人员伤亡数量减少了 80%，洪涝灾害造成的人员伤亡数量减少了 70%，移民搬迁工程起到了重要作用。

2012 年 9 月 4 日，陕南移民搬迁指挥部发布信息称，2012 年以来，陕南各地市积极行动，做好搬迁工作，移民搬迁进展顺利。截至 2012 年 8 月底，陕南三市开工建设集中安置点 987 个，开工率达 99%。开工建设 7.8945 万户，安置 29.11 万人，占实际数 98.7%。

2012 年 11 月 29 日，陕南移民搬迁工作汇报会召开。2012 年省上下达陕南地区移民搬迁安置任务 8 万户 29.5 万人，到 2012 年 11 月底，陕南三市已落实 80544 户，占下达任务的 100.7%。其中，集中安置项目 981 个，落实 67780 户，集中安置率达 84.14%。与 2011 年相比，2012 年移民搬迁工作呈现出三个特点：一是安置方式由分散向集中发展。截至 2012 年 11 月，100～500 户的安置点 199 个，500～1000 户的 11 个，1000 户以上的 3 个。这些安置点大都安排在县城、工业园区、经济新区和重点镇，基础设施和公共服务配套齐全，环境优美，受到搬迁群众欢迎；二是集中安置促进了城镇化发展。从统计数据看，陕南三市的集中安置率汉中 86.81%，安康 83.75%，商洛 81.21%，均达到省上要求，比 2011 年提高 10 个百分点左右。城镇化率明显提升，其中安康提高 2 个百分点；三是各级政府积极发挥主导作用，建房方式由农民自建向统规统建转化。2012 年集中安置项目中，统规统建的有 252 个，占整个项目的 26%，比 2011 年有大幅度提升。

2012 年 12 月 12 日，省委常委、副省长江泽林专题听取了省国土资源厅 2012 年主要工作完成情况及 2013 年重点工作思路的汇报。据省国土资源厅汇报，截至目前，全省耕地保有量 5988 万亩，基本农田面积 5285.5 万亩，耕地和基本农田保护目标任务全面完成；陕北治沟造地重大土地整治工作进展顺利，保障性安居工程用地实现应保尽保，陕南移民搬迁任务超额完成；全省 107 个县全部完成集体土地所有权登记发证工作。

2013 年 1 月 15 日，陕西省人民政府下发《关于批准蒋安成同志为烈士的批复》（陕政函〔2013〕3 号）。

2013 年 1 月 15 日，省政府新闻办公室举行 2013 年首场新闻发布会，省民政厅副厅长、新闻发言人李保存说，2012 年陕西省累计下拨救灾资金 5.03 亿元为受灾群众解困。这其中，纳入陕南、陕北移民搬迁范围予以安置的重建农房竣工 9238 户；一般损坏农房维修全部完成，并妥善安置了因灾倒毁房屋没有竣工或没有搬迁新居的群众。

2013 年 2 月 1 日《新华每日电讯》第 2 版刊发题为《陕南移民：集中安置初显效，山民住上小洋房》的报道。

（四）全国“两会”与陕西移民搬迁

2013 年 3 月 7 日下午，十二届全国人大代表、中共陕西省委书记赵正永应邀第三次做客中央人民广播电台中国之声“两会”特别报道《做客中央台》，接受主持人林溪的专访，畅谈陕西发展战略。在谈到陕西省政府为推动城镇化快速发展时，赵正永指出，采取的第二个措施是，我们下决心推进陕南避灾扶贫搬迁和陕北扶贫搬迁。在10年之内，将有290多万人要搬出农村，每年将近30万人。通过这两年的实施，效果非常好，深深得到了广大农民群众的欢迎。过去农民还有怀疑、迟疑，现在农民是争前恐后地要求尽快下山。陕南搬出了这些移民之后，在生产生活方面逐步让他们适应起来，让他们搬得出、稳得住、能致富。这些搬出来的农民基本上按照社区来安置，实际上他们的生活方式、生产方式都做了很大的改变，这也是一个加快的趋势。

2013年5月3日，《陕西日报》第1版刊发中共陕西省委书记赵正永的署名文章《加快“三个陕西”建设 为实现“中国梦”做贡献》。文章指出，建设富裕陕西、和谐陕西、美丽陕西，是“中国梦”在陕西的具体实践；要推进有条件农村居民进城落户，继续实施好陕南、陕北避灾扶贫搬迁工程，进一步扩大重点示范镇范围。

2013年5月5日，《人民日报》在第1版的显著位置刊登题为《陕南移民240万拔“穷根儿”——所有安置点围绕工业园区、交通沿线布局》的新闻稿。文章指出：2012年，陕西从大山深处共搬迁群众8万户29.5万人，2013年的840个集中安置点也都破土动工。所有的移民安置点都围绕工业园区、交通沿线布局，方便就业，拔掉“穷根儿”。通过移民搬迁，陕南城镇化率每年可提高2～3个百分点。陕西省委书记赵正永说：“省委、省政府就是要用‘蚂蚁啃骨头’的精神，把这个惠及民生的大事进行到底。”

2013年5月23日，《陕西日报》第3版刊发了汉中市人民政府市长胡润泽的文章《坚定不移推进陕南移民搬迁民生工程》。文章分为四个部分：一、增强“三个意识”，以全局和战略思维深化思想认识；二、把握“四个关键”，以超前和科学规划引领工程建设；三、突出“五个创新”，以超常和全新举措强力推进建设；四、强化“六个机制”，以规范和严格管理确保目标实现。

2013年7月18日，由陕西省文化厅、民进陕西省委、汉滨区委宣传部等联合拍摄的大型3D系列电影纪录片《大迁移》启动仪式在安康市汉滨区举行。该片以“7.18”特大洪灾和陕南移民搬迁工程为原型，将拍摄三集，首部《鸭蛋河的记忆》主要讲述原鸭蛋河村支书杨宗兴带领村民抗洪救灾以及移民搬迁的故事，拍摄完成后将在央视和全国各大院线影院同时上映。

（五）陕南移民搬迁调查报告

2013年8月18日，国家统计局陕西调查总队发布《陕南移民搬迁稳步推进 百姓致富仍需配套措施——陕南移民搬迁调查报告》。报告分为四个部分，分别是：一、移民搬迁有序推进，惠民实效逐步显现；二、搬迁移民生活改善，生产方式明显转变；三、统筹资金难度较大，协调用地相对困难；四、几点建议。报告显示，2011 年陕南开工建设安置点 742 个，落实了 6 万户 24 万移民搬迁安置；2012 年，再开工 981 个建设项目，落实 8 万户 29.5 万人搬迁；2013 年陕南三市计划完成移民搬迁 6 万户 22.8 万人，其中集中安置率要达到 85% 以上，城镇安置率要达到 60% 以上，14 万人将成为城镇居民，这将是陕南三市向城镇化建设加速迈进的一年。报告指出：资金存在缺口地方财政“头疼”；就业增收渠道窄，移民“能致富”难；8 万元成为“搬”与“不搬”一道坎；土地资源紧缺，移民顾虑重重；建议解决移民搬迁工作中的问题是：建议一关注贫困户和老年人搬迁安置；建议二空置房可出租给有搬迁愿望但资金不足移民户；建议三为搬迁移民提供就业岗位，帮扶致富；建议四不断完善搬迁移民的社会保障制度建设。

2013 年 9 月 26 日，陕西省首批移民安置户“两证”（土地使用证和房产证）发放仪式在略阳县横现河镇石坝陕南移民安置社区举行，191 户陕南移民搬迁群众领取了“两证”。

2013 年 11 月 1 日出版的《求是》杂志 2013 年第 21 期刊登中共陕西省委书记赵正永的文章《加快推进让人民普遍受益的改革》。文章指出：“继续坚持把扶贫开发与推进城镇化结合起来，大力实施陕南陕北避灾扶贫移民搬迁工程，下大气力搞好搬迁户集中安置，完善公共设施，培育发展产业，拓宽增收门路，真正实现搬得出、稳得住、能致富。”

截至 2013 年 12 月下旬，陕西省避灾扶贫搬迁深入实施。陕南 620 个安置点、6 万户住房全面开工，陕北 57 个安置点、1.6 万户住房开工率达 90%，秦岭北麓和渭北旱塬搬迁启动实施，累计搬迁群众 28.48 万户，全省 110 万人口脱贫。2014 年工作安排：46.1 万人实现避灾搬迁 100 万人实现脱贫。统筹安排搬迁工程与连片特困地区的扶贫攻坚，在完成住房建设任务基础上，加大公共配套设施建设和产业培育力度。全年陕南搬迁 6 万户、22.8 万人，陕北搬迁 1.6 万户、6 万人，秦岭北麓和渭北旱塬搬迁 8300 户、3.3 万人，延安灾后重建和避灾搬迁 4 万户、14 万人。全省 100 万人口实现脱贫。

2014 年 2 月 13 日，陕南移民搬迁工作办公室发布消息：经过三年的努力，陕南移民搬迁安置房开工及进度已初步实现定期化、常态化，群众入住率不断提高，三年共搬迁 20 万户，约 77 万人。其中，三市实现城镇安置移民 44 万余人，城镇化率提高了 4.78 个百分点。陕南移民搬迁工程已累计完成投资 359 亿元，建设集中安置项目 2014 个，22 万群众接受就业培训，7 万余人到产业园就业。

2014 年 6 月 24 日，省第二次土地调查成果及国土资源管理新闻发布会举行。截至目前，陕南避灾扶贫生态移民搬迁已完成投资 359 亿元，搬迁群众 20.0723 万户、75 万人。

（六）建议将陕西作为全国移民搬迁实验区

2014 年 7 月 4 日，中共中央党校把陕西省国土资源厅厅长王卫华撰写的《陕南移民搬迁的做法和启示》《建议将陕西作为全国移民搬迁实验区》呈送中央领导参阅。

2014 年 7 月 30 日上午，陕西省人民政府新闻办举行第二场“稳增长促改革调结构惠民生”系列新闻发布会。陕西省财政厅新闻发言人、副厅长夏晓中发布 2014 年上半年预算执行和财政深化改革情况，并回答了媒体记者提问。2014 年上半年，全省保障性住房、陕南移民搬迁、科技、医疗卫生、农林水、城乡社区事务等民生支出均保持较快增长。其中，移民搬迁方面，整合下达资金 41.53 亿元，支持陕南移民搬迁新开工建设 436 个集中安置项目、4.7 万户安置房，占全年安置任务的 79%。

2014 年 8 月 27 日，电影《天河》剧组在河北香河国华影视基地进行了水上开机仪式，这部电影以南水北调工程为主题，将于 2014 年 10 月汛期后中线工程通水时上映。

2015 年 1 月初，陕西广播电视台精心打造的媒体公益活动《朝阳行动》将活动主题确定为“朝阳行动 2015——情系陕南移民搬迁点”，通过义卖爱心水晶羊募集善款，用于为陕南移民搬迁点建设配套设施（沼气、供水、香菇大棚），活动将通过义卖水晶羊募集善款，帮助解决安康白河县西营镇栗园社区新庄小学校舍不足、条件简陋的困难。

2015 年 3 月 2 日，由中共陕西省委当代陕西杂志社、陕西网等媒体组成的“百万移民过大年”记者采访团采风活动在汉中正式启动。启动仪式上，汉中市政府移民办领导介绍了汉中移民搬迁工作情况，汉中市委宣传部和各家媒体人士参加了会议启动仪式，会议后采访团将奔赴宁强、南郑、城固、西乡、汉阴、石泉等六县进行采访活动。

2015 年 4 月 1 日至 2 日，汉中市人民政府副市长王山稳带领汉中市各县区分管避灾扶贫搬迁工作县区长和市、县移民搬迁办主任一行 35 人到安康市考察避灾扶贫搬迁工作。考察团先后到紫阳县高桥镇、石泉县池河镇等避灾扶贫搬迁社区，重点考了社区建设、社区管理和安康开展的“一区一策、一户一法”增收致富试点工作情况、套餐式扶贫和特困户、危困户、避灾户优先搬迁安置情况以及安康市正在大力实施的“精准搬迁、精细管理、精确施策”的“三精”工作情况。在实地考察后，考察团一致认为，安康市通过“一区一策、一户一法”的措施破解搬迁群众增收难题，通过套餐式扶贫解决“三优先”搬迁安置以及通过“三精”工作全面提升搬迁水平等方面的做法创新了方式，破解了难题，可复制、可推广，走在了前列，创出了新路，值得学习借鉴。安康市政府副秘书长陶柏林，市扶贫局局长、市移民搬迁领导小组办公室主任陈扬斌、副局长薛玉发以及相关县区负责人陪同考察。

（七）兄弟省市来陕西考察学习

2015 年9 月15 日，贵州省发改委副主任兼水库和生态移民局局长一行4 人来陕西调研陕南移民搬迁安置工作。

2015 年 9 月 28 日至 30 日，山西扶贫开发办公室移民处李武军处长一行 5 人，赴陕西省考察学习陕南易地扶贫搬迁安置工作。

2015 年 10 月 14 日至 16 日，贵州省水库和生态移民局徐敏处长一行4 人，赴陕西考察学习陕南移民搬迁信息化建设工作。

2015 年 11 月 2 日至6 日，中共中央党校部分学员一行6 人到安康市调研避灾移民搬迁和精准扶贫工作，调研组组长由省政府秘书长陈国强担任。安康市人民政府市长徐启方等领导陪同调研。

（八）移民搬迁取得了重大进展和阶段性成效

2015 年 12 月 24 日，省政府举行新闻发布会，通报“十二五”陕南移民搬迁进展情况。陕南移民搬迁工作办公室主任李永平介绍，自 2011 年实施以来，陕南移民搬迁共投入资金 595 亿元，完成搬迁 32. 4 万户 111. 89 万人，建设 30 户以上集中安置点 2252 个，集中安置 29. 3 万户 102. 5 万人，集中安置率达 90. 4%，基本实现了陕南移民搬迁时间过半、任务过半。5 年来，陕南移民搬迁取得了重大进展和阶段性成效。

首先，减灾安居效果明显，搬迁新址无一户因灾受损。搬迁实施以来，陕南地区地质灾害和洪涝灾害伤亡率分别下降 80% 和 70% 。陕南 3 市减少贫困人口 50 余万人，累计搬迁贫困户 14. 48 万户 50. 64 万人，特困户 3. 2 万户 8. 25 万人。搬迁群众人均收入由 2011 年 4151 元上升到 2014 年 7478 元，户均资产增加 8. 4 万元。

其次，生态环境有效改善，减少了对自然环境的人为侵扰。累计腾退宅基地 4. 03 万亩，陕南年均治理水土流失 2400 平方公里、植树造林 126. 7 万亩。汉江出境水质保持在二类以上，保障了国家南水北调中线工程水源安全。

同时，促进经济发展，推进城乡一体化。带动了建材、物流、劳务中介、餐饮服务等产业发展，催生了现代工农业园区、家庭农场等适度规模经营行业的蓬勃兴起。陕南地区经济增速连续 5 年高于全省平均水平。50% 以上的集中安置点进入城镇规划区，75. 2 万搬迁群众进城入镇，3 市城镇化率提高 8. 02 个百分点。

陕南移民搬迁实施以来，得到了国家相关部门大力支持。财政部 2013—2015 年已安排40亿元，计划2016—2018年安排36亿元，主要用于陕南移民安置住房补助、基础设施建设等。国土资源部也出台有关土地政策支持陕南移民搬迁用地，并将20.48万户建档立卡贫困户纳入全国“十三五”易地扶贫搬迁战略整体规划。

2016年1月28日，《陕西日报》报道：十二五期间，陕西省投资陕南移民资金595亿元，累计建设集中安置点2252个，搬迁32.4万户111.8万人，集中安置率达90.4%，实现了减灾安居，陕南移民搬迁得到了中央肯定，成为全国扶贫移民搬迁的样板模式。

2016年3月8日，全国人大代表、省委书记赵正永在分组审议政府工作报告时与多位关心城镇化建设的人大代表一起，就推进新型城镇化、建设宜居小镇、美丽乡村等进行了深入交流。张文堂、王春新、周卫健等代表认为，要提升城镇建设水平，科学的规划是关键，要把新型农村社区、美丽乡村建设作为发展重点，要坚持以人为核心，统筹城乡结合部地区、小城镇和新型农村社区建设，提高农村经济发展水平。谈到这里时，全国人大代表、省委书记赵正永也加入到讨论当中。他说：“去年一年，我把（全国人大代表中）几个支部书记，我们最基层代表的地方去看了看，都很不错，现在陕南最漂亮的就是农民的房子。”全国人大代表、省武警总队司令员王春新：“陕南移民搬迁，真是陕南好，人大调研我都去了，再一个是美丽小镇，老百姓生活得更健康、更清洁、更安全、更幸福、更有尊严。”

（九）学者和媒体的持续关注

2016年3月，西北农林科技大学公共管理系研究生导师何得桂副教授撰写的首部研究当代陕南移民搬迁的学术著作《山区避灾移民搬迁政策执行研究：陕南的表述》由人民出版社出版，全书共32万字。该书采取理论研究与实践研究相结合的方法，利用大量的第一手调查数据和资料，以移民风险规避和政策效益提升为主要关注点，以微观透视宏观，全面剖析了山区移民搬迁安置政策的出台、移民搬迁政策实施机制、政策执行偏差及影响、政策实施的主要制约因素以及移民搬迁效益如何提升等重要理论与现实问题。教育部人文社会科学重点研究基地华中师范大学中国农村研究院执行院长邓大才教授为该书作序并认为这部书“意义重大，填补了陕南避灾移民搬迁研究的空白”。

2016年4月3日，中央电视台《新闻联播》播发了题为《陕南：移民搬迁50多万群众摆脱贫困》的新闻稿件。

2016年4月17日，中央电视台新闻联播栏目对陕南移民搬迁工程进行了报道，标题为《陕西商洛：移民搬迁让贫困户增收致富》。

2016年4月18日，凤凰卫视《承诺2020》栏目组到陕西省汉中市西乡县采访报道移民搬迁和精准扶贫工作。栏目组分别在杨河镇高土坝移民安置社区、城北办事处樱桃沟景区分两期采取访谈形式对西乡移民搬迁和精准扶贫工作进行了报道。采访报道于 4 月 30 日、5 月 7 日晚间 7 点 15 分在凤凰卫视中文台播出。

2016 年 6 月 5 日，《人民日报》第 10 版刊发记者高云才撰写的《易地搬迁扶贫，挖掉了穷根》长篇通讯报道。该报道从如何精准到“贫困人”、搬到什么地方去、搬迁资金怎么用、搬迁涉地怎么管四个方面报道了陕南地区的移民搬迁成效，并指出，因地施策、因人施策、因地制宜、一户一法，5 年来陕南地区安康、汉中、商洛 3 市实施避灾扶贫生态移民搬迁，城镇化水平不断提高，搬迁群众收入稳步增长，生活明显改善，形成了一些可推广、可复制的样本，为贫困地区实施扶贫搬迁提供了有益借鉴。

2016 年 6 月 20 日，由陕西省国土资源厅主管、陕西移民（脱贫）搬迁工作办公室主办的《当代移民搬迁》创刊并出版第一期，胡和平省长撰写发刊词“让安居乐业的梦想照进现实”中采用了何得桂副教授提出和打造的学术概念“预防式治理”。

五、重要文献篇

陕西大规模易地扶贫搬迁史无前例，具有“摸着石头过河”和敢为人先的显著特征。它之所以能够有力推进离不开顶层设计的指导作用，其积极探索离不开一系列及时有效、科学合理的制度安排；它之所以能够不断攻坚克难并取得巨大成效离不开党委政府领导的英明决策和科学指导，离不开主要设计者和实践者求真务实的总结及深刻思考。

（一）制度安排

陕西省人民政府办公厅关于印发《陕南地区移民搬迁安置工作实施办法（暂行）》的通知

陕政办发〔2011〕67号

各市、县、区人民政府，省人民政府各工作部门、各直属机构：

《陕南地区移民搬迁安置工作实施办法（暂行）》已经省政府同意，现印发给你们，请认真遵照执行。

陕西省人民政府办公厅

二○一一年七月四日

陕南地区移民搬迁安置工作实施办法（暂行）

第一章　总　则

第一条　为了做好我省陕南地区（汉中、安康、商洛）移民搬迁安置工作，改善陕南群众生产生活条件，从根本上消除自然灾害对陕南人民群众生命财产威胁，根据有关法律法规和《陕南地区移民搬迁安置总体规划》（以下简称《规划》）制定本办法。

第二条　陕南地区三市移民搬迁安置和后期扶持及有关工作适用本办法。

第三条　移民搬迁对象分为以下几种：

（一）受地质灾害、洪涝灾害或其他自然灾害影响严重的村、户；

（二）距离行政村中心较远，基础设施、服务设施落后，发展条件较差，基础设施配套困难，无发展潜力的村、户；

（三）人口规模过小，经济收入来源少的村、户；

（四）距乡、村公路5公里以上的偏远山区，交通不便的村、户；

（五）位于自然保护区、风景名胜区、文物保护区和生态敏感区范围内，影响区内环境的村、户；

（六）已规划或即将建设的水库库区范围内的村、户。

第四条　陕南地区移民搬迁安置工作，坚持“政府引导、群众自愿；以人为本、民生优先；因地制宜、突出重点；整合资源、传承特色”的原则，统筹兼顾，科学规划，分步实施。

第五条 省政府依据《规划》成立“陕南地区移民搬迁工作领导小组”，具体指导实施移民搬迁安置工作。领导小组组长由省政府领导同志担任，成员由省发展改革委、省教育厅、省民政厅、省财政厅、省人力资源社会保障厅、省国土资源厅、省环境保护厅、省住房城乡建设厅、省交通运输厅、省水利厅、省农业厅、省林业厅、省卫生厅、省审计厅、省国资委、省扶贫办、省金融办、省电力公司、省地方电力公司等部门和单位组成。各成员单位根据各自职能，相互配合，形成合力，协调解决移民搬迁规划实施过程中存在的问题，领导小组办公室设在省国土资源厅。成立“陕南地区移民搬迁工作指挥部”，由省发展改革委、省国土资源厅、省住房城乡建设厅、省扶贫办等部门抽调专人组成，负责具体工作的推进。

第六条 陕南地区各市、县（区）人民政府比照省上做法，成立移民搬迁工作机构，负责本行政区域的移民搬迁安置工作。

县（区）级人民政府作为责任主体，要进一步明确职责，落实规划，做好管理和监督检查，稳步推进移民搬迁安置工作。

第七条 依据《规划》，2011—2020 年，陕南地区共安排搬迁安置移民 60 万户、240 万人。结合陕南各市实际，安排移民搬迁安置年度计划，实现“搬得出、稳得住、能致富”的目标。

第二章 搬迁安置

第八条 根据陕南移民搬迁的范围和对象，移民搬迁分为地质灾害移民搬迁、洪涝灾害移民搬迁、扶贫移民搬迁、生态移民搬迁和工程移民搬迁等五种类型，统称避灾移民搬迁。

第九条 根据陕南地区实际，凡进入城镇集中安置点、移民新村和小村并大村在 30 户以上的均属集中安置；其他方式的搬迁安置属分散安置。

第十条 结合城乡统筹，陕南移民搬迁与保障性住房、重点示范镇、农村危房改造、村庄整治、农村新型社区建设有机结合，采取以集中安置为主的办法，对分散安置从严控制和从严审查，稳妥安置搬迁群众。

第十一条 市、县（区）依据《规划》，综合统筹城乡发展、建设项目、用地规模和布局等因素，编制市、县（区）移民搬迁安置规划。移民搬迁用地纳入乡（镇）级土地利用总体规划，统筹考虑，逐级上报，分级审批。各市、县做好以集中安置点和重点示范镇为载体的相关移民安置建设规划，并报省级住房城乡建设部门技术审查。

分散安置的相关建设规划由安置点所在地乡（镇）政府负责编制，县、市人民政府审批。

第十二条 各市、县（区）人民政府实施移民搬迁过程中，对集中安置点的房屋建设原则上实行统规统建。个别特殊情况需报上一级移民搬迁工作领导小组办公室，经核定审查符合《规划》的可统规自建。

第十三条 根据陕南地区地形地貌特征和群众居住习惯，按照节约集约用地原则，集中安置每户宅基地用地控制在 0.2 亩以内；分散安置每户宅基地用地控制在 0.25 亩以内。

第十四条 集中安置建房面积按以下标准执行：

搬迁群众中的特困户，每户按 30 ~ 50 平方米安置。各市特困户、五保户占本市搬迁总户数的比例不得超过 10%。

其他搬迁户原则上分别按 60 平方米、80 平方米和 100 平方米三种建房面积安置。搬迁户安置要根据家庭实际人口，按人均不超过 25 平方米标准选择确定以上三种户型。

对搬迁户建房面积需求超过 100 平方米的住户，须经县（区）移民搬迁工作机构审核批准。超面积部分所需建房资金由搬迁户自筹，但每户建房面积不得超过 125 平方米。

第十五条 分散安置原则上按集中安置点建房面积标准执行，具体标准由市、县（区）人民政府根据当地实际确定。

第十六条 建房补助按照以下标准执行：

（一）集中安置按照 60 平方米、80 平方米和 100 平方米三种建房面积，由搬迁户按照不同的户型分别负担 1 万元、2.5 万元、4 万元，建房所需其余资金由各级财政补助并整合项目资金统筹解决。

搬迁群众中的特困户、五保户和孤寡老人按照规定面积，由政府免费提供住房，所需资金由各级财政安排解决。五保户和孤寡老人也可纳入敬老院、社会福利院等形式安置供养。

（二）分散安置按每户 3 万元的标准予以补助。

移民搬迁对象补助标准要实行公示制度，接受群众的监督。

第十七条 建房补助资金由各级财政负责筹措并管理使用，具体办法由省财政主管部门提出意见报省政府审定。

第十八条 省级各部门发挥各自职能优势，配套政策，统筹安排，全力支持集中安置点和重点示范镇所涉及的基础设施和公共服务设施建设。积极向国家对口部委沟通汇报，多方争取国家专项资金的支持。

第三章 政策保障

第十九条 各级国土资源管理部门为移民搬迁安置工作提供以下政策支撑：

（一）各县（区）人民政府组织编制的乡（镇）级土地利用总体规划应与陕南

地区移民搬迁安置规划相衔接，并按法定程序审批，确保本行政区域移民搬迁安置计划的顺利实施。

（二）对集中和分散安置的用地，按规定办理农用地转用等手续。对集中安置点用地项目可按城乡建设用地增减挂钩等相关规定办理报批手续。

（三）对移民搬迁后有复垦条件的旧村庄、旧宅基地，市、县（区）国土资源管理部门组织复垦后，依据《陕西省新增耕地指标储备及收购置换暂行办法》，按项目实施复垦验收，并报备案，纳入耕地占补平衡管理。省级分成的新增建设用地有偿使用费投资的土地整理项目向移民搬迁安置区域倾斜，以增加耕地面积，提高耕地质量。

（四）市、县（区）国土资源管理部门对移民搬迁安置农户，按现行土地确权、登记发证政策，免费登记发证。

第二十条 陕南移民搬迁区涉及相关的税、费减免由财政、税务、工商等部门依法制定减免政策，住房城乡建设、林业、水利、扶贫等部门在各自的职能范围内依法制定优惠措施，并报陕南地区移民搬迁工作领导小组办公室备案。

第二十一条 各级政府加强移民技能培训和就业培训力度，提升移民素质，做好移民后期扶持工作。各市、县人力资源、教育、扶贫、农业等部门结合当地主导产业，按照“实用、实际、实效”的原则，加大就业援助和技能培训，提高移民户从事种植、养殖、服务业的水平，鼓励和帮助移民群众从事非农业生产。

第二十二条 各县（区）在安排补助资金时，对符合计划生育政策的搬迁户，可按《陕西省人口与计划生育条例》相关政策给予照顾。

第四章　职责分工

第二十三条 省政府成立陕西陕南移民搬迁安置工程有限公司（以下简称“搬迁公司”），由陕西有色金属控股集团有限责任公司、省财政厅共同出资组建。搬迁公司在省移民搬迁安置领导小组的指导协调下，积极筹措资金，按照公司化运作，确保搬迁安置群众的住房和相关基础设施工作的全面实施。

第二十四条 国土资源管理部门在坚持节约集约用地的原则下，对移民搬迁安置项目，优先安排用地，提高工作效率。各移民搬迁安置项目实施单位做好搬迁安置点地质灾害风险评估，报有管理审批权限的国土资源管理部门审核，确保搬迁群众居住安全。

第二十五条 省级发展改革部门负责协调中央及省财政相关投资向安置点倾斜，完善安置点的基础设施和公共服务设施建设。各级发展改革部门加强对钢材、水泥等建筑材料的招标、采购监督管理，降低建设成本。质监、价格部门切实加强对建材质量、建材市场价格的监督检查，保证各类建材安全合格，防止哄抬物价，必要时依法对所需主要建筑材料启动价格干预机制。

第二十六条 各级住房城乡建设部门加强对移民搬迁建房工程质量监督，确保移民搬迁房屋建设质量。

第二十七条 监察、审计部门加强对移民搬迁资金使用情况的监督检查，确保资金规范使用。对资金使用以及重点项目实行全过程审计，定期公布审计结果。

第二十八条 各市、县（区）、乡（镇）按照移民搬迁规划和年度实施方案，做好项目图像、文字资料收集归档（包括搬迁户新旧居住房屋图片、搬迁户申请、迁入地户口、购房契约合同、搬迁农户花名册、验收意见等），做到“县乡有档、村有册、户有卡”，建立健全档案资料。对档案信息进行公示，接受群众监督。

第二十九条 各移民搬迁安置点建设项目必须严格履行审核程序，由各市、县（区）统筹做好相关核查工作，并报陕南地区移民搬迁工作领导小组办公室审核。统规统建项目实行项目法人负责制，依法严格执行招投标制、合同管理制、工程监理制。陕南地区移民搬迁工作领导小组办公室要加强对重大建设项目的监督和指导。

第三十条 严格落实移民搬迁工程验收制度，做到“谁审定、谁负责，谁验收、谁负责”。集中安置各单项工程由各县（区）移民搬迁领导小组办公室按项目管理程序组织验收，并报市移民搬迁领导小组办公室备案；对分散安置搬迁户的验收工作，由各县（区）人民政府制定具体办法，并负责实施。

第三十一条 各市、县（区）做好移民搬迁统计分析工作，及时公布安置地区建设进展情况，自觉接受社会监督。每季度移民搬迁工程进度，由陕南地区移民搬迁工作指挥部进行统计分析后报陕南地区移民搬迁工作领导小组。每年 12 月 20 日前汇总报送全年工作进展情况。

第五章　考核奖惩

第三十二条 陕南地区移民搬迁工作领导小组按照《目标责任书》每年对移民搬迁工作进行检查考核。考核成绩与市、县（区）年度目标责任考核挂钩。对完成移民搬迁任务且成效显著的市、县（区），给予表彰奖励；对工作进展迟缓、项目实施不力、资金使用不当、任务没有完成的进行通报批评。

第三十三条 对移民搬迁对象实行严格审定制度。移民搬迁对象审定过程中出现的弄虚作假及其他违规违纪问题，严肃追究市、县（区）主要领导责任。

第三十四条 各级各部门在移民搬迁安置工作中要认真履行职责，清正廉洁，杜绝滥用职权、徇私舞弊。对侵占、截留、挪用移民资金，依法追究行政责任；构成犯罪的，移送司法机关追究刑事责任。第六章附则第三十五条各市、县（区）可根据本办法，结合当地实际，制定具体实施办法，并逐级报送备案。

第三十五条 本办法自 2011 年 7 月 1 日起执行。

陕西省人民政府关于印发《陕北移民搬迁安置若干政策规定》的通知

陕政发〔2011〕57 号

各市、县、区人民政府，省人民政府各工作部门、各直属机构：

《陕北移民搬迁安置若干政策规定》已经 2011 年省政府第 18 次常务会审议通过，现印发给你们，请认真贯彻执行。

陕西省人民政府

二〇一一年十月二十四日

陕北移民搬迁安置若干政策规定

为进一步完善移民搬迁政策，加快推进陕北移民搬迁工作，确保规划目标任务顺利完成，结合陕北实际，制定以下政策规定：

一、搬迁对象和范围

（一）凡户籍在陕北白于山区、黄河沿岸土石山区、洛河峡谷地带并有移民搬迁意愿的农村人口均列入移民搬迁范围。

（二）陕北移民搬迁分为扶贫移民搬迁、地质灾害搬迁、防洪避险搬迁和生态移民搬迁四种类型。所有移民搬迁项目由省、市指导，县（区）政府具体组织实施。

（三）搬迁安置规模在 100 户以上的属于集中安置，其他方式的搬迁安置属于分散安置。陕北移民搬迁应结合城乡统筹发展，以集中安置为主，对分散安置从严审批，新型农村社区和中心村原则上按 2000 人以上规模建设。

二、搬迁补助标准

（四）集中安置点住房按每户 60 平方米、80 平方米、100 平方米三种类型建设，搬迁户按人均不超过 25 平方米标准选定户型，分别负担 1 万元、2.5 万元、4 万元建房费用，其余资金通过各级财政补助并整合扶贫移民搬迁、保障性住房建设、农村危房改造、易地搬迁试点、生态移民、地质灾害治理和土地治理等项目资金统筹解决。

（五）经审核批准，集中安置点建房面积超过 100 平方米的住户，超出面积费用由搬迁户负担，最大面积不超过 125 平方米。

（六）分散安置搬迁户的建房资金，财政按每户 3 万元的标准补助，补助资金省上承担 50%，市、县承担 50%。

（七）特困户由政府免费提供住房，面积控制在 30～50 平方米，所需资金由各级财政安排解决。

（八）搬迁安置的五保户和孤寡老人原则上纳入农村五保供养服务机构集中供养，不再重复建房。

三、搬迁用地

（九）陕北各县（区）人民政府组织编制的移民搬迁安置规划要与当地土地利用总体规划相衔接，并按程序进行审批，确保本行政区域移民搬迁安置计划顺利实施。

（十）按照科学规划、合理布局、因地制宜、节约集约的原则，合理确定农村宅基地用地标准，每户控制在 0.4 亩以内。

（十一）对集中和分散安置用地，都要按规定办理农用地转用等手续。集中安置点用地项目可按城乡建设用地增减挂钩等相关规定办理报批手续。

（十二）移民搬迁占用林地、宜林地要按程序审批。

（十三）市、县（区）国土资源部门要按现行的土地确权、登记政策，为移民搬迁农户免费登记发证。

（十四）对实施移民搬迁后有复垦条件的旧村庄、旧宅基地，市、县（区）国土资源部门要组织复垦，并依据《陕西省新增耕地指标储备及收购置换暂行办法》按项目验收后上报备案，纳入耕地占补平衡管理。省级分成的新增建设用地有偿使用费投资的土地整理项目要向移民搬迁安置区倾斜，以增加耕地面积、提高耕地质量。

（十五）加大陕北治沟造地力度，综合利用土地增减挂钩政策，确保搬迁安置和生产用地。

四、住房建设

（十六）市、县（区）人民政府要做好安置点选址工作，安置点选址必须经过国土资源部门审查，并提交地质灾害危险性评估报告。

（十七）集中安置点规划编制必须由具有乙级以上资质的规划设计单位承担。规划编制完成后，由县（区）住房城乡建设局报省住房城乡建设厅进行技术审核，县（区）住房城乡建设局根据审核意见，指导规划设计单位修改完善，并负责最终审核审批。

（十八）集中安置点的规划和建设，要按照有关建筑业规定，组织实施项目招投标和工程监理，所需大宗建材实行政府集中采购。分散安置的搬迁户可参照集中建房图纸，实行分户自建。

（十九）城镇集中安置搬迁户住房，统一纳入保障性安置工程管理，房屋管理按照市、县（区）保障性住房相关规定执行。

（二十）建设单位要依据住房和城乡建设部门提供的地震安全建房图集与要求组织施工，确保工程质量和使用安全，并对其建设的搬迁户住房工程质量负最终责任。

（二十一）搬迁户住房设计和建设要严格执行《住宅建筑规范》标准，在较小套型内实现基本使用功能，并要积极推广使用安全先进的新技术、新工艺、新材料、新设备。

（二十二）各级政府及相关部门对移民搬迁项目建设涉及的地方性税费要按规定予以减免。

五、公益设施建设

（二十三）陕北移民搬迁集中安置点的公共服务设施由发展改革部门统一规划，相关部门按照搬迁计划同步跟进实施，把安置点建设成设施完善、功能齐备的新型社区。

（二十四）移民安置点防洪堤防建设由水利部门负责，电网改造、电力设施建设由电力部门负责，道路、桥涵建设由交通运输部门负责，学校和幼儿园建设由教育部门负责，村级卫生室建设由卫生部门负责，村级“两委会”建设由组织、民政部门负责。其他有关部门也要围绕搬迁安置点规划，在安排项目时对搬迁安置点给予倾斜。

六、能力建设

（二十五）各级农业、林业、扶贫开发部门要采取贴息、直补、建立农民专业合作社和互助资金组织等方式，扶持搬迁户发展种养业、加工业、运输业等，拓宽搬迁户增收渠道，增加搬迁户收入。

（二十六）各级科技部门要围绕特色产业发展，推广先进实用技术，加快科技扶贫示范村和搬迁户设施种养业项目建设。

（二十七）各级人力资源社会保障、扶贫开发等部门要优先安排符合条件的搬迁户子女参加技能培训，增强自我发展能力。城镇公益性就业岗位，要优先安排符合条件的搬迁户。

七、权益保障

（二十八）城镇安置的搬迁户，按农民进城落户的相关政策办理户籍登记手续。购买商品房的搬迁户，在享受农民进城相关政策的同时，还可享受移民搬迁建房补助政策。跨乡（镇）安置的搬迁户，户口随迁入地管理。

（二十九）搬迁户子女上学，由安置地政府统一协调，按照就近入学的原则，享受迁入地住户子女同等待遇。

（三十）搬迁户享受的农村养老保险、新型合作医疗、最低生活保障等政策随户口迁移，由迁入地政府负责落实。

（三十一）对搬迁户原有的集体资产收益权、土地承包权、林木所有权及自留山使用权，凡未享受进城落户政策的，维持现状不变。鼓励搬迁户依法、有偿流转承包的耕地和林地，严禁撂荒。

八、考核激励

（三十二）市、县（区）人民政府是实施陕北扶贫移民搬迁的责任主体，各级扶贫开发部门具体负责组织实施和检查验收。按照省政府与各市政府签订的《目标责任书》，省扶贫开发办每年对移民搬迁安置工作进行检查考核，考核成绩与市、县（区）年度目标责任考核挂钩。对完成移民搬迁任务且成效显著的市、县（区），给予表彰奖励；对工作进展迟缓、项目实施不力、资金使用不当、任务未完成的县（区）进行通报批评。

（三十三）对项目建设监督检查不到位出现质量问题、审定移民搬迁对象弄虚作假等违规违纪行为，要严肃查处，追究相关领导和人员的责任。

（三十四）省上原来出台的有关陕北移民搬迁政策，与本政策规定不一致的，以本政策规定为准。

（三十五）各市、县（区）人民政府可根据省上的规定，制定具体实施细则。

（三十六）本规定自发布之日起施行，2020 年 12 月 31 日废止。

陕西省国土资源厅关于避灾移民搬迁安置用地有关问题的通知

陕国土资用发〔2011〕44 号

各市国土资源局、杨凌示范区国土资源局：

为贯彻落实党的十七届三中全会精神和省委省政府建设西部强省的战略，全面实施陕南陕北避灾移民搬迁工作规划，保障我省避灾移民搬迁安置工作顺利进行，根据省政府办公厅《陕南地区移民搬迁安置工作实施办法（暂行）》（陕政办发〔2011〕67 号）和《陕北移民搬迁安置若干政策规定》（陕政发〔2011〕57 号），现就安置用地有关问题通知如下：

陕西省国土资源厅

二〇一一年十二月十三日

一、避灾移民搬迁安置工作涉及的区域范围

避灾移民搬迁包括地质灾害移民搬迁、洪涝灾害移民搬迁、扶贫移民搬迁、生态移民搬迁和工程移民搬迁五种类型。经省政府批准的陕南移民搬迁和陕北移民搬迁规划范围内的市、县、乡镇、村组搬迁安置用地均属避灾移民搬迁安置工作区域范围。

二、避灾移民搬迁安置用地原则

（一）避灾移民搬迁安置用地工作要坚持以人为本，尊重土地所有者和使用者的利益，充分尊重农民意愿，维护农民群众的合法权益。

（二）避灾移民搬迁安置用地选址应避开地质灾害隐患点，符合土地利用总体规划、移民搬迁规划和村镇建设规划。

（三）避灾移民搬迁安置用地应与新农村建设、小城镇建设、小流域治理、农村土地综合整治规划相结合。

（四）避灾移民搬迁安置用地必须坚持最严格的耕地保护制度和最严格的节约集约用地制度。充分利用未利用地、废弃工矿地和缓坡丘陵地，原则上利用现有集体建设用地，尽量不用新增建设用地，不占、少占耕地，特别是不能占用基本农田。

三、多途径保障避灾移民搬迁安置用地

（一）加快乡级土地利用总体规划的编制工作，合理确定避灾移民搬迁安置用地布局。在乡级规划编制中，要和省政府移民搬迁规划相衔接，合理布局，加快进程，将避灾移民搬迁安置用地纳入在土地利用总体规划确定的允许建设区范围内，并尽快上报审批，保证避灾移民搬迁安置用地工作顺利进行。

（二）在本区域内农村集体建设用地总规模不扩大的前提下，可以通过田、水、路、林、村土地综合整治进行避灾移民搬迁安置，优化农村区位布局，安置用地原则上不得大于原用地面积。

（三）避灾移民搬迁集中安置区域，可以采取城乡建设用地增减挂钩的办法，按相关规定程序办理。

（四）避灾移民搬迁安置过程中，农民集体经济组织使用乡镇土地利用总体规划确定的建设用地兴办企业，有条件的地方也可以在“规划先行、权属清楚、主体自愿、收益分配合理”的原则下采取农村集体建设用地流转方式进行集体建设用地使用权的配置。

四、简化审批程序，建立避灾移民搬迁安置用地审批绿色通道

（一）避灾移民搬迁安置用地使用农村集体建设用地的，由县级人民政府审批。确需占用农用地的，由设区市人民政府审批。

（二）避灾移民搬迁中的重大项目、集中安置区用地，确实无农村集体建设用地可用的，按农用地转用程序办理。省、市应优先安排用地指标，减少审批环节，建立审批绿色通道，加快审批，保证高效、及时供地。

（三）避灾移民群众进城涉及的土地问题，各相关部门应本着从简从快的原则办理，按我省农民进城的相关规定办理。

五、加大扶贫力度，推动避灾移民搬迁安置工作

（一）避灾移民群众搬迁后，原有农民宅基地及农村集体公共设施、公益事业用地原则上应优先复垦成耕地，市、县人民政府可以给予一定的资金补助或奖励。

（二）搬迁户对原宅基地进行了复垦，且新建住宅占用土地不超过原宅基地面积的，免征耕地占用税。

（三）对搬迁户免收土地登记费，包括土地证书费和土地勘测费。

（四）中介机构收取避灾移民搬迁项目承建单位的土地评估费、地质灾害评估费用按最低价收取。

六、加大耕地保护和土地整理复垦的支持力度，做好耕地占补平衡

各级国土资源管理部门要在当地政府的领导下，切实全面保护好耕地，在保障移民搬迁安置用地的同时，少占或者不占耕地，确实需要占用耕地的，由乡（镇）、村组织补充耕地，落实耕地占补平衡。

七、切实保护好群众的土地权益，积极稳妥做好土地权属调整工作

在避灾移民搬迁安置中，涉及跨村民小组，跨村、跨乡镇安置引起权属变化的，由县级人民政府按有关规定即时予以办理。防止产生土地纠纷，确保土地权利人的合法权益。

避灾移民搬迁安置用地是整个移民搬迁工作的重要组成部分，该项工作由省、市指导，担负避灾移民搬迁安置任务的县（区）人民政府具体组织实施。县级人民政府应制定具体的用地细则，县级国土资源管理部门要在当地人民政府的领导下，加强领导，组织得力班子，采取有力措施，抓好政策的贯彻落实，以实事求是、改革创新的精神，因地制宜提出解决办法，保障避灾移民搬迁安置用地工作的及时有序开展。

陕西省人民政府关于印发《陕西省移民搬迁安置税费优惠政策》的通知

陕政发〔2012〕4号

各市、县、区人民政府，省人民政府各工作部门、各直属机构：

《陕西省移民搬迁安置税费优惠政策》已经省政府同意，现予以印发，请遵照执行。

陕西省人民政府

二〇一二年一月十三日

陕西省移民搬迁安置税费优惠政策

为降低我省移民搬迁安置房建设成本，减轻移民搬迁群众和承建单位负担，加快推进我省移民搬迁安置工程进度，特制定以下税费优惠政策。

第一条 本文所指的移民搬迁包括陕南地质灾害移民搬迁、陕北白于山区和黄河沿岸土石山区移民搬迁工程。承建单位包括各级政府委托的移民搬迁工程建设单位、承担建设的施工企业、陕南移民搬迁工程有限公司以及分散安置建房的个人。

第二条 对承建单位缴纳的营业税和企业所得税地方留成部分，由财政部门列支拨付到承建单位。具体由县级财政部门按缴纳的数额，全额拨付到承建单位。应由省、市财政列支部分，年终通过上下财政结算办理。

第三条 对承建单位在承建移民搬迁工程项目期间按规定应缴纳的城镇土地使用税、印花税，予以免征。

第四条 对承建单位占用耕地用于移民搬迁安置建设的，对原宅基地复垦且新建住宅占用耕地不超过原宅基地面积的免征耕地占用税，对超过原宅基地面积的部分减半征收耕地占用税；其征用的用于移民搬迁安置的土地、房屋权属发生转移的，以及搬迁安置移民购买安置房所涉及的契税，予以免征。

第五条 对承建单位承建的移民住房安置项目的土地增值税暂不预征。

第六条 对分散安置移民取得的建房补助资金，免征个人所得税。

第七条 对承建单位免收政府性基金，包括水利建设基金、森林植被恢复费、城市基础设施配套费、散装水泥专项资金、新型墙体材料专项基金等，其中需报国家审批的有关基金，采取即征即返的方式办理。

第八条 对承建单位免收行政事业性收费，包括排污费、征地管理费、土地登记费等。

第九条 对承建单位免收其他部门管理的各项收费，包括土地证书费、劳保统筹费等。

第十条 对中介机构收取承建单位的土地估价费、地质灾害评估费、洪涝灾害评估费、交易服务费、施工图纸审查费、招标代理、工程监理费等按照最低收费标准或减半收取。

第十一条 对于承建单位建设移民搬迁安置房的银行贷款，比照执行保障性住房贷款利率政策。

第十二条 以上税费优惠政策适用于陕西省移民搬迁安置房承建单位从事与移民搬迁安置相关的经营活动。享受税费优惠政策的单位需提供政府主管移民搬迁部门出具的相关证明材料，按移民搬迁安置房建筑面积占总建筑面积的比例免征相关税费。

第十三条 对于承建单位建设移民搬迁安置房时配建的商品房，如果商品房比例不超过其建设规模的20%，对配建的商品房也执行上述优惠政策。

陕西省人民政府办公厅关于进一步加强和规范陕南地区移民搬迁工作的意见

陕政办发〔2014〕47号

各市、县、区人民政府，省人民政府各工作部门、各直属机构：

为了切实巩固陕南地区移民搬迁工作成果，进一步加强和规范陕南地区移民搬迁工作，充分发挥移民搬迁的综合效益，经省政府同意，制订本意见。

陕西省人民政府办公厅

2014年6月7日

一、完善搬迁规划，优化集中安置点布局

1. 完善移民搬迁规划。各县（市、区）要按照民生优先和移民搬迁与城镇化建设、农业产业发展“三位一体”的原则，进一步完善移民搬迁布局规划和安置规划，做好与县域经济社会发展规划、城乡建设规划、土地利用总体规划、产业发展规划的衔接。各县（市、区）移民搬迁规划由本级政府审定，报省陕南地区移民搬迁工作领导小组办公室备案。

2. 强化集中安置点布局。坚持靠城、靠镇、靠园区布局、利用闲置低效国有或集体建设用地建设集中安置点。严禁削山填河、破坏生态环境。

3. 积极发挥规划引领作用。各县（市、区）要严格按照审定后的规划一次性确定所有集中安置点，分年度制定实施计划。认真做好征地、基础设施、公共服务设施配套等前期工作，以规划统领移民搬迁各项工作。

二、严格审定移民对象，优先搬迁危困群众

4. 严格界定搬迁范围。各县（市、区）要将搬迁范围严格限定在《陕南地区移民搬迁安置总体规划（2011—2020年）》规定的六种范围之内，不得随意扩大。

5. 严格搬迁对象审定程序。按照搬迁户申请、村民评议、镇村初审、相关部门审定、县（市、区）政府批准的程序，坚持村、镇、县（市、区）三级公示制度，精准确定搬迁对象。

6. 坚持“三优先”原则审定搬迁对象。各县（市、区）要优先审定地质灾害危险户、洪涝灾害威胁户和危困户、特困户的搬迁安置，并限2016年底前全面完成搬迁安置任务。各县（市、区）搬迁上述对象的年度任务，由各设区市政府审定。

7. 实施精细化管理。对确定的各类搬迁户，镇（乡）政府要逐户签订搬迁协议，逐村建册，逐镇（乡）建档，逐县（市、区）建库，制定移民搬迁轮候安置计划，明确搬迁时间、安置地址、房屋面积、补助标准、旧宅基地腾退时限等内容，实现有序搬迁，精细化管理。

三、规范安置模式，完善安置方式

8. 继续坚持集中安置为主。设区市集中安置率应达到90%，城镇安置率应达到60%以上。县（市、区）集中安置率和城镇安置率由设区市确定。

9. 鼓励楼房化安置。在县城、镇区和工业园区集中安置的，应建高层或多层楼房；在农村新型社区安置的，可建低层楼房。对自愿在统规统建四层以上楼房安置的，每户补助资金5000元。

10. 严格控制建房面积。严格按照人均25平方米确定建房面积，对确有住房困难的，集中安置每户最大住房面积不超过125平方米，分散安置每户不超过140平方米，危困户和特困户每户不超过60平方米。

11. 探索移民搬迁房与保障性住房融合办法。在优先保障城镇中低收入群众住房需求的前提下，县（市、区）可回购部分经济适用房、限价商品房、公租房、廉租房，参照陕南地区移民搬迁相关政策安置移民搬迁户。

四、全面落实“大配套”项目，同步建设“小配套”设施

12. 严格执行“大配套”建设标准。各县（市、区）要按照省政府2013年第90次专题会议纪要精神，主动与省级有关部门对接，落实项目资金，推进项目建设。今后各年度的集中安置点“大配套”项目，各县（市、区）要在上年度9月份之前确定并分别报省级相关部门和省移民办。县（市、区）政府负责规划建设集中安置点的垃圾污水处理设施，所需资金由省市县共同承担。省级部门安排陕南地区有关资金和项目时，要优先保证移民搬迁集中安置点的配套设施建设。省级发展改革、财政和国土资源部门要加强统筹和督导协调，保障项目资金落实。

13. 增加“小配套”设施建设投入。集中安置点的“小配套”设施建设，按每户2万元标准补助，由县（市、区）统筹使用，与安置房同步建成。

五、加强项目管理，确保工程质量

14. 工程建设实行项目管理。集中安置点的住房、基础设施和公共服务设施工程建设，全部实行项目管理。县（市、区）政府是项目建设责任主体，可委托县级移民搬迁工作机构或镇政府作为项目法人，负责项目前期准备、组织实施和监督管理工作。

15. 完善项目管理。楼房化安置项目一律统规统建，非楼房化安置项目原则上不允许统规自建，确需自建的，须经县（市、区）移民搬迁领导小组批准。所有统规统建项目，要严格按项目管理办法运作，不得违规转包、分包。

16. 强化项目监管。各县（市、区）政府要加强项目审查、备案、建设和管理，按规定进行招投标和验收审计。未审核批准的项目不得开工建设，未竣工决算审计的项目不得验收和拨付全额工程款。

六、加强资金筹集，强化资金管理

17. 加大资金筹措拨付力度。一是补助标准。集中安置户每户补助4.5万元、分散安置户每户补助3万元、特困户和危困户每户增加补助1万元、4层以上楼房化安置户每户增加补助5000元；集中安置区基础设施“小配套”每户补助2万元；二是市县承担比例。市、县（区）财政建房补助资金按照2∶8比例进行配套；三是资金拨付方式。中、省、市、县级财政补助资金，由省财政统筹拨付。省财政统筹拨付中、省、市、县补助资金。中、省承担的补助资金由省财政直接拨付到县（区）移民搬迁资金专户；市县承担的补助资金由省财政直接拨付到县（区）移民搬迁资金专户，并相应扣减省对市县均衡性转移支付资金。各项目资金年度验收后据实结算。省财政安排部分资金对建设任务完成好、入住率高、产业带动强的市、县进行以奖代补，奖励资金主要用于移民搬迁建房补助、垃圾污水处理及移民安置区的产业扶持等。

18. 规范资金使用。按项目建设进度及时拨付建房资金、“小配套”设施建设补助资金，按政策规定及时足额兑现移民搬迁户建房补助资金，不得挤占挪用和改变资金用途。

19. 强化资金监管。各县（市、区）要认真执行财政部《行政单位会计制度》等有关规定，确保移民搬迁各类资金专户归集、集中管理。各级财政、审计、监察部门要加强监管，确保资金规范安全使用。

七、保障建设用地，规范土地管理

20. 保障移民搬迁建设用地。各级国土资源部门要用足用活国土资源部支持陕南地区移民搬迁土地综合利用政策，合理调整搬迁地区土地规划、盘活闲置低效城乡建设用地，按照移民搬迁建设用地审批程序，保障建设用地。

21. 规范移民搬迁建设用地。按照节约集约用地、规范用地原则，集中安置用地包括基础设施和公共服务设施用地在内，户均控制在0.2亩以内；分散安置每户用地包括房基、院落、出行道路用地在内，控制在0.25亩以内。对土地审批手续不全的建设项目，不得审核备案。严禁未批先用和占用基本农田。

22. 加强旧宅基地复垦工作。镇（乡）政府要执行“一户一宅、占新腾旧”政策，与搬迁户签订宅基地退出协议，推进旧宅基地复垦工作。暂时难以腾退的，允许其在搬迁入住后3年内退出。鼓励各地结合农村居民进城落户政策，通过奖补等方式引导移民搬迁户加快旧宅基地腾退进度。

八、扶持产业发展，促进移民增收

23. 加强培训促就业。各县（市、区）要结合移民需求，开展形式多样的实用技术和职业技能培训，培养技能型移民，拓展移民就业渠道。制定移民转移就业优惠政策，帮助进城入镇群众在二、三产业中增加收入。

24. 发展展移民产业。各县（市、区）要充分利用当地资源优势，因地制宜、突出特色，按照“一点一策、一户一法”要求，对移民搬迁集中安置点逐点规划配套产业，发展特色经济，对移民搬迁户逐户落实创业就业方案，促进移民就近就地就业。通过移民产业发展，推动搬迁地区农业资源向工商资本转化、传统农业向现代农业转化、传统农民向市民或产业工人转化。

25. 设立产业扶持资金。围绕集中安置点建设县域配套的工商业集中区，以财政贴息、以奖代补等方式，吸引劳动密集型企业入园，为周边搬迁户创造就业岗位。

九、维护移民权益，搞好移民服务

26. 切实维护移民权益。搬迁群众原有的土地、山林等承包权维持不变，经营权可自行流转。对自愿交回的，原集体经济组织应予接纳并给予合理补偿。不得强制或变相强制收回农民土地、林地承包经营权。

27. 规范移民户籍管理。移民搬迁后的户籍可迁至新居住地，也可保留在原居住地。进城入镇自愿迁移户籍的，可按相关规定办理户籍迁移手续。跨村跨镇在农村安置后自愿迁移户籍的，经迁入地三分之二以上村民同意后办理户籍迁移手续。

28. 完善移民过渡期管理。对未迁移户籍的异地安置移民，在安置地户籍管理部门办理居住证，由迁入地政府负责落实移民搬迁户子女就学、养老保险、农村新型合作医疗、农村最低生活保障等福利待遇。

29. 完善基层管理方式。在城镇集中安置点实行社区化管理，农村大中型集中安置点逐步实现社区化管理，农村小型安置点实行村民自治组织管理。

十、加强机构建设，强化组织领导

30. 加强机构管理。各级移民工作机构要明确责任分工，规范办事程序，提高工作效率，加强业务培训。建立健全工作激励机制和监督机制，加强对干部职工的教育管理。

31. 强化工作落实。陕南各级政府和移民搬迁工作机构要坚持一手抓责任落实和工作推进，一手抓政策宣传和制度建设，确保移民搬迁工作规范、健康发展。

陕西省扶贫开发办公室　陕西省发展和改革委员会　陕西省财政厅关于印发《陕北关中地区移民搬迁规划实施指导意见》的通知

陕扶办发〔2014〕49号

陕北关中各市、县（区）人民政府，省级有关部门：

《陕北关中地区移民搬迁规划实施指导意见》已经省政府同意，现印发你们，请认真贯彻落实。

陕西省扶贫开发办公室
陕西省发展和改革委员会
陕西省财政厅
2014年10月29日

陕北关中地区移民搬迁规划实施指导意见

为进一步规范陕北、关中秦岭北麓和渭北旱塬地区移民搬迁规划实施工作，现制定如下指导意见：

一、调整完善搬迁规划

（一）精准到户，科学确定搬迁规模。要按照精准扶贫要求，对搬迁户进行全面核查，摸清底数，精准到户，逐年确定搬迁任务。结合当地实际，在认真调研的基础上，对原规划确定的搬迁任务进行调整，适当减少搬迁任务过大、群众需求不足市县的搬迁规模，增加群众意愿强烈、搬迁规划任务小的县区的规模。

（二）因地制宜，科学布局移民安置点。陕北地区要以移民搬迁推进城镇化建设，关中地区要以城镇化和美丽乡村建设带动移民搬迁，建好城镇和社区，吸引农民进城进镇安置。移民安置点要符合经济社会发展和土地利用总体规划要求，统筹重点镇建设、保障性住房、农村危房改造等工作，尽可能靠近城镇和大社区，科学布局，合理规划，设施齐全、功能完备、避免重复建设，避免农村复制农村。在建筑风格和色调设计上，要体现当地民俗民居特点，具有区域特色，确保文化传承。

（三）因户施策，分类推进移民搬迁工作。要对搬迁对象进行科学分类，采取不同的安置方式。结合城镇化建设，符合条件的尽可能通过城镇保障性住房进行安置；结合美丽乡村建设，通过在农村社区和中心村建设集中安置点，集中安置贫困户；结合两项制度衔接，由民政部门按政策解决五保、孤残等无发展能力群众的搬迁安置问题。

二、明确搬迁对象和范围

（一）搬迁范围。凡户籍在陕北和关中各县（区），具备下列条件之一的农村居民，均可列入移民搬迁范围。一是居住在边远地区、海拔在800米以上的高寒山区和陡坡峡谷地带，生存空间狭小，生产生活环境恶劣区域的农户；二是远离集镇和交通干线，修路、通电、通水一次性投资成本过大，群众就医、小孩上学不便的自然村组和单庄独户；三是地裂、滑坡、崩塌、洪涝等地质灾害多发区或地方病区，无法在当地生存的农户；四是无劳动能力、无家庭积累、无安全住房的农户。

（二）对象确定。要严格坚持自愿搬迁的原则，按照群众申请、村组评议、乡镇审核、县（区）审定的程序确定搬迁对象。凡未提出搬迁申请的，不得列入搬迁计划。要优先安排符合搬迁条件的在册贫困户、地质灾害区群众、残疾人和计生家庭进行搬迁。对所有搬迁户都要逐级进行公示，接受群众监督。

三、规范安置方式和补助标准

（一）采取多种安置方式。按照因地制宜的原则确定安置方式，坚持以集中安置为主，加大城镇化安置比例。积极探索移民搬迁与保障性住房结合的有效办法，采取回购经济适用房、限价商品房、公租房、廉租房等多种形式安置搬迁户。“三无户”和特困户，通过在移民搬迁集中安置点、新型农村社区或有一定规模的中心村建设共有产权房等形式进行安置。五保户和孤寡老人原则上纳入农村五保供养服务机构集中供养，不愿集中供养的，可就近在集中安置点、新型农村社区或有一定规模的中心村建设周转房，免费提供使用。

（二）严格控制建房面积。严格按照人均25平方米标准控制建房面积，最大不得超过140平方米。对于特困户由政府建设的免费住房户均不得超过60平方米。

（三）明确补助标准。加大财政投入和项目资金整合力度，统一移民搬迁补助标准和政策。对于贫困户，扶贫移民搬迁省级每户补助3万元；以工代赈易地扶贫等搬迁按行业标准补助，不足部分由市财政补齐，达到每户3万元标准。非贫困户每户省级补助1.5万元。鼓励楼房化安置，四层以上楼房安置的省财政每户增加补助资金5000元。市县（区）财政配套每户不低于1.5万元，分担比例由各市自行确定。特困户建房除省级按补助标准补助外，不足资金由市县财政解决。

四、严格落实移民搬迁相关政策

（一）统一移民搬迁政策。关中地区移民搬迁安置工作参照执行省上已出台的陕北移民搬迁相关政策规定。

（二）保障项目建设用地。要按照科学规划、合理布局、节约集约的原则，用足用活土地增减挂钩等政策，调整土地利用规划，保证移民搬迁项目建设用地需求，指标由国土部门专项下达。移民搬迁项目用地、占用林地、宜林地要按照程序报批手续，用地审批手续不全的项目，严禁开工建设。

（三）严格落实税费减免优惠政策。要严格落实《陕西省移民搬迁安置税费优惠政策》（陕政发〔2012〕4号）的有关规定，返还承建单位交纳的营业税和企业所得税地方留成部分；免征城镇土地使用税、印花税、政府性基金、行政事业性收费等税费；按最低标准或减半收取土地估价费、灾害评估等费用；比照执行保障性住房贷款利率等政策。

五、统筹安排基础设施及公共服务配套项目

（一）职责分工。安置点基础设施和公共服务配套项目由县（区）政府统一规划，并组织县级各有关部门按职能分工承担项目建设任务。集中安置点的道路、桥梁等项目由交通部门负责；排水渠及管道等由住建部门负责；电力线路、变压器和配电房柜等由电力部门负责；堤防、饮水工程等由水利部门负责；幼儿园、中小学校建设由教育部门负责；卫生所（室）建设等由卫生部门负责；社区服务场所建设等由民政部门负责；文化设施等由文化部门负责；健身器材等由体育部门负责。项目规模和建设标准要充分结合已有的行业规划确定，立项、申报等工作由各有关部门负责。配套项目没有明确资金来源或管理渠道的，由县（区）政府统筹解决。

（二）项目申报。县（区）政府统筹安排，每年6月底前将下一年度的移民安置点基础设施和公共服务项目建设任务落实到县级各有关部门。县级各有关部门9月底前，按行业项目申报程序和要求，经市级相关部门审查并经市人民政府审定后，报省发改委和省级对口部门。省级相关部门要加大投入力度，优先安排移民搬迁安置点基础设施和公共服务配套项目，并将项目安排落实情况抄送省发改委和省扶贫办。当年可建成入住的小型安置点，原则上要求基础设施当年建设到位；中型安置点项目，基础设施和公共服务设施建设在住房工程建成后两年内配套建设到位；大型安置点项目的基础设施和公共服务设施项目在住房工程建成后三年内配套建设到位。

六、加大产业扶持力度

（一）同步配套扶持产业。按照生产与生活并重、住房建设与产业开发并举的思路同步规划配套产业，逐户落实就业增收方案。采取贷款贴息、资金直补、建立互助资金组织、建立示范园区等方式，扶持搬迁户发展特色种养业和农副产品加工业。

（二）强化培训促进就业。加强“雨露计划”、实用技术和技能培训等，提高搬迁群众综合素质和生产经营能力，拓宽就业渠道，促进劳动力在二、三产等领域进行就业和创业。优先安排搬迁群众享受就业扶持政策，积极探索搬迁户与企业结合的产业扶贫机制，通过土地流转、参股经营、建设现代农业产业基地等方式，提高搬迁户的财产性和工资性收入。

七、加强项目资金管理

（一）规范项目管理。按照省上下达的搬迁资金规模，确定年度建设任务。要按照当年项目年底前全部开工，上年度项目房屋主体完工，前年度项目提高入住率的建设要求，细化年度实施方案，落实工作责任。要加强移民搬迁项目的审查、备案、建设和管理工作，严格按规定进行招投标，不得违规转包、分包。要加强对建设项目的监管，确保工程质量。

（二）加强资金监管。严格按照我省《财政扶贫专项资金管理实施办法》，加强资金筹措和管理。要按规定及时足额落实财政配套资金，县（区）财政配套不到位的，市财政要统筹解决。要按项目建设进度及时拨付资金，不得挤占、挪用。各级财政、审计、监察部门要加强监管，确保资金安全规范使用。

（三）完善档案资料。健全移民搬迁项目档案资料，安置点要有用地审批、地质灾害评估、环境评估、招投标等手续，搬迁户要逐户签订搬迁协议，完善搬迁户档案，明确搬迁时间、安置地址、房屋面积、补助标准、旧宅基地腾退时限等内容。对于整合的其他行业部门资金，要严格执行各有关部门的项目资金管理规定，完善相关手续，建立健全移民搬迁档案。

八、做好搬迁群众服务管理

（一）保障搬迁户权益。搬迁户原有的集体资产收益权、土地承包权、林木所有权及自留山使用权，凡未享受进城落户政策的，维持现状不变。鼓励搬迁户依法、有偿流转承包的耕地和林地。自愿交回土地、山林等承包经营权的，要给予一定经济补偿，不得强制或变相强制收回。

（二）规范移民户籍管理。结合新的户籍制度改革，进一步规范搬迁户户籍管理。搬迁户户籍可迁入新居住地，也可保留在原居住地。进入城镇自愿迁移户籍的，按相关规定办理户籍迁移手续。搬迁户子女上学，由安置地政府统一协调，按照就近入学的原则，享受迁入地住户子女同等待遇。搬迁户享受的农村养老保险、新型合作医疗、最低生活保障等政策随户口迁移，由迁入地政府负责落实。

（三）完善房屋产权管理。房屋管理使用按照保障性住房的相关规定执行。在农村搬迁安置并使用集体建设用地的，国土部门要及时办理相关手续，按农村居民进行土地登记并依照有关规定核发土地使用证书；对进入城镇使用国有或集体建设用地搬迁安置的，在公安部门办理户籍迁移手续后，按城镇居民进行土地登记并按有关规定核发土地使用证。县级以上房产行政主管部门要根据搬迁户意愿和土地登记结果，依法对移民安置房确权登记，并及时颁发房屋产权证。

九、加强组织领导

（一）落实工作责任。移民搬迁的责任主体是县（区）政府，要充分发挥各级扶贫开发领导小组的作用，加强对移民搬迁工作的组织领导，分解落实建设任务，夯实部门工作责任。加强移民搬迁工作考核，对工作优秀的市、县（区），给予表彰奖励，工作较差的在全省通报批评。

（二）加强队伍建设。要加强移民搬迁调查研究，不断完善相关政策规定。加强移民干部政策业务培训，提高工作水平。落实移民搬迁工作人员，充实工作力量，确保每县（区）配备3~5名专职人员，并提供必要的工作条件和经费保障。

陕西省人民政府办公厅关于进一步做好陕南陕北地区移民搬迁安置工作的通知

陕政办发〔2012〕116 号

汉中、安康、商洛、榆林、延安市人民政府，省人民政府各工作部门、各直属机构：

为了认真贯彻落实《陕南地区移民搬迁安置总体规划（2011—2020 年）》《白于山区扶贫移民搬迁规划（2011—2015）》《陕北黄河沿岸土石山区（洛河峡谷地带）扶贫移民搬迁规划（2011—2020）》和《陕南地区移民搬迁安置工作实施办法》《陕北移民搬迁安置若干政策规定》，进一步做好陕南、陕北地区移民搬迁安置工作，经省政府同意，现就有关问题通知如下：

一、确保移民搬迁的集中安置比例

（一）移民搬迁工作要根据当地经济社会发展规划，结合工业化、信息化、城镇化、农业现代化和灾后重建等工作统筹规划实施。集中安置与分散安置的比例以市为单位计算，集中安置不得低于年度移民搬迁安置计划户数的 80%。

（二）统规统建形式修建多层（四层以上且一户一层）普通住宅单元化安置的搬迁户，省财政给每户增加建房补助资金 5000 元，其建设项目和建房户数由各市于当年计划下达后三个月内，分别向陕南地区移民搬迁工作领导小组办公室、陕北扶贫移民搬迁安置领导小组办公室申报备案，在移民年度计划完成考核前由各市移民搬迁工作领导小组办公室核实后分别报省陕南地区移民搬迁工作领导小组办公室、陕北扶贫移民搬迁安置领导小组办公室核定。

（三）省、市、县（区）建房补助资金列入年度财政预算，并根据移民搬迁工作进度及时足额拨付到位。分散安置户数超过全市年度计划任务 20% 的部分，不计入年度移民搬迁安置任务，省级有关部门不予拨付移民搬迁建房补助资金。

（四）在立地条件特别差、不便集中安置或安置后产业发展潜力不大的村镇，要有计划、有步骤地组织跨镇、跨县（区）搬迁。跨行政区域搬迁安置工作由上一级人民政府统筹安排。

（五）移民跨县（区）搬迁的，搬迁工作计入迁入地搬迁任务，同时核减迁出地移民搬迁工作任务。省、市移民搬迁建房补助资金、省级整合资金随搬迁户下达迁入县（区）。迁出地的县（区）人民政府按迁出户数和本县（区）补助标准将补助资金全额拨付迁入地的县（区）人民政府，具体工作由所属市人民政府负责。

二、加强移民搬迁集中安置点规划管理工作

（六）移民搬迁集中安置点建设规划要同农村新型社区建设及文化、教育、卫生、交通等规划相结合，合理选址，统筹安排。

（七）所有集中安置点建设规划在技术审查通过后，陕南地区报陕南地区移民搬迁领导小组办公室备案、陕北地区报陕北扶贫移民搬迁安置领导小组办公室备案。

（八）陕南移民搬迁集中安置规模必须在 30 户以上，陕北扶贫搬迁集中安置规模必须在 100 户以上。集中安置点公共服务配套设施标准按照小型（100 户以上）、中型（500 户以上）、大型（1000 户以上）等几种不同规模，分类指导，配置必需的相应的公共服务设施。

（九）项目所在地的县（区）城乡规划建设行政主管部门负责监督移民集中安置点建设规划的实施。

三、加大资金筹措和监管工作力度

（十）市、县（区）未足额筹措补助资金的，由上级财政主管部门及时督促落实；年度末仍未落实到位的，由省财政主管部门扣除相应数量的财政转移支付资金予以补齐。

（十一）移民搬迁安置建房补助资金、各项整合资金和陕西陕南移民搬迁工程有限公司周转资金的筹措、拨付、使用、回笼、监管等工作由各级财政主管部门负责。

县（区）人民政府借用陕西陕南移民搬迁工程有限公司的周转资金应按期归还，逾期未归还的由省财政主管部门在下拨的陕南移民搬迁安置建房补助资金中予以扣除。

（十二）市、县（区）移民搬迁安置的所有项目资金，实行专账核算、专人管理。

（十三）县（区）人民政府的土地收益和移民搬迁集中安置项目配建的商业和商品房收益，用于本行政区域内集中安置建房补助、基础设施配套和项目前期费用。

四、落实移民搬迁基础设施配套项目和资金

（十四）移民搬迁集中安置点的基础设施分“小配套”和“大配套”两种类型。“小配套”指安置小区规划红线之内、单体建筑物 2 米之外的公共道路、电力电讯线路、给排水管道及环卫设施等；“大配套”指集中安置点规划红线之外的公共道路、电力电讯线路、给排水管道、环卫、防洪及公共服务设施等。

（十五）各集中安置点的路、电、讯、给排水等基础设施，幼儿园、学校、卫生院（卫生室）等公共服务设施和住房工程由县（区）人民政府统筹建设。当年可建成入住的小型集中安置点，原则上要求基础设施当年建设到位；中型集中安置点项目，基础设施和公共服务设施建设在住房工程建成后两年内配套建设到位；大型集中安置点项目的基础设施和公共服务设施项目在住房工程建成后三年内配套建设到位。

（十六）“小配套”的基础设施建设费用在移民搬迁建房补助资金中列支；“大配套”的基础设施和公共服务设施费用，由县（区）人民政府本着“项目捆绑、资金整合、统一使用、各记其功”的原则上报项目，经市级相关部门审查并经市级人民政府审定后，报省发展改革委和省级各项目对口部门、单位。省级相关部门和单位要在所报项目审查核实后，制定年度计划，落实项目资金，按有关程序下达，并分别报陕南地区移民搬迁工作领导小组办公室、陕北扶贫移民搬迁安置领导小组办公室备案。

五、合理控制移民建房用地面积，统筹安排保障性住房

（十七）各地要引导群众合理确定建房面积，避免资源浪费。统规统建的移民安置住房超出规定面积的部分，按单位面积建安成本（含土地和基础设施配套费用）折算，由搬迁户自行负担；统规自建和分散安置住房，原则上每户最大建筑面积不得超过140平方米。

（十八）严格控制用地面积，各移民户住房占地包括公摊面积在内，不得超过规定的用地标准，对超标准用地部分依照相关法规严格进行处罚。

（十九）集中安置点建设可配建一定数量的经营用房和仓储用房，由搬迁群众购买或租用。

（二十）进城安置取得城镇户籍的搬迁对象，符合各类保障性住房条件的，纳入相应类型的保障性住房轮候计划；取得临时居住证的搬迁对象，纳入公共租赁住房轮候计划。各市、县（区）的保障性住房，与移民搬迁安置住房统筹安排使用。

六、认真做好移民安置住房“两权”发证工作

（二十一）对移民使用集体建设用地在农村搬迁安置的，各市、县（区）政府及国土资源行政主管部门按照建新拆旧、一户一证的原则及时依法办理相关手续，按农村居民进行土地登记并依照有关规定核发土地使用证书；对移民进入城镇使用国有或集体建设用地搬迁安置的，在公安部门办理户籍迁移手续后，按城镇居民进行土地登记并按有关规定核发土地使用证。

（二十二）县级以上房产行政主管部门要根据移民意愿和土地登记结果，依法对移民安置房确权登记，并及时颁发房屋产权证。

七、加强移民搬迁安置项目审查和管理

（二十三）移民搬迁集中安置项目在建设规划审批的基础上编制预算，按工程项目审批规定进行立项审批。分散安置项目由县（区）人民政府审批。经审查批准的所有移民搬迁安置项目，由各市以县（区）为单位按年度、批次分别报陕南地区移民搬迁工作领导小组办公室、陕北扶贫移民搬迁安置领导小组办公室备案。

（二十四）县（区）人民政府作为移民搬迁安置建设主体的建设项目，必须建立工程项目监理制，落实中介机构全程监理，并于工程结束后形成监理报告。移民搬迁户作为建设主体的建设项目，由县（区）人民政府城乡建设主管部门组织相关人员进行工程监理。

（二十五）各县（区）要加强对移民搬迁工程质量的监管，落实专门人员，划片包干，责任到人，无偿服务，并做好对无监理单位、监理人员的小项目工程和群众自建项目工程的质量监督和指导。

八、积极解决移民搬迁集中安置点建设中的困难和问题

（二十六）新建移民搬迁安置点建设征迁范围内需拆除或迁移的电力、通讯、广电等地上、地下附着物设施，产权单位要对发生的直接费用减按规定最低标准收取或免收。

（二十七）移民搬迁基础设施建设要与电力、水利等设施建设相衔接。各县（区）移民搬迁工作机构，应于每年年初向当地供电、水利、交通、旅游、教育、卫生、文化等部门提供下一年度移民搬迁安置计划及具体实施方案，便于有关部门、单位及时安排配套工程计划，确保电、路、水、堤等工程建设与移民搬迁安置项目同步实施。

九、加快移民搬迁安置信息化建设

（二十八）移民搬迁安置数据录入内容包括移民搬迁对象信息、移民搬迁安置项目信息、移民搬迁资金信息等主要信息。

（二十九）信息化系统数据录入终端设在县（区），由各县（区）人民政府负责数据审查、录入和公示工作。

（三十）移民搬迁安置数据录入、监管、查询工作分别由陕西陕南移民搬迁工程有限公司和陕北扶贫移民搬迁安置领导小组办公室负责。

十、搞好移民搬迁考核工作

（三十一）鉴于移民搬迁工程项目建设和搬迁群众产业发展周期较长，年度移民安置工作任务完成情况在下年度第二季度末考核，当年移民搬迁工作目标责任完成情况在本年度末考核。

本《通知》自 2012 年 12 月 30 日起施行，2014 年 12 月 29 日自行废止。

陕西省人民政府办公厅

二〇一二年十二月十日

陕西省人民政府办公厅关于加快陕南地区移民搬迁集中安置点基础设施和公共服务设施项目建设进度的通知

陕政办发明电〔2013〕53 号

汉中、安康、商洛市人民政府，省人民政府各有关工作部门、直属机构：

今年 6 月下旬，省政府组织汉中、安康、商洛三市 28 个县（区）对陕南地区移民搬迁 2011—2013 年集中安置点基础设施和公共服务设施配套建设项目，逐县（区）进行了省、市、县三级对接，印发《关于陕南移民搬迁基础设施和公共服务设施建设有关问题的会议纪要》（省政府专项问题会议纪要 2013 年第 90 次，以下简称《纪要》）。会后，陕南三市和省级各有关部门按照《纪要》确定事项，密切配合，主动对接，目前配套建设项目大部分已落实。但仍有部分省级部门负责的配套建设项目和资金还未落实到位；陕南三市部分县（区）政府也未按时限要求上报 2014 年集中安置点配套建设项目，已上报的配套建设项目存在“搭车”行为。这些问题直接影响已建成集中安置点搬迁群众入住和后续年度陕南移民搬迁工作的顺利推进。为坚定不移地贯彻落实省委、省政府总体部署和要求，持之以恒地推进陕南移民搬迁工作，促进陕南移民搬迁管理工作更加规范化、精细化，现就有关事项通知如下：

一、省级各有关部门和单位要抓紧与省发展改革委、省财政厅进行项目衔接，与各县（区）进行项目对接，确保《纪要》确定的配套建设项目对接工作于 2013 年 10 月底前完成，并将对接完成情况及时报陕南移民搬迁工作办公室备案。

二、陕南三市各县（区）政府要积极完善项目前期工作，按项目类别主动同省级相关部门和单位对接，严禁非集中安置点配套建设项目“搭车”现象。2011—2012 年和 2013 年建成集中安置点的配套建设项目，要分别在 2013 年 12 月底前和 2014 年 12 月底前建设完成。

三、陕南三市各县（区）政府要于 2013 年 10 月底前报送 2014 年集中安置点配套建设项目。陕南移民搬迁工作办公室对上报项目进行初审，并于 10 个工作日内将初审意见送省级各相关部门和单位。

四、省级相关部门和单位、陕南三市及各县（区）政府要优先安排集中安置点的配套建设项目。陕南移民搬迁集中安置点配套建设项目未落实到位的，其他同类项目原则上不予安排。

陕南移民搬迁工作办公室要将集中安置点基础设施和公共服务设施配套建设项目工作进展情况及时报省政府。

陕西省人民政府办公厅

2013 年 10 月 15 日

陕西省国土资源厅、陕西省住房和城乡建设厅关于陕南地区移民搬迁安置房与保障性住房结合有关问题的通知

陕国土资发〔2015〕18号

汉中、安康、商洛市住房和城乡建设局（住房管理局）、移民搬迁领导小组办公室：

为进一步规范移民搬迁安置房与保障性住房结合工作，根据陕西省人民政府办公厅《关于进一步做好陕南陕北地区移民搬迁安置工作的通知》（陕政办发〔2012〕116号）和《关于进一步加强和规范陕南地区移民搬迁工作的意见》（陕政办发〔2014〕47号）文件精神，按照集约用地、节约国家资源的原则，既要区别政策对象，有效推进陕南地区移民搬迁安置和保障性住房工作，又要从实际出发，规范“两房”结合工作。具体通知如下：

一、统筹保障性住房建设和陕南移民搬迁工作

为集约节约用地、发挥基础和公共服务设施效益，促进农村人口有序转移，推进新型城镇化发展，县（区）政府要统筹保障性住房建设和陕南移民搬迁工作，在城镇总体规划中做好保障性住房建设与移民搬迁安置房建设的衔接。优化基础和公共服务设施布局，保障房与移民搬迁基础设施、公共服务设施共建共管共用，按建设保障房与移民搬迁房比例使用各自基础设施及公共服务设施配套资金。

二、明确住房用途及产权，严禁“一房两用”

保障性住房中的购置型保障房，在优先满足保障对象且完成轮候计划和各年度目标任务的前提下，县（区）政府可采取使用移民搬迁建房补助资金和移民搬迁户自筹资金购置保障性住房的办法，回购保障性住房作为移民搬迁安置房，安置移民搬迁户。已回购的保障性住房不能再上报统计为保障性住房，并及时调整项目册，不能一房两用。政府回购的保障性住房作为移民搬迁安置房安置移民搬迁户后，必须是完全产权。

三、明确住房对象，严禁“一户两策”

移民搬迁家庭中的进城务工人员，个人已纳入保障性住房对象范围，同时符合保障对象条件，经移民搬迁工作机构备案的，可按有关规定居住保障性住房，但本人不再作为移民搬迁安置对象，不享受移民搬迁补助政策；移民搬迁户符合保障性住房政策，经移民搬迁工作机构备案的，可按有关规定居住保障性住房，但该户不再作为移民搬迁安置建房补助对象，不享受移民搬迁建房补助政策。

四、严格管理、有序结合

凡保障性住房经县（区）政府回购，作为移民搬迁安置房安置移民搬迁对象的，要向市、县（区）保障性住房工作机构申请批准并备案。回收的资金专项用于保障性住房建设，由同级财政专户管理，确保国家资产不流失。

凡符合保障对象条件且已享受住房保障政策的移民搬迁户或个人（进城务工人员且已纳入保障性住房对象范围内的），要向省、市移民搬迁工作机构备案，只列入移民搬迁安置规划，不纳入移民搬迁安置台账，在移民搬迁信息化系统明确安置途径。

各市、县（区）要进一步规范此项工作，并按上述要求，对已居住保障性住房的移民搬迁户和个人进行摸底排查，调查清楚；对同时享受移民搬迁建房补助政策的，坚决收回，并公布于众，接收社会各界监督。

陕西省国土资源厅

陕西省住房和城乡建设厅

2015 年 5 月 9 日

陕西省国土资源厅　陕西省扶贫开发办公室　关于印发《陕西省国土资源厅支持脱贫攻坚政策意见》的通知

陕国土资发〔2016〕20 号

各设区市、西咸新区、杨凌示范区、韩城市、神木县、府谷县国土资源、扶贫开发主管部门：

为进一步加大对我省脱贫攻坚工作的支持力度，根据省委省政府落实“中央打赢脱贫攻坚战决定”的实施意见和分工方案，结合国土资源管理职能，研究制定了《陕西省国土资源厅支持脱贫攻坚政策意见》，现印发你们，请结合实际，深化、细化抓好落实。

陕西省国土资源厅
陕西省扶贫开发办公室
2016 年 4 月 13 日

陕西省国土资源厅支持脱贫攻坚政策意见

为落实省委省政府“打赢脱贫攻坚战”决策部署，加大对我省脱贫攻坚工作支持力度，确保实现我省 2020 年同步够格全面建成小康社会目标，根据省委省政府落实“中央打赢脱贫攻坚战决定”的实施意见和分工方案，结合国土资源管理职能，制定以下四个方面十四条支持政策。

一、土地保障方面

紧紧围绕脱贫攻坚工作，挖掘存量、用好试点、增量兜底，坚决做到应保尽保、有用即保，不打折扣，全方位保障。

1. 充分挖掘存量用地潜力。优先使用旧村庄、旧学校、旧厂矿等农村集体建设用地以及镇村撤并后的国有、集体存量建设用地。提高贫困地区建设用地效率，降低用地成本，减轻负担。

2. 用好试点政策。用好城乡建设用地增减挂钩、工矿废弃地复垦利用、城镇低效土地再开发利用等试点政策支持脱贫攻坚，对列入国家集中连片特困地区和扶贫开发重点县的 56 个县（区）每年各安排增减挂钩指标 500 亩，节余指标在省域内流转，资金收益全部用于贫困地区土地复垦、耕地质量提高、农村基础设施建设和扶贫产业开发。

3. 新增计划兜底保障。存量和增减挂钩不能保障的，坚持“需要多少，保障多少”的原则安排新增用地，特别是对移民搬迁用地，按成本价划拨使用，相关费用列入扶贫资金大盘子，最大限度地降低搬迁群众建房成本；同时，建立绿色通道，简化审批程序。

二、扶持产业发展方面

综合运用中、省现代农业建设、土地整治、占补平衡和退耕还林政策，支持贫困地区现代农业、规模农业和生态、观光农业发展；积极落实国家政策要求，推进新产业新业态扶贫，促进脱贫脱困。

4. 支持贫困地区现代农业园区建设。结合全省高标准农田建设、土地整治、农田水利建设、退耕还林后续产业发展等项目，加快推进种植类园区农田建设。将现代农业粮食类园区用地作为永久性农田加以保护，不断提高农业综合生产能力。将符合规划的设施农业用地按农用地管理，不需办理农用地转用审批手续。实现贫困地区现代农业园区提质增效，促进就业。

5. 土地整治资金投入向贫困地区倾斜。2016 年预算投资 5 亿元，“十三五”期间拟向贫困地区投入资金 16 亿元，促进增收。

6. 加强贫困地区高标准基本农田建设。2016 年，安排贫困地区高标准基本农田建设项目 57 个，建设规模 45 万亩，统筹安排“十三五”期间高标准基本农田建设计划任务时，增加贫困地区建设规模，实现增产增收。积极引导“占补平衡”补充耕地项目整合，发展规模农业。

7. 优先安排贫困地区 25 度以上不宜继续耕种的陡坡耕地进行退耕还林，在积极争取国家减少我省基本农田面积基础上，将 25 度以上基本农田一并纳入退耕还林范围，支持当地生态农业、观光农业发展。

8. 按照国家已印发的“关于支持旅游业发展用地政策的意见”和“支持新产业新业态发展促进大众创业万众创新用地的意见”要求，加强与相关部门协同合作，积极做好用地服务保障工作，推进贫困地区旅游业、光伏产业、“互联网 +”发展。

三、土地制度改革方面

加快推进高陵区农村宅基地制度改革和宅基地抵押试点工作，实施“双退”方案，完善我省征地制度改革。为赋予贫困地区农民更多财产权力总结经验，优化贫困地区土地利用布局、保障贫困地区农民权益，为脱贫攻坚提供新的支持。

9. 加快推进高陵区农村宅基地制度改革和宅基地抵押试点工作，积极探索农村集体建设用地流转，及时将试点成果在贫困地区推广运用。

10. 积极实施贫困地区“双退”工作，努力拓展耕地后备资源存量，优化贫困地区国土综合开发利用空间，提高当地土地利用效率，促进经济社会协调发展。

11. 完善我省征地制度改革，严格征地补偿标准，确保贫困县征地补偿不低于省定标准。

四、矿产开发利用和地质灾害防治方面

加大地勘基金和地质灾害防治资金投入，支持贫困地区就业增收，保障贫困地区群众生命财产安全。

12. 地勘基金 70% 的资金向贫困地区倾斜，支持贫困地区在大宗金属、特色非金属找矿方面取得重大突破；对取得重大找矿成果的，优先设置探矿权、采矿权，并引进有技术、有实力的地勘单位、矿业企业，开展商业性矿产资源勘查和开发，为当地群众就业、增收提供支持。

13. 地质灾害防治资金全面向贫困地区倾斜，从 2016 年起，每年用于贫困地区的地质灾害防治经费不低于 70%。

14. 加强地质遗迹保护和合理利用，扶持有积极性的贫困地区政府申报建设地质公园，发展贫困地区旅游业，创造就业机会，实现增收目标。

陕西省人民政府办公厅关于印发《陕西省移民（脱贫）搬迁工作实施细则》的通知

（陕政办发〔2016〕66号）

各市、县、区人民政府，省人民政府各工作部门、各直属机构：

《陕西省移民（脱贫）搬迁工作实施细则》已经省政府同意，现印发给你们，请认真遵照执行。

陕西省人民政府办公厅

2016年7月19日

陕西省移民（脱贫）搬迁工作实施细则

第一章　总　则

第一条　为全面打赢脱贫攻坚战，加快实施以建档立卡扶贫搬迁为主，避灾、生态及其他各类搬迁统筹推进的全省移民搬迁工作，根据《中共中央国务院关于打赢脱贫攻坚战的决定》（中发〔2015〕34号）及《中共陕西省委陕西省人民政府关于贯彻落实〈中共中央国务院关于打赢脱贫攻坚战的决定〉的实施意见》（陕发〔2015〕20号）等文件精神，制定本细则。

第二条　总体思路。着眼“四化同步”、城乡一体，把移民搬迁作为治本性的民生工程、全局性的发展工程、关键性的生态工程。坚持系统思维，统筹谋划推进，实现移民搬迁、城乡治理、新型城镇化、美丽乡村建设和生态治理一举多赢、协同推进，加快我省追赶超越步伐。

第三条　主要目标。到“十三五”末，全面完成35.5万户125万人建档立卡扶贫搬迁（以下简称“扶贫搬迁”）及同步实施的避灾、生态和其他类型搬迁安置任务。陕南地区2016年基本完成避灾搬迁任务，2018年基本完成扶贫搬迁任务；其他地区2018年基本完成扶贫和避灾搬迁任务。

第二章　搬迁对象

第四条　对象类型。按照“统一规划、统筹安排，共建共享基础设施，集中提供公共服务，分类享受相关政策，区别标准组织考核验收”的原则，统筹扶贫、避灾、生态及其他类型搬迁。

（一）扶贫搬迁。指建档立卡贫困户中需易地搬迁的农村人口。

（二）避灾搬迁。主要指生活在工程措施难以有效消除灾害隐患的地质灾害隐患点、山洪灾害频发和采煤塌陷区农村人口（以下简称：地灾户、洪灾户、采煤塌陷户）。

（三）生态搬迁。主要指生活在省级以上自然保护区的核心区和缓冲区、生态环境脆弱区内，对生态环境影响较大的农村人口，包括自然保护区和生态脆弱区两类。

（四）其他搬迁。主要指国家及省级公路、铁路、水利等重点工程建设涉及的搬迁群众；城镇化和镇村综合改革等涉及的需搬迁农村人口。

第五条 对象识别。扶贫搬迁对象由省扶贫办提供精准到户名册。避灾、生态搬迁按照户申请、组评议、村级初审、公开，镇（街）复审、公示，县（区）审定、公告的程序，广泛接受社会监督，公开透明、公平公正，精准识别，逐户签订搬迁协议，从严、从实确定搬迁规模，对象识别完成后，市级汇总报省移民（脱贫）搬迁领导小组办公室会同省级相关部门核定。

第三章 搬迁安置方式

第六条 坚持集中安置为主，规范分散安置，完善“交钥匙”工程，对建档立卡在册特困群众搬迁住房实行兜底保障。

第七条 集中安置。以市为单位，集中安置率原则上关中不得低于90%、陕北不得低于85%、陕南不得低于80%。

（一）有点镇、文化旅游名镇、特色小镇及新型农村社区建设等需要进城入镇。以市为单位，陕南地区城镇安置率不得低于60%，其他地区不得低于65%。优先在市、县（区）、镇（街）规划区内，建设集中安置社区。打通农民进城落户鼓励政策、商品房“去库存”政策与移民搬迁政策，充分盘活利用存量现房（具体办法由省住建厅会同国土资源厅另行制定）。结合省级重点镇、文化旅游名镇建设，做好搬迁群众安置，实现小城镇建设与移民搬迁相互促进。进城入镇安置户一律按集中安置对待，执行集中安置建房补助，纳入集中安置考核范围。

（二）依托中心村庄和已建集中安置点续建安置。在中心村庄、已建安置点建设安置房，新老住户总数达到一定规模的，视为集中安置。

（三）新建农村新型社区。结合镇村综合改革，利用撤乡并镇后的空闲用地规划建设中心社区；结合村庄综合整治、传统村落保护提升，跨村、组联合建设集中安置社区；依托各类产业园区、景区等产业基础较好的地区，建设新型农村特色社区。新建农村新型社区执行镇村改革相关规定。

（四）跨区域集中安置。对环境承载差、资源支撑弱、需要实施人口减量的县区或县域交界区，稳妥推进跨镇、跨县安置（具体办法由各市人民政府另行制定，报省移民办备案）。

第八条 规范分散安置。不具备集中安置条件的搬迁户，可采取插花安置、梯次搬迁、投亲靠友等方式，在有一定集聚规模、基础及公共服务设施条件好、有增收致富条件的地方进行分散安置。各市应结合实际，制定分散安置规范管理办法。

第九条 完善“交钥匙”工程。对建档立卡中的特困户，通过“交钥匙”工程实施住房兜底保障，由政府免费提供一定面积产权到户的住房。新建的各类安置社区，应按实际需要配建一定比例的“交钥匙”工程安置房，实行统规统建，统筹帮扶。

鼓励有条件的地方通过“一院两制”等方式，探索移民搬迁“交钥匙”工程与敬老院、养老机构等场所的有机结合，统筹解决特困群众住房兜底保障与政策性兜底保障的有效衔接。

各县（区）应制定“交钥匙”工程安置方案，由市级人民政府审批后，报省国土资源厅、省民政厅备案。

第四章 安置房建设

第十条 安置房设计。确保质量安全，注重经济适用，做到绿色美观，在建房风格上体现历史和地域文化特色。各地要参考省住建厅提供的相关建房图集，搞好建筑设计。坚持统规统建为主，严格管理统规自建，全面做到以户定建、以人定房。

第十一条 安置房面积。扶贫搬迁户住房面积严格执行中央易地扶贫搬迁规定，人均不超过25平方米。特困户的“交钥匙”工程，原则每户不超过60平方米；对家庭人口在3人以上的，县区政府按照人均25平方米的标准，从实确定，但最大不超过100平方米。

避灾、生态及其他类型的搬迁户，在严格执行省定宅基地面积标准及建房补助标准不变的前提下，由搬迁对象根据家庭经济状况，坚持实用够用，合理确定住房面积。

第十二条 安置房补助标准。坚持“同类对象标准相同”原则，分类确定到户安置建房补助标准。同一对象属多种类型的搬迁户，就高不就低，只享受一项补助政策。各市应结合实际，制定具体的到户到人补助办法，报省国土资源厅备案。

（一）扶贫搬迁建房补助标准。按照省扶贫办、省发改委印发的《陕西省“十三五”易地扶贫搬迁工作实施方案》（陕扶办发〔2016〕17号）执行。

（二）生态、地灾、洪涝和责任人灭失的采煤塌陷区建房补助标准。集中安置的，每户补助4.5万元，选择高层、小高层、多层进行楼房化安置的，每户再给予0.5万元的奖励性补助；在农村分散安置的，每户补助3万元。

（三）其他搬迁建房补助标准。对重点镇、文化旅游名镇、特色小镇、中心村庄、新型农村社区建设等涉及的搬迁，由各市、县（区）政府依据财力状况，自行确定具体补助标准。

第十三条 建房资金筹措。

（一）扶贫搬迁筹资渠道。按照《陕西省“十三五”易地扶贫搬迁工作实施方案》确定的标准和《陕西省“十三五”易地扶贫搬迁筹融资工作方案》确定的筹资渠道，由省财政厅、省扶贫办、省发展改革委、省国土资源厅具体制定筹集、拨付、使用管理办法。

（二）避灾、生态搬迁筹资渠道。地灾、洪灾、生态和责任主体灭失的采煤塌陷区搬迁安置建房补助资金，通过争取中央财政补助、省级财政直接投入或整合专项资金以及市县财政分担等渠道筹集。具体资金筹集、管理、拨付、使用以及各级财政承担比例等由省财政厅、省国土资源厅另行制定办法。

（三）其他搬迁筹资渠道。责任主体明确的采煤塌陷区安置建房补助资金，采取政府组织、企业投入、村组集体经济组织补助和农户自筹相结合的办法筹措。具体资金管理办法由各市确定。

工程移民搬迁安置建房补助资金，按工程建设单位与拆迁户签定的协议，由建房户从建房补偿中自筹。

城镇化建设和镇村综合改革涉及的搬迁建房补助资金，采取市、县（区）财政补助、整合相关城镇化建设资金、土地增减挂钩政策收益等办法筹集。

对纳入全省移民（脱贫）搬迁规划实施同步搬迁的，市、县政府可根据实际需要，按照省农发行相关金融支持政策，申请贷款资金。

第五章 基础和公共服务设施配套建设

第十四条 建设标准。由省住房城乡建设厅、省质监局联合制定集中安置规模分级标准，按照“小型保基本、中型保功能、大型全覆盖”的要求，根据相关行业标准，建设集中安置区（点）基础和公共服务设施。

第十五条 资金筹措。坚持统一规划、各出其力、共建共享，统筹各类搬迁对象，分类型、多渠道筹措基础和公共服务设施配套建设资金。

扶贫搬迁基础和公共服务设施建设资金筹措使用，按陕扶办发〔2016〕17号文件执行。

地灾、洪灾、生态和责任主体灭失的采煤塌陷区搬迁的基础和公共服务设施建设资金，财政按每户2万元标准给予“小配套”设施建设补助，由县（区）统筹使用；不足部分和“大配套”设施资金由县（区）政府通过强化搬迁规划与各类专项规划对接、加强相关项目资金整合、统筹安排扶贫及其他搬迁基础和公共服务设施等办法筹措解决。省级各主管部门要搞好项目计划下达和审查，优先安排集中安置社区配套设施建设项目，在集中安置社区相关项目未安排到位前，省发展改革委、省财政厅不予审定和下拨相关项目资金。具体管理办法由省发展改革委、省国土资源厅制定。

工程移民、责任主体明确的采煤塌陷区移民、城镇化及镇村综合改革移民与各类搬迁对象统筹集中安置，安置社区基础和公共服务设施共享共用的，由所在市政府根据工程类型和需求，确定筹资办法。对吸纳搬迁农户进入城镇落户达到一定规模的，省财政从鼓励农民进城有关资金中给予每户 1 万元的奖励性补助，用于本地基础和公共服务设施建设。

第十六条 建设要求。坚持突出重点、统筹推进，按照堤防工程、护坡挡墙等安全类，路、电、水、讯等功能类，污水、垃圾处理等环保类的顺序，安排基础设施建设。根据群众生产需要，可相应配套建设生产工具存储用房。统筹医疗、教育、社区服务及文化、体育等公共服务设施建设，确保集中安置社区基础完善、功能齐全。基础和公共服务设施，小型集中安置社区原则上当年建设到位；中型集中安置社区在住房工程建成后 2 年内建设到位；大型集中安置社区在住房工程建成后 3 年内建设到位。

对靠近城镇和中心村庄的集中安置社区，要充分利用现有设施，不搞重复建设。

第六章 规范管理

第十七条 总体规划编制。依据“十三五”国民经济和社会发展规划，系统对接城乡建设规划、土地利用总体规划、易地扶贫搬迁规划、村庄布局规划，以及交通、水利等专项规划，科学编制移民（脱贫）搬迁规划。强化规划刚性约束，严格规划执行。

第十八条 年度计划确定。各县（区）政府依据搬迁总体规划和分步实施任务，组织国土资源、发展改革、扶贫等相关部门，拟定本行政区域年度扶贫搬迁和同步搬迁具体任务，经各市政府初审，报省国土资源厅会同省级相关部门审核、报领导小组审定后，一次性下达，并作为资金拨付和年度目标责任考核的依据。

第十九条 资金管理。按照分类筹措、依规拨付、专户归集、专款专用、封闭运行、强化监管的原则，管好用好各类移民搬迁资金。有关资金管理主体要利用共管账户对移民搬迁资金进行实时动态监控，确保资金规范、安全使用。审计部门应加强对市、县移民搬迁政策、项目和资金管理及使用情况的审计监督。监察机关要依规严肃查处贪污、挪用、挤占、截留等违法违规行为。

第二十条 用地保障与规范。坚持应保尽保、节约集约、依法规范的原则，优先利用存量土地和增减挂钩政策保障移民搬迁用地。需要安排新增建设用地的，实行计划指标单列，优先保障。具体办法由省国土资源厅另行制定。

第二十一条 宅基地腾退复垦。农村宅基地严格按照一户一宅、一宅一证、建新腾旧，先腾退后兑付补助的办法，加快旧宅腾退。地灾、洪灾、采煤塌陷区搬迁户，做到即建即搬即拆，其他安置对象过渡期不超过三年。腾退的宅基地按照“宜耕则耕、宜林则林、宜草则草”的原则，进行复垦或还林还草。

第二十二条 安置项目建设规划。安置选址要严格做好地质、洪涝灾害评估和环境影响评价等前期工作，避开地质灾害易发区、洪涝灾害威胁区、生态保护区和永久基本农田，靠近城镇、园区和中心村，达到房产能升值、增收有保障、基础配套强、公共服务好的要求，增强吸引力，实现可持续。安置项目建设要避免削山斩岩、填河改江、损坏植被，严防破坏生态环境。安置建设规划编制的技术规范和审查办法，由省城乡住房建设厅商省国土厅另行制定。

第二十三条 安置社区项目管理。统规统建项目实行“一个安置社区、一个项目主体、一个项目法人”的管理办法，严格实行项目法人制、招投标制、工程监理制、合同管理制和终结审计制。未经审核批准的项目不得开工建设，未经竣工决算审计的项目不得验收和拨付全额工程款。统规自建和自主建设要纳入移民搬迁安置项目管理，由县（区）人民政府制定具体管理办法。

第二十四条 质量安全和工程造价管理。严格执行基本建设程序，强化质量安全监管，全面落实工程质量安全的五方责任主体（建设单位项目负责人、勘察项目负责人、设计项目负责人、施工项目经理和监理总监）质量终身责任制，建立书面承诺制度、永久性标牌制度和信息档案等制度。县级政府是移民搬迁安置工程建设质量安全管理主体，各级住房城乡建设部门要认真履行监管责任，全程跟踪监管。在确保施工安全和工程质量的前提下，合理确定建设工程造价。有关具体规定由住房城乡建设、国土资源和物价部门另行制定。

第二十五条 信息化管理。建立移民搬迁对象到户信息管理系统、搬迁指挥系统、查询服务系统、监督考评系统。按照户签协议、村建册、镇建档、县（区）建库、市建平台、省建系统的要求，建立省、市、县（区）、镇（乡）、社区（500户以上）五级搬迁安置到户信息管理体系，并与“扶贫开发信息系统”有效衔接，实现信息互通共享。

第二十六条 加强督查考核。采取日常督查和阶段检查、重点督促和全面考核相结合，强化督促考核。年度搬迁安置任务完成情况由国土部门牵头，发展改革、财政、住房城乡建设、审计、扶贫等相关部门参与，并引入第三方评估机制，进行严考实核。

第七章　相关服务

第二十七条　统筹解决增收脱贫问题。按照安居与乐业统筹、生产与生活同步的原则，由各级扶贫部门统筹协调，安排好搬迁脱贫与发展生产、生态补偿、教育扶贫、保障兜底等脱贫措施，确保搬迁一户、脱贫一户、退出一户，实现搬迁群众在迁入地的经济立足。

第二十八条　强化社区管理服务。按照搬迁安置社区的规模大小，分别设立独立型、融合型、挂靠型等安置社区。各级组织部门要列出专项资金支持安置区阵地建设，指导建设安置社区党组织。民政部门对新组建并达到一定规模的各类安置社区应予以登记认可，并按照社区进行管理。加强群众自治组织建设，优化安置社区物业服务，确保搬迁群众在安置区遇事有人管、就近可保障、公平享受基本公共服务。

第二十九条　加强乡风文明建设。充分发挥基层组织的引领作用，加强社会主义核心价值观的宣传教育，帮助和引导搬迁群众养成良好行为方式和生活习惯。经常性组织开展群众文体娱乐活动，加深彼此了解，推动感情融合，亲近邻里关系，共建和谐文明、兼容并包的新家园，实现文化融合。

第三十条　切实保障权益。按照“搬出地管理林和地、迁入地管理房和人”的基本思路，保障搬迁户在原集体经济组织的耕地、林地承包经营权及相关权益。鼓励搬迁群众在自愿、有偿前提下，流转承包地、林地经营权，具体办法由省农业厅、省林业厅拟定。按照国务院《居住证暂行条例》规定，确保搬迁群众在迁入地平等享有基本养老、低保、就业、就医等社会保障和公民权利，公平参与基层组织建设，实现搬迁群众在新安置社区的身份认同。

第八章　附　则

第三十一条　相关优惠政策继续执行省政府办公厅《陕西省人民政府关于印发省移民搬迁安置税费优惠政策的通知》(陕政办发〔2012〕4 号)。

第三十二条　本细则所称以上、以内，包括本数。

第三十三条　本细则相关配套文件，由省移民搬迁领导小组、省级相关部门和省移民（脱贫）搬迁工作办公室另行制定。

第三十四条　本细则由省国土资源厅负责解释。

第三十五条　本细则自发布之日起执行，以前政策、规定与本细则不符的，以本细则为准。

附件：全省移民（脱贫）搬迁工作相关系统职责分工表

附件

全省移民（脱贫）搬迁工作相关系统职责分工表

系　统	职责分工
组织系统	①负责移民搬迁重点地区领导干部教育培训；②探索农村新型社区党的基层组织建设；③负责安置社区党建活动室和阵地建设；④将移民搬迁纳入年度目标责任考核，设置专门指标体系，增加分值比重。
宣传系统	①全面宣传好移民搬迁工作的亮点、经验做法以及先进典型；②负责搞好安置社区精神文明建设工作；③指导并扶持适合安置社区相关文化建设工作。
网信系统	负责协调移动、电信、联通等运营商配套建设通讯网络。
发改系统	①会同国土资源部门编制移民搬迁规划；②负责移民安置区基础设施及公共服务配套项目整合意见的制定、上报方案的审查、项目安排计划的下达；③按项目争取国家投资；④督促检查各部门按计划落实项目和资金。
教育系统	①负责对扶贫搬迁安置户落实教育扶贫政策和措施；②对同步搬迁安置户家庭经济困难学生实施教育资助；③按照“大型全覆盖”的要求，合理布局建设中小学和幼儿园。
公安系统	①负责做好搬迁群众户籍管理工作；②依法查处影响移民搬迁工程的违法案件。
民政系统	①负责将符合条件的安置点审核纳入城镇社区台账；②指导社区开展自治工作；③会同财政部门拨付城镇新增社区相关经费；④按照兜底保障的要求，会同国土部门实施好“交钥匙”工程，探索推行“一院两制”特困群众安置和供养管理体制。

（二）领导讲话

赵正永省长、祝列克副省长在陕北白于山区扶贫移民搬迁会上的讲话

（2011 年 8 月 23 日，根据录音整理）

陕政通报　第 127 期

赵正永省长的讲话

今天，我们在这里专题召开陕北白于山区扶贫移民搬迁工作座谈会。刚才，省扶贫办及定边、靖边、志丹、吴起县就有关情况做了汇报，列克同志提了要求，我都赞同。白于山区地区是集中连片贫困地区，自然环境恶劣，群众生产生活条件差，扶贫开发成本高、难度大，是我省扶贫开发多年难啃的“硬骨头”。如何让当地群众摆脱贫困、走向富裕，一直是困扰了我们多少年、多少代人的发展难题。很早以前，大家已经意识到，要彻底改变该地区的贫困面貌，就应该走扶贫移民搬迁的路子，可是一直苦于不具备实施条件。近些年，在我省经济社会快速发展，打下了一定基础的同时，也积累了不少扶贫开发的经验，所以，省委、省政府下决心启动这项工作，希望在不增加群众负担的前提下，用十年左右时间长远地根本性地解决这部分群众的生存和发展问题。总的来看，目前这项工作在各方面的共同努力下，开局良好，进展顺利，成效初显，这里，我代表省委、省政府对同志们的辛劳付出表示感谢。

展望未来，虽然任务艰巨、工作繁重，但与陕南相比，陕北具有土地广阔、市县财政状况较好的有利条件，只要我们下大气力切出一块蛋糕来维护群众的切身利益，就能大幅度地提高这一地区老百姓的生活质量，让他们彻底告别吃水难、环境差、收入低的艰苦生活。为了实现这一目标，各级党委、政府要将白于山区移民搬迁工作视同灾后重建予以高度重视，统筹兼顾，一把手亲自抓，各部门密切配合，社会各方共同参与，全力以赴、持之以恒地积极推进这项工作，尤其是今年几个未开工的项目要尽快开工，真正用改善民生的实际行动来贯彻科学发展观、落实以人为本的要求。

下面，我再强调几点：

一、要明确搬迁的总体目标和要求，提高安置区公共服务水平

我们这次搬迁不是单纯为了搬迁而搬迁，而是要通过实施移民搬迁，建设农民幸福新家园，促进城乡统筹，使贫困群众共享改革发展成果。因此，移民搬迁一定

要紧密围绕让群众“搬得出、稳得住、能致富”的要求开展工作，尤其要下功夫提高安置区的公共服务设施和公共服务能力，彻底改变农民的生产、生活方式，让他们过上和城里人一样的生活。首先，要尽可能地做大居住区。过去由于住得分散，我们每年的公共服务资金投入虽然不少，却只能撒胡椒面，始终达不到理想的使用效果。从今年起，我们要调整思路，在建设好30个重点示范镇的同时，尽可能做大搬迁移民安置区，努力使人口集中居住，并将公共服务资金优先投入到这些人口密集的地方，提高投入资金的使用效益；其次，要完善居住区公共服务设施，提高公共服务水平。刚才吴起县提到，现在许多农村人口搬迁到了县城，这说明农村群众对生活质量的要求和过去相比有了很大提高，期望能够获得更多更好的教育、医疗等公共服务，因此，我们在建设搬迁移民安置区时，要按照人口聚集、居住区做大、公共服务城市化的思路，参考30个重点镇的规划蓝本，做好移民居住区的规划，在一次性解决好群众住房问题的同时，分步建好幼儿园、中小学、卫生院以及文化馆、图书馆等公共服务设施，彻底改变搬迁群众的生活环境，使他们过上幸福美好的新生活。

二、要解决好搬迁后群众的生计问题，确保其能就业、有收入来源

刚才大家在汇报中讲到，将群众搬迁出来以后，利用陕北土地广阔的优势，给每人分配了一定的田地，用于解决群众的生计问题，这非常好。将贫困群众从环境恶劣的地方搬迁出来，只是移民搬迁工作的一部分，更重要的是要解决好群众的后续生活问题。我们要依靠扎扎实实、细致认真的工作，在对搬迁群众开展技能培训的基础上，通过发展产业，着力构建安置区农、副、特、旅游等为主的生产加工产业体系，并利用安置区的医疗、环卫、物业等公共服务岗位，让搬迁群众每家每户都有人就业，使搬迁群众有稳定的生活来源。为了搞好这方面工作，要在项目减少的情况下，按照总量不减、逐年增加的原则，将农业、水利等方面的资金集中使用，省政府已经下发了整合专项资金的意见，各地要认真执行，以最大限度地发挥资金的使用效益。

三、要分类解决搬迁群众的实际问题，整体改善不同群体的生活状况

目前，农村存在几个典型群体，如生活困难的特困户、五保户，无人照顾的空巢老人、留守儿童等。针对这些群众的不同情况，我们要区别对待，分类指导，妥善安置好他们搬迁后的生活。如特困户、五保户，就可以和养老院建设统筹起来考虑，在逐步提高养老院建设标准，建好农村养老院、城市养老中心后，动员上述人员到养老院居住。对长期在外打工的人员，要鼓励他们进城安家，这样不仅可以解决老人无人照料的问题，也可以使孩子在城市接受更好的教育。总之，要认真调查研究各个群体不同的实际情况，统筹各项惠民政策，有针对性地帮助他们解决困难、提高生活质量。

四、要综合运用多种措施，尽可能让群众少出钱、不出钱

省政府最近正在组织研究专门针对陕北移民搬迁的有关政策，并会在审定后下发执行。原则上，陕北移民搬迁政策应和陕南大致相同，要在土地集约节约利用的原则要求下，让群众少拿钱、甚至不拿钱，尽量不增加群众负担，面积为 60 平方米、80 平方米、100 平方米的住宅的具体补助应该和陕南政策一样。按照这样的原则，政府负担的比例会比较大，但经过财政上认真算账后表明，只要我们努力，综合运用多种措施多方筹资，便可以承担下来。一是要加大政府资金投入，并提高使用效率。省上已将移民搬迁的年度预算提高到了 10 亿元，各级财政从今年开始也要逐年增加投入。同时，相关部门要算好账，认真测算各部门筹资分别是多少，全省每年农村教育、城镇建设、城镇垃圾处理、农村供水等方面的投入分别是多少，并将这些资金优先投入到人群聚集的安置区；二是要积极争取中央支持。近期，一些专家给国务院写了份关于全国地质灾害防治的报告，其中建议中有一条提到应该借鉴陕西省的主动避让搬迁的做法，温家宝总理和回良玉副总理都做了批示，这说明我们的做法不仅得到了中央领导的支持，也得到了专家的肯定。所以，要借此有利机会，积极争取国家生态移民等各类资金的大力支持，光生态移民这块每户就可以得到 2. 5 万元的补助；三是要成立陕北移民搬迁工程公司。比照陕南的做法，也要在陕北成立这样一个政府性质的融资平台，省上将给予大力支持，公司运营后，资金不一定增值，但一定要保值，至少做到不亏损，始终保持一定的规模来运转。将来公司每年能贷款 20 个亿左右，可以提供年度任务启动所需资金，项目建成后由地方政府和群众按成本回购，资金回笼后再投入滚动。陕北现在规划搬迁 13000 多户，按每户 10 万元算，就是 13 亿元，因此，启动资金完全没问题。这项工作请汉文和小燕认真筹划一下，尽快把陕北移民搬迁工程公司组建起来；四是要利用好土地增减挂钩政策。土地增减挂钩有两层含义，一方面，搬出来以后原土地要复耕或造林，以确保耕地总量、改善生态环境，另一方面，要划出一定比例的土地搞开发，使其增值，用增值的资金来解决农民的安置和建房问题。对于后一方面我们要积极探索，让其最大程度地发挥出作用。至于土地开发的比例问题，省国土资源厅要具体研究；五是要将搬迁农民安置与保障性住房等政策结合起来。要鼓励搬迁农民进城定居，进城后可同等享受市民待遇，要落实分配公租房和廉租房等相关政策。除此之外，还要尽可能地利用以工代赈、危房改造、农村安居工程等各项政策，尽最大可能减轻农民负担；六是要动员国有企业等社会力量参与移民搬迁。今年全国“两会”期间，我们与中石油达成共识，企业要承担社会责任，参与所在地自来水供水工程、文化设施、学校、幼儿园等公共设施建设，同样，我们也要动员其他国有企业积极主动为当地做贡献，参与到新农村、重点镇建设和扶贫移民搬迁中来。对于家庭特别困难的搬迁群众，我们还可以协调慈善基金等机构予以支持；七是要解决好村矿矛盾。要探索形成矿业企业与村子、村民之间的合理的利益共享机制，维护好矿区群众的切身利益，实现和谐发展。总之，我认为，办法总比困难多，只要我们积极努力，就一定能很好地解决搬迁资金的问题。

五、要强化组织领导，保证工作有序开展

为搞好这项工作，省政府专门成立了陕北移民搬迁安置工作领导小组，并由省扶贫办牵头成立办公室，负责抓好工作的具体落实。下一步，要从领导小组组成部门中抽调干部，在陕北实地办公，专门抓这项工作。各有关市、县政府也要分别成立移民搬迁安置领导机构，负责移民搬迁规划的具体实施。机构成立后，一定要把工作做细做实，比如，每一户搬迁群众的详细资料，都要录入微机，确保统计数据的真实性，以便于查实。我相信，只要有一批同志，扎扎实实、专心致志地将这项工作搞上十年，就一定能真真正正地把移民搬迁这项工作做好，这样不仅群众得到了好处，也为党增了光。今后，《陕西日报》要专门开辟“民生报告”的专版，将包括移民搬迁在内的涉及民生方面的工作进展情况及时通报，要在增加群众对政府工作了解的同时，更好地接受社会监督。

总之，白于山区扶贫移民搬迁工作任重道远，各市、县都要紧抓不放，决不能有丝毫松懈，要上下同心，共同努力做好这项工作，力争如期给党和人民交一份满意的答卷。

祝列克副省长的讲话

省政府今天召开这次白于山区扶贫移民搬迁工作座谈会，主要任务是听取白于山区扶贫移民搬迁工作进展情况汇报，研究解决存在的困难和问题，安排部署下一步工作。刚才省扶贫办和有关厅局以及定边、靖边、志丹、吴起县做了很好的发言。一会儿，正永省长还要做重要讲话，各地各有关部门要认真学习、深刻领会、抓好贯彻落实。下面，我先讲三点意见：

一、白于山区扶贫移民搬迁工作开局良好

白于山区是我省集中连片贫困地区之一，进一步加快白于山区扶贫开发步伐，加大移民搬迁力度，是彻底改善贫困群众生产生活条件、实现脱贫致富的根本举措，是省委、省政府决定实施的一件大事，也是一件重大的民生工程。从调研掌握的情况和大家的汇报来看，白于山区扶贫搬迁工作有以下几个突出特点：一是领导高度重视，部门配合得力，群众积极参与；二是立足城乡统筹，超前规划布局，安置方式多样；三是围绕改善民生，注重公共服务，同步发展产业；四是强化资源整合，加大资金投入，加强项目管理。白于山区移民搬迁工作为全省实施大规模避灾扶贫搬迁开了个好头，做出了有益的尝试。但是也要看到，当前还存在着一些不容忽视的问题：个别地方配套资金不能及时足额到位，影响了项目实施进度，群众感觉到负担有些重；个别地方在搬迁安置过程中脱离了当地和群众的实际，过分强调宽、大、好，土地的利用率比较低。对这些问题各地要高度重视，很好地研究解决。

二、扎实推进白于山区扶贫移民搬迁工作

按照白于山区扶贫移民搬迁规划，我省将用十年时间搬迁 39.2 万人，“十二五”期间搬迁 26.8 万人，今年计划搬迁 6 万人。移民搬迁是生产力的大调整，也是扶贫开发的大举措，各地必须抓住关键环节，切实把好事办好。

（一）以移民搬迁为平台，抓好“四个结合”，实现城乡统筹发展。一是将移民搬迁与新农村建设结合起来，将分散居住的群众集中安置到中心村，建设基础设施到位、配套服务齐全的新型农村社区；二是将移民搬迁与城镇建设结合起来，积极引导有条件农民向城镇集中安置；三是将移民搬迁与发展现代农业结合起来，加快发展区域优势产业，把农民变成从事现代农业生产的产业工人，实现增收致富；四是将移民搬迁与农民进城就业创业结合起来，加大技能培训力度，拓宽增收致富门路。

（二）以贫困人口为对象，强化政策扶持，真正让搬迁户得到实惠。陕北扶贫移民搬迁政策应与陕南避灾搬迁一致，特别是需要群众负担的那一部分要一致。在搬迁过程中，对五保户、特困户要给予格外的关怀。从现在掌握的情况看，一些地方尚未涉及五保户、特困户的搬迁，应该统筹规划、同步实施，体现社会公平。

（三）尊重群众意愿，规范运作程序，合理确定搬迁安置方式。群众自愿是扶贫移民搬迁工作的一条基本原则，各地在实施过程中对群众意愿做好调查核实。一是在安置方式上尊重群众意愿。对有一技之长、能在城镇稳定就业的，积极引导他们在城镇集中安置，对长期从事种植或养殖业的，采取新型农村社区（中心村）就近安置；对有一定科技文化素质、能从事现代农业生产的，在现代农业园区安置；二是在建房方式上尊重群众意愿。对城镇安置的，实行统一建房，群众参与监督管理；对现代农业园区和中心村安置的，原则上统一规划、分户自建，需要统一建设的，必须征得群众同意。

（四）以项目整合为抓手，坚持改善条件与增加收入并重，从根本上改变贫困户生存发展条件。扶贫移民搬迁涉及农户住房建设、基础设施建设、社会事业及公共服务设施建设、产业开发等各个方面，项目建设内容多、任务重、标准高，单靠一个部门难以完成，必须按照“渠道不乱、用途不变、各尽其力、各记其功”的原则，将各部门项目资金有机整合、统筹安排，确保群众真正搬得出、稳得住、能致富。有关部门要把管理的项目资金很好地捋一捋，看哪些项目资金能够整合起来，力求效益最大化。

三、切实抓好白于山区扶贫搬迁各项工作落实

一要加快工作进度。白于山区共规划 62 个集中安置点，目前还有 10 个尚未开工。这里入冬早，施工时间有限，建设任务很紧。各县（区）一把手要亲自抓，落实工作责任，尽快开工建设。在建的安置点要加快进度，确保完成年度目标任务；

二要加大政策扶持力度。省上对白于山区搬迁项目的资金计划已下达三个多月，但个别县配套资金还未完全落实，对项目建设造成影响。各县要按照省政府的要求，尽快足额落实配套资金，真正落实好各项扶持政策；

三要强化项目资金管理。各市、县要建立健全管理制度，加强项目申报审批，强化检查指导，以市为单位每月向省扶贫办报告项目进展情况。要进一步健全项目资金审计制度，确保资金安全高效运行。要加强项目监督管理，严把质量关，让群众满意、让政府放心；

四要及早谋划明年工作。今年仅剩四个月时间，各县要在完成年度任务的基础上，及时总结经验，认真谋划明年工作，抓紧编制明年项目计划，切实做好各项准备工作。要加强部门间的沟通协调，确保土地、资金、物资、人力提前到位，为明年工作顺利开展奠定基础。

同志们，实施白于山区扶贫移民搬迁是省委、省政府推进陕北城乡统筹发展的重大举措，任务艰巨、意义重大、使命光荣。各地各有关部门要进一步深化认识、坚定信心、狠抓落实，努力完成白于山区扶贫移民搬迁目标任务，给省委、省政府和广大群众交一份满意的答卷。

赵正永省长在商洛移民搬迁工作座谈会上的讲话[1]

(2012 年 5 月 23 日，根据录音整理)

陕政通报 第 86 期

今天是我今年第二次因移民搬迁工作来商洛，第一次是 3 月份来检查今年任务启动情况，这次是了解去年任务完成情况。这两年的工作非常关键，因为去年是开局之年，今年是新老任务交替年，只要这两年的工作进展顺利，群众对移民搬迁政策加深了解，今后几年工作就会更顺畅。上午我们察看了山阳县银花镇安置点，刚才又听了大家的汇报，总的来说，比较满意。前不久，省国土资源厅和陕南移民搬迁指挥部也派出同志深入 28 个县的每个安置点专门做了一次细致调查，调查中反映出一些问题，有的已经做了整改，有的还应引起我们的高度重视。希望各地再接再厉，加快进度，力争今年 6 月底前将去年的安置点全部建成并将住房分配到群众手中，兑现我们的承诺，同时，全力推动今年的建设任务。下面，我再强调几点：

第一，要在推进工作的过程中不断深化对移民搬迁工作重要性的认识。

过去政府在农民居住环境改善上投入了不少资金，但农村面貌却始终未得到根本性改变，现在我们下决心启动移民搬迁工程，除了要把群众从不安全的地方搬出来，更重要的是要彻底改变农民的生产生活方式，缩小城乡差距，加快城镇化步伐。例如，商洛有 40 多万户农村人口，过去搬迁不算，仅汶川地震和“7·18”暴雨泥石流灾后分别重建了 3 万户和 1.3 万户新居，加上 10 年移民搬迁规划的 18 万户新居，将有一半的农村人口居住条件得到根本性改善，贫困人口数量也会随之大幅度减少。因此，即便工作难度较大，我们也要上下同心、迎难而上。尤其是市、县换届后的新领导班子，一定要认真学习政策，深刻领会省委、省政府的意图。县级作为移民搬迁工作的责任主体，更要充分发挥统筹协调作用，积极作为，不仅仅为群众解决一处安全居所，而是要努力给他们创造一个过上更加幸福生活的机会。

第二，要确保 80% 的集中安置比例不动摇。

大家希望分散安置比重大点，这样生产生活问题解决起来更快些，说实话，这样做市、县政府压力小一些、工作量也小一些、简单些。但这不符合省委、省政府的初衷。客观上，农民确实需要一两年时间来适应新环境，安居才能乐业，只有集中安置的基础上，就可以为困难家庭提供至少一个公益性就业岗位，再加上经营门

[1] 2012 年 11 月 15 日，陕西省人民政府办公厅发布。

面房或种植、养殖等，搬迁户的生产生活问题会逐步得到解决，从长远看会较分散安置更好，因此80%的集中安置比例不能动摇。对其余20%的分散安置户，要做好资料收集和录入工作，安置方向上，提倡进城落户，如子女在外打工买了房子就可把老人接进城；投亲靠友的，也尽可能安置在大村大镇，并按照镇里或村里的规划落实宅基地，以确保补贴资金真正起到改善其生活的作用。省里将研究是否增加集中安置的补助资金或微减分散安置补助资金，并会将集中安置占比作为重要考评因素，以鼓励各市县增加集中安置比例。

第三，要坚持“一户一宅”的宅基地政策和适当的建房面积。

集中安置点房屋建好后，宅基地要确权，发土地使用证和房屋产权证，新房屋将成为农民资产可到市场上交易，如果宅基地有人多占、有人少占，就会影响搬迁户利益，引发矛盾。所以，一定要坚持“一户一宅”的政策，收回老宅基地，公平分配新宅基地。建房面积方面，陕南土地资源稀缺，要严格把关、节约用地，否则后面几年安置土地就会更加紧张。目前提出60平方米、80平方米、100平方米三种户型，是可以满足保障的。实践中，不少农民都希望房子建大一些，可将标准放宽到120～140平方米，但绝不能超出这个范围，更不能再建200多平方米，甚至300多平方米的大户型。另外，还要重视缓坡的治理和开发利用，在安全的前提下，将城市建设往缓坡上靠，留下农民耕种用地。

第四，要按规划落实资金，逐年逐步建设配套基础设施。

目前建房资金由省里统筹考虑，市县多按2∶8的比例、有的也按2.5∶7.5的比例配套，针对个别县资金困难问题，省里加大了对各县的转移支付力度，建房资金整体有保证。基础设施配套资金从省上各口逐年下达后，市里要统筹使用，逐年安排道路、电力、水利、饮水工程等建设，财力较强的县，可将基础设施全部配齐，暂时不能一步到位的，首先应该把幼儿园、学校建起来，以增加集中安置点的吸引力。资金拨付进度根据工作进度来掌握，但一定要及时，不能该2月、3月拨付的，到12月才到位。同时要在计划的基础上预留或预安排一部分资金，以应对突发情况。需要特别指出的是，一定要算清账，合理确定搬迁计划，今年陕南移民搬迁任务为8万户，比去年多2万户，工作中要把今明两年的任务进行平衡，统筹使用资金，确保任务的完成。

第五，要实事求是地反映搬迁过程中出现的问题并认真研究、加以解决。

移民搬迁是一项难度较大的系统工程，出现问题大家不应回避，要如实反应，以明确责任，及时整改。如“五杆迁移”工作，省发展改革委要认真研究、出台政策，今年广播电视“村村通”资金下达后就可优先考虑用于安置点，通信、电力等企业也要和政府共同负担以解决资金来源问题。又比如，偏远安置点的建材价格较贵问题，可借“建材下乡”活动实施厂对点补贴，以降低移民搬迁、保障性住房、重点镇建设的成本。

实施陕南避灾扶贫移民搬迁工程是省委、省政府向全省人民做出的庄严承诺，是事关陕南人民群众切身利益的重大民生工程。陕南移民搬迁指挥部要深入一线，检查监督，各市、县要不畏艰难、坚持不懈，共同推动此项工作的顺利进行。

赵正永省长在安康移民搬迁工作座谈会上的讲话[1]

（2012 年 6 月 7 日，根据录音整理）

陕政通报　第 95 期

陕南移民搬迁是省委、省政府着眼长远做出的重大决策，既是民生工程，也是发展工程，启动以来，推进顺利。前不久，陕南移民搬迁工程指挥部组织了一次全面检查，对 28 个县的安置点建设情况逐一摸底，结果表明，陕南避灾移民搬迁实施一年，成效显著、政府努力、干部辛苦、人民满意，但还存在一些情况需要我们认真思考和研究。为此，我和泽林同志决定，带领省级相关部门负责同志对陕南三市的移民搬迁情况逐县听取汇报，第一站在商洛，今天到安康。上午实地察看了晏坝镇移民点的建设，刚才又听取了市里和各县的情况以及意见和建议。

安康是最早促使省委、省政府实施陕南移民搬迁决策的地方，全省避灾移民搬迁启动大会也是在这里召开的，还出现了像七堰村这样的典型。可以说，安康一开始是走在前列的，全市上下做了大量工作，创造了不少好的做法。但是随着移民搬迁工程的全面实施和常态推进，实际工作中出现了一些不容忽视的问题和困难。一是数据统计不规范。将进城落户等分散安置人数归入集中安置范围，人为提高了集中安置的比例；二是配套资金未落实。在省级资金按要求拨付的情况下，市县应承担的 3 亿多元资金绝大部分没有兑现，有的县甚至全靠省上资金；三是政策宣传不到位。“搬得出、稳得住、能致富”是我们制定移民搬迁规划的基本指导思想，并制定了一系列相关保障措施。但实际中，媒体和部分群众对有关政策还不了解。比如，英国某杂志在充分肯定我省移民搬迁重大意义的同时，又指出安康一名贷款搬迁的妇女对后续生活保障问题无着落表示担忧。我们在调研中也发现，一些群众对省上制定的住房补助政策还不十分清楚。上述这些问题，有的是客观因素造成的，有的是主观原因造成的。避灾移民搬迁是一项全新的工作，没有成熟的经验可循，这些问题的出现并不奇怪，关键在于要有正确的态度，正视问题，研究问题，解决问题，努力把工作做得更好。下面，我讲几点意见。

第一，要做好规划统筹工作。

避灾移民搬迁牵涉一定区域内经济社会发展的方方面面，只有将相关领域的工作统筹安排、协调推进，才能取得事半功倍的效果。因此，在工作中，必须将移民

[1] 2012 年 11 月 15 日，陕西省人民政府办公厅发布。

搬迁规划与当地的城镇化规划及发展规划有机地融为一体。一是要做好与城镇体系规划的统筹。就是要将移民搬迁融入到城镇体系建设中，让搬迁群众向规划中的城镇聚集。延安市按照城乡统筹的思路，规划了全市 12 个县城、33 个镇、100 个社区的城镇化发展布局，值得各市学习借鉴；二是要做好与基础设施建设规划的统筹。就是按先急后缓，分步实施的办法，解决好道路、水电以及医疗、教育、卫生等公共服务设施建设，让相关方面的公共投入取得更大效益，让搬迁群众能享受到良好的公共服务；三是要做好与农民增收规划的统筹，就是要围绕让搬迁群众“稳得住、能致富”的目标，切实做好产业发展、技能培训等工作。只要有思路，认真组织，农村遍地有财源，七堰村和商洛一些移民点建立种植、养殖基地的做法就很好。安康各县、乡镇都要认真研究县情镇情，因地制宜创造好办法，或建门面房、或搞特色养殖，或组织外出务工，或发展农家乐，等等。同时，要有计划的开展实用技术培训，我们可以集中使用就业培训经费和小额贷款贴息，让每个搬迁户中至少有一人通过培训实现就业。总之，要想方设法让搬迁户实现后续发展。

第二，要坚持集中安置为主。

这是制定陕南避灾移民搬迁规划时的一条基本原则，我们强调要把集中安置率 80% 以上和每个集中安置点必须在 30 户以上作为硬指标，目的就是不仅要使群众有一个安全的居所，而且要实现生产生活方式转变，推进城镇化步伐的加快。安康目前集中安置率偏低，这里面有地理环境限制、集中安置点难找的原因，但省事想减轻自身工作量也是一个因素。对集中安置的问题，市县政府一定要有正确的认识。必须看到，如果分散安置量过大，集中安置户数太少，就等于仍然在复制农村，这不符合群众的愿望，也有悖于搬迁目的。从另一个方面看，城镇化程度较低是我省发展中的一个重要问题。去年，全国城镇化率为 51%，我省只有 47%，陕南还要更低一些。改变这一现状，不能任由自然增长，而要采取超常措施，促进加快增长，利用移民搬迁的机遇加快城镇化进程就是一个很好的办法。如果集中安置点规模达到一定要求，就可以建立新型农村社区，并按省上有关城镇社区专职工作人员管理暂行办法等政策，落实管理人员编制和待遇，从而促进社会管理的加强和创新。因此，不论从哪个角度来讲，避灾移民搬迁都是一件具有深远历史意义的事情，不管有多大困难，都应千方百计克服，绝不能因此降低工作标准。

第三，要优先搞好住房建设。

作为一项系统工程，避灾移民搬迁有许多问题需要解决，但首位的是要保证群众住房建设。群众建房资金是保证的，我们的规划按每平方米 1200 元计算建房成本，现实中只要 1000 元左右就够了，余下的 200 元主要考虑用于安置点的道路建设，其他基础设施的投入，是要分年进行的，不是一下子就能完成的，安康市和各县区一定要严格按要求使用这部分资金，真正兑现搬迁补助政策，切实减轻群众负担。河道堤防、污染防治等其他设施建设，按一次规划、分步实施的办法，由省、市、县各级集中专项资金，逐步解决。可先把幼儿园、学校、供水、供电等必需的设施建起来，再依照轻重缓急安排其他项目。考虑到陕南财政相对困难，省上在财政转移支付中已加大了倾斜力度，重点解决移民搬迁、保障性住房和医疗卫生改革等资金配套。总体来说，市县今后配套资金不应再有问题，关键是要严格按省上要求用好这部分资金。需要强调的是，省级资金和市县配套资金都要及时拨付，每年上半年大部分应拨付到位，其余资金与考核结果结合起来使用，决不能该年初拨付的，年底才到位。

第四，要科学选定安置地点。

安康搬迁的最大问题是山大沟深，土地资源稀缺，可供选择的安置地点太少。其中紫阳等县的现有人口，已远远超出土地承载能力。这一现实，要求安康的移民搬迁，必须改变将任务层层分解到乡镇、本地土地安置本地人的做法，而要开拓思路，打破行政区划，在县域乃至全市范围内通盘考虑集中安置点的布局，跨县区、跨乡镇统筹利用土地资源，由市、县政府直接负责建设一些集中安置点。这部分安置点，要着重围绕城镇布点规划，优先考虑在城市、县城和重点镇建设，并结合有条件农民进城工作，首先推动那些子女长期在外打工的留守老人家庭以及常年在附近城镇生活的群众，搬迁到这里。另外，也要按轻重缓急确定先后顺序，优先搬迁居住环境、条件最危险、最恶劣的群众。

第五，要不断完善政策措施。

随着移民搬迁工作的深入推进，必然还会遇到一些新的问题。这就需要我们以创新的精神解决发展中的问题，不断完善既有的政策措施，以确保移民搬迁顺利进行。今天大家座谈中反映的一些问题，提出的意见和建议就很值得研究。如向特困户免费提供住房；增加集中安置和“上楼”安置的补助等。对这些意见建议，移民搬迁指挥部要认真梳理、归类、论证，提出具体方案报省政府研究。今后，各市县和移民搬迁指挥部都要经常深入实际，及时了解工作情况，提出推进措施，自身能解决的要尽最大努力解决，全局性、普遍性问题要及时向上级反映，各相关部门都要认真对待，从政策层面完善推进措施。一句话，从上到下都要积极开动脑筋，善于发现问题，主动解决矛盾，逐渐将工作做得越来越细致。

今年是陕南移民搬迁工作承上启下之年，这项工作也开始转入常态。希望各市县不畏困难，集中力量，不懈推进，将移民搬迁这一事关陕南人民福祉的工程抓实抓好，让省委、省政府对广大群众的承诺早日变成现实。

赵正永省长在汉中移民搬迁工作座谈会上的讲话[1]

（2012 年 8 月 9 日）

陕政通报　第 118 期

今天是我今年第四次就陕南移民搬迁工作进行调研。不久前省移民搬迁公司对 3 个市的工作情况进行了全面核查，通过下午实地查看和听取汉中市的汇报，我非常高兴地宣布，陕南避灾扶贫移民搬迁工作 2011 年度的任务已经全面完成。这项工作前年底动议，去年上半年启动，很多精力用在调研、规划、宣传等基础工作，真正开工比较晚，在较短时间内取得这样的成绩，得益于陕南三市和省级有关部门广大干部的工作扎实和辛勤努力。这里我特别表扬一下省陕南移民搬迁公司，他们以事业为重，工作抓得紧、抓得实，先后 3 次到 28 个县逐安置点、逐户进行督促检查，以饱满的热情和过硬的作风极大推动了工作落实。

移民搬迁工作取得了良好开端，群众看得见、摸得着，得到了实惠，越来越多的群众自愿参与搬迁，将使这项工作进入常态化、规范化的轨道，各地各部门要进一步提高认识、强化责任，把这项工作不断推向深入。借此机会，我再讲以下几点意见。

第一，深刻认识机遇，努力把握机遇。

实施陕南避灾扶贫移民搬迁工程，不仅能有效解决群众居住安全问题，加快农民脱贫致富奔小康的步伐，还能推动加快推进城镇化进程，促进集约节约用地和生态环境建设，这对陕南各市是一次难得的发展机遇。省委、省政府对这项工作非常重视，在资金、项目、用地等方面加大了支持力度，比“5·12”汶川地震灾后恢复重建的支持力度更大，希望各有关方面特别是在座的各位县长进一步提高认识，用足政策，抓住机遇，切实把这项民生工程、发展工程抓实抓好，推动全市发展迈上新台阶。

第二，严格工程标准，确保建房质量。

我们讲城市反哺农村、工业反哺农业，体现在移民搬迁工作中，就是要减少群众负担，建设较高品质的住房，增加群众财产性收入。我们按照每平方米 1200 元的标准安排资金，比实际需要的成本要高，目的就是要保质保量。因此，一定要按照建设城镇社区的标准来建设安置点，全面落实招投标制度，坚持质量检查常抓不懈，

[1] 陕西省人民政府办公厅 2012 年 8 月 16 日发布。

并实行项目法人、勘察、设计、施工、监理单位质量终身负责制，决不能出任何质量问题，让群众放心、满意。

第三，严禁随意扩大移民搬迁政策范围。

要把有限的资源集中使用到最需要帮助的群体，优先搬迁自然灾害多发地区和特别贫困的群众，工程搬迁等其他类型的搬迁不能享受补贴政策，这一点必须严格把握，决不能混淆政策，借机搭车。

第四，坚持集中安置率不低于80%的标准不动摇。

之所以强调这一点，是因为我们不仅要使群众有一个安全的居所，而且要实现生产生活方式转变，加快推进城镇化。如果分散安置量过大，就等于仍然在复制农村，不利于集中配套各种公共服务设施。陕南山地多、平地少，有的县寸土寸金，集中安置确实有困难的，要以市为单位统筹考虑，跨镇、跨县规划建设安置点。比如，镇巴、略阳人多地少，就可以由汉中市统一规划，在汉台区建设安置点予以支持。安康、商洛也要建设一些市县级统筹安置点，把有困难的几个县安排好，确保全市范围内集中安置率不低于80%。分散安置的，要尽量安排到已规划的大镇、大村，并实行科学、规范的跟踪管理。

第五，广开资金渠道，确保投入到位。

资金问题还是要善于创新、广开渠道。有的县通过移民搬迁节约了9000亩土地，并提高城镇化率十几个点，而有的县却没有置换出土地，主要原因是没有开拓思路、创新创造，希望大家多进行相互交流和学习，用足用活土地增减挂钩、扶贫开发、水源地保护、配建一定比例商品房等政策，千方百计为移民搬迁提供资金保障。从今年起省财政加大了对陕南各县转移支付的力度，就是考虑到要推进移民搬迁、保障性住房建设、汉江综合治理等工作，各地一定要用好资金，配套到位，移民搬迁配套资金要列入年度预算。下一步，省上将加大对集中安置点的支持力度，进一步提高上楼居民的补助比例，初步考虑每户增加5000元。同时对集中安置点的公共服务设施进行补助，按照1000户、500户、100户几个标准区别对待、分类指导，在资金上予以倾斜。省发展改革委要会同教育、卫生、民政等部门就此开展调研，不同规模安置点的公共服务设施分别达到什么样的水平，投入应该是多少，怎样使公共服务设施投入产出比达到最佳值，等等，要尽快拿出方案。

第六，积极做好安置房的确权发证工作，抓紧落实搬迁群众的城镇居民户籍。

省国土资源厅要在一个月内研究拿出搬迁群众宅基地确权的具体办法，省住房城乡建设厅要尽快出台搬迁群众新房的房产证办理办法，但要注意做到宅基地"一户一权"，就是发了房产证的，不能再保留原宅基地。我们允许暂时过渡，但不能超过半年，否则对退出原宅基地的群众不公平。集中安置点是按照城镇社区的标准建设的，迁入的群众要按照进城农民对待，尽快落实城镇户籍，同时要做好就业、社保等工作，让他们增加财富、融入城镇，实现生产生活方式的改变。

第七，提前谋划明年任务，把移民搬迁工作纳入常态化轨道。

各地要把移民搬迁作为政府工作的一项重要内容，不断完善推进措施，健全工作机制，扎实细致地搞好这一事关陕南人民福祉的工程。需要注意的是，陕南移民搬迁是一项系统工程，涉及面广，工作量大，不能急功近利，而是要按照 10 年规划逐年实施，稳步推进，注重建设标准和质量，在此基础上鼓励有条件的地方超额完成任务。今后，省上每年都要召开一次上一年度任务完成情况的表彰大会，系统考核评价 3 个市的工作情况，总结经验，表彰先进，更好地推动工作。

娄勤俭省长在陕南移民搬迁工作电视电话会上的讲话[1]

（2013 年 3 月 22 日）

陕政通报　第 10 期

刚才，卫华[2]同志做了工作报告，省发展改革委、省财政厅负责同志做了发言，讲得都很好，我完全同意，大家要结合实际抓好贯彻落实。下面，我讲几点意见。

一、充分肯定成绩

我省自 2011 年 5 月启动陕南移民搬迁工程以来，各级各部门坚持“政府引导、群众自愿、规划先行、因地制宜、分类实施”的原则，以“搬得出、稳得住、能致富”为目标，扎扎实实地推进这项工作，实现了良好开局，取得了显著的经济社会效益。一是极大改善了搬迁群众的生产生活条件。20 多万群众搬到了远离灾害、交通方便、设施完备的新型社区，其中 2817 户特困户、五保户不出钱就迁入了新居。在去年夏季强降雨恶劣天气情况下，陕南所有的集中安置点都做到了安全度汛，广大群众得到了看得见、摸得着的实惠；二是在社会上产生了积极影响。温家宝等中央领导给予高度评价，要求国家有关部门支持。一些专家认为陕南移民搬迁对于全国同类地区推行生态移民具有示范价值，北京大学还专门成立《陕南移民研究与探索》课题组。众多境内外媒体纷纷报道，给予了充分肯定；三是掌握了规律、锻炼了队伍。两年的探索实践，我们厘清了思路、完善了政策、积累了经验、锻炼了队伍，涌现出白河县仓上镇裴家集中安置点、丹凤县竹林关集中安置社区、紫阳县双安镇闹热村等一批典型，不仅推动搬迁工作进入了常态化、规范化轨道，也为今后持续深入开展工作奠定了坚实基础。

二、不断深化认识

党的十八大强调，“推动工业化和城镇化良性互动、城镇化和农业现代化相互协调”。中央经济工作会要求“走集约、智能、绿色、低碳的新型城镇化道路”。国务院政府工作报告提出“有序推进农业转移人口市民化，使城镇化与农业现代化相辅相成”。我们必须按照这些要求，从推进“五位一体”“四化同步”的高度，进一步认识陕南移民搬迁的重大意义。一是搬迁有利于加速工业化进程。陕南发展的基本路径，是做大循环产业、做强生态旅游、做优特色农业，移民搬迁可以聚集生产

[1] 来源于陕西省人民政府网 http：//www. shaanxi. gov. cn/0/103/9836. htm。

[2] 这里的卫华同志指的是王卫华同志，下同。

资料和劳动力等各类要素，促进产业结构调整和资源优化配置；二是搬迁有利于统筹城乡发展。移民搬迁能从根本上改变农村的生产条件和农民的生活方式，两年来每年为陕南城镇化贡献一个百分点，有的县一年就提高了 3 ~5 个百分点，如果我们坚持十年时间干下去，一定能够大幅缩小城乡差距、促进全面小康；三是搬迁有利于发展现代农业。千家万户分散经营生产成本高、市场风险大。通过移民搬迁促进土地流转，加快发展标准化现代农业示范园区，不仅推进了农业生产的规模化、专业化、集约化发展，还能吸纳农民成为产业工人，大幅增加群众收入。四是搬迁有利于促进生态文明。把人口从深山区搬出来，可以有效减少人类活动对环境的影响，这本身就是一个尊重自然、顺应自然、保护自然的过程，我们在工作中按照产城互动、城乡一体的理念统筹谋划城镇建设和产业发展，将加快形成陕南节约资源、保护环境的空间格局和产业结构。

可以说，移民搬迁是环境恶劣地区群众千百年来的夙愿，也是中国梦在陕南地区的具体体现。我们一定要坚持一张蓝图干到底，以高度的政治责任感、使命感，切实把这项事关全局、影响长远的工程抓紧、抓实、抓好。

三、坚持集中安置

只有集中安置，才能加快推进城镇化步伐，才能有效配置公共服务设施，实现群众生产生活方式的改变。因此，必须坚持把集中安置率 80% 以上、每个安置点 30 户以上作为移民搬迁的一条基本原则和硬指标，着力推动农村居住由零星分散向集中有序转变、农村人口自然向城镇流动、农民向市民转型。达不到要求的市，不计入年度移民搬迁安置任务，省级有关部门不予拨付移民搬迁建房补助资金。需要强调的是，集中安置也要注意因地制宜、分类指导，比如，只能以耕种为业的群众，就近在中心村安置；有一技之长、适合劳务、经商的群众，引导他们进入集镇安置；具有一定经济基础且发展适应能力强的群众，要引导其到县城安置。立地条件特别差、不便集中安置，或安置后产业发展潜力不大的村镇，要以市为单位统筹考虑，有计划、有步骤地组织跨镇、跨县（区）规划建设集中安置点，尽量减少分散安置。比如，镇巴、略阳等县人多地少，汉中市就可以在汉台区统一规划建设安置点予以支持。安康市、商洛市也要考虑建设一些市县级统筹安置点，帮助集中安置有困难的县解决问题。

四、确保配套资金

资金保障是做好避灾搬迁的基础和前提。在这个问题上，省委、省政府想了很多办法，先后出台了土地增减挂钩、扶贫开发、水源地保护、提高上楼补助比例、加大转移支付力度等一系列措施来促进资金平衡。过去两年共投入搬迁资金 249.86 亿元，其中省上投入达到 60.06 亿元，占总投入的 24%，群众自筹 111.89 亿元，占 44.8%，市县投入 22.26 亿元，占 8.9%。从实际情况看，省上的资金保障比较到位，群众搬迁积极性很高，自筹部分也基本能解决，难就难在部分市县的配套资金落实不到位，有的县甚至是零配套。市县政府作为实施这项工程的责任主体，必须运用智慧、广开渠道，用足用活各项扶持政策，务必把配套资金落实好。要把移民搬迁配套资金列入年度预算，确保及时到位、用好资金。要充分吸引民间资本，借鉴宁陕皇冠模式和紫阳双安模式，引导企业及社会力量参与移民搬迁和城镇化建设。要鼓励搬迁群众把迁出地的林权和土地经营权，以转让、租赁、入股的形式，流转给企业和经营大户，实现移民搬迁与产业发展共赢。从今年开始，省上将把各市在避灾搬迁的资金配套落实情况列入年度目标责任考核，并实行一票否决，各市也要加大对县级配套情况的督查考核。

五、做好后续工作

一是要加大配套设施建设力度。住房建好后，必须按照规划抓紧完善水、电、路、气、网和幼儿园、学校、卫生院等公共服务设施，这是缩小城乡差距、让搬迁群众享受城市生活的关键所在。当然，这也是我们目前工作的一个难点，主要是资金缺口大。要紧紧抓住国家实施秦巴连片特困地区扶贫开发规划机遇，精心策划一批配套设施建设项目，争取国家更多支持。省级有关部门要对搬迁安置区的基础设施建设予以倾斜，优先立项、优先安排。各地也要充分发挥主观能动性，利用好配建商品房、置换建设用地指标等已有支持政策，为基础设施建设筹集更多资金；

二是要解决好搬迁群众的生计问题。加快发展特色产业和现代农业，加强就业培训、创业指导、政策扶持等工作，大力培养新型职业农民，通过土地流转增加群众的财产性收入，抓紧搞好安置房确权发证、落实城镇户籍和就业、教育、社保等工作，让大家就业有岗位、创业有门路、增收有渠道、生活有来源，真正做到“稳得住，能致富”；

三是要实施科学管理。各级各部门要加强对移民搬迁工作的组织领导，健全工作机构，及时研究和解决工作中的各种问题。要按照城市社区的标准，对集中安置区实施科学化、高水准的管理，让搬迁群众融入城市、享受较高品质的公共服务。达到一定人口规模的安置点，要按照省上有关城镇社区专职工作人员管理暂行办法等政策，落实管理人员编制和待遇。陕南搬迁有限公司要加强资金管理，做好筹措、拨付、使用、回笼、监管等工作，提高运转效率，确保资金平衡。

庄长兴副省长在陕南地区移民搬迁工作座谈会上的讲话❶

（2013 年 5 月 7 日）

陕政通报　第 31 期

陕南移民搬迁工程是省委、省政府下决心推进的重大民生工程，省委、省政府主要领导高度重视。去年（2012 年）10 月，时任省长的正永书记专门召开移民搬迁工作表彰会，表彰奖励了移民搬迁工作先进市县。今年（2013 年）3 月，娄勤俭省长出席陕南移民搬迁工作电视电话会并做重要讲话。2013 年 5 月 2 日，正永书记又亲赴陕南移民搬迁办公室和搬迁公司进行了实地调研，并做了重要的讲话。刚才卫华同志专题传达了正永书记的重要指示，登记同志对下一步工作做了安排，我完全同意。下面，我就如何落实好正永书记的指示和勤俭省长的讲话精神，进一步做好陕南移民搬迁工作，再讲几点意见。

一、深化认识，统一思想，坚定不移地把移民搬迁工作一抓到底

从我最近调研掌握和上报统计汇总的情况看，总体感觉陕南移民搬迁工作局面很好，群众的反应很好，社会效果很好，取得了阶段性成效，工作进入了一个新的阶段。陕南三市 28 个县（区）以及乡镇党委、政府的负责同志经过两年的探索实践，通过学习贯彻党的十八大精神，已经认识到这项工作对陕南地区是一个很好的机遇，是一项重要的民生工程和发展工程，工作责任心不断增强，工作力度不断加大，正在向科学化、规范化、常态化推进。同时，已搬迁群众反映很好，普遍认为党和政府帮助他们办了一件几代人想办的大事，生产生活条件得到改善，非常满意，而且搬迁的积极性越来越高。从取得的社会效果看，这项工作同城镇化、农业产业化、农民进城等工作结合在一起推进，促进了城镇化和农业产业化发展，为公共服务均等化创造了条件，有利于全面建成小康社会目标的实现，意义非常深远。正如正永书记肯定的："大家积累了经验，锻炼了队伍，使工作更加优秀规范。"实践证明，避灾移民搬迁工程是我省改善民生、促进发展的重大创举，是确保我省与全国同步建成小康社会的最有效途径，是一项集经济、社会和生态效益于一体的科学决策，完全符合党的十八大精神，符合陕南地区实际，符合社会发展规律，得民心、合民意。

与此同时，在工作推进过程中也出现了一些必须认真研究、高度重视、着力解

❶ 来源于陕西省人民政府网 http：//knews. shaanxi. gov. cn/0/103/9969. htm。

决的问题。比如，移民搬迁与城镇化、农业产业化、农民进城等工作统筹不够；宣传执行省上政策、落实配套资金不到位；一些地方仍未改变先建房后确定搬迁对象的习惯做法，未将受地质洪涝灾害威胁和比较贫困的群众优先搬迁；个别地方还出现规划选点不合理、建房面积偏大、搬富不搬穷等苗头性问题。这些问题的存在，对我们顺利推进陕南移民搬迁工作提出了严峻挑战。

因此，省领导小组各成员单位，陕南三市及28个县（区）党委、政府要以党的十八大精神为指导，把思想认识进一步统一到省委、省政府的决策和总体部署上来，严格按照省政府文件精神，坚定不移地把这项工作抓紧、抓好、抓出成效。在工作推进过程中，领导小组相关成员单位要加大统筹协调力度，进一步厘清项目规划、各项评估、工程监管、后续产业配套等各环节、各部门的责任，按年度搬迁任务量，积极主动地做好各自工作；县（区）政府要认真履行移民搬迁责任主体的责任，全面贯彻落实好省上政策，沉下身子去调研，静下心来研究解决问题，尤其是陕南三市各级干部一定要坚定信心，正视工作中存在的问题，把省委、省政府既定的避灾移民搬迁的各项政策举措宣传好、坚持好，贯彻好、落实好，不打折扣，不走样，紧紧依靠政策，依照政策，规范推进今后整个移民搬迁工作。坚决摒弃“等、靠、要”的思想。

二、统筹规划，突出重点，扎实稳妥推进移民搬迁各项工作

陕南移民搬迁是一项长期、艰巨、复杂的工作，在工作的初期出现一些困难和问题是难免的，只要我们认真研究，积极采取措施，有效加以解决，今后工作的推进必将会更加顺利。

一是要注意统筹规划，切实提高搬迁规划编制水平，用规划统领移民搬迁的各项工作。两年的工作实践证明，凡是将移民搬迁同城镇化、农业产业化等工作统筹安排、规划水平高的县（区），移民搬迁就能够顺利推进，而且搬迁后续出现的问题就少，成效就显著，比如，镇安、白河、略阳等县。

今后，我们在确定移民搬迁集中安置点时一定要坚持“三靠一结合”。“三靠”就是靠镇靠城靠园区，尽可能建较高档次的新型搬迁安置社区，使其成为当地工业、农业园区和城镇化的重要组成部分，愿意跨村跨镇甚至跨县来到这个点的，把这些点可以做的更大一些；“一结合”就是和区域经济发展的各项规划相结合，避免资源浪费，这样既解决了集中安置点的水、电、路、护坡、河堤等大配套基础设施，又为解决教育、医疗、文化等公共服务设施建设创造了条件。同时，凡涉及移民搬迁集中安置点基础设施和公共服务设施项目的省、市、县各级相关单位，在规划安排项目时要优先保证大中型移民搬迁集中安置点的配套服务设施项目。当然，由于我们的财力和项目有限，不可能一次都配齐，省上总的要求就是一次规划、分步实施。

对已经建成和正在建的移民集中安置点，省移民搬迁工作办公室和陕南三市28个县（区）要逐县逐点制作集中安置点规划图，全面反映各个搬迁点应该建的水、电、路、护坡、河堤、通信等基础设施和教育、医疗、文化、社区服务广场等公共服务设施。根据集中安置点规划图，由县（区）政府提出落实方案，由省领导小组各成员单位逐县研究审查，点对点衔接确定项目后，各有关厅局要优先审批已确定的项目，县（区）政府负责抓好落实。特别是省级各相关部门，对下到县的项目要按规划优先安排移民搬迁点的建设，移民搬迁点的大配套项目未建完的，原则上不得安排其他乡村的项目。今年还要把协调解决园区之外的大配套作为工作新举措，重点予以落实。

总之，陕南移民搬迁要同城镇化、农业产业化、农民进城等工作有机地结合起来统筹规划，以项目为载体实施推进。

二是要认真做好移民搬迁资金的筹集使用、补助兑现工作。资金保障是做好避灾搬迁的基础和前提。在这个问题上，省委、省政府在广泛调研、详细算账的基础上，出台政策整合各类专项资金，同时通过土地增减挂钩、扶贫开发、水源地保护、提高上楼补助比例、加大转移支付力度等一系列措施来促进资金平衡，保证工程顺利实施。

从目前掌握了解的情况看，落实情况很不乐观。省上的资金保障比较到位，群众自筹部分基本也能解决，就是市、县配套部分，资金到位率很低。截至目前，汉中、安康部分县（区）配套资金的到位情况不错，商洛各县（区）基本还没到位；另外省上的整合资金下达到县（区）后的落实情况也不尽如人意。在这里，省财政厅要按照正永书记的讲话精神，会同省国土资源厅、陕南移民搬迁工作办公室和各市、县，尽快对2011年和2012年的资金筹集、使用和移民搬迁共管账户运行情况进行认真检查，有针对性地提出解决问题的意见和建议。市县政府也要广开渠道，用足用活各项扶持政策，务必把配套资金落实好。要把移民搬迁配套资金列入年度预算，确保及时到位、用好资金。土地收益和安置项目配建的商品房收益除了补齐每年35亿元资金缺口外，其余的要真正用于配套设施建设方面，补不齐的由县（区）政府自己解决。以统规统建形式修建多层（四层以上且一户一层）普通住宅单元化安置的搬迁户，验收通过后由省财政给每户增加建房补助资金5000元。一些山区县移民搬迁集中安置点必须修建的挡墙资金，由省国土资源厅积极筹措予以解决。

从今年开始，省上将把各市在避灾搬迁的资金配套落实情况列入年度目标责任考核，并实行一票否决，各市也要加大对县级配套情况的督查考核。

三是要把好移民搬迁对象审核关，突出重点、整体推进。陕南避灾移民搬迁十年规划明确规定了五种类型的搬迁任务，从现在的进展情况来看，这五类搬迁对象里面对受地质灾害、涝灾害威胁且因交通不便、发展潜力差导致贫困的农户重视不够，这些户既是不安全的，同时也是比较贫困的，不优先搬，可能出现不安全问题，也不利于扶贫工作和全面建设小康社会目标实现。所以，各市县要将这部分群众作为我们工作的重点，优先安排、倾斜政策，争取在五年内基本搬完，不可同等对待。各个县（区）的国土、水利、扶贫部门要进一步摸清底子，对上述对象在整个搬迁规划的框架内，制定具体的落实计划，并逐年安排落实，其他对象按计划搬迁。按政策确定对象是实现上述目标的基础和前提，不然先盖后搬，谁有条件谁先搬就有可能违背了我们的初衷。对象确定之后，根据搬迁户的条件和意愿安排，并同搬迁户签订协议。同时一定要坚持移民对象确定的原则，必须做到自愿申请、村组初核、乡镇初审、县（区）审定，并通过“三级公示”的办法确定搬迁对象，接受社会各方面监督，做到公开、公正、透明。要严格查处在移民对象审定过程中出现的弄虚作假及其他违规违纪问题，严格追究有关人员责任。

三、落实责任，强化考核，高标准完成移民搬迁年度任务

陕南移民搬迁工程时间长、任务重、涉及面广，我们一定要一步一个脚印，扎扎实实稳步推进。

一是确保完成今年上半年重点工作。按照要求，7 月就要对去年移民搬迁工作进行验收考核，各市、县（区）要加快工作进度，对照考核验收标准，查遗补漏，完善各种档案资料、做好各项收尾工作。6 月底前，要全面完成去年的工作任务，争取把 2011 年、2012 年度的移民搬迁信息数据全部录入管理系统，要全面开工今年的任务，确保完成年度工作任务；

二是积极为陕南移民搬迁工作点评会做准备。下个月初，正永书记要召开一次陕南三市 28 个县（区）书记、县长会议，专门对 28 个县（区）的陕南移民搬迁工作推进情况逐个进行点评，点评内容包括每个县（区）两年来的计划完成情况、周转资金使用和归还情况、资金配套和到位情况等。各市、县（区）要认真梳理过去的工作，总结经验、查找问题，就工作中存在的问题需要怎么解决再做归类，再做部署。每个市要有一份系统的阶段性总结汇报材料，每个县要有一份简明扼要、重点突出的阶段性总结材料。陕南移民搬迁工作办公室要根据点评会的要求，对 28 个县（区）的工作归纳梳理，尽早呈报，同时要积极做好点评会的相关筹备工作；

三是成立高效有效的组织机构。陕南三市要按照政府领导、分级负责、县为基础的管理体制，进一步明确和落实地方政府的责任主体、工作主体和实施主体责任制，逐级落实责任，做到责任到位、工作到位。参照汉中市的做法，在不增加编制的前提下，市里统筹成立专门机构，配足配强工作力量，直接推进移民搬迁各项工作。同时要关心移民搬迁干部的生活和成长，确保他们全身心地投入工作；

四是继续以年度考核推动移民搬迁各项工作。要继续把移民搬迁工作作为年度目标责任考核的一项重要内容，作为各级政府重点督办事项，采取月统计、季通报、半年检查评比、年终考核等方式，推动移民搬迁工作有序顺利实施。要适时调整考核指标设置，加大诸如资金落实、搬迁入住率等重要工作的分值权重，逐步把搬迁入住、基础和公共服务设施配套、产业发展和群众收入增长作为主要内容，各市要定期对各县（区）的移民搬迁工作进行督查考核，以考核促进任务落实，以成效促进作风转变。

同志们，陕南避灾移民搬迁是一项浩大的民生工程，任务艰巨、任重道远。希望大家树立强烈的紧迫感、责任感和使命感，上下同心、埋头苦干、扎实推进，圆满完成各项目标任务，以优异成绩兑现省委、省政府对全省人民的承诺。

庄长兴副省长在陕南陕北地区移民搬迁工作表彰电视电话会议上的讲话[1]

（2013 年 11 月 1 日）

同志们：

今天的会议主要任务是总结 2012 年度陕南陕北移民搬迁工作，安排部署下一阶段重点任务，对先进单位进行表彰。刚才，卫华同志和汉文同志分别总结了 2012 年度陕南陕北移民搬迁工作，对下一阶段的工作提出了明确的意见。保存同志和拴虎同志分别宣读了省政府关于表彰 2012 年度陕南陕北移民搬迁工作先进单位的通报。我代表省政府向受表彰的先进市、县和单位表示祝贺，向艰苦奋战在移民搬迁一线的同志们表示衷心地感谢和崇高的敬意！希望各地各部门继续发扬成绩，相互学习，增强措施，再取得新的成绩。下面，我代表省政府，也受勤俭省长、列克省长的委托，从四个方面讲些意见。

一、三年来的艰苦努力已取得明显成效

全省大规模移民搬迁工作启动 3 年以来，陕南地区已累计完成投资 326 亿元，建设集中安置点 2386 个；陕北地区已累计完成投资 63.3 亿元，建设集中安置点 256 个。截止目前，陕南陕北地区已总计完成投资 389.3 亿元，计划建设集中安置点 2642 个，建房 25.58 万套；已建成 17.47 万套，搬迁入住 12 万户、45.7 万人，入住率达到 68.7%。从总体上看，陕南陕北移民搬迁工作已基本迈入规范化、制度化和常态化的轨道，取得了良好的经济社会效益，受到了搬迁群众的支持和拥护。一是从根本上改变搬迁群众生产生活条件。已搬迁的群众彻底告别了地质、洪涝灾害威胁，生产生活方式开始发生深刻变化，生活得更加尊严，幸福感明显提升；二是加快了搬迁地区的城镇化进程。两年来开工建设的集中安置点 50% 以上都进入了城镇规划区，通过移民搬迁，陕南三市城镇人口规模增加 30 多万人，城镇化率提高了 2 个多百分点。陕北两市 2012 年城镇化安置率达到 74.3%，2013 年已提高到 85.9%；三是促进了农业产业化发展。一些搬迁群众进入城镇居住，开始从事第二、三产业，逐步脱离土地；未进入城镇的搬迁群众，也开始通过耕地、林地流转，转入农业产业化公司、农业生产园区或其他农业大户，促进了农业规模化、集约化和产业化经营。过去两年陕南三市共流转土地 1.86 万亩，建成各类农业园区 267 个；

[1] 转引自安康市扶贫开发局网站 http：//akfp.ankang.gov.cn/html/lingdaojianghua/20131108/1167.html。

四是为实现社会公共服务均等化创造了条件。新建的集中安置小区，全面加强了基础设施建设，实行社区化管理，提供了许多城镇社会公共服务项目，缩小了城乡差距；五是促进了城乡统筹发展。各市、县（区）通过统筹规划移民搬迁工作，按照“三靠近”、“三结合”的原则，推行“山上建园区、山下建社区”的发展方式，把移民搬迁同城镇化、产业化、社区化结合起来，真正实现了搬迁移民“搬得出、稳得住、能致富”的总体要求。近三年的实践证明，省委、省政府实施陕南陕北移民搬迁战略，是一项集经济、社会和生态效益于一体的重大科学决策，顺应了经济社会发展规律，得民心，合民意。我们必须矢志不渝地把这项民生工程、发展工程、德政工程抓紧、抓实、抓好。

二、严格执行政策，兑现政府承诺

为全面推进陕南陕北大规模移民搬迁工作，近年来省政府出台了一系列文件，制定了许多优惠政策，在社会上产生了广泛影响，得到了国家有关部委的充分肯定，受到了搬迁群众的热烈欢迎。但是在具体工作中，个别县（区）执行政策不严，没有将受自然灾害威胁、生产生活条件较差、发展潜力小的贫困群众优先搬出来，没有完全兑现政府承诺，这些情况虽然是苗头性问题，必须引起高度重视，在今后的工作中加以解决。要重点做好以下几项工作：

一要进一步明确搬迁对象。在制定十年搬迁规划的时候，各地对搬迁对象做了统计，但从检查的情况看工作还不够细。各市、县（区）要对移民搬迁对象逐户核实情况，重新建档立账，全部纳入陕南陕北移民搬迁信息系统并及时向社会公开，接受社会监督。同时，要按照群众的意愿，按照轻重缓急，确定搬迁方式和轮候秩序，实施有序梯次搬迁。对受自然灾害威胁同时又相对贫困的“危困群众”，要制定具体的年度搬迁计划，确保他们在2016年前基本搬完。

二要加强危困户的扶持。陕南移民搬迁建房补助资金每年要筹措43.53亿元，户均达到7.255万元。按政策规定，对分散安置户每户给予3万元补助，按15%的分散安置户计算，每年可节余资金3.8295亿元。按危困户占每年搬迁6万户的30%计算，约1.8万户，对危困群众按不同的搬迁方式，在同类补助标准的基础上每户增加补助2万元，需要资金3.6亿元，节余资金完全可以解决对危困户的特殊扶持，陕南各地一定要落实好这项政策。延安市今明两年要将移民搬迁资金重点用于受灾贫困户建房补助，妥善安排好他们的生活。

三要严格执行政策。各地要严格执行和落实有关搬迁对象确定、建房资金筹集、建房面积标准、税收优惠等政策，不能打折扣，让搬迁群众多拿钱。当然，要把按规定的建房面积按政策足额补助与搬迁群众自愿增加建房面积而多拿钱区分开来，要各算各的账。例如：三口之家按人均25平方米户均80平方米的政策建房，建房成本9.6万元左右，政府承担7.1万元补助，群众按政策承担2.5万元。县乡政府一定要把相关政策给搬迁群众讲清楚，让群众搬得安心，住得明白，把好事办好。省上关于上楼安置每户补助5000元的政策，一定要兑现给群众。这样，既可以促进有条件的农民进城，推进城镇化，又可以节约土地，促进土地集约节约利用。

三、做好移民搬迁后续工作

一是加强基础设施配套建设，方便群众及时入住。当前，基础设施和公共服务设施配套，是影响入住率的主要原因。2011—2013年，陕南移民搬迁地区应完成道路、水、电等基础公共服务设施投资43.5亿元，但实际只完成40%。今年（2013年）6月初，省政府对陕南3市28个县（区），逐县（区）审核、对接，确定由省国土、交通、住建、水利、环保、教育等部门整合25亿元的相关项目资金予以解决，要加快落实。我强调三点：一、要根据安置点的规模大小，合理确定建设标准和建设规模，做到小型保基本，中型保功能，大型全覆盖，不能盲目贪大求全；二、要抓紧调整规划，2011—2013年集中安置点基础设施和公共服务设施项目陕南三市只落实了40%，主要原因是规划调整没有按时跟上。由于正式实施时，一些“十二五”专项规划已出台，因此，省级有关部门要根据各市县（区）移民搬迁规划对“十二五”专项规划个别项目布局做必要的调整和上下衔接；三、从明年起各市县8月中旬前报送下一年度配建的基础设施和公共服务设施项目，省级各有关部门要认真对接确认，对各县（区）移民搬迁集中安置点配套建设项目未安排落实前，对该县其他同类项目原则上暂不予安排。

二是积极筹措好建设资金，确保工作顺利推进。资金保障是搞好陕南陕北移民搬迁工作的基础。2011年，省政府先后制定了明确的陕南、陕北地区移民搬迁安置建房资金筹措方案，现在关键是落实。县级人民政府是移民搬迁工作的责任主体，市级人民政府、省级部门要多支持、多指导。对上楼安置补助，由省财政使用相关资金按每户5000元标准、每年4万户，共2亿元的规模安排落实，年初先预付50%，到年度目标任务考核时，按各市实际完成的户数予以补齐；对前两年市县（区）没有落实的资金，逐步足额补充到位，没有到位的，由省财政厅从各相关资金中扣转。从2014年起，根据各县（区）搬迁任务，将省级整合的专项资金和省、市、县应承担的建房补助资金按照任务量核定后，由各级财政部门直接拨到各县（区）移民搬迁专项资金共管账户，其中，市、县（区）两级应配套的每户1.5万元建房资金，由省财政在对市县（区）的转移支付资金中直接扣拨，市级承担比例不低于20%。每年需要通过土地流转和配建商品房筹措的3.55亿元缺口资金，为减轻县（区）的负担，省上从新增建设用地有偿使用费省级留成中再整合1.775亿元，剩余的1.775亿元，由县（区）按任务、按每户2960元的标准从县级土地和配建的商品房收益中解决，并归集到移民搬迁专项资金共管账户，闭合移民搬迁建房补助资金。各县（区）移民搬迁安置点的建设用地、规划设计和基础工程等前期费用，由各县（区）政府筹措落实。要统筹使用好有条件农民进城、保障性住房建设、秦巴山区连片扶贫攻坚、中小河流治理等相关政策，这些资金都可以捆绑使用。

三是加强后续扶持，促进搬迁群众增收。统筹解决移民的创业、就业和迁入后的社保等问题，是实现“稳得住、能致富”的关键。前两年，各地都不同程度地把工作着力点放在“搬”上，而对搬迁群众“稳”的问题，尤其是“富”的问题还关注不够、投入不够。据统计，搬迁户靠外出务工的占73.3%，依靠原有林地和耕地谋生的占14.4%，依托园区和城镇就近就业的仅占4.8%，增收渠道单一，解决搬迁户致富问题日显突出。其一是把能致富与搬得出统筹考虑，同步规划。提早对搬迁群众开展政策宣传和就业技能培训，帮助他们适应新环境，提高谋生技能，让搬迁群众做到就业有出路，创业有门路；其二是引导帮助搬迁群众，在二、三产业寻找发展空间、增加就业，增加收入。省、市、县各有关部门要开展专项调查研究，制订帮助搬迁群众创业、就业的扶持政策；其三是完善相关政策制度。对搬迁过程中存在的社会保障衔接、宅基地腾退、社会管理等各种政策，各市县要改革创新，抓紧拿出具体办法，积极做好安置房确权发证、落实城镇户籍和搬迁群众迁入新居的社会管理、就医、子女上学、社保等工作，让搬迁群众增加财富、融入城镇，纳入社区化管理。

四、提高管理水平，推动移民搬迁工作再上新台阶

陕南陕北移民搬迁是一项涉及面广、政策性强的系统性重大民生和发展工程，任务重、范围大、周期长，必须切实加强组织领导、强化服务保障，不断提高工作制度化、规范化和精细化管理的水平。

一要强化领导。县（区）人民政府是移民搬迁工作的责任主体，因此各县（区）政府必须把这项工作牢牢抓在手里，统筹规划、合理布局，调动行政区内的一切积极因素，合力推进。目前一些地方仍然存在规划布局不合理，给排水、电、路不配套，开发商乱收费，工程造价偏高和质量不高等问题，主要原因是重视不够、领导不力、管理不细、工作不到位。市县（区）政府的主要领导、分管领导都要高度重视这项工作，加强对移民搬迁工作的领导，加强对各有关部门的协调，要努力形成一盘棋的思想和齐心合力的良好工作局面，加强移民搬迁管理机构和队伍建设，层层落实责任。

二要坚持推行集中安置、统规统建和社区化管理的模式。移民搬迁必须与城镇化、产业化相结合。对有条件的农民，引导他们进入城镇社区居住，逐步从事二、三产业；对搬迁群众进入城镇自己购房或投亲靠友融入其他村组的，可以批准其分散安置；对特困户、五保户要选择敬老院、废弃的教学点或靠近承包耕地、山林就近安置；对暂时离不开土地的农民，引导他们到农村新型社区居住，一般不搞统规自建，减少分散安置。

三要狠抓关键环节。牢牢把握开工、进度和入住率这三个关键环节。市县人民政府和移民搬迁工作机构要深入到安置点和搬迁户了解情况，掌握进度，及时协调解决存在的各种问题，确保建设工程按时间节点如期推进。项目建成后，要让搬迁群众及时入住，不能空置浪费。省上要加强季度考核，市上开展平常考核，及时沟通，推进工作。

四要规范管理。各级财政、审计部门要加强对移民搬迁资金的监管，严格资金进出审核，严格资金用途管制，对挤占挪用、作假冲账、应付检查的行为，发现一起，严肃查处一起。各个乡镇要将搬迁群众建房资金专账管理，对建房成本严格监控，防止开发商乱收费，加重群众负担。各个县（区）要进一步规范项目管理，科学选址、设计，严格落实招投标制度，坚持质量检查常抓不懈，并实行项目法人、勘察、设计、施工、监理单位质量终身负责制，确保建房质量。同时，各个移民搬迁集中点的垃圾回收、污水处理也要规划、建设到位，不能造成新的环境特别是水资源污染。

五要公开公正，接受监督。陕南陕北移民搬迁对象确定、资金补助和投入、项目招标和实施、质量和成本控制等工作都要按规定和程序通过媒体向社会、群众公开，广泛接受社会各界监督，确保公平公正，防止基层干部优亲厚友、侵占搬迁群众利益、贪污腐败等现象，特别是要将移民搬迁的各项政策、规定宣传到群众，省移民办要尽快编发这方面的小册子，各市县（区）移民搬迁工作机构要组织工作人员特别是乡镇干部送政策上门，广泛听取群众的意见，充分调动人民群众的积极性，把移民搬迁工程干成高水平的阳光工程、高质量的民心工程。

娄勤俭省长在全省移民搬迁工作电视电话会议上的讲话[1]

（2014 年 4 月 2 日）

陕政通报　第 9 期

刚才，卫华、汉文同志对移民搬迁工作做了具体安排，大家要切实抓好落实。下面，我讲几点意见。

一、在保持良好局面的同时，更加注重工作推进的计划性

移民搬迁工程自 2011 年实施以来，在各有关方面的共同努力下，不断朝着越来越好的方向发展。一是群众和各级政府积极性高涨，如果说开始一些干部群众还有迟疑观望和畏难情绪的话，现在更多的是主动参与和积极推动；二是形成了比较完备的工作机制、运作规范和完整的建设、资金、管理等政策体系，为常态化推进奠定了基础；三是避灾、扶贫、生态等综合效益日益显现，已成为大范围改善山区和贫困地区群众生存、生活、生产环境的有效途径，形成了推进城镇化建设的一种重要方式，实施范围也由陕南逐步扩大到陕北、秦岭北麓和渭北旱塬地区；四是得到了中央的充分肯定，国务院和有关部委从资金、政策和土地供应等方面都给予了实实在在的帮助。可以说，涉及近 300 万人的移民搬迁，群众满意，社会认可，国家支持，不仅成为事关全省大局的重大民生和发展工程，而且成为在外界具有广泛影响、显著提升陕西形象的重要名片。

在看到成绩的同时，也不能盲目乐观，必须充分认识到移民搬迁工作的长期性和艰巨性。一是从搬迁对象来看，一种是经济状况较好的，一种是无劳动能力、无家庭积累、无安全住房的“三无户”和特困户，一种是介乎两者之间的。第一种目前大部分已经搬迁，第二种需要由政府“兜底”解决，第三种人数较多且经济条件较差，这就在客观上加大了下一步工作推进的难度，对针对性服务的要求也更高；二是从土地供应来看，搬迁选址的土地既要能保证生产生活，又要能符合避灾要求，但一些地理条件和发展条件较好的地方已经先期利用，今后可选择的土地越来越有限，这一点在陕南尤为明显；三是从搬迁进程来看，10 年规划大体上 3 年为一个阶段，前三年陕南搬迁 20. 07 万户、占到规划任务的 33. 5%，陕北搬迁 22. 6 万人、占规划任务的 38. 3%，较好地完成了第一阶段任务，今后三年将是最关键的阶段，对于整个目标任务的完成具有决定性意义，如果这一时期抓不紧，攻坚阶段的最后三

[1] 来源于陕西省人民政府网 http：//www. shaanxi. gov. cn/0/103/10387. htm。

年多时间压力将越来越大。所以，必须充分考虑各种因素，进一步增强搬迁的计划性，围绕目标，统筹规划，系统安排，明确每一阶段、每一年度的任务，逐项推进，认真落实。到2016年，要完成特困户、“三无户”、五保户等群体的安置任务，分别按照搬迁户总数10%落实优惠政策、建设共有产权房和免费使用的周转房等形式解决住房问题，同时每年要确保陕南、陕北至少搬迁6万户和1.6万户。尤其是陕北有效施工期短，秦岭北麓和渭北旱塬刚刚起步，任务更重，一定要精心谋划、科学调度、抓紧推进，努力做到每个时间节点的任务都能完成。

二、在搞好住房建设的同时，更加注重相关设施的配套

住房建设始终是移民搬迁工作的重中之重，要在按照规划稳步推进的同时，高度重视四个方面的问题。一是要强化质量意识。所有房屋都要严格按照设计标准和质量规范进行建设，不能出现拆了建、建了拆的现象，一旦发生质量问题必须按照质量终身负责制和责任追究制一查到底；二是要强化标准意识。坚持按60平方米、80平方米、100平方米三种标准建设，最大户型不超过140平方米，交钥匙的贫困户不超过60平方米，既保证需求，又顺应潮流；三是要强化安全意识。现在有些安置点为扩大土地面积，过分地削山斩岩、填江改河，这样做有悖自然规律，必须保证安置的地方安全可靠，不能形成新的灾害；四是要强化群众意识。尽管通过移民搬迁推进城镇化是必然趋势，但必须尊重群众意愿，按规律办事，在居住地地质状况安全的前提下不能强迫群众搬迁。在房屋及相关设施的设计上，也要充分考虑群众生活需要。调研中发现，有些房子建得很漂亮却没有室内卫生间，很不方便。

近两年多来，我们主要精力和投资放在住房建设上，配套设施方面却相对滞后。据统计，2011年至2013年陕南移民搬迁需完成配套项目7704个、投资25.29亿元，截至目前仅完成3183个、占41.3%。对此，省政府高度重视，专题研究，明确提出从今年起按照“保基本、按标准、分阶段、抓统筹”的思路，优先保证各集中安置点的基础设施和公共服务设施及时到位。

保基本，就是既不搞贪大求洋，也不搞小而全，要充分利用现有设施，优化布局，集中利用，不搞重复建设。按标准，就是30～100户的集中安置点，主要完善生产生活所必需的水、电、路等；100～500户的，主要完善相关公共服务设施；500户以上的，配齐医疗、教育、文化、卫生等基本公共服务设施。垃圾、污水处理设施也要跟上，不能形成新的污染。分阶段，就是2011—2012年度的配套设施去年底前全部建设完成。去年建成的今年年底前完成。今后每年由省级部门纳入年度计划优先安排。抓统筹，就是各市、县、区要统筹使用好有条件农民进城、保障性住房建设、秦巴山区连片扶贫攻坚、中小河流治理等政策资金，捆绑用于移民搬迁集中安置区的配套设施建设。省级各有关部门要切实负起责任，特别是教育、环保、国土、住建、交通、水利、卫生以及电力、通信等与群众生活密切相关的部门，要依照本部门职责认真落实。

三、在改善群众生活环境的同时，更加注重后续产业培育

移民搬迁极大地改变了群众的居住条件，但安居只是基础，乐业才是保障。只有让搬迁群众就业有岗位、创业有门路、增收有渠道，才能真正实现“搬得出、稳得住、能致富、不反弹”。

这几年，一些县在发展培育后续产业方面进行了积极探索，也取得了显著成绩，要总结完善和推广这些方式。一是园区经济支撑型。就是围绕工业聚集区布局集中安置点，让搬迁群众就近在园区企业实现就业。镇安县花园村社区就属于这种类型。这一方式，要求统筹考虑园区规划与安置点选址，并做好就业技能培训；二是第三产业带动型。即依托当地生态、文物、交通等资源禀赋，发展文化旅游、商贸服务和物流等产业。如刚才汉文同志提到的定边县衣食梁社区。具有这些条件的地区，要针对性地做好配套设施建设；三是现代农业依托型。就是通过土地流转就近建设标准化农业园区，发展茶叶、生猪、烤烟、桑蚕等产业，使群众一份土地变成两份收入，白河县天宝村搬迁群众“上山当工人、下山住楼房”就是这种形式。实施这种思路，必须搞好土地承包经营权确权登记颁证工作，鼓励土地经营权流转；四是龙头企业引领型。就是通过有实力的企业参与移民搬迁和吸纳就业，使群众有稳定的收入。这种方式关键是要改善投资环境，鼓励社会资本参与移民搬迁和小城镇建设。紫阳县闹热村就是通过这样的做法，统筹解决了搬迁群众建房和就业问题。

产业发展不可能只有一种模式，以上做法在推广中要充分发挥群众的创造力，因地制宜不断探索创新。同时，要调动各种资源推进产业发展，一是统筹相关规划促进产业发展。将搬迁群众就业创业和集中安置点的产业配套纳入相关产业发展和社会管理规划，变单纯搬迁为与产业发展统筹考虑；二是加强技能培训促进产业发展。有效整合人社、教育、扶贫、妇联、共青团等部门的资源，对搬迁群众进行就业创业培训，并采取组织劳务输出、提供公益性岗位、设立创业资金支持等办法，解决群众就业问题；三是深化农村改革促进产业发展。主要是支持有条件的地区实行农村集体经营性建设用地与国有土地同等入市、同权同价，对盘活的建设用地指标在当地行政区域内实行梯次收储、逐层流转，以增加搬迁群众的财产性收入。

四、在抓好资金配套的同时，更加注重整合使用

资金问题一直是移民搬迁工作的关键。我们采取组建搬迁公司、加大财政投入、整合相关资金和吸引社会资本等方式，有效解决了资金问题，三年来共投入441.03亿元，其中省上和市县分别达到106.07亿元和55.03亿元，分别占总投入的24.05%和12.48%；群众自筹188.44亿元，占42.73%。从实际情况看，省上资金保障和群众自筹较好，而作为责任主体的市县，还存在资金配套滞后、不到位等问题，必须引起高度重视。要将其列入年度预算，确保及时足额到位。省上已把移民搬迁资金落实情况列入年度目标责任考核，各市要加大对县区的督查和考核，财力再紧张也要把移民搬迁等重大民生工程的资金落实到位。

省上资金之所以能有保障，关键在于对相关资金进行了有效整合。移民搬迁起步时，正永书记亲自就此算过账，并狠抓落实。可以说，在整合资金方面我们做了大量富有成效的工作，国家予以充分肯定和支持，并要求我们为全国整合资金探索新途径。从今年起，我们将进一步加大资金整合力度，对于陕南移民搬迁，省上将采取把省级整合资金和省市县应承担的建房补助资金，直接划入各县专项共管账户的办法，各地要专款专用、用足用好。有关部门和县区也要按照这一思路，大胆整合农村危房改造、新型农村社区建设、基础设施建设、环境综合治理、产业发展、农村社会事业发展等项目资金，集中用于移民搬迁。省搬迁公司和各市县要及时回笼资金，促进循环使用，提高资金效益，减轻财政压力。需要强调的是，秦岭北麓和渭北旱塬地区移民搬迁，省级补助标准低于陕南和陕北，经研究决定参照陕北地区补助标准执行，延安避灾移民搬迁工程也已纳入我省移民搬迁范围，市县要确保资金闭合使用、动态平衡。今年，还要对过去三年搬迁资金使用情况进行审计，凡有挤占、挪用、截留、贪污、挥霍搬迁资金等行为的，将严肃追究责任。

同志们，避灾扶贫移民搬迁是践行群众路线的生动实践。克强总理来陕西视察时，要求我们做好这项工作，为全国开展精准扶贫和区域整体开发探索路径、总结经验。我们一定要以更大的决心、更强的力度、更有效的举措，搞好移民搬迁，推动相关地区民生改善和经济发展，为“三个陕西”建设做出应有的贡献。

胡和平省长、庄长兴副省长在全省移民（脱贫）搬迁工作电视电话会议上的讲话

（2016 年 5 月 19 日）

陕政通报　第 13 期

按：2016 年 5 月 19 日，省政府召开全省移民（脱贫）搬迁工作电视电话会议，胡和平省长做重要讲话、庄长兴副省长安排部署有关工作、冯新柱副省长传达了省委《关于专题研究移民搬迁工作的会议纪要》精神。现将省政府领导同志的讲话予以印发，请结合实际认真贯彻落实。

胡和平省长的讲话

今天召开全省移民（脱贫）搬迁工作动员大会，部署我省当前和今后一个时期的脱贫移民搬迁工作，非常必要、非常及时。刚才，新柱同志传达了省委专题会议精神，长兴同志做了具体安排，请大家抓好落实。下面，我讲四点意见。

一、移民（脱贫）搬迁工作是造福群众的重大民生工程，必须抓紧抓好

实践证明，移民（脱贫）搬迁既是改善群众生活条件的重大民生工程，也是实施精准脱贫战略、促进城乡一体化发展的重大创新举措。5 月 6 日，省委召开了全省移民搬迁工作专题会议，娄勤俭书记主持会议并做了重要讲话，会议在全面总结前几年搬迁工作经验的基础上，对今后的移民（脱贫）搬迁工作进行了全面部署，决定在优先实施易地脱贫搬迁的同时，同步统筹实施避灾、生态和其他类型搬迁。各级各部门要聚焦全面建成小康社会目标，牢固树立和践行五大发展理念，切实把思想和行动统一到省委、省政府的决策部署上来，坚定不移把移民（脱贫）搬迁工作抓紧抓好。

（一）移民（脱贫）搬迁是对中央脱贫攻坚战略的贯彻和落实。确保到 2020 年实现贫困人口全面脱贫，如期建成小康社会，是我们党对人民、对历史的庄严承诺。习总书记强调，全面建成小康社会，最艰巨的任务是脱贫攻坚，最突出的短板在于农村还有 7000 多万贫困人口，全面建成小康社会目标能不能如期实现，很大程度要看扶贫攻坚工作做得怎么样。习总书记指出，“要因地制宜研究实施包括移民搬迁安置一批在内的扶贫攻坚行动计划，对居住在‘一方水土养不起一方人’地方的贫困人口实施易地搬迁，将这部分人搬迁到条件较好的地方，从根本上解决他们的生计问题”。从我省看，全省尚有 300 多万贫困人口，主要分布在秦巴山区、六盘山

区、吕梁山区，涉及7市44县区，特别是有35.5万户、125万人生活在“一方水土养活不起一方人”的区域，无论是需搬迁数量还是搬迁人口占比均居全国前列。省委、省政府将搬迁工作置于发展全局的高度进行系统谋划，不仅要求能够按时搬出，如期脱贫，还让这些搬迁群众同步融入到“四化同步”的历史进程中，是在对中央精神深入理解的基础上，所采取的坚决有力的行动。

（二）移民（脱贫）搬迁是实现我省“追赶超越”的重大举措。总书记指出，陕西正处于追赶超越阶段。实现追赶超越的关键是要找到差距、补齐短板。省委、省政府把移民搬迁作为解决连片贫困区、灾害易发区、生态功能区“三区叠加”地区发展的重要抓手，从长远看，能从根本上改善数百万群众的生产生活条件，挖掘发展潜能。从当前看，一方面，有利于增加群众福祉，提高惠民政策的覆盖面，让广大群众更多地享受到改革发展的成果，促进社会和谐；另一方面，有利于加强对贫困地区基础设施和公共服务的投入，带动有效投资快速增长，形成促进经济增长的新动能。

（三）移民（脱贫）搬迁是全省移民搬迁成功实践的巩固与深化。过去五年，在已有部分市县开展工作的基础上，以陕南移民搬迁为发端，全省先后启动了陕北白于山区、关中秦岭北麓三个板块的移民搬迁，累计搬迁49.6万户、174.7万人。特别是统筹解决群众避灾脱贫、生态环境保护、农村就近城镇化的陕南移民搬迁，让山区群众彻底摆脱了“受灾—贫困—扶贫—再受灾—再贫困—再扶贫”的恶性循环，成为国家脱贫攻坚“易地搬迁一批”政策重要的策源地。可以说，移民搬迁集中体现了省委、省政府的为民情怀，体现了广大群众勤奋开拓的淳厚风气，也凝聚形成了“敢为人先、自觉创新、坚韧不拔、久久为功”的移民搬迁精神。承担具体任务的各级同志，扎实推进每项工作，为全国脱贫攻坚积累了可贵的经验，应该充分肯定。

（四）移民（脱贫）搬迁是解决关乎群众切身利益问题的有力抓手。我省贫困人口多、贫困程度深、致贫因素多、脱贫难度大，共有56个国家扶贫开发工作重点县和连片特困地区。加之我省地理环境复杂，各类地质灾害隐患点约有1.2万处，地质灾害易发区占国土总面积的49%。近年来灾害呈现出扩散的趋势，特别是一些地方因采矿形成了塌陷区，给居住在这些地方的群众带来重大安全隐患。保护脆弱的生态环境、保障人民群众生命财产安全不受潜在地质灾害威胁，是当前一项十分迫切的任务。治本之策就是把居住在贫困集聚区、自然保护区、生态脆弱区和灾害威胁区的群众搬迁，从源头上解决生态保护、生存安全难题，努力通过转移人口、转变生产生活方式，实现全面协调可持续发展。

二、在推进移民（脱贫）搬迁中要系统谋划、统筹兼顾，处理好各方面关系

这次移民（脱贫）搬迁工作部署的最大特点，是同步推进脱贫、避灾、生态和其他类型搬迁。这一安排，便于统筹规划建设、统筹政策资金、统筹管理创新，有利于促进人口聚集、资源集中、要素聚合，有利于协同推进、相互带动产生“共振效益”和“聚集效应”，实现搬迁效率最大化、资金投入集约化和公共服务均衡化。在工作推进中，经济、社会、民生等问题相互交织、相互影响，涉及到方方面面，是一项复杂的系统性工程，必须牢固树立“系统观”和“全局观”，统筹谋划，突出重点，妥善处理好各方面关系。

一是在搬迁时序上处理好轻重缓急的关系，把脱贫移民搬迁放在第一位。易地脱贫移民搬迁涉及的群众最多、比重最大，任务最艰巨、最紧迫，要首当其冲优先推进。我省这项工作起步早、做得好，得到了中央肯定和国家支持，要继续走在全国前列。其次是地质灾害威胁群众，直接关系到人民生命财产安全，迟搬不如早搬。这两类对象必须在 2018 年底前完成搬迁，各地要算好时间账，把搬迁任务一一对应到户到人。同时，也要统筹好生态等其他类型的移民搬迁。

二是在政策标准上处理好不同搬迁类型的关系，把群众积极性调动好。根据脱贫、避灾、生态等不同搬迁对象的特点，省上明确了不同的移民搬迁政策，既注重了政策的稳定性、连续性，又紧扣国家关于易地脱贫移民的相关规定，进行必要细化完善，做到大稳定、小调整。在资金补助、建房面积、责任主体等方面可能会略有差异，主要是对建档立卡贫困户适当提高建房补助的标准，其他确需同步搬迁的农户执行原定补助标准不变。各地各部门在具体工作中，一定要准确理解、科学界定、分类引导、因户施策，避免引起群众的误会和误解。

三是在安置上要处理好集中与分散的关系，把长远的生产生活安排好。要继续坚持集中安置与分散安置相结合，以集中安置为主。针对这次多个类型移民搬迁的实际，必须牢固树立共享、互动、融合的理念，既要做好贫困户和非贫困户的统筹搬迁，又要做好贫困户的合理安置，不要将贫困户过度集中。同时，工作中要充分听取和尊重群众意愿，处理好坚持政府主导与群众主体的关系。

四是在新老政策上处理好三大区域的关系，把原则性和灵活性把握好。在横向上要注重政策的有机衔接，确保陕南、陕北、关中三大区域同类搬迁的政策基本保持一致，又要注意区域间的差异，做到统筹兼顾、分类推进。各级各部门一定要注意新老政策之间的衔接，要坚持原则性、保持连续性、掌握灵活性、体现公平性，对资金补助、土地使用等刚性政策必须无条件执行，不得突破政策底线。比如，对全省建档立卡贫困户补助必须执行同一标准。同时，考虑到各市县情况不同，允许各市县在省定的政策框架内，灵活使用有关政策，做到因地制宜。

三、在“搬得出”的基础上，解决好“稳得住、能致富”问题

推进移民（脱贫）搬迁，“搬得出”是手段，“稳得住、能致富”是目的，要统筹发挥群众主体、政府主导和社会帮扶的作用，让搬迁群众同步够格迈入全面小康。

一是要把完善配套设施作为基础前提。“十二五”期间，我们在陕南投入了75.6亿元，累计建成移民安置社区基础设施和公共服务配套项目2027个，但一些集中安置点的配套设施仍需进一步完善。要以“与城镇社区基本公共服务相近”为目标，继续坚持基础设施与集中安置点同步规划、一体建设，推动人口聚集与公共财政投入同步同向。要按照省上加强和规范移民（脱贫）搬迁工作的既定部署，分级分类确定配套项目，优先保障建设资金，实现小型保基本、中型保功能、大型全覆盖。要把安置点配套设施建设与新型城镇化、美丽乡村、保障房建设等有机结合，将一些重大配套项目列入“十三五”基础设施建设规划，确保加快推进。

二是要把发展特色产业作为核心支撑。这是实现“稳得住、能致富”的关键所在。要多渠道增加搬迁群众的收入，使他们有家业、有就业、有产业。要立足区域实际，按照“一县一业”“一村一品”要求，大力发展特色产业，配套建设产业园区和基地，引导搬迁群众就地就近就业。要多渠道促进创业带就业，积极鼓励大众创业、万众创新，通过设立产业扶持基金、农民创业基金、强化致富技能培训等多种方式，加快催生一批致富带头人，兴办一批特色产业项目。要加大职业技能和实用技术培训力度，扶持搬迁群众开展自主创业，增强自我发展能力。

三是要把强化管理服务作为重要保障。要创新社会治理机制，积极顺应人口居住空间变化，同步调整优化公共管理和社会治理体系，实行户籍迁移自主和居住证制度，根据安置点类别采取城市社区模式、设立搬迁户居民小组、组建社区服务机构等多种管理服务体制。要强化搬迁群众权益保障，采用“一证变两证”“两权变三权”以及“原籍管理林和地、社区管理房和人”等做法，充分保障搬迁户在原集体的耕地、林地承包权以及在迁入地的教育、医疗等社会保障权利，增强群众的归属感。要注重文化建设，大力弘扬传统美德，组织开展寓教于乐、丰富多彩的群众性精神文化活动，加深移民和本地居民彼此文化了解、推动感情相互融合，加快建设和谐文明、兼容并包的新家园。

四、切实承担起移民（脱贫）搬迁工作的重大责任，抓好组织落实

移民搬迁是一项重大民生工程，也是一项重要政治任务，必须按照省上的部署狠抓落实，确保各项工作按期完成。

（一）构建责任体系。要坚持推行省负总责、部门配合、市级统筹、县抓实施的推进机制，形成一级抓一级、层层抓落实的组织领导体制。扶贫、国土、发改、财政、住建、农业、林业等部门和有关单位要牢固树立“一盘棋”的想，分工负责，加强协作，形成上下联动抓推进的工作合力。这里需要特别说明四点：一是扶贫部门要切实发挥“五个一批”脱贫工程的统揽作用，提供精准搬迁的对象名单、安排易地脱贫搬迁任务，参与制定有关政策，筹集并拨付扶贫移民搬迁资金，协调其他部门做好搬迁后的产业扶持和保障兜底等工作；二是国土部门作为移民搬迁的牵头和组织实施单位，要在做好规划审定、政策制定等顶层设计的同时，抓好具体工作的实施；三是省扶贫开发投资集团要做好易地移民（脱贫）搬迁的资金筹措和管理；省移民（脱贫）搬迁公司是易地移民（脱贫）搬迁工程的实施主体，同时也是避灾、生态和其他类型移民搬迁工程的融资平台和实施主体，要根据搬迁任务、具体对象的数据和资金，承担全省各类移民搬迁的具体实施工作；四是明确省市条块管理的关系。目前，省上关于移民搬迁的职能整合、机构重组等工作已基本到位，各市县要参照调整相应机构，保障工作顺畅衔接。

（二）严格督查考核。各级督查部门要对照目标逐项督促检查，做到“任务不完成不放过，问题不解决不放过”。特别要加强对搬迁政策落实、工作进度、资金运用、作风纪律等方面的督查，对“不作为、慢作为、乱作为”严肃追责问责。要加大移民搬迁年度目标责任考核力度，对高质量、按时完成搬迁任务的予以表彰奖励，对进度缓慢、未按期完成搬迁任务的在全省进行通报。

（三）加强宣传引导。移民（脱贫）搬迁是被迁移群众一辈子的大事，要充分发挥报刊、电视、广播、网络等媒体，多形式、多层次、全方位宣传政策、解答问题、回应关注，真正把好事办好、实事办实。要建好省级移民搬迁门户网站，搭建交流平台，强化信息公开，全面接受社会监督，广泛宣传移民搬迁的好经验好做法，特别要大力宣传自力更生、艰苦奋斗的先进典型，不断扩大移民搬迁的影响力，进一步营造全社会重视、参与、支持移民搬迁的良好氛围。

同志们，让我们在党中央、国务院的坚强领导下，坚定信心、精准施策，高质量完成移民（脱贫）搬迁各项任务，坚决打赢脱贫攻坚战役，为实现追赶超越、全面建成小康社会做出积极贡献！

庄长兴副省长的讲话

按照会议安排，我就做好全省移民（脱贫）搬迁工作从三个方面做以安排部署。

一、关于全省移民（脱贫）搬迁工作的基本思路、搬迁范围和目标任务

按照5月6日省委专题会议精神，省上组织相关部门对“十三五”期间全省移民搬迁工作的基本思路、搬迁范围和目标任务等进一步做了研究论证，予以明确细化。

（一）基本思路。以扶贫为主的移民搬迁是打赢脱贫攻坚战，实现同步够格建成小康社会，推动我省经济社会全面发展的重要举措。各级党委、政府和省级各部门要站在全省追赶超越的发展大局，按照“四化同步”的要求，把移民搬迁作为一项重大民生工程、发展工程和生态工程，坚持立足当前“挪穷窝”、着眼长远“谋全局”，以易地扶贫搬迁为主，兼顾避灾、生态和其他类型移民搬迁，运用系统思维，统筹谋划推进，既要搬得出，又要稳得住，还要能致富，实现移民搬迁、城乡治理、新型城镇化、美丽乡村和生态建设一举多赢。这既是做好移民搬迁工作的基本思路，也是开展全省移民搬迁的总体要求。

（二）搬迁范围。主要包括四种类型：一是扶贫搬迁，就是对已经由扶贫部门审核确认、建档立卡的贫困户中需要搬迁的人口实施移民搬迁；二是避灾搬迁，就是对生活在地质灾害隐患点、采煤塌陷区和洪涝灾害频发、工程措施难以达到有效防灾、生命财产受到严重威胁地区的农民实施搬迁。包括地灾户、洪灾户、地面塌陷户搬迁三类；三是生态搬迁，就是对生活在省级以上自然保护区中的核心区和缓冲区、生态环境脆弱区等生态保护红线内，人地矛盾突出，对生态环境影响较严重地区的农民实施搬迁，比如，南水北调水源地、秦岭北麓自然保护区。包括自然保护区移民、生态脆弱区移民两类；四是其他搬迁，就是对除了前面讲到的三种搬迁类型之外，生活在国家和省级公路、铁路、水利等重大工程征迁范围以及顺应城镇化发展、镇村改革等涉及的乡村建设中需要搬迁的农民实施搬迁。包括中省重大工程搬迁、城镇化搬迁、镇村撤并综合搬迁、公共服务可及性极差的偏远区域零散群众搬迁等。

（三）目标任务。“十三五”期间全省移民搬迁，总的目标任务是在规划期内基本完成《陕西省移民（脱贫）搬迁总体规划》确定的搬迁任务，约 130 万户。具体来讲，近期目标是从现在到 2018 年底以前，基本完成需要易地搬迁的贫困户和受到地质灾害、洪涝灾害威胁户的农户搬迁工作。这样安排，主要基于三方面的考虑：一是易地扶贫搬迁只是脱贫攻坚的重要途径或前期工作，贫困户搬迁之后至少需要两三年的时间才能稳得住，还要通过统筹其他“四个一批”，特别是产业扶贫措施，才能真正实现脱贫和致富；避灾搬迁事关人民群众生命生财安全，早一天搬，群众就可以早一天免受地质和洪涝灾害威胁；二是省扶贫办、省发改委已经就易地扶贫搬迁做了大量摸底工作，省国土资源厅也基本掌握了全省避灾搬迁的底子，工作基础比较成熟；三是生态类和其他类的移民搬迁正在进行精准识别、调查摸底、政策制定等前期工作，待这些明确后再有序组织实施。

二、关于今年的主要工作任务

从科学有序推进全省移民搬迁工作的实际出发，今年主要有四个方面的工作任务。

（一）统一思想认识。省委专题会议决定，在以扶贫移民搬迁为重点的基础上，同步开展避灾、生态和其他类别的移民搬迁，既是全面建成小康社会的需要，也是全省经济社会发展追赶超越的需要，更是对我们现有搬迁工作基础的准确判断。其中，新增加了城镇化、采煤塌陷区、镇村综合改革区、地方病区和偏远地区过度分散户搬迁，超出了陕南、陕北、关中原有搬迁的类型范围，也远远大于易地扶贫移民搬迁的范围。比如，将采煤塌陷区纳入搬迁范围，充分体现了省委、省政府对群众生命财产安全的高度负责；有组织的实施中省重大工程搬迁，与推进新型城镇化工作同向同步。同时，将采煤塌陷区、中省重大工程搬迁与其他类型搬迁同步实施，不仅可以充分发挥这两类搬迁补偿费用高（一般都是项目企业补偿）、群众收入基础好的优势，带动其他类型搬迁，而且可以促进贫困户与经济条件较好的其他群众之间的融合，有利于他们开阔眼界、解放思想、就业创业，有效避免因单纯搞易地扶贫搬迁，造成低收入群众过度集中，就业压力过大等问题；还便于实现基础设施公共服务的共建共享，节约集约用地，减少政府投入，减轻各级财政负担。这种预防式治理、系统化推进、一次性解决的统筹搬迁模式，既是以人民为中心，做改善民生加法，也是贯彻中央要求，做脱贫攻坚减法的积极实践。

再比如，省委明确全省移民搬迁由一个部门牵头，主要是考虑易地搬迁是脱贫攻坚“五个一批”中，时间最紧、要求最高、难度最大、政策性最强的一项工作，需要综合运用政策，集中工作力量，强化行政推动，确保有力有效。省国土资源厅作为牵头部门，要切实负起移民搬迁重任，各相关部门要发挥职能优势，主动配合，努力形成各负其责、各尽其责的协作工作机制和强大合力。

（二）科学编制规划。习近平总书记在中央城市工作会议上强调，“规划科学是最大的效益，规划失误是最大的浪费，规划折腾是最大的忌讳”。他在中央扶贫开发工作会议上进一步指出：“要做好规划，合理确定搬迁规模，区分轻重缓急，明确目标任务和建设时序，按规划分年度、有计划组织实施”。全省几百万人的移民搬迁如果没有规划引领，很多工作就难以有序推进。当前移民搬迁规划工作要重点解决好三个问题。第一个问题是谁来编。按照省委专题会议要求，由省国土资源厅牵头，省发改委、扶贫办共同参与，组织有关部门，联合编制《陕西省移民（脱贫）搬迁总体规划》。市县两级可参照省上做法同步编制各自规划。第二个问题是编什么。除了基本原则、搬迁范围、安置方式、建设标准和大小配套设施等常规要求以外，要突出筹资方案、补助标准、运行程序、质量监管、审计监督等基础性保障措施。第三个问题是怎么编。要把握好三个原则：一要纵向贯通。简单地说，就是要自下而上，县级草案报市上，市级报省上，省上统筹考虑、综合平衡，科学编制全省总体规划；然后再自上而下形成省市县三级规划正式文本；二要横向联通。要做到移民搬迁规划与经济社会发展规划相互融合，与土地利用规划、城乡建设规划、美丽乡村建设规划等相互衔接，与交通道路、基础教育、水利工程、通信网络、电力供应、产业发展等各类行业规划相互配套，确保规划易操作、能落实、可持续。省移民搬迁领导小组各成员单位在确定本行业本部门“十三五”专项规划时，要把安排到农村的各类项目，优先规划给移民搬迁社区进行配套，配套任务完成后剩余的资源才能往其他方面安排；三要迅速高效。各市规划（草案）要在6月10日前上报省国土资源厅，省级规划草案经会同省发改委、省扶贫办会审衔接后，6月底形成并下发各市征求意见，7月中旬后正式实施。

（三）健全完善政策制度。今天会议提交的《陕西省移民（脱贫）搬迁工作实施细则》（征求意见稿）是省国土资源厅会同有关部门在总结“十二五”期间以陕南移民搬迁为主的全省移民搬迁工作的基本操作方法和主要经验，全面梳理国家扶贫搬迁政策，深入调研、充分论证的基础上形成的。对搬迁工作的整个流程、环节、政策和重点工作都做了详细安排，对建档立卡户以外的搬迁户审核确认、资金筹集及使用监管、计划安排、安置区选址、建设用地、工程质量监管等制度都做了进一步的修订完善和深化细化。会后，请大家认真组织讨论研究，于5月25日前，以市区为单位向省国土资源厅提交书面反馈意见，修订完善之后尽快印发，以这个实施细则为准，开展移民搬迁工作。

（四）全面完成今年任务。具体来说，基础条件好、工作机制顺、干部政策熟的陕南三市，要按照年初在商洛召开的陕南移民搬迁领导小组会议议定的事项和要求，坚持秩序不乱、步子不停、力度不减。而且还要在年初下达任务的基础上，再增加6万户任务，以减轻后期工作压力。关中、陕北地区，今年的目标任务，以扶贫搬迁和地灾威胁户、采煤沉陷区住户搬迁为重点，按照摸底核实后总量的25%到30%掌握。

三、关于当前工作

一是要抓紧开展调研摸底。上周，省国土资源厅已经向各市下发了涉及百余项内容的调研提纲和一系列调查摸底统计表，请各市县政府和相关部门认真研究部署，把这项基础性工作做实做细，以科学精准地编好规划，组织实施。5月25日前，以市区为单位汇总报省国土资源厅。

二是要尽快理顺工作机制。省委专题会已经确定了加强全省移民搬迁工作的组织领导和办事机构以及投融资平台建设的意见。省国土资源厅要在进一步巩固完善陕南移民搬迁成功做法的基础上，发扬不畏艰难的过硬作风，坚决承担好省委、省政府交付的新任务。当前，要尽快同编制、人事等相关部门商议，加快做好相应机构的重组、人员编制的调整配备以及移民搬迁公司工作人员和资本金的调整充实工作；省级各相关部门要服务大局、克服困难、特事特办、坚决贯彻，给予鼎力支持。

各市县区要按照省上的要求，参照省上的体制，建立健全本级移民搬迁工作领导小组，并根据搬迁范围、对象和任务的轻重，建立健全市县两级移民搬迁工作机构。为了利于上下对应、高效运行、顺畅推进，市县两级移民搬迁工作机构、职能，要在5月底前统一划归同级国土资源部门管理。这项工作榆林市已经走在了前面，其他地方务必抓紧时间落实到位。

三是要立即启动搬迁工程。目前已到5月，移民建房周期一般至少在半年以上，陕南高寒山区和陕北地区10月之后就不能施工了，今年年内的时间非常紧迫。为了不耽误整体工作推进和确保完成当年任务，会后省移民搬迁办和涉及的省级部门要尽快将今年的具体搬迁任务、相应财政补助资金和周转资金先行下达市县，并督促各市县尽快组织实施。给陕南地区新增加的年度任务要尽快落实到位；陕北、关中各市要迅速行动起来，立即启动和推进今年的搬迁工程。考虑到建房必须与基础设施相配套的问题，关中、陕北地区近期启动的搬迁工程，可优先选择在基础设施和公共服务比较完善、生产生活条件较好的县城、集镇、中心村、产业园区周边以及原有安置点进行集中安置；其他类型的搬迁，待省上规划正式出台以后，由省移民办审定规划选址并统一下达搬迁轮候计划，严格按规划和目标任务有序组织实施。

（三）思考与白皮书

陕南移民搬迁工作的回顾与思考[1]

2014 年 8 月 25 日

陕西省国土资源厅党组书记、厅长　王卫华

2011 年 5 月，陕南避灾扶贫移民搬迁全面启动以来，在大家扎实工作、艰苦努力下，取得了显著成绩。同时，工作中也有一些值得汲取的教训。为此，亟需把我们的一些好做法固定发扬下去，对不足的地方抓紧予以完善。前一阵，我在中央党校学习期间，对这项工作做了全面系统地回顾和梳理，现就对这项工作的认识以及下一步的思路、举措，从三个方面和大家做以下探讨交流。

一、陕南移民搬迁已经取得了显著的阶段性成果

（一）主要做法

一是坚持规划引领。按照移民搬迁、小城镇建设和发展现代农业三位一体的思路，省、市、县分级制定规划，统筹分步实施，以规划统领全部移民搬迁工作，推动经济社会全面发展。

二是着力破解难题。围绕“搬得出、稳得住、能致富”的总目标，坚持问题导向，着力解决人向何处搬、钱从哪里来、用地问题怎么解决、群众长远生计如何保障、生态保护如何落实等关键问题，寻求破解之策。

对于人往何处搬，在安置点选址上做到“三避开、三靠近”。“三避开”，即安置点的选址做到避开地质灾害隐患点、避开水涝低洼地、避开自然保护区，在确保搬迁群众从根本上脱离自然灾害的同时，严格耕地和生态保护；“三靠近”，就是把搬迁作为推动产业科学布局、提高土地利用效率、促进城乡公共服务均等的契机，将安置点向城镇、向产业园区、向中心村靠近。

对于钱从哪里来，省上通过组建陕南移民搬迁工程有限公司，强力整合相关政策、项目和资金，争取中央财政支持，加大一般性转移支付力度，设立移民搬迁专户等措施，有效解决了资金筹集问题。

对于用地问题，在省委省政府大力支持和我们全力争取下，国土资源部给了我们一个“生态扶贫避灾移民搬迁土地综合利用政策”，不仅能够完全解决搬迁用地问题，还能为搬迁筹措到一定的建设资金。

在群众长远生计上，主要通过开展职业、技能培训，提高就业能力；颁发土地

---

[1] 来源于陕西省国土资源厅 http：//gtzyt. shaanxi. gov. cn/info/1109/6815. htm。

证、房产证，显化移民房产和土地财产权；鼓励原承包地、林地流转，增加财产性收入；加大招商引资力度，增加非农就业机会；出台产业扶持办法，扶持搬迁群众自主创业，增加经营性收入等办法，千方百计拓宽移民增收渠道。同时，积极创新社会管理，搞好安置区教育、医疗等基本公共服务，让搬迁群众住得舒心，为稳得住、能致富奠定基础。

三是致力四化同步。努力实现农村居住的城镇化、农业产业的现代化、工业的新型化和人与自然和谐的生态化。

四是突出改革创新。如将分散在各部门涉及生态、扶贫、避灾方面以及水、电、路等基础设施和文化、医疗、教育等公共服务政策和项目资金捆绑使用，发挥政策聚合效应，提高资金使用效率。在搬迁户管理上，实行“社区管理房和人，原籍管理地和林”的办法创新户籍管理，做好日常管理服务。

（二）主要成效和存在问题

三年来，陕南三市累计完成投资359亿元，搬迁安置群众20多万户、70多万人，蹚出了一条积极稳妥的避灾扶贫移民新路子。

一是迁出群众的生活条件明显改善。搬迁户从“隔山为邻、十里同村”偏远危险的深山区搬到水、电、路、讯、视、网等基础设施完善，教育、文化、医疗等服务便捷的新型社区，从土坯房搬到了外墙有民俗文化传承、室内家电一应齐全的砖瓦房或楼房，三市累计增加搬迁群众财产161亿元。

二是搬迁群众的生产方式开始转变。实现了由主要从事第一产业向第二、三产业多元就业的转变。

三是安置区公共服务均等化水平大幅提高。三年来，在1204个集中安置点投资21.15亿元，完成基础和公共服务设施建设项目3183个，规模较大的安置点均建立了社区服务中心，催生了一大批与城市相近的公共服务均等化新社区。目前，共计有37万多搬迁群众进城入镇，陕南三市的城镇化率也因此提高了近4个百分点。

四是迁出区自然生态环境逐渐恢复。通过移民搬迁，有效减少对生态的人为扰动，为天然林保护、山区生态功能恢复、人与自然和谐相处奠定了基础，保证了一江清水送北京。陕南三市的生物多样性和生态系统恢复明显加快，年均治理水土流失2500平方公里、植树造林110万亩，植被覆盖率比三年前提高了4.5个百分点，汉江出境水质保持在三类以上。

在看到这些成效的同时，我们也要清醒地认识到工作中的不足和存在的问题。比如：一是一些地方对这项工作的认识不到位。主动性、积极性不够，质量和标准不高；二是搬迁重点不够突出。前三年真正受自然灾害威胁的不安全农户和因贫困无力搬迁的农户大部分还没搬出来；三是管理上不够规范。一些地方审定搬迁对象、签订搬迁协议、明确补助标准等工作做得不实、不细；四是搬迁后续管理服务还不到位。一些地方对搬迁群众的后续管理、集中安置小区设施配套落实不够，入住率不高；五是部分搬迁群众的就业和搬迁区的产业培育尚需不懈努力。产业支撑不够，移民转移就业困难，“能致富”的门路也不多。

二、前三年多工作的启示及对陕南移民搬迁工作的再认识

（一）三年来搬迁工作给我们带来几点启示

第一，通过移民搬迁改变生存环境，可以从根本上破解山区致贫难题。山区的一般特点是地广人稀，生产生活条件恶劣，产业发展滞后，商品化程度较低，脱贫致富难度大。如果始终在山里打转转，恶劣的生存条件会像无底洞一样吞噬掉所有投入。陕南移民搬迁，一方面，把贫困人口引导聚集到城镇等经济条件好的人口密集区，为群众从事规模农业、农产品加工业和商贸服务业创造了条件；另一方面，随着山区人口有序进城入镇，促进了农民承包地、山林等经营权的流转，较好地化解了以户为主的生产经营模式对农业现代化的制约。近两年，陕南农民人均纯收入增长幅度高于全国和全省平均水平，充分证明移民搬迁是刨掉穷根、减少贫困、富裕农民的一项根本举措。

第二，通过移民搬迁促进人口聚集，可以为山区城镇化提供现实路径。只有减少农民才能富裕农民，这是各界的共识。在尊重群众意愿的基础上，通过移民搬迁，分类引导农民就地、就近有序进城入镇，以行政推力，加速形成大中小城镇协调发展的城镇体系，是广大山区实现新型城镇化的有效路径。

第三，通过移民搬迁整合公共资源，可以有效推进城乡公共服务均等化。山区群众居住分散，解决基础设施问题成本高、重复浪费、经济性差。通过移民搬迁，打破部门界限，统筹使用相关资源，推动公共财政与人口聚集同步同向，较好地发挥了资源聚集效应，探索出了加快“城”“乡”融合、促进公共服务均等化的一条捷径，这也是陕南移民搬迁取得成效的关键之举。

第四，通过移民搬迁主动避让，可以有效解决地质灾害防治难题。通过搬迁，组织群众主动从灾害多发区撤出，比较彻底的使群众远离了“灾害源”。近三年陕南移民搬迁新址没有出现一户因灾受损。实践表明，尊重自然规律、主动向大自然低头，是面对地质、洪涝等自然灾害的理性选择。

第五，通过移民搬迁“人退林进”，可以有效促进生态功能恢复。森林是生态的重要屏障，在当前生态形势严峻的情况下，保护广大山区的林木、植被尤为重要。通过移民搬迁，让群众住在生产生活条件好的人口聚集区，降低群众对山林的过度生存依赖，从根本上减少人类活动对大自然的扰动，保持一方净水净土。

（二）对这项工作的再认识

移民搬迁工作已经实施了三年，应该讲对这项工程的认识不再是问题。但在实践中，我们发现，有些地方对移民搬迁的全局性、战略性意义认识不到位，缺乏系统谋划和综合思考，就移民搬迁论移民搬迁的现象还比较突出。有必要从以下几个方面，再认识、再提高、再领悟。

第一，移民搬迁是一项重大发展工程。移民搬迁对于陕南而言，是建国以来涉及人口最多、投资力度最大的一项发展工程，必将成为陕南发展史上的重要转折点和里程碑。10 年搬迁 240 万人，意味着陕南三市一半的农民将会进城入镇住社区，陕南的经济和社会形态必将发生重大变化。10 年静态投资 1100 多亿元，这对陕南三市来说，是前所未有的持续投入和发展助推，必将为陕南经济转型和长远发展奠定坚实基础。

第二，移民搬迁是一项重大民生工程。通过搬迁让群众彻底离开“灾害源”，有效保障了群众生命财产安全；把贫困人口聚集到城镇等经济条件好的地区，彻底刨掉穷根，促进贫困人口脱贫致富；另外，搬迁实现了公共财政资金与人口“两集中”，较好地发挥了资源聚集效应，促进“城”“乡”融合和公共服务均等化，让广大山区农民过上有尊严的生活。

第三，移民搬迁是一项重大创新工程。随着山区人口有序进城入镇，必然为农民承包地、山林等经营权的分离和流转创造条件，为化解以户为主的生产经营模式对农业现代化的制约奠定基础，为小农经济向社会化大生产迈进提供现实需要。经济结构的变动，必然引起社会组织结构的调整，加之大范围的人口迁徙，本身就打破了原有的社会结构以及区域、利益格局。比如：就医、就学、社保等管理体制面临着创新和调整，集体经济成员的集体财产权益维护、村民自治实现形式等都需要进一步完善和落实。这些都是我们落实党的十八大和十八届三中全会决策部署，创新基层社会治理体系、提高社会治理能力的客观需要。

第四，移民搬迁是一项重大生态工程。将群众迁出大山、集中居住后，可以降低群众对山林的过度依赖，从根本上减少人类活动对大自然的扰动；此外，通过对旧村庄的复垦和还林还草，加速“人退林进”，促进生态环境建设，保持一方净水净土，确保一江清水送北京。

第五，移民搬迁是一项重大德政工程。从当前情况看，预计完成搬迁大约需 10 年时间，但搬迁后的产业培育、社会治理体系建设、公共服务完善、搬迁群众致富都需要很长一段时间，这就要求全省各级领导干部，能够有正永书记、勤俭省长这样的境界，以功不在我、务实为民的情怀，一任接着一任干、一茬压着一茬做，始终保持工作态度不变、工作力度不减，坚定决心不动摇、思想行为不懈怠、工作推进不折腾，以“蚂蚁啃骨头”的精神，把这件打基础、利长远、惠民生的大事办好。

三、全力推动各项工作再上新台阶

随着移民搬迁工作的不断推进，在工作重心上，已经由开始的搬得出向搬得出、稳得住、能致富三者并重的转变；在管理方式上，已经由制度探索向制度完善转变，由一般化管理向精细化管理转变；在全社会对搬迁的看法上，已经由初期的质疑向充满期待和赞许转变。搬迁工作已经站在了全新历史起点上，更需要大家积极适应这种变化，顺应这种要求，兢兢业业，全力推动各项工作再上一个新台阶，充分发挥移民搬迁的综合效应。

（一）进一步规范搬迁安置

一是明确搬迁重点。严格按照省政府《陕南地区移民搬迁安置总体规划（2011—2020 年）》规定的五种类型、六种范围进行对象审核。优先搬迁地质灾害危险户、洪涝灾害威胁户和危困户、特困户，在 2016 年底之前必须全面完成这三类群众的搬迁安置任务，确保搬迁对象的精准性。

二是完善搬迁规划。要根据搬迁工程推进情况，结合陕南循环经济发展规划、秦巴山区扶贫攻坚规划、新型城镇化规划，对原搬迁规划做进一步修订和完善。在布局上，优化集中安置点布局，做好各安置点的选址和布局。在规划的内容上，既要有搬迁安置和安置点的布局等内容，更要有基础公共服务设施配套、特别是产业培育和劳动力就业等方面的内容。在即将着手制定市、县“十三五”经济社会发展规划以及交通、农业、林业、水利等专项发展规划时，应将移民搬迁作为重要考虑因素之一，与搬迁规划做好衔接。

三是规范安置房建设。一要提早谋划。按照每年大约 6 万户的规模，提早谋划下一年度的各项工作，确保当年任务当年开工，当年的建房任务要力争在第二年底前完成；二要突出民俗特色。安置房要结合美丽乡村建设，不搞千村一面；三要将移民搬迁与农村宅基地管理有机结合起来，严格按照标准确定宅基地面积；四要完善建房组织方式。由县上负责规划、定点选址、办理手续、招标以及整体协调工作，乡村两级只负责具体实施、组织群众和保障施工环境。

四是逐户签订搬迁协议。必须逐移民户签订协议，以前没有签订的要抓紧补签，今后必须在搬迁前签订协议。协议应明确搬迁时间、安置地点、建房面积、补助标准等，特别是要按照一户一宅原则，在协议中确定旧房腾退拆除办法和期限。

（二）进一步做实产业培育

移民搬迁最终能否成功，关键在稳得住、能致富上。把群众搬出来，只是迈出了第一步。因此，在后面的工作中，必须把解决搬迁群众生产门路、就业出路和产业培育作为下一阶段工作的重中之重，一手抓搬迁安置，一手抓产业培育，力争到 2020 年，基本形成独具陕南特色的现代产业体系，做到搬迁群众有家业、有就业、有产业，自我发展能力大幅提升。

一是明确产业培育方向。紧扣省上确定的陕南发展循环经济定位，以绿色、循环产业为总方向，在面上，着力发展吸纳就业能力强的设施农业、循环工业和生态旅游业，如距西安较近的柞水、镇安、商南、宁陕、佛坪等县可借鉴北京延庆经验，发展绿色、循环产业和休闲旅游业；在点上，根据搬迁家庭状况以及就业、创业能力，因户而异确定扶持办法。争取搬迁后 3 ~ 5 年内，每户有一人从事二、三产业，或有一个稳定的就业门路和收入来源。

二是创新产业培育方式。制定搬迁群众职业教育实施细则，对搬迁户中高中毕业的适龄年轻人，按庄省长协调的意见，充分利用陕南三市职业教育资源，实行免试、免费宽进严出的职业教育，为长远就业奠定基础；对搬迁户中的成年劳动力，利用人社、扶贫等部门培训项目，开展实用技术培训，确保每户有一人掌握 1 ~ 2 项实用技术。

三是建立产业扶持基金。省上拟采取多渠道筹集的办法建立产业扶持基金，主要是用于扶持搬迁户发展规模农业，农副产品加工业和绿色产业。今年先在安康市选择 10 个集中安置点，开展产业配套试点工作。

（三）进一步完善配套服务

以“与城镇社区基本公共服务相近”为目标，推动人口聚集与公共财政投入的同步同向，做到小型保基本、中型保功能、大型全覆盖。

（四）进一步创新社会管理

适应人口居住空间变化，调整优化公共管理和社会治理体系，创新农村集体所有制实现形式，全力促进安置移民的“文化融合、经济立足、身份认同、社会接纳”，让搬迁地区在有序搬迁中，形成更加和谐、稳定的良好社会结构。

一是在维护搬迁群众原集体财产权益上，要实行“三个不变”“三个鼓励”，即集体所有制的经济形态不能变，原集体经济成员的应有权益不能变，原承包的耕地、林地承包关系保持不变。鼓励搬迁户将经营权流转给村集体、农业大户或农业公司经营，增加财产收入、促进规模农业；鼓励有条件进入集镇以上城镇安置的搬迁户迁移户口、退出原集体经济组织，进城落户；为了防止长期撂荒，鼓励集体经济组织与迁出群众签订承包权托管协议，由集体经济组织代为处置和经营，收益由搬迁户和集体经济组织根据协议分享。

二是在搬迁群众的公共管理和服务上，总的方向是健全新型社区管理和服务体制，实行社区化管理，促进城乡一体化发展。在具体实施上，根据安置点情况，因地制宜确定管理模式。对进入大中型安置点或集镇的，按照城市社区管理模式进行管理；安置到中心村的，在村委会加挂社区服务中心牌子，在迁入地设立搬迁户居民小组，实行统一管理；对完全新建的安置点，不再按传统的村、组设置，相应组建社区服务机构，承担社会公共服务和村（居）民自治服务职能。

（五）更加注重生态文明建设

生态环境优美，是陕南的最大财富和发展的最大潜力。在搬迁中，必须把生态环境保护摆在重要位置，与美丽乡村建设结合起来，建设与自然和谐相融、与优美环境相得益彰的宜居村镇。在移民安置区建设中顺应自然、依山顺势，不削山斩岩、填湖改河；落实控污措施，逐步配齐必要的污水、垃圾统一收集、处理设施，着力发展沼气等清洁能源，避免新的环境破坏。

（六）推动建立陕南移民搬迁工作的共同责任机制

省、市、县三级移民办的同志要清楚认识到，移民搬迁作为一项重大的民生工程和发展工程，仅靠一两家部门力量毕竟是很有限的。一定要通过我们自身的努力，让地方党委、政府深刻地认识到移民搬迁给陕南带来的重大发展机遇和深远影响，促使他们跳出就移民搬迁论移民搬迁的思维局限，以“系统性地思维”驾驭工作，把移民搬迁放在本地区经经济社会大局中去考虑，去谋划，以移民搬迁为载体、为平台，统揽城乡发展、解决三农问题、推动四化同步。做好陕南移民搬迁工作，就是最大的德政、最好的口碑、最明显的政绩。

各市、县国土资源部门，要积极配合扶贫、移民部门，尽职尽责完成好安置点地质灾害评估、护坡挡墙建设和安置房建设用地这三大问题；同时，切实把“一办法四细则”落到实处，为陕南移民搬迁做出国土人应有的贡献。

易地扶贫搬迁需要关注的几个问题❶

陕西省国土资源厅党组书记、厅长　王卫华

易地扶贫搬迁是脱贫攻坚的“头号工程”。如何在短短5年时间，实现1000万人搬得出、稳得住、能致富，从陕南已实施5年的避灾扶贫生态移民搬迁看，以下几个问题需要特别关注。

上篇　牢牢扭住六个关键——实现搬得出

一、对象怎么定

国家《“十三五”易地扶贫搬迁工作方案》确定了搬迁对象，但在实践中，如何落到户、落到人，先搬谁、后搬谁，都需要有制度、有标准、有规范，操作有遵循。

（一）量化贫困标准，强化精准识别。采取定量指标、定性研判与民主评议相结合的办法，把好群众申请关、入户调查关、民主评议关、公示监督关、确认审核关，确保识别过程公开透明、公平公正。要防止简单地按建档立卡贫困户数逐年平均分摊指标、优亲厚友讲人情、投机分户套取补助等问题，确保惠民政策落实到户、精准到人。陕南移民搬迁中，通过构建信息化管理系统，将搬迁户、拟搬迁户情况全面录入，审核比对，并及时公开，接受各方监督，确保搬得精确、精准，公平、公正。

（二）制定轮候计划，精确搬迁时序。搬迁的目的在于脱贫，易地搬迁并非“一搬就富”的灵丹妙药，贫困户搬迁后至少需要一两年的时间立足巩固。因此，应根据搬迁对象贫困程度、自我发展潜能、资源承载能力等不同因素，算好脱贫提前量，按照特困户、受灾户、危居户等最紧迫的户优先搬迁、基础条件相对较好的次之的办法，实施综合评估，区分轻重缓急，制定到户的搬迁轮候计划，梯次推进，有条不紊，确保2018年底前优先完成易地扶贫搬迁任务。

（三）注重系统谋划，统筹协调推进。我国贫困人口大部分处于偏远深山区、生态保护区、贫穷聚集区“三区叠加”区域，搬迁中必须将贫困户脱贫与这些地区的经济社会发展、生态文明建设和特色产业培育统筹考虑、系统谋划，切忌在一片

❶ 来源于陕西省国土资源厅网站 http：//gtzyt. shaanxi. gov. cn/info/1038/28039. htm，2016－07－22。

“低个子”中拉出“最矮”以提高平均身高的简单做法。在确保完成扶贫搬迁、如期实现脱贫的基础上，有筹资能力的地方，要充分考虑生活在这些地区群众受灾害威胁、生态环境影响、部分搬迁出现空心化引起非贫困户致贫等问题，按照“统一规划、统筹安排，共建共享基础设施、集中提供公共服务、分别享受相关政策、依据各自标准考核验收”的思路，统筹扶贫、避灾、生态等各类搬迁，实现扶贫搬迁与其他类型搬迁的协同推进、相互带动、和谐“共振”。同时，也避免出现一边有人脱贫，一边有人受灾、返贫，一边在新的地方形成贫困人口集聚区的问题。比如，陕南移民搬迁共设置扶贫搬迁、地质灾害搬迁、洪涝灾害搬迁、生态搬迁和工程搬迁五类搬迁对象。从五类搬迁协同推进的实践来看，凡已经搬迁的群众再未因地质灾害和洪涝灾害遭受损失；与工作开展初期（2010 年）相比，陕南城镇化率因搬迁提高 6 个百分点，搬迁群众户均财产性收入净增 8.46 万元，人均收入由 2011 年的 4151 元上升到了 2014 年的 7487 元，累计脱贫 41 万人；通过生态搬迁，减少人为扰动，人退林进，植被覆盖率提高了 4.5 个百分点。实现了刨掉穷根、远离灾害、保护生态的目的。目前，陕西实施的移民（脱贫）搬迁，正是按照这种思路，以扶贫移民搬迁为首要任务，统筹实施避灾、生态和城镇化、镇村改革等其他移民搬迁。

二、人向何处搬

人到哪里去是易地搬迁的重要环节。选址不合理，搬迁去向与搬迁户的谋生能力不适应，则搬而难安、搬而难富，甚至返迁回流。

一是科学选址。统筹考虑安置点的立地条件、资源承载、发展潜力、就业创业空间及生产生活是否方便等问题。要坚决避开自然灾害易发多发区、生态脆弱敏感区等不宜居住区，防止“屎窝挪尿窝”；把浅山川道、公路沿线、中心村、城镇近郊等发展条件好、基础设施公共服务相对完备的地方以及现代农业园区、工业园区、旅游景区等产业园区周边便于群众就业的区域，作为规划集中安置点的优先选择。陕南在推进搬迁中，总结推广的“三避开”“三靠近”的集中安置点选址办法，既从根本上改变了搬迁群众的生产生活条件，又为移民的后续发展奠定了较好基础。

二是分类引导。切实把群众情况摸清摸准，把工作做细做实，采取因地制宜、一户一法的安置方式，将搬迁群众安置到与个人愿望相结合、与自己谋生能力相适应的地方。比如，短期以耕种为主的群众，就近在中心村安置；引导有一技之长，适宜从事二、三产业的群众，进入集镇或规划的农村新型社区安置；鼓励具有稳定就业、适应能力强的群众，到城镇安置。

三是适度集中。除投亲靠友、进城落户等方式分散安置外，综合考虑基础承载、人口结构、产业布局等因素，鼓励适度集中安置，避免出现新的“吊庄户”，以便发挥集聚效应，集中财力和物力，提供相对完备的基础设施、较为优质的公共服务和比较充分的就业条件。同时，要避免盲目追求安置点规模和楼房化安置，防止配套跟不上、承载容不下、增收没门路。

三、资金怎么用

目前，国家按每个易地搬迁户 20 万元的标准筹集脱贫资金，累加起来数额较大，管好用好资金至关重要。

一是省级统筹，把权责夯实到县。在资金运行上，为防止层层拨转、家家剥皮，造成层漏，加大资金运行成本，建议由省级政府将资金直接划拨到县，由县级做好资金整合与项目统筹，合理安排使用。省级主要做好资金筹集，制定分配使用基本原则，考核使用绩效，市级着重做好日常监管。特别要注意的是，有能力统筹、同步推进其他类型搬迁的地方，一定要做好扶贫搬迁资金与其他类型搬迁资金的“物理”隔离，严防扶贫搬迁资金被侵占。

二是切好蛋糕，把钱用在刀刃上。坚持保基本重长远，合理安排搬迁建房资金、产业扶持资金、基础设施和公共服务配套资金三者之间的分配比例。建房补助资金标准，在省域范围内保持基本平衡；到县一级按家庭人口等制定差异化、阶梯式补助标准，杜绝到户资金搞大锅饭、平均主义，尤其是对贫困度极深、无自我筹资能力的贫困户，按照人均住房标准，建设“交钥匙”工程；对鳏寡孤独、五保户、无生活自理能力等人群，实行集中建房、集中供养，切实解决“最贫困的人搬不起”的问题。基础设施建设和公共服务配套资金，立足现有基础、着眼未来需求，查漏补缺、合理安排；要区分基本与非基本公共服务，广泛吸引社会资本参与，避免“非公共服务政府大包大揽”。产业扶持资金，要充分发挥引领撬动作用，引导社会资本广泛参与，勿让政府唱“独角戏”。

三是整合资源，搞好项目资金统筹。由市县政府将相关涉农资金、专项资金、社会捐赠资金等予以整合，统筹使用，提高资金使用效益，避免分散投入、各搞一套，特别是要将在迁出地计划建设的基础和公共服务实施项目，及时调整到迁入地，避免资源浪费。同步开展非扶贫移民搬迁的集中安置点，公共设施及配套建设项目，主要通过整合涉农资金、专项资金、社会资本和政府自筹等予以解决。陕西在陕南五类移民搬迁时，对 30 多个部门的 40 多项与移民搬迁相关的专项资金进行整合，既减少项目分头安排、资金分散使用带来的重复浪费问题，又解决了移民搬迁筹资难的问题。

四是强化监管，念好监督紧箍咒。实行脱贫资金专户储存、专户管理、专款专用、单独核算、封闭运行，避免管理“多张皮”造成的资金安全风险。主动公开资金运行情况，项目实施后，广泛采取各种有效形式，对项目情况、资金收支、受益对象、受益标准等进行公示、公告，接受群众和社会监督。加大常态化监管力度，强化风险识别和防范，及时纠错纠偏，防止跑冒滴漏，对挤占挪用、层层截留、虚报冒领、挥霍浪费扶贫资金的，不论原因，不讲条件，一律从严从重惩处，确保一分一厘都不乱花。

四、土地怎么管

国家土地政策对脱贫攻坚给予了重点倾斜，基本能够满足易地扶贫搬迁建房、基础及公共服务设施建设等方面的用地需求。在工作实践中，要创新思路和办法，做到供地及时、用地节约、政策惠民、保障给力。

一是搬迁用地“应保尽保”。凡是脱贫攻坚用地，坚决做到应保尽保、有用即保，不打折扣。首先，充分挖掘存量用地潜力。经历多轮撤村并镇后，农村有大量的闲置、低效用地，优先使用这些存量用地既可提高建设用地效率，又可大幅节约用地成本。其次，用好增减挂钩政策，将城乡建设用地增减挂钩指标向易地扶贫搬迁重点区域倾斜，节余指标由国土资源部门组织流转，资金收益全部用于易地搬迁住房建设、产业发展等。最后，通过上述办法不能保障的，坚持“需要多少，安排多少”的原则安排新增用地，并按成本价划拨使用，相关费用列入扶贫资金大盘子，最大限度地降低建房成本；同时，建立绿色通道，简化程序，由省级国土资源部门直接审批。

二是土地利用要“节约集约”。安置建房要严格依据地方宅基地用地标准，无特殊情况不得突破，在充分尊重群众意愿的前提下，可将主要从事二、三产业的搬迁户实行楼房化安置。迁入区基础设施、公共服务配套等以满足搬迁群众基本需要为标准，杜绝把移民搬迁工程做成“面子工程”，搞宽马路、大广场、大花园等不切实际的铺张浪费和贪大求洋。

三是用地审批要“细分类别”。搬迁建设用地管理、审批应做到因地制宜、因事而异。搬迁安置在本行政村内的，分散安置建房，按宅基地管理权限进行审批，颁发宅基使用权证；集中安置建房，按集体建设用地审批权限，审批房屋、基础设施和公共服务设施建设用地，颁发集体建设用地使用权证。搬迁安置跨行政村的，分散安置的，按照集体建设用地管理权限，审批宅基地，并颁发集体建设用地使用权证；集中安置的，按国有建设用地管理权限，审批房屋、基础设施和公共服务设施建设用地，颁发国有建设用地使用权证。

四是宅基地要“占新腾旧”。按照《土地管理法》“一户一宅，占新腾旧”规定，易地搬迁中，政府无偿提供安置房建设用地的，待安置房建成后，原宅基地应退回农村集体经济组织或收归国有；对进城落户等未无偿提供宅基地的，采取自愿有偿的办法进行腾退。比如，在陕南移民搬迁过程中，采取政府与搬迁户签订旧宅基地腾退协议的办法，群众搬迁后，旧宅基按照“宜耕则耕、宜建则建、宜林则林”原则，复垦用于城乡增减挂钩及植树造林，5 年共复耕旧宅基 4 万多亩。

五、房子怎么建

易地扶贫搬迁住房必须突出“保基本”，以满足基本的生产生活为目的，量力而行、尽力而为，注重三个方面问题。

一是面积要适当。对贫困户原则上按照家庭实际人口、人均不超过25平方米的标准建设，避免面积过大、标准过高增加负担甚至负债，反而因搬致贫；对其他类型搬迁户，允许有需求且有一定经济能力的适当放宽标准，自主选择户型和房屋面积。如陕南移民搬迁中的特困户，每户用交钥匙工程安置；其他搬迁户按家庭人口，提供60平方米、80平方米和100平方米三种户型，供其自主选择。

二是质量要保证。突出建房安全和技术指导，组织技术单位编制搬迁房设计图集，供群众选择。尊重搬迁群众意愿，由群众自己选择是自主建房还是政府组织统规统建。自主建房的，由政府组织技术人员，开展技术指导；统规统建的，按照现行工程项目管理规定，在政府全面监管的同时，组织搬迁群众参与日常施工监督，强化质量监管，杜绝豆腐渣工程。

三是体现民俗特色。搬迁建房要结合地域文化传统和居民生产生活习惯，突出实用功能定位，彰显本土建筑风格，拒绝千篇一律，更要防止盲目地贴瓷片、做面子，把乡村建得不城不乡、不土不洋。要尊重自然，保护生态，结合美丽乡村建设，打造依山顺势、融山水为一体的特色民居。如陕南移民搬迁诸多集中安置点沿用了当地居民喜爱的徽派建筑风格，与青山绿水相映成趣，群众既舒适自然，也“留住了乡愁”。

六、配套如何搞

基础设施配套到位、基本公共服务完备是增强贫困户搬迁意愿、变被动搬迁为主动搬迁的有效手段。

要以满足搬迁群众的基本生产、生活需求为目标，以安全、实用、够用为原则，根据安置点既有基础及公共服务设施情况，“缺啥补啥”“哪里缺补哪里”，不搞“另起炉灶”、避免贪大求全。首先，做好对外道路联通、生产生活用水用电、以及山脚河边的护坡挡墙等必不可少的配套设施；其次，要完善安置点的基本公共服务功能，把安置区内的道路、居民活动场所，医疗室、文体室等配套到位。对安置区的各类配套项目，要严格落实工程“五制”要求，把质量放在首位，切实把好事办好。

在陕南移民搬迁中，按照小型（安置点）保基本、中型保功能、大型全覆盖的基本思路，将集中安置小区规划红线之内、单体建筑物2米之外的公共道路、电力通讯、给排水管道及环卫设施等“小配套”以及规划红线之外的水、电、路、学校等“大配套”，与安置房同步规划、一体建设、分步验收，确保了基础设施建设和公共服务有效供给，为搬迁群众与城市居民均等化享受公共服务创造条件，不仅让群众搬得出，更让搬迁群众住得方便、过得舒心。

下篇　扎实做好四篇文章——实现稳得住、能致富

“搬得出”是易地扶贫搬迁万里长征走完的第一步，“稳得住，能致富”的任务会更加繁重。应当着眼长远，未雨绸缪，真正让搬迁群众住上好房子、过上好日子、养成好习惯、形成好风气，在新的居住地经济能够立足、身份能被接纳、文化能够融入、权益有保障。

一是经济立足。经济立足是“稳得住、能致富”的基础和前提。要实现经济立足的目标，关键是要调动和发挥好群众的主体作用、政府的主导作用和社会力量的扶助作用。充分发挥搬迁户主体作用，坚持“扶贫先扶志”，引导群众克服“等、靠、要”的依赖思想；组织搬迁群众用足用好“双创”“互联网＋”等扶持政策，自主就业、创业，实现自食其力，自力更生。充分发挥政府主导作用，出台各类引导扶持鼓励政策，动员群众自觉投身到脱贫致富中来；切实做好保基本、兜底线工作，确保困难群众求助有门、受助及时、急难有救；大力实施教育扶贫扶智扶技工程，有效阻断贫困代际传递。例如，陕南采取免费、免试向有劳动能力的搬迁群众、“两后生”提供职业教育机会，确保每户主要劳动力至少掌握1～2门致富技能、至少有一项致富产业、至少有一人稳定就业；推动原集体经济组织的土地“两权变三权”（耕地和林地的所有权、承包权，变成所有权、承包权、经营权），促进经营权流转，增加搬迁群众财产性收入。充分发挥社会力量扶助作用，加大招商和返乡人员创业支持力度，鼓励社会资本、企业在移民区周边发展劳动密集型产业，推广陕西平利县“楼上住移民、楼下建工厂”的社区工厂模式、白河县“山上建园区，山下建社区”的天宝模式等经验，促进搬迁群众“不离土不离乡，脱贫致富奔小康”。

二是社会接纳。易地搬迁后，四面八方的搬迁群众聚居在一起，形成了新的社会单元。从分散居住到相对集中居住，搬迁群众的生活圈、社交圈均发生了诸多变化，随之带来了一系列社会管理服务方面的新情况、新问题。创新移民管理模式，按照搬迁安置点的规模大小，分别在集中安置点设立独立型、融合型、挂靠型等新的移民社区，确保搬迁后服务群众不断档、上水平。建议由民政部门从搬迁群众就地城镇化的角度研究考虑，对新组建的、达到一定规模的各类移民社区予以规范指导、登记认可，按照社区进行管理，确保有机构、有组织、有人员、有经费、有场所。同时，创新移民社区物业服务，组建移民社区物业服务公司，在移民中聘用有技术、有经验的人员，成立家政服务、水电维修、红白理事等服务队，使搬迁群众在安置地遇事有人管、就近可保障，公平享受基本公共服务。

三是文化融合。搬迁移民与原住居民的民风民俗融合、文化价值融合是“去移民化”的最终目标。实现文化融合，需要充分发挥好基层党委、政府的引领作用，

加强农村精神文明建设，将社会主义核心价值观全面融入到社区文化建设中去，促进移风易俗，摒弃分散独居的小农意识形态，树立大团结、大融合的理念，帮助和引导搬迁群众养成讲文明、懂礼仪、讲卫生的行为方式和生活习惯。加大移民社区文体娱乐等公共服务设施建设，并结合移民和居民风俗习惯，经常性地组织开展一些群众性文化活动，引导双方共同组织、共同参与，加深彼此文化了解、推动感情相互融合。妥善处理新社区与老村（居）的关系，大力弘扬传统美德，从构建和睦的邻里关系入手，用“小”的参与，推动“大”的社会融入，努力共建和谐文明、兼容并包的新家园。

四是权益保障。易地搬迁后，一些搬迁户开始由农民向居民过渡、由单纯的耕种者向产业工人转变，附着在身份上的权益随之也必然发生一些变化。一方面，要切实保障搬迁户在迁出区权益，采用“一证变两证”“原户籍证管理地和林，社区居住证管理房和人”的做法，保障好搬迁户在原集体的耕地、林地承包权及相关权益以及在新安置区的身份认同，确保搬迁群众在新移民安置社区，平等地享有基本医疗、教育、养老、低保等社会保障权利，公平地参与社区或村委会等基层组织建设，提高搬迁群众在新迁入地的身份认同感。做好移民安置房的权属确认，创造条件为搬迁户办理土地使用证、不动产登记证等有效权属证件，全面增加搬迁群众的财产性收入和融资贷款抵押能力。

陕南移民搬迁白皮书[1]

省陕南移民搬迁工作领导小组办公室

（2015 年 7 月）

前　言

长期以来，灾害与贫困是陕西发展的重要制约因素。防灾减灾与扶贫开发历来是陕西工作的重中之重。特别是陕南地区的汉中、安康、商洛三市，是我国自然灾害多发区，又处于秦巴集中连片特困地区腹地，灾害与贫困问题更为突出，防灾减贫任务尤为艰巨。

为了从根本上解决陕南灾害与贫困问题，加快陕南地区发展，推动陕南三市 28 个县（区）与全省同步进入全面小康，2011 年 5 月，陕西省委、省政府决定启动陕南移民搬迁工程，计划用 10 年时间，把居住在中高山地质灾害易发区的 240 万山区群众搬迁转移到安全、宜居、宜业的浅丘或川道地带。工程实施四年多来，取得了重大进展和阶段性成效。

陕南移民搬迁规划时间即将过半，回顾和介绍工程从决策到实施以来的进展情况，特别是各级干部和广大群众付出的艰辛努力和陕南正在发生的深刻变化，有助于增进公众对陕南移民搬迁的全面了解，以凝聚社会共识，汇集各方面智慧和力量，更好地推动工程实施，促进陕南地区城乡发展一体化和小康社会建设。

一、决策背景

自然灾害多、贫困程度深、生态责任重、发展差距大，是陕南地区的最大实际。摆脱灾害侵袭、加快脱贫致富、与全省同步进入全面小康社会，是陕南人民的强烈愿望。陕南移民搬迁工程正是顺应人民发展意愿和时代要求，破解陕南发展困境的重大决策。

应对自然灾害是这一决策的直接动因。陕南地区山大沟深，地质环境脆弱，以泥石流、山体滑坡为主的地质灾害易发区占陕南地区总面积的 50% 以上。历史上灾害频发，毁灭性危害严重，防范难度大，治理成本高，长期陷于“受灾—重建—再受灾”的恶性循环，给人民群众造成了巨大的生命和财产损失。仅在 2001 年至

---

[1] 白皮书这三个字是作者加上去的，原文没有。陕西省国土资源厅、陕南移民搬迁工作办公室对《陕南移民搬迁》的定位是白皮书。

2010 年 10 年里，陕南地区因灾死亡或失踪 590 多人，直接经济损失 460 多亿元。2010 年 7 月至 8 月，陕南三市同期内多点暴发特大洪涝和地质灾害，再次遭受重大人员伤亡和财产损失。灾情最重的安康市，182 人遇难或失踪，7 名基层干部在救灾过程中英勇牺牲。时任省委、省政府主要领导同志在多次深入重灾区指导抢险救灾的过程中，切身感受人民群众家园被毁失去亲人的巨大悲痛，面对陕南地区经济发展面临的极难困境，认真倾听基层干部群众避灾安居的强烈呼声，深入剖析原址重建、反复受灾的根本原因，深刻认识到只有顺应自然规律、远离灾害源头，才是应对自然灾害的治本之策，才能走出“受灾—重建—再受灾”的恶性循环，形成了实施陕南避灾移民搬迁的共识和决心。

推动扶贫攻坚是这一决策的主要考量。贫困是陕南地区面临的又一重大挑战，且与自然灾害相伴而生、相互影响、互为因果。经过多年扶贫开发，陕南地区贫困状况有了一定改善，但发展不足仍是主要矛盾，“三农”问题远未根本解决，减贫任务依然艰巨，是陕西全面建设小康社会的“短板”。2011 年底，陕南三市经济总量仅为全省的 11.4%，农村居民人均收入仅为全国平均水平的 71%；所辖 28 个县（区）中 27 个处于秦巴山区连片特殊困难区，其中 24 个为国家级重点扶贫县。通过 2014 年的贫困识别，陕南三市还有贫困人口 303.5 万人，占全省贫困人口总数的 67%。其中，因灾致贫和因生存条件差致贫的人口为 288 万人，占陕南三市贫困人口的 95%。这些群众基本上散居在偏远深山，基础设施严重滞后而建设和维护成本极高，基本公共服务难以有效覆盖，长期以来发展受限，增收困难，生活艰苦，因灾致贫、因灾返贫现象十分突出，是扶贫工作的重中之重和难中之难。对这些群众实施整体搬迁，彻底改善他们的生存生活环境，才能从根本上帮助他们突破环境制约，加快脱贫致富的步伐。

解决环保难题是这一决策的长远谋划。由于历史等诸多原因，陕南大量人口长期依山而居、靠山吃山，传统生产生活方式对自然资源的过度依赖，导致资源承载与生态修复能力下降，生态问题日益严重。而陕南又是我国南水北调中线工程最重要的水源涵养区，也是国家主体功能区划确定的生态保护功能区。保持生物多样性和水质洁净安全已成为法定责任，陕南地区承担着越来越重要的养护山水、治理生态的任务。把散居在中高山地的众多群众整体搬迁，集中安置，将极大地减少对山林的开发破坏，从源头上解决生态保护面临的难题，促使陕南通过优化人口布局、转变生产生活方式，实现全面协调可持续发展。

新发展阶段的综合财力和群众意愿是这一决策的先决条件。下川道进城镇，通过搬迁脱困脱贫是山区广大群众的世代梦想，但直到今天经济发展进入新阶段才具有实现的可能性。改革开放以来，我国经济平稳快速增长，综合国力不断增强，国家对减灾扶贫的投入不断增加，工业反哺农业、城市支持农村的力度越来越大，为陕南移民搬迁提供了有力的宏观政策保障。“十一五”期间，陕西经济始终保持两位数以上增长，2010 年全省生产总值达 10123.48 亿元，财政收入达 1801.11 亿元，可以投入更多力量促进陕南地区开发建设。同时，陕南各地经济社会发展逐年加快，城乡居民收入水平稳步提高，实施大规模的移民搬迁具备了必要的经济支撑。随着经济社会的发展，农村居民生产生活水平的提高，居住在大山深处的绝大多数群众产生了走出偏远深山、进入城镇川道的强烈愿望，特别是随着农村劳动力的大量转移，新生代农民群体常年在城镇务工创业生活，耳濡目染现代城市文明，人们的思想观念、生存理念、生产方式、生活习惯和认识水平等各方面发生深刻变化，他们渴望在城镇拥有自己的立身创业之地，期望把父母儿女接出大山、共享城市文明成果、过上更加美好的生活。新阶段的财力积累和广大群众的强烈愿望，为陕南移民搬迁奠定了可行可为的坚实基础。

促进城乡公共服务均等是这一决策的基本要求。陕南山区有 240 多万群众分散居住在偏远深山，由于居住分散且自然条件差，基础设施滞后，公共服务匮乏，产业支撑脆弱，这种传统的分散居住和与之相应的生产生活方式不从根本上改变，不仅难以实现基础设施、公共服务的均等化，也难以实现特色产业发展的集约化、规模化，更难以与陕西全省同步实现小康的目标。只有引导和动员山区群众易地搬迁、适度规模集中居住，实现人口布局的调整与聚集，才能促进资源与产业的集约，有利于完善服务功能、有效改善民生，使有限的公共投入惠及更多群众、发挥最大效益，进而促进和加快实现城乡公共服务均等化。

基于对陕南区情实际、发展基础的把握，特别是对陕南防灾减贫工作的重新审视，对政府财力、群众承受能力的理性分析，经过深入调研论证和广泛听取意见，陕西省委、省政府决定按照移民搬迁与新型城镇化、农业现代化“三位一体”，系统谋划、统筹推进的方式实施陕南移民搬迁。这是坚持以人为本、生命至上、敬畏自然、主动避灾的科学抉择，是高度重视民生，破解自然灾难之殇与贫穷落后之困的治本之策，是立足经济社会协调可持续发展大局、促进陕西城乡发展一体化和全面建成小康社会的重大战略举措。

二、总体目标与政策保障

结合陕南地区经济社会发展和减灾扶贫实际情况，陕西省制定了《陕南地区移民搬迁安置总体规划（2011—2020 年）》，明确了陕南移民搬迁的总体目标、范围对象、安置政策和保障措施。陕南三市分别出台了移民搬迁实施规划及安置点布局、基础设施和公共服务配套、产业体系建设规划，并在具体实施中积极探索、认真总结、不断完善，确保了移民搬迁工作有力有序有效推进。

总体目标。陕西省委、省政府提出，围绕“搬得出、稳得住、能致富”的总要求，从 2011 年起用 10 年时间，搬迁移民 60 万户 240 万人。具体实施分为两个阶段：2011—2016年，重点实施避灾搬迁移民、贫困山区移民和生态移民安置38万户140万人；2017—2020年，实施移民搬迁安置22万户100万人。规划期内，积极实施城乡一体化发展战略，逐步建立和完善层次结构合理、布局有序的城乡结构体系，建立与经济发展水平相适应的社会保障体系，着力把搬迁安置区建成现代化的新城镇和社会主义新农村，确保移民群众有安全、经济、实用的住房，享受便利、均等的公共服务，收入和生活水平显著提高。

住房保障。住房是移民群众的首要需求，也是政策保障的重点。一是明确住房标准。依据搬迁户家庭人口和实际需求，确定人均不超过25平方米的住房标准，分别提供60平方米、80平方米、100平方米三种住房类型，由移民群众自主选择。确有困难可适当扩大住房面积，其中集中安置最大不超过125平方米，分散安置最大不超过140平方米。超标准超面积部分的费用全部由搬迁群众自行负担；二是拓宽住房来源。施行集中新建、原址重建、分散自建、城镇购房、安排保障性住房等多种方式，优先保障移民群众的基本需求；三是提供住房补助。政府对集中安置户每户补助4.5万元、分散安置户每户补助3万元，特困户和危困户每户增加补助1万元、四层以上楼房化安置户每户增加补助5000元。对五保户和孤寡老人免费提供住房或纳入公益性敬老院供养；四是对符合规定条件的搬迁群众，在确保一户一宅的前提下，及时核发土地使用证和房屋产权证，让群众安心、放心。

用地保障。陕南地区立地条件差，建设用地尤为稀缺。明确搬迁安置用地的政策界限，对于顺利推进移民搬迁十分重要。一是充分运用中央支持政策。中央对解决陕南移民搬迁用地问题高度重视，支持开展陕南移民搬迁安置土地综合利用试点。国土资源部出台了《关于支持陕西省陕南地区生态扶贫避灾移民搬迁有关政策措施》（国土资函〔2013〕837号），从加强土地利用规划计划管控、创新土地利用和管理模式、加强农村土地整治和地质灾害防治、编制实施生态搬迁土地利用专项规划等六个方面对陕南移民搬迁用地予以支持。陕西省按照中央政策要求，合理安排移民安置建设用地规模，切实保障移民搬迁安置用地需求；二是坚持节约集约用地。本着经济实用原则，坚持集中安置为主，提高土地利用率。每个集中安置点规模要达到30户以上；集中安置用地户均控制在0.2亩以内，分散安置每户用地控制在0.25亩以内，从源头上确保土地高效集约利用；三是注重占补平衡。移民搬迁规划期内，以安置点和搬迁点为主，安排土地整理项目125个。严格实施“一户一宅、占新腾旧”，稳步推进旧宅基地腾退置换和复垦。同时推行绿色产业土地利用、生态旅游土地利用、循环工业土地利用模式，力促土地资源可持续利用。四年来，已安排陕南三市移民搬迁安置用地专项指标1.2万亩，通过国土部土地支持政策解决4.5万亩。

资金保障。强化资金保障是实施陕南移民搬迁的关键。为最大限度减轻基层和群众负担、防止出现因搬迁致贫问题，陕西省建立了省级主导、市县配套、社会参与、群众自筹的多元化资金筹措机制，据统计测算共需投入资金1400亿元，需整合中央相关专项资金517亿元，省级预算安排、整合省级专项资金285亿元，市县配套131亿元，搬迁户自筹及投工投劳467亿元。省政府成立陕西陕南移民搬迁工程有限公司，按照“封闭运作、快速周转、保本微利”的运作模式，计划10年筹措60亿元用于陕南移民搬迁项目启动和资金周转。国家财政部确定从2013年起，三年内补助专项资金40亿元。引导社会资本参与移民搬迁基础设施、公共服务设施及其相关配套产业建设。所筹资金重点用于移民安置住房补助、基础设施建设、公共服务配套建设和后续产业发展。各县（区）设立移民搬迁资金专户，中、省财政补助资金由省财政厅直接拨付到县区专户。建立移民搬迁资金审计制度，加强审计监察，严格监督管理，确保资金安全规范。四年多来，已筹措并投入陕南移民搬迁各类资金507.14亿元，其中，建房资金424.64亿元（中省市财政预算及整合相关部门项目资金210.52亿元，群众自筹214.12亿元），基础设施、公共服务设施和搬迁群众创业就业扶持资金82.5亿元。中央财政已拨付25亿元，陕西陕南移民搬迁工程有限公司累计提供周转资金54.6亿元。

权益保障。陕西省始终坚持党在农村的基本政策不动摇，始终坚持依法保障移民搬迁群众的合法权益，明确提出并严格落实“三个不变”“三个鼓励”。即集体所有制的经济形态不变，原集体经济成员应有权益不变，原承包耕地、林地承包经营的关系不变；在群众自主自愿的前提下，鼓励搬迁户流转土地经营权和林地经营权，鼓励进入城镇安置的搬迁户退出原集体经济组织，鼓励迁出群众将承包土地、林地交由集体经济组织托管或代为经营。实行户籍迁移自主和居住证制度，保障移民搬迁户子女就学、养老保险、农村新型合作医疗、农村最低生活保障等政策的有效落实。

组织保障。陕南移民搬迁是一项复杂系统工程，加强组织领导、完善制度机制最为根本。陕西省建立了省级领导、市级协调、县级实施、部门指导的运行体制，省政府及陕南三市分别成立移民搬迁工作领导小组及其办事机构，统筹协调和组织实施移民搬迁工作。先后出台了《陕南地区移民搬迁安置工作实施办法（暂行）》《陕南移民搬迁安置补助资金筹集与管理办法》《陕南移民搬迁安置住房建设项目管理办法》等一系列规范性文件，同步建立了移民搬迁规划编审、任务分解与考核、住房项目管理、专项资金管理、产业扶持等一系列制度机制。省委、省政府主要领导和分管领导亲力亲为，强化省级统筹，协调各方行动，经常深入一线，逐县点评指导，现场破解难题；省人大、省政协多次组织视察调研，提出加强和改进工作的意见建议；社会各界高度关注，积极建言献策，形成了认识统一、步调一致推进陕南移民搬迁的良好氛围和工作合力。

三、政策实施与实践探索

政策实施成功与否，关键在于执行。陕西省高度重视陕南移民搬迁政策落实，省委、省政府每年定期召开专题会议，经常深入基层调查研究，及时协调解决重大问题。陕南三市立足各自实际，严格兑现政策，认真探索总结，狠抓工作推进。经过四年多的不懈努力，陕南移民搬迁探索形成了一系列成功有效的经验和做法，实现了由艰难起步到交替攻坚再到全面推进的新发展，步入了精准搬迁、精细管理、精确施策的新阶段。

精准确定搬迁对象。精准确定搬迁对象是移民搬迁工作的基础，也是保证搬迁成效、决定搬迁成败的关键一环。一是限定“五种类型”。突出抓好地质灾害移民搬迁、洪涝灾害移民搬迁、扶贫移民搬迁、生态移民搬迁和工程移民搬迁。“五种类型”之外的，不纳入移民搬迁安置政策；二是坚持“三个优先”。把受地质灾害和洪涝灾害威胁户、居住在危险地段的贫困户以及特困户作为优先搬迁安置对象，确保有限的资源优先集中用于最需要的群众，确保在2016年前“三优先”户全面安置到位。目前，已搬迁安置“三优先”户12.4万户38.8万人，占应搬迁总户数的47.6%；三是精细摸底，严格审定。对纳入搬迁范围的农户逐一进行调查摸底，掌握搬迁意愿和安置意向，把规划期内的搬迁任务一一对应到户到人。严格按照搬迁户申请、村民评议、镇村初审、相关部门审定、县区政府批准的认定程序，坚持村、镇、县区三级公示制度，自下而上逐级审核，公开接受监督，确保搬迁政策实施公平公正。

有序推动搬迁安置。坚持政府主导、群众主体原则，充分听取和尊重群众意愿，搬迁时间、安置地点、安置方式及房屋面积等均由群众自主选择。突出避灾、安全，统筹安排移民搬迁安置布局，充分调动群众积极性，逐户签订搬迁协议，按轻重缓急有序推进。一是突出集中安置为主。本着节约土地资源、提升公共服务效益、提高城镇化水平的原则，坚持把集中安置率以市为单位逐步提高到90%以上，城镇安置率逐步提高到60%以上。在县城、集镇和工业园区附近采取社区化集中安置；对各类安置社区严格限定宅基地面积标准；二是合理选址布点。统筹考虑立地条件、资源承载和发展潜力，坚决避开自然灾害隐患点和生态保护区，坚持靠城、靠镇、靠园区，把浅山川道、公路沿线、城镇周边等发展条件好的地方，作为规划集中安置点的优先选择，并合理确定安置规模。对本地不具备安置条件的，鼓励实行跨行政区域搬迁安置；三是强化建房项目管理。搬迁安置房项目建设实行政府负责制，单元式安置项目坚持统规统建，实行“一个安置社区、一个项目主体、一个项目法人”的管理模式和工程质量责任追究“终身制”，从严控制成本，保证建设质量。截至2014年底，陕南移民搬迁工程已完成投资456.7亿元，完成移民搬迁26万户88万人；累计建设30户以上的集中安置点2027个，其中30～100户小型安置点

1276 个，100 ~ 500 户中型安置点 589 个，500 户以上的大型安置点 162 个；建成集中安置房 24.51 万套 2480.1 万平方米，安置 24.31097 万户 86.5719 万人，已搬迁入住 20.6352 万户 73.1372 万人，集中安置率达 88.63%，城镇安置率达 70.23%。

强化基础设施与公共服务配套。把基础设施和公共服务配套作为搬迁群众“搬得出、稳得住”的重要保障，与集中安置点同步规划、一体建设。按照“小型保基本、中型保功能、大型全覆盖”的要求，依据集中安置点规模确定配套建设标准、内容和时限，主要由陕南移民搬迁工作领导小组成员单位按其职责和行业政策规定配合建设对应的项目。30 ~ 100 户的小型安置点，配套生产生活基本所需的水、电、路、视、讯、网等设施，安置点建成即配套建设到位；100 ~ 500 户的中型安置点，增加更多公共服务设施，完善社区相关服务功能，安置点建成后两年内配套建设到位；500 户以上的大型安置点，基础设施全部建设到位，并配套医疗、教育、文化、卫生、超市、公墓、消防、生活垃圾、污水处理设施以及社区服务中心等公共服务设施，实现服务功能“全覆盖”，安置点建成后三年内配套建设到位。对生活垃圾、污水处理等与搬迁群众生产生活密切相关的设施优先配套，与安置房同步规划、同步建设、同步验收。四年多来，各成员单位密切协作，省市县整合各类专项资金 75.6 亿元，全部或基本建成 2027 个移民安置社区的基础设施和公共服务配套项目，惠及搬迁群众 86 万余人。

发展产业促进就业增收。培育增收产业、引导就业创业是移民搬迁的根本保障。陕西省实施集约土地发展产业、集中培训促进就业、集成政策鼓励创业三管齐下，构筑“稳得住、能致富”的产业支撑。一是增收规划到安置点。坚持搬迁安置与增收规划同步编制，优先选择靠近现代农业园区、工业园区、旅游景区、城镇近郊规划建设集中安置点，为搬迁群众就地就近进入园区或城镇就业创造条件。四年多来，已有 14.7636 万名搬迁群众就地就近进入农业园区、工业园区、旅游景区就业，有 16.2665 万名搬迁群众进城入镇发展二、三产业，有 9296 名搬迁群众通过城镇公益岗位落实就业；二是扶持措施配套到户。坚持实行“一点一策、一户一法”，逐个安置点规划配套产业，逐户落实创业就业方案，引导和扶持搬迁群众充分利用当地资源发展特色产业，探索形成了“山下建社区、山上建园区、农民变工人”等多种增收致富的发展模式；三是技能培训到人。全面整合培训项目和资源，加大搬迁群众技能培训力度，做到搬迁贫困家庭子女义务教育资助、搬迁贫困大学生资助、搬迁家庭新增劳动力免费技能培训、搬迁家庭实用致富技术培训、搬迁群众就业创业培训、搬迁家庭外出务工返乡人员再就业培训“六个全覆盖”，实现每户主要劳动力至少掌握 1 ~ 2 门致富技能、至少有一项致富产业，至少有一人稳定就业。

创新方式跟进服务管理。随着陕南移民搬迁的深入推进，由此形成的新型社区服务管理成为一项新的课题。陕南三市认真研究人口集中居住后的新需求，结合镇、村综合改革的推进，针对集中安置点不同情况，分别设立新型社区、融合型社区和挂靠型安置点，积极探索加强服务管理的新举措。在具备规模、符合条件的社区成立党组织和自治组织，建设社区公共服务中心，落实办公场所、服务人员和工作经费，初步实现了有人管事、有钱办事、有场所议事；对规模较小的社区，支持建立红白理事会、文化自乐班等，引导群众广泛开展自我服务；对跨区域搬迁安置群众，探索形成了“搬出地管理林和地、迁入地管理房和人”的机制；同时，积极推行政府购买公共服务，引入市场主体服务社区群众，促进政府基本公共服务、居民自我服务、市场有偿服务协调发展，有效满足群众生产生活需求。

四、初步成效与深远影响

经过四年多艰苦不懈的努力，陕南移民搬迁在减灾扶贫、改善民生、促进发展、保护生态等方面取得了良好成效，在解决“三农”问题、统筹城乡发展、促进农村社会变革、巩固党的执政基础等多方面产生了一系列广泛和深远的影响，在“三个陕西”建设中发挥了重要作用。

实现了减灾安居。移民搬迁避开山梁陡坡、险滩沟壑，选择安全地带建设安置点，对“隔山为邻、十里同村”的偏远山区群众进行集中安置，使群众彻底远离了“灾害源”。搬迁前的土墙房、石墙房、木头房变成砖混结构的楼房，抗灾能力大幅提升。与2010年相比，陕南地区地质灾害和洪涝灾害伤亡率分别下降80%和70%，移民搬迁新址近四年没有一户因灾受损，打破了陕南山区长期以来“受灾—重建—再受灾”的恶性循环，使搬迁群众彻底告别了地质洪涝灾害威胁，人身安全得到保障，财产价值得到突破性提升。

做到了精准扶贫。陕南移民搬迁把贫困户、特困户搬迁作为重点，优先实施搬迁。四年已累计搬迁贫困户13万户41万人，安置特困户2.6万户6.7万人。通过移民搬迁，使广大贫困群众吃上了“挪穷窝、移穷业、断穷根”的“扶贫套餐”。通过“一点一策、一户一法”逐户规划致富产业，落实增收措施，配套社会保障，促进贫困群众脱贫致富。同时，农民下山进城入镇到社区，发展意识不断增强，思维眼界不断拓宽，创业就业途径更加宽泛，分工分业步伐加快，正在由传统农民向新型农民、职业农民、产业工人、市场主体转变。搬迁群众人均收入由2011年搬迁之前的4151元上升到2014年7478元。四年来，陕南三市减少贫困人口41万人。通过陕南移民搬迁，在集约、节约投资的情况下，加快了脱贫步伐。

改善了生态环境。陕南移民搬迁工程把生态环境保护摆在重要位置，通过移民搬迁、人退林进，实现了陡坡地退耕还林、还草，缓解了人口与资源的矛盾，有效减少对自然环境的人为侵扰，对生活垃圾和污水进行集中处理，改变了农村面源污染不易控制的局面，为天然林保护、山区生态功能恢复奠定了基础。陕南移民搬迁工程实施以来，实现宅基地腾退面积3.4万亩（其中：复垦2.1万亩，还林1.3万亩)。陕南年均治理水土流失2400平方公里、植树造林126.7万亩，植被覆盖率提高了4.5个百分点，森林覆盖率达到了57.8%，保护了陕南的生物多样性和生态主体功能。汉江出境水质保持在二类以上，保障了国家南水北调中线工程的水源安全。

推进了城乡发展一体化。移民搬迁把偏远地区群众搬迁到水、电、路、电视、通讯、网络等基础设施完善，教育、文化、医疗等服务便捷的新型社区，生活方式极大转变，生活质量明显提高，搬迁群众享受了和城市居民一样的待遇。陕南移民搬迁同工业化、城镇化、信息化、农业现代化结合起来，分类引导农民就地、就近有序进城入镇，走出了一条移民搬迁倒逼城镇化，加快山区实现新型城镇化的可行道路。目前，50%以上的集中安置点都进入了城镇规划区，共计有65万搬迁群众进城入镇，陕南三市的城镇化率由此提高6.99个百分点，城乡之间的差距进一步缩小，城镇化水平进一步提升。

促进了经济发展。陕南移民搬迁，已直接为陕南发展注入投资507.14亿元，撬动相关投资580亿元，带动了建材、物流、劳务中介、餐饮服务、家居装修等产业发展；陕南移民搬迁使相当一部分群众走出农村、进城入镇，加速了农村土地流转和规模经营，催生现代农业园区、家庭农场、产业大户等适度规模经营蓬勃兴起，加快了农业现代化进程。集中安置促进人口集聚，带动资源要素优化配置，推动了现代农业、新型工业、生态旅游产业加快发展，拉动社会消费大幅扩张，促进了陕南经济社会的协调发展。在经济下行压力较大的背景下，陕南经济增速连续四年高于全省平均水平，城乡居民收入水平与全省差距进一步缩小。

产生了深远影响。陕南移民搬迁涉及搬迁对象占陕南总人口超过四分之一，在发展滞后的特困地区实施如此大规模的移民搬迁世之罕见，过去短短四年多的实践已使近百万人生存环境和生活条件得以改善。这一工程的决策和实施充分体现了中国特色社会主义的制度优势，充分体现了中国共产党全心全意为人民服务的根本宗旨，充分体现了党和政府关怀弱势群体、扶助贫困群众、推动共同富裕的政策取向，充分体现了党和政府强大的组织动员能力，充分反映了各级干部的作风转变，得到了人民群众的真心拥护，进一步凝聚了党心民心，夯实了党的执政基础。陕南移民搬迁推动广大农民向城镇居民、职业农民、产业工人以及创业主体转变，促进传统农业向园区化、集约化、规模化的现代农业转变，加快传统农村向基础设施完备、基本服务配套、具有独特魅力的新型农村社区转变，探索形成了协调推进城镇化与新农村建设的新路径，已经成为陕南地区解决“三农”问题、统筹城乡一体发展的“总抓手”。陕南移民搬迁带来人口布局、产业结构等诸多调整变化，引发人民群众的生活方式与发展方式和社会治理、公共服务等一系列重大而深刻的变革，正在有力促进陕南地区传统农耕文明向现代文明的转变，具有广泛而深远的意义。

五、结束语

陕南移民搬迁是一项周期长、投资大、涉及面广、影响深远的系统工程。四年多的发展历程，陕西全省特别是陕南地区的干部群众为此付出了艰辛努力，赢得了中央肯定、社会认同、群众拥护，极大地增强了陕西省深入推进陕南移民搬迁的信心和决心。

陕南移民搬迁是长期而艰巨的历史任务，这项工程正在推进当中，还有许多方面需要规范完善和提高，尤其是在“搬得出”的基础上实现“稳得住、能致富”，使陕南地区的人民生活实现全面小康，需要一个长期的奋斗过程。十年搬迁，百年大计。陕南移民搬迁任重道远，必须持续用力，久久为功。

在新的起点上，我们坚定不移地以习近平总书记系列重要讲话精神和对陕西工作的重要指示为指引，继续把陕南移民搬迁作为陕南地区循环发展和改善民生的引领性工程，放在全省经济社会发展大局中系统谋划，紧密结合陕南地区新型工业化、城镇化、信息化和农业现代化建设，以科学规划为前提，以城乡一体化为路径，以后续产业培育为基础，统筹推进搬迁安置、就业创业、基础配套、服务管理等重点工作，加快提升陕南地区经济社会发展水平，坚决兑现向全省特别是陕南人民的庄严承诺。

随着国家综合国力的不断增强，随着陕西改革开放和现代化建设事业的发展，有中央的重视和支持，有社会各界的理解与参与，有陕西各级各部门和陕南地区干部群众的真抓实干，陕南移民搬迁必将顺利推进并不断取得新的成就。

后　记

坚持为人民做学问，围绕改革发展的重大理论问题、重大实践问题和重大实践经验总结，聚焦“陕西样本”，放大“陕西元素”，升华“陕西经验”，诠释好中国特色社会主义在陕西的生动探索，是包括我们在内的诸多学者孜孜以求的目标。陕西于2011年启动实施大规模移民搬迁工程是创新性的避灾减贫探索、是地方改革创新的一个缩影，也是中国制度优越性在陕西的重要体现，更是切实改善民生、有效消除贫困的务实举措。

本书是较为系统梳理陕西移民搬迁工程发展历程和主要经验的一部著作和工具书，也是解读易地扶贫搬迁陕西现象、宣传陕西脱贫攻坚经验的良好素材。书体主要采用史鉴的表述体例，充分保留资料的原态，每一篇章中基本依据事件发生的前后顺序进行编纂，成书为历史文献和理论著作，以昭示当代，激励今人；传之未来，启迪后辈。

在本书撰写过程中，我们充分听取各方的意见和建议，认真收集第一手资料，力争做到客观、翔实、充分；与此同时，我们坚持“述而不论，寓论于述”，遵循实事求是的思想路线以及树立精品意识，坚持质量第一的观点。此外，我们还参阅了大量理论著作、政府文件、媒体报道以及地方相关材料，在此深表感谢！

在调查研究过程中，得到了陕西省国土资源厅、陕西移民（脱贫）搬迁办、陕西省扶贫办、陕西移民（脱贫）搬迁有限公司等单位的大力支持和帮助，这些单位的诸多领导和工作人员予以大力配合，我们对此要致以真诚的谢意！

在本书出版过程，得到了知识产权出版社的有力支持，与知识出版社的合作是令人愉快的，期待今后有更长久深入的合作。责任编辑兰涛女士为本书的顺利出版付出了辛勤汗水和诸多支持，我们对此表示感谢！

这项成果是集体通力合作的结果，在西北农林科技大学副教授、研究生导师、管理学博士何得桂主持下完成的，参与本书撰写的还有如下人员：

高建梅（西北农林科技大学副教授）

苏燕平（西北农林科技大学副教授）

刘庆（西北农林科技大学讲师）

费少卿（中国人民大学硕博连读研究生）

张硕（西北农林科技大学社会学硕士研究生）

亢秀平（西北农林科技大学硕士研究生）

马超（西北农林科技大学硕士研究生）

其中：何得桂撰写 20 万字并负责全书统稿，高建梅撰写 6 万字，苏燕平撰写 4 万字，刘庆撰写 3 万字，费少卿撰写 3 万字，张硕撰写 2 万字，亢秀平撰写 1 万字，马超撰写 1 万字。

由于陕西易地扶贫搬迁工作启动时间早、搬迁规模大、持续时间长、涉及工作多以及记述陕西易地扶贫搬迁没有可资借鉴的写作模式，再加上工作量巨大，我们的梳理和研究难免会出现一些遗漏，还存在不足之处，敬请大家原谅并提出宝贵意见。

最后，我们希望有更多的社会科学工作者加入到对陕西改革实践与脱贫攻坚的研究中来，总结改革创新经验，评估改革发展成效，提出深化改革建议，为推进“五新”战略任务的落实、坚决打好脱贫攻坚战和创造更加美好生活而贡献更多的力量！

本书编写者

2017 年 9 月 30 日